D0917160

JOHANN
GOTTFRIED
WALTHER

Briefe

JOHANN GOTTFRIED WALTHER

Briefe

Herausgegeben von Klaus Beckmann
und Hans-Joachim Schulze

VEB
DEUTSCHER VERLAG
FÜR MUSIK
LEIPZIG

ISBN 3-370-00154-3

INHALT

Vorwort 7
Zur Edition *13*
Abkürzungen, besondere Zeichen *17*
Chronologische Übersicht *19*
Die Briefe und ihre Kommentare *23*
Quellenverzeichnis und Revisionsbericht *258*
Zu den Wasserzeichen-Abbildungen *264*
Literaturabkürzungen *268*
Personenverzeichnis *273*

VORWORT

Im Unterschied zu seinem großen Verwandten und Zeitgenossen Johann Sebastian Bach, dem seine vielen Beschäftigungen kaum zu der nötigsten Korrespondenz Zeit ließen, so daß er weitläufige schriftliche Unterhaltungen nicht abwarten konnte (oder auch wollte), war Johann Gottfried Walther ein offensichtlich ebenso fleißiger und gründlicher wie engagierter Briefschreiber. Von seinem zweifellos ausgedehnten und in einigen Fällen über viele Jahre reichenden Briefwechsel ist zwar lediglich ein mehr oder weniger zufällig erhaltener Ausschnitt überliefert; allem Anschein nach handelt es sich aber gerade hier um Dokumente von besonderer und keineswegs peripherer Bedeutung. Der Kreis der noch heute hinreichend sicher zu benennenden Korrespondenten reicht von Adlung über Mattheson, Mizler und Stölzel bis zu Murschhauser, Reutter und Werckmeister, doch läßt das wenige hiervon Erhaltene darauf schließen, daß keinem dieser Briefpartner ein solcher Rang in Walthers Leben und Denken zukam, wie dem Wolfenbütteler Kantor und Musikgelehrten Heinrich Bokemeyer. Aus einer beinahe routinemäßigen Anfrage bei jenem, noch im Vorfeld des Musikalischen Lexikons von 1732, entwickelte sich rasch eine vertrauliche Beziehung zwischen den beiden – in unterschiedlicher Weise nicht eben vom Glück begünstigten – Männern, der auch die zeitlebens nicht überwundene räumliche Entfernung zwischen Weimar und Wolfenbüttel keinen Abbruch tat. Für die Nachwelt ist es geradezu ein Glücksfall, daß die Kommunikation nur auf schriftlichem Wege erfolgen und kein Thema für eine direkte Begegnung aufgespart werden konnte.

Daß die heute mögliche Information einseitig bleibt, weil kein einziger Antwortbrief Bokemeyers erreichbar ist, erweist sich als spürbarer, jedoch nicht unerträglicher Mangel. Ohnehin ist schwer vorstellbar, daß die zuweilen sehr ausführlichen Äußerungen Walthers bei dem Wolfenbütteler Gesprächspartner ein vergleichbar gewichtiges Echo gefunden haben könnten. Anderweitig erhaltene

7

Briefe Bokemeyers – an Gottsched, Mizler, Mattheson – lassen freilich kaum Rückschlüsse auf die Art der Hinwendung zu seinem Weimarer Brieffreunde zu.

Die Überlieferung von Walthers Briefen an Bokemeyer, die an Zahl etwa vier Fünftel des Erhaltenen ausmachen, an Inhalt und Gewicht stellvertretend für das Ganze zu nehmen sind, scheint in eigentümlicher Weise verknüpft mit der Geschichte jenes bedeutenden Musikalienbestandes, den Harald Kümmerling als „Sammlung Bokemeyer" in scheinbar ursprünglicher Vollständigkeit verzeichnen und nachweisen konnte. Hiernach ging die Sammlung aus den Händen von Bokemeyers Schwiegersohn, dem in Celle und später in Hannover als Kantor tätigen Johann Christian Winter, in diejenigen des Göttinger Musikgelehrten Johann Nikolaus Forkel über, wurde 1819 aus dessen Nachlaß für das Königliche Institut für Kirchenmusik in Berlin erworben und kam Mitte der 1840er Jahre an die Königliche Bibliothek Berlin, die heutige Deutsche Staatsbibliothek. Eine ähnliche Besitzerfolge ist für unsere Briefe anzunehmen, wie denn auch der Versteigerungskatalog von Forkels Sammlung „Ein Convolut Briefe von Walther u(nd) Bach in Hamb(urg) etc. über musik(alische) Gegenstände. von den Jah(ren) 1729 etc." verzeichnet. Ob es sich damals um mehr Briefe handelte, als heute in Berlin nachweisbar sind, bleibt zu fragen. Einige wenige Objekte dürften jedenfalls in früher Zeit, wahrscheinlich spätestens in der ersten Hälfte des 19. Jahrhunderts, abgesplittert sein; sie wanderten durch Antiquariate und durch die Hände von Privatbesitzern, sind aber größtenteils auch heute noch auffindbar. So ist die Briefreihe fast lückenlos wiederherzustellen – ein Umstand, der nicht hoch genug bewertet werden kann.

Um so merkwürdiger erscheint es, daß von den in den Briefen erwähnten zahlreichen Musikalien, die Walther in zumeist eigenhändiger Niederschrift Bokemeyer zugehen ließ, kaum etwas nachweisbar ist – am allerwenigsten Walthers eigene Werke –, auch nicht in der von Kümmerling ausführlich registrierten Sammlung Bokemeyer. Einen Fingerzeig gibt hierzu ein bisher unbeachteter Brief Winters aus Celle vom 16. April 1752 an Johann Christoph Gottsched in Leipzig, mit dem jener im Namen seines im November des Vorjahres verstorbenen Schwiegervaters für Gottscheds langjährige Freundschaft dankt. Im folgenden spricht Winter dann von der „weitläuftigen Büchersammlung des Verstorbenen, die ich hierher nach Zelle genommen habe, um ein Verzeichniß zu einer diesen Sommer anzustellenden Auction davon zu machen". Winters Bitte um Gottscheds Mithilfe bei der Verbreitung des geplanten Katalogs scheint nicht vergeblich geblieben zu sein; zumindest fand sich noch 1767 im Nachlaß Gottscheds ein gedruckter „Catalogus Bibliothecae Bokemeyeri. Cellis. (1)753". Solange kein Exemplar dieses Katalogs erreichbar ist, läßt sich nicht sagen, ob 1753 nur Bücher verkauft worden sind oder etwa auch Musikalien. Im letzteren Falle müßte an eine Neubewertung der heute noch vorhandenen Bokemeyer-Bestände gedacht werden, weil unterstellt werden könnte, daß die über Winter an Forkel und von diesem nach Berlin gelangten Konvolute mit vorwiegend älteren Vokalwerken nur den ehedem unverkauft gebliebenen Rest darstellten, während die neueren Musikalien 1753 Abnehmer gefunden hätten und mittlerweile verschollen sind.

Der problematischen Überlieferung des Bokemeyerschen Notenbestandes und der erfreulichen Geschlossenheit der Briefreihe steht eine unerklärlich diffuse Nutzung der biographischen Dokumente von seiten der Wissenschaft gegenüber. 1858 hatte Ernst Pasqué, der auch mit Walthers Weimarer Nachkommen in Verbindung stand, einen ersten Versuch zur Würdigung Walthers unternommen, Weimarer Aktenmaterial ausgewertet und die Autobiographie aus Matthesons Ehren-Pforte wieder ins Gedächtnis gerufen, von einem nachweislich in seinem Besitz befindlichen Brief jedoch kein Wort verlauten lassen.

Philipp Spitta als prominentester Bach-Forscher des 19. Jahrhunderts nahm von den Berliner Briefen keinerlei Notiz und kam so zu einem eklatanten Fehlurteil über die Beziehungen zwischen Walther und Bach, indem er aus dem kargen Lexikonartikel des Jahres 1732 eine Entfremdung zwischen beiden ableitete. Entsprechende Deutungen – denen die Briefe eindeutig widersprechen – haben sich bis in die Gegenwart gehalten. Während Spitta sich mit der Kenntnis von zwei – nicht eben inhaltsreichen – Briefen begnügt zu haben scheint (es sind diejenigen, die wenige Jahre später von Marie Lipsius publiziert wurden, wobei eine der Vorlagen aus Spittas Privatbesitz kam), bewies der von Spitta und anderen als Amateur-Musikforscher tief verachtete Carl Hermann Bitter

mehr Spürsinn: Er verschaffte sich Zugang zu der bislang unge-
nutzten Sammlung und wies 1880/81 bei Gelegenheit eines wörtlich wiedergegebenen Briefauszuges auf den Fundort für „die Ori-
ginalien dieser, für die Musik-Geschichte der ersten Hälfte des
vorigen Jahrhunderts sehr werthvollen Briefe" hin. Doch weder
Max Seiffert in seinem Walther-Artikel für die Allgemeine Deutsche Biographie (1896) und in dem Walther gewidmeten Band der
Denkmäler Deutscher Tonkunst (1906), noch Robert Eitner im
Walther-Artikel seines Quellenlexikons (1904), noch auch Heinrich Wilhelm Egel in der ersten Walther behandelnden Dissertation (1904) nahmen dies zur Kenntnis. Zurückgegriffen wurde stets
auf Titel und Vorreden von Musikalien und Musikschriften sowie auf die wenigen publizierten Briefe, diejenigen also, die nach
ihrer Wanderschaft nach und nach wieder ans Licht kamen und
hier und da in Zeitschriften abgedruckt werden konnten.

So blieb es Georg Schünemann vorbehalten, zum ersten und bis-
her einzigen Male den Briefbestand umfassend auszuwerten und
1933 eine Reihe kennenswerter Passagen in extenso zu publizieren.
Neuere Veröffentlichungen konnten anhand dieser Vorarbeiten die
Briefsammlung gleichfalls heranziehen und je nach spezieller
Themenstellung nutzen.

Bloße Auszüge können der thematischen Vielfalt, dem reichen
Beziehungsgefüge jedoch nur unvollkommen gerecht werden. Allein die Briefe in ihrer Gesamtheit lassen so viel von der Persön-
lichkeit des Schreibers erkennen, daß die Konturen sich zu einem
deutlichen Bild verfestigen.

Sehen wir von den wenigen früheren Dokumenten ab, so begeg-
net uns Walther in seinen Briefen 1729 als 45jähriger und verläßt
uns 1745 als 61jähriger. Dazwischen liegen Jahre, die den Schreiber nur selten auf der Höhe seines Schaffens zeigen, dagegen voller beruflicher Probleme stecken, wenige Ambitionen verraten,
gänzlich ohne Illusionen sind. Ständig wiederkehrende Themen
sind der stagnierende Umbau der Kirche und die weitgehende
Unbenutzbarkeit der Orgel. Von auftauchenden Chancen und
deren Schwinden ist die Rede, von Neidern und Intrigen, von
schwer zu ertragenden Zeitgenossen, von Schwierigkeiten mit
Privatschülern und von deren abnehmender Zahl, von geringen
Einkünften und der Notwendigkeit, sogar am Briefporto zu spa-

ren. Nachrichten aus dem Kollegenkreis dürfen nicht fehlen, auch wenn es sich nicht selten um bloße Gerüchte handelt, und an Kritik wird – in aller Bescheidenheit – nicht gespart, zumal wenn sie Mattheson oder Mizler zur Zielscheibe hat.

Familiäres erscheint vorwiegend in Berichten über das berufliche Fortkommen der Söhne, später in Hinweisen auf die wachsende Zahl der Enkel. Persönlichstes reicht bis in die eingehende Schilderung von Krankheitssymptomen, insbesondere hinsichtlich der bedrohlichen Augenschwäche, und versteckte Hinweise auf einen – nicht näher beschriebenen – Körperfehler.

Auf musikalischem Gebiet werden satztechnische und terminologische Fragen verhältnismäßig selten diskutiert, die Textbehandlung dagegen öfter berührt. Während der Fertigstellung des Lexikons sowie – nach dessen Erscheinen – bei der Erarbeitung von Nachträgen geht es vorwiegend um den Austausch und die Besorgung von Büchern und handschriftlichen Exzerpten zur Musiktheorie und Musikgeschichte sowie von Musikalien. In späteren Jahren erfolgt eine spürbare Konzentration auf Theoretica, während die reiche Musikaliensammlung, die sich ohnehin nicht mehr nutzen läßt, zum Verkauf angeboten wird.

In den ersten Jahren ist darüber hinaus ein unerwartet starkes – wenngleich zeittypisches – Interesse an Fragen der Alchemie zu beobachten, wobei der aus den Experimenten erhoffte Gewinn nicht der persönlichen Bereicherung dienen sollte, sondern zur Linderung eigener und vor allem fremder Not gedacht war.

Im ganzen genommen stellen die sorgfältig konzipierten und fast durchgängig Reinschriftcharakter aufweisenden Briefe Johann Gottfried Walthers sich als bemerkenswerte musikgeschichtliche und auch sozialgeschichtliche Dokumente dar, als Abbilder eines Musikerschicksals in der Ära Bachs, Händels und Telemanns, das durch frühzeitigen Verzicht auf Kampf und Sichdurchsetzen, durch Resignation und schließliche Zurückgezogenheit sich eigentümlich von der Handlungsweise jener Protagonisten unterscheidet.

Eine vollständige Veröffentlichung der Briefe erfordert deren ausführliche Kommentierung. Nach Möglichkeit wurden hierfür zeitgenössische Dokumente, musiktheoretische und -praktische Materialien und ähnliche Quellen herangezogen, um das Bild in seinen wesentlichsten Zügen zu ergänzen und zu erhellen. Vieles muß nach wie vor ungeklärt bleiben, doch weist der Kommentar in wichtigeren Fällen auf solche Fragen hin. Walthers Kollektaneen im Besitz der Gesellschaft der Musikfreunde Wien, auf deren Auswertung schon Schünemann verzichten mußte, standen auch für diese Edition nicht zur Verfügung. Ihre Benutzung hätte aber wohl ohnehin den gegebenen Rahmen gesprengt. Desgleichen wurden Zeugnisse, Orgelgutachten und ähnliche Dokumente nicht mit einbezogen. Biographische Daten, die in nicht geringem Umfang erst ermittelt werden mußten (wobei sich nicht alle Wünsche erfüllen ließen), sind vorwiegend in das Personenverzeichnis eingearbeitet worden, so daß die Kommentare hiervon weitgehend entlastet sind.

Walthers ausgedehnte Besitz- und Desideratenverzeichnisse konnten aus Umfangsgründen weder kommentiert noch in das Register aufgenommen werden. Desgleichen wurde auf jegliche Kommentierung und Verzeichnung bei Angelegenheiten der Alchemie verzichtet.

Für die Bereitstellung von Quellenreproduktionen und für die Erteilung der Publikationserlaubnis ist den entsprechenden Bibliotheken und Archiven zu danken. Dank gebührt weiteren Bibliotheken, Archiven und Kirchenämtern für die freundlich gewährte Unterstützung bei der Erarbeitung der Kommentare. Genannt seien die Staatsarchive Weimar und Wolfenbüttel, das Archiv des Evangelischen Ministeriums Erfurt, das Stadtkirchneramt Weimar, die Stadtarchive von Braunschweig, Erfurt und Leipzig sowie die Pfarr- bzw. Kirchenbuchämter in Gera, Hildesheim, Leipzig und Naumburg/S.

Die Publikation der Walther-Briefe versteht sich nicht allein als Beitrag anläßlich der 300. Wiederkehr von Johann Gottfried Walthers Geburtstag im September 1984, sondern will gleichermaßen der Erforschung der Musikgeschichte des Thüringer Raumes in der ersten Hälfte des 18. Jahrhunderts, insbesondere im Blick auf Weimar und Erfurt, dienen.

ZUR EDITION

Die gesammelten Briefe werden chronologisch geordnet und fortlaufend numeriert. Der Wiedergabe des Originaltextes vorangestellt wird jeweils ein Vorsatz mit allgemein-informativen Angaben (Empfänger, Datum; gegebenenfalls: Autographische Kopie, Anlage).

Die gleichsam selbstverständliche editorische Maxime, den handschriftlichen Quellentext adäquat in moderner Druckschrift wiederzugeben, unterliegt allerdings – wie sich bei der Arbeit an einigen Details herausstellt – gewissen Einschränkungen, deren Art und Umfang im folgenden näher erläutert werden sollen:

1. Auf die Nachahmung bzw. Kennzeichnung des originalen Zeilenfalls wird verzichtet. Das bedingt wiederum je nach den Erfordernissen des Drucksatzes eine entsprechende Aufhebung originaler Getrenntschreibungen bzw. nichtoriginale neue Worttrennungen. Die Zusammenschreibung ist im allgemeinen problemlos, die wenigen Sonderfälle werden den orthographischen Gepflogenheiten Walthers angeglichen (also: k-/k = ck, m-/m = m̅ und n-/n = n̅). Weniger einheitlich sind Walthers Regeln der Getrenntschreibung, so daß hier nach heutigem Sprachgebrauch verfahren werden kann. Der originale doppelte Bindestrich bei zusammengesetzten Wörtern (z. B. Stadt=Organist) wird nur als einfacher Bindestrich wiedergegeben (Stadt-Organist).

2. Walthers Autographen sind zweischriftig: neben der deutschen Grundschrift bedient sich Walther bei lateinischen, französischen und italienischen Wörtern der lateinischen Schrift, die im Schriftduktus und in einer Reihe von Buchstaben von seiner deutschen Grundschrift abweicht. Die Differenzierung geht sogar so weit, daß Walther bei Lehnwörtern den fremdsprachigen Bestandteil in lateinischer Schrift und die deutschen Flexionsendungen bzw. Vorsilben deutsch schreibt. Allerdings wird das Prinzip der Zweischriftigkeit von Walther nicht uneingeschränkt durchge-

halten. Der Druck gibt die unterschiedliche Schriftgestaltung entsprechend wieder.

3. Über die erwähnte Zweischriftigkeit hinaus weist Walthers Handschrift bei einer Reihe von Buchstaben weitere Binnendifferenzierungen auf, deren Vielfalt jedoch auf den Grundbestand der Druckschrift reduziert werden muß.

4. Im Zusammenhang mit dem Grundsatz, daß der Quellentext in originaler Orthographie in der Neuausgabe wiedergegeben werden soll, treten folgende Problemfälle auf:

a) Für den Buchstaben z bzw. Z benutzt Walther unterschiedslos dasselbe Schriftzeichen. Die Entscheidung über die Wiedergabe in Groß- oder in Kleinschreibung ergibt sich aus dem Kontextbezug bzw. aus der Beobachtung vergleichbarer, eindeutigerer Fälle.

b) Wird Groß- oder Kleinschreibung durch wechselnde Größe des jeweiligen Buchstabens gekennzeichnet – wie etwa bei w/W, f/F, g/G sowie vor allem bei d/D –, läßt der Schriftbefund oft nur eine Ermessensentscheidung zu. Dabei wird wiederum nach Analogie gesicherter Parallelstellen verfahren.

c) Ebenfalls nach dem Analogieprinzip werden Zweifelsfälle von Getrennt- bzw. Zusammenschreibung entschieden.

d) Nach älterer Gewohnheit benutzt Walther die Minuskel v im Anlaut deutscher Wörter noch häufig in vokalischer Funktion (u-Laut), vor allem bei der Abkürzung „v." (= vnd bzw. und). Ähnlich traditionell schreibt Walther mitunter noch „qv" bzw. „Qv". Gestützt auf eine Reihe von autographischen Beispielen für die jüngere Schreibweise mit der Verwendung von u im vokalischen Anlaut und bei qu/Qu in deutscher Schrift, wird die Wiedergabe des Quellentextes zur Vermeidung von Irreführungen (v. = von) auf die modernere Form hin vereinheitlicht.

e) Die Majuskel Ü entbehrt in Walthers Handschrift durchgehend der Umlaut-Striche bzw. -Punkte; zur Unterscheidung gegenüber dem U werden die Umlaut-Zeichen in vorliegender Neuausgabe ergänzt.

f) Während die meisten mit diakritischen Zeichen versehenen Buchstaben in der Regel original wiedergegeben werden können (Akzente, Balken, Cedille, Trema, eü, aü usw.), muß beim deutschen Kleinbuchstaben u im Druck auf den in den Vorlagen vorhandenen, vertikal über das u geschriebenen Strich (oder Keil oder Häkchen) verzichtet werden. Ferner entfallen die in den Manuskripten auftretenden beiden Punkte über der Minuskel y und der Punkt über der Ziffer 1.

g) Originale Ligaturen (z. B. bei ae, AE, oe, ff, fft, st usw.) werden in Einzelbuchstaben aufgelöst.

h) Anführungsstriche, bei Walther zu Beginn einer jeden Zeile des entlehnten Textes jeweils neu gesetzt, erscheinen in vorliegender Ausgabe nur am Anfang und am Schluß des Zitats.

Zu den vorstehend aufgeführten Sachverhalten sei angemerkt, daß zur Walther-Zeit die phonetische Schreibweise vorherrschte und eine verbindliche „Orthographie" im modernen Sinne nicht existierte. Es ist somit durchaus möglich, daß derselbe Text von Walther in unterschiedlicher Schreibweise wiedergegeben werden kann. Für die Neuausgabe bleibt der jeweilige punktuelle Befund maßgebend.

5. Autographische Einfügungen geringen Ausmaßes (Kontextglossen) werden ohne weitere Kennzeichnung an der von Walther zumeist recht eindeutig bezeichneten Stelle in den laufenden Text aufgenommen. Marginalglossen – in der Regel von Walther mit Hilfe eines Einschaltungszeichens (meistens: +) genau placiert – werden durch //...// kenntlich gemacht. Sonstige autographische Korrekturen wie Ausstreichungen oder Darüberschreibungen werden im Sinne des (in der Regel sicher feststellbaren) Gemeinten wiedergegeben. In derselben Weise werden Umstellungen von Wörtern, die Walther durch darübergeschriebene Ziffern kenntlich macht, der Intention des Autors entsprechend vorgenommen.

6. Feststehende Abkürzungen bleiben ebenso wie gelegentliche Wortkürzungen vorlagengetreu erhalten. Ein gesondert mitgeteiltes Verzeichnis informiert über die auftretenden Abbreviaturen und deren Bedeutung; bei den übrigen Kürzungen handelt es sich im allgemeinen um Fälle, deren voller Wortlaut sich ohne weiteres aus dem Sinnzusammenhang ergibt.

Mehrfach bedient sich Walther einiger Kürzelzeichen, die in vorliegender Ausgabe in aufgelöster Form wiedergegeben werden. Folgende Wörter bzw. Silben erscheinen im Autograph gelegentlich oder auch häufiger als Kürzel:

con-	Minuskel c mit einem Haken, der am Kopf des c an- und in einem kräftigen Schwung nach links unten fort- gesetzt wird.
der	(Deutsche) Minuskel d mit einem aufwärts gerichteten Haken an der Oberlängen-Schleife; mit vorgesetztem o auch in der Bedeutung von „oder".
-en	Kleiner abwärts gerichteter Haken im Bereich der Unter- länge, unmittelbar aus dem vorhergehenden Buchstaben herausgezogen.
etc.	Ein p-ähnliches Zeichen (Schlinge auf der Grundlinie mit längerem Abschwung nach links unten), meist mit Punkt dahinter. Es handelt sich wohl weniger um eine Reduktion des Kleinbuchstabens p (= perge: fahre fort!) als vielmehr um die kursiv geschriebene Form der so- genannten „Tironischen Note" für „et". Der erwähnte Punkt wäre dabei als Suspensionszeichen für c(etera) aufzufassen.
nicht	Kleinbuchstabe o (alte Sigle für lat. „non") mit fermaten- ähnlichem Aufsatz; mit hinzugefügtem s auch in der Be- deutung von „nichts".
per	Minuskel p mit waagerecht durchstrichenem Schaft; auch französisch: par.
pro	Minuskel p mit schräg durchstrichenem Schaft.
-rum	Einem liegenden Kreuz ähnliches Zeichen, bei dem ein Balken (von links oben nach rechts unten) eine mehr oder weniger geschwungene Form aufweist.
-us	Hakenförmiges Zeichen, das auf der Grundlinie mit einer punktartigen Verdickung angesetzt und nach links abwärts geführt wird.

Ein Balken über m oder n zeigt die Verdoppelung des jeweili- gen Konsonanten an. Ein Balken über einem Endvokal weist auf die Ergänzung eines Nasals hin (z. B. Romanū = Roma- num, endē = enden).

7. Der Gebrauch des Punktes bei Zahlen im Sinne einer Unter- scheidung von Kardinal- und Ordinalzahlen läßt sowohl Kon- sequenz als auch Eindeutigkeit oder gar Systematik vermissen: offensichtlich vermischen sich bei Walther eine ältere und eine jüngere Schreibweise. Die Edition erfolgt trotzdem quellenge-

treu. Bruchzahlen werden statt in originaler vertikaler Anordnung in horizontaler Abfolge wiedergegeben.

8. Französische Anführungszeichen (› ‹) kennzeichnen jene originalen Textabschnitte, die von Walther durch eine übernormale
Schriftgröße oder durch Unterstreichung hervorgehoben werden.

9. Notenbeispiele werden in modernen Schlüsseln notiert, wobei
ein Vorsatz über die originale Schlüsselung informiert.

ABKÜRZUNGEN – BESONDERE ZEICHEN

a. c.	anni currentis = des laufenden Jahres
an., An.	anno, Anno = im Jahre
a. p.	anni prioris = des vorigen Jahres
c.	capitulum = Kapitel
d.	denarius = Pfennig
d.	die = am Tage; auch: datum = gegeben, geschrieben; auch: den
E. E.	Ein Edler
E. HochEdl.	Ein HochEdler
etc.	et cetera = und so weiter
Ew.	Euer
f., fl.	florenum = Florin, Gulden
g.	genannt
g.	Groschen
G. G.	Geliebt's Gott
G. L.	Gott Lob!
H., Hr.	Herr

Hrn.	Herr(e)n
i. e.	id est = das heißt
lb.	libra = Pfund
l. c.	loco citato = am angegebenen Ort
lib.	liber = Buch
M.	Magister
MH.	Mein Herr
MHn.	Meines (Meinem, Meinen) Herr(e)n
Mr.	Monsieur
Mst.	Manuscriptum = Handschrift
Mstr.	Meister
NB.	Nota bene = wohlgemerkt, übrigens
p.	pagina = Seite
p., P.	pars = Teil
P. S.	Postscriptum = Nachschrift, Nachtrag
qs.	quasi = gleichsam
rdl.	reichsdaler, Reichstaler
rthlr.	reichsthaler, Reichstaler
S.	Sanctus = Sankt, Heiliger
sc.	scilicet = nämlich
St.	Stück(e); auch: Stimme(n)
S. T.	salvo titulo = mit Vorbehalt des (gehörigen) Titels
s. v.	salva venia = mit Verlaub zu sagen
t., T.	tomus = Band
tr., Tr.	tractatus = Abhandlung
u.	und
u. d. g.	und dergleichen
u. s. w.	und so weiter
z. E.	zum Exempel, zum Beispiel
☽	Signum Lunae = Zeichen des Mondes; Silber
♂	Signum Martis = Zeichen des Mars; rot
☿	Signum Mercurii = Zeichen des Merkur; purpur
♄	Signum Saturni = Zeichen des Saturns; schwarz
☉	Signum Solis = Zeichen der Sonne; Gold
♁	Signum Terrae = Zeichen der Erde
♀	Signum Veneris = Zeichen der Venus

CHRONOLOGISCHE ÜBERSICHT

1 Brief an den Gemeindevorstand der Thomaskirche Erfurt
(Erfurt, Juni 1702) 23

2 Brief an den Rat der Stadt Weimar (Weimar, 4. 7. 1707) . 24

3 Brief an Gottfried Heinrich Stölzel, Gotha
(Weimar, 16. 4. 1726) 27

4 Brief an Heinrich Bokemeyer, Wolfenbüttel
(Weimar, 8. 3. 1729) 29

5 Brief an Heinrich Bokemeyer, Wolfenbüttel
(Weimar, 4. 4. 1729) 32
Anlage 1 34
Anlage 2 46

6 Brief an Heinrich Bokemeyer, Wolfenbüttel (8. 6. 1729) . . 56

7 Brief an Heinrich Bokemeyer, Wolfenbüttel (6. 8. 1729) . . 58

8 Brief an Heinrich Bokemeyer, Wolfenbüttel (6. 8. 1729) . . 62

9 Brief an Heinrich Bokemeyer, Wolfenbüttel (3. 10. 1729) . 65

10 Brief an Heinrich Bokemeyer, Wolfenbüttel (26. 10. 1729) . 87

11 Brief an einen unbekannten Adressaten
(Weimar, vor 1730?) 92

12 Brief an Heinrich Bokemeyer, Wolfenbüttel
(Weimar, 6. 2. 1730) 94

13 Brief an Heinrich Bokemeyer, Wolfenbüttel (24. 4. 1730) . 114
Anlage 118

14 Brief an Heinrich Bokemeyer, Wolfenbüttel
(Weimar, 19. 7. 1730) 120

15 Brief an Heinrich Bokemeyer, Wolfenbüttel
(Weimar, 3. 8. 1730) 122
Anlage 125

16 Brief an Heinrich Bokemeyer, Wolfenbüttel
(Weimar, 12. 3. 1731) 132

17 Brief an Heinrich Bokemeyer, Wolfenbüttel
(Weimar, 3. 8. 1731) 138

Anlage 1 147
Anlage 2 147
18 Brief an Johann Mattheson, Hamburg
(Weimar, 4. 8. 1731) 151
Brief von Johann Mattheson an Johann Gottfried Walther,
Weimar (Hamburg, 26. 9. 1731) 158
19 Brief an Heinrich Bokemeyer, Wolfenbüttel
(Weimar, 25. 1. 1732) 152
20 Brief an Heinrich Bokemeyer, Wolfenbüttel
(Weimar, 31. 3. 1732) 156
Anlage 158
21 Brief an Heinrich Bokemeyer, Wolfenbüttel
(Weimar, 4. 8. 1732) 160
22 Brief an Heinrich Bokemeyer, Wolfenbüttel
(Weimar, 1. 10. 1732) 162
23 Brief an Johann Mattheson, Hamburg
(Weimar, 27. 12. 1732) 164
Anlage 164
24 Brief an Heinrich Bokemeyer, Wolfenbüttel
(Weimar, 29. 7. 1733) 166
Anlage zu einem Brief (Weimar, zwischen 1733 und 1736) . 168
25 Brief an Heinrich Bokemeyer, Wolfenbüttel (28. 1. 1734) . 171
Brief von Lorenz Christoph Mizler an Johann Gottfried
Walther, Weimar (Heidenheim, 25. 10. 1734) 177
26 Brief an Lorenz Christoph Mizler, Leipzig
(Weimar, 15. 11. 1734) 174
Anlage 177
27 Brief an Heinrich Bokemeyer, Wolfenbüttel
(Weimar, 27. 1. 1735) 179
28 Brief an Heinrich Bokemeyer, Wolfenbüttel
(Weimar, 19. 4. 1735) 182
29 Brief an Heinrich Bokemeyer, Wolfenbüttel
(Weimar, 3. 8. 1735) 185
Anlage 188
30 Brief an Heinrich Bokemeyer, Wolfenbüttel
(Weimar, 26. 1. 1736) 191
31 Brief an Heinrich Bokemeyer, Wolfenbüttel
(Weimar, 4. 8. 1736) 194

Brief von Lorenz Christoph Mizler an Johann Gottfried
Walther, Weimar (Leipzig, 6. 11. 1736) 201
32 Brief an Heinrich Bokemeyer, Wolfenbüttel
(Weimar, 21. 1. 1737) 198
Anlage 201
33 Brief an Heinrich Bokemeyer, Wolfenbüttel
(Weimar, 1. 8. 1737) 204
34 Brief an Heinrich Bokemeyer, Wolfenbüttel
(Weimar, 24. 1. 1738) 209
35 Brief an Heinrich Bokemeyer, Wolfenbüttel
(Weimar, 30. 7. 1738) 213
36 Brief an Heinrich Bokemeyer, Wolfenbüttel
(Weimar, 3. 8. 1739) 216
37 Brief an Johann Mattheson, Hamburg
(Weimar, 28. 12. 1739) 218
38 Brief an Heinrich Bokemeyer, Wolfenbüttel
(Weimar, 25. 1. 1740) 223
39 Brief an Heinrich Bokemeyer, Wolfenbüttel
(Weimar, 6. 8. 1740) 229
40 Brief an Heinrich Bokemeyer, Wolfenbüttel
(Weimar, 19. 9. 1740) 232
41 Brief an Heinrich Bokemeyer, Wolfenbüttel
(Weimar, 26. 1. 1741) 236
42 Brief an Heinrich Bokemeyer, Wolfenbüttel
(Weimar, 1. 8. 1742) 240
43 Brief an Heinrich Bokemeyer, Wolfenbüttel
(Weimar, 22. 9. 1742) 241
44 Brief an Heinrich Bokemeyer, Wolfenbüttel
(Weimar, 25. 4. 1743) 243
Anlage 245
45 Brief an Heinrich Bokemeyer, Wolfenbüttel
(Weimar, 23. 1. 1744) 247
Anlage 249
46 Brief an Heinrich Bokemeyer, Wolfenbüttel
(Weimar, 6. 8. 1745) 251
47 Brief an Herzog Ernst August von Sachsen-Weimar
(Weimar, 28. 4. 1747) 255

AN DEN GEMEINDEVORSTAND
DER THOMASKIRCHE ERFURT
JUNI 1702

Hochgeehrteste und
werthe Gönner!

Sie wollen sich nicht mißfallen lassen, daß ich anjetzo die Kühnheit nehme mit gegenwärtigen geringen Schreiben zu erscheinen. Denn weil ich vernommen habe, daß durch disceß des Hrn. M. Görners die bey hiesiger Christlichen S. Thomas Gemeinde Organisten Stelle ledig worden; habe nicht umbhin können Ihnen mein sehnliches Anliegen mit gebührender Observanz zu entdecken, und darbey vorzutragen, was gestalten ich nebst dem Studio Philologico der edlen Music, sowol vocaliter als instrumentaliter jeder Zeit obgelegen, und dieselbe also excoliret, daß man mich vor kurtzer Zeit zum Adiuncto Chori I Symphoniaci ernennet hat, welche Stelle aber zu bestreiten Leibes Schwachheit nicht wohl zulaßen will: als gereicht an dieselbe mein dienstliches Bitten, Sie wollen in Ansehung obbedeuter Motiven geneigt geruhen, meine Wenigkeit als einen Einheimischen, vor andern Competitorn mit sothaner Dienstwürde, welche ich vermittelst Göttlicher Assistence genugsam zu versehen getraue, zu belieben und hierdurch einen rühmlichen Weg meiner nicht nur Leibes, sondern auch Glücks Wohlfahrt eröffnen. Denn ich absonderlich entschlossen bin meine Studia, Gottes Ehre, Kirchen und Schulen einstens zu dienen, eyffrigst fortzusetzen. Ich muß zwar gestehen, daß mein Vermögen meinen HochgeEhrtesten Patron und sämtlichen Inspectoribus zu viel zu schwach und geringe ist dergleichen Hohe Beförderung vergelten: Inzwischen werde ich doch mit schuldigsten Danke mich darzustellen, lebenslang gebührender maßen befließen seyn.

Womit seinen Hohen Patron und sämtlichen Inspectoribus den gnadenreichen Obschirm des Allwaltenden Gottes [anwünschet]; sich aber dero fernre Hulde und Gewogenheit demüthigst einschließet,

Johannes Gottofredus Walther
Erfurt.

Dem Wohl-Ehrwürdigen,
Großachtbaren und Hochgelahrten
Herrn Ernesto Gottofredo Häusern,
wohlverdienten Pfarrherrn; wie auch
denen sämtlichen Hrn. Inspectoribus
Ältesten und Vorsteher an der Christl.
evang. Gemeinde zu S. Thomae
meinen zuversichtlichen Beförderern.

I.

Undatiertes Schreiben mit Eingangsvermerk „den 27. Junij 1702." Zum Zeitpunkt der Bewerbung war JGW noch Schüler des Erfurter Ratsgymnasiums; vgl. hierzu und zu seiner musikalischen Vorbildung Br 9 und 37. Über das Anstellungsverfahren sowie den Amtsvorgänger Görner war infolge Verlustes der Akten nichts festzustellen. Als Organisten an St. Thomae nachweisbar sind auch Johann Christoph Graf (nach 1690) sowie Johann Sebastian Bachs ältester Bruder Johann Christoph Bach (etwa 1688), der in einer autobiographischen Aufzeichnung vom 29. Dezember 1700 „eine Schlechte besoldung und Orgelwerk" kritisiert. Die Orgel der Thomaskirche stammte von 1550, ein Neubau erfolgte erst 1727. Zum Ende des Dienstverhältnisses vgl. Br 2.

Lit.: Egel, S. 67 f.; Conrad Freyse, Die Ohrdrufer Bache in der Silhouette, Eisenach/Kassel 1957, S. 83; Die Bau- und Kunstdenkmäler der Provinz Sachsen, Heft 13 (Erfurt), Halle 1890, S. 233 ff.; Adlung B I, S. 226.

2.
AN DEN RAT DER STADT WEIMAR
4. 7. 1707

Edle, Ehrenveste und Wohlweise
insonders hochzuEhrende Patronen
und Beförderer etc.

Dieselben wollen nicht ungütig aufnehmen, daß meine Wenigkeit sich die Kühnheit nimet, gegenwärtige zwar sehr schlechte, jedoch aus sonderbahren Vertrauen geneigter Aufnahme, beglückte Zei-

len an Dieselben abgehen zu laßen. Es verlanlaßet mich hierzu
die durch anderweitige *promotion* des bißhero gewesenen Stadt-
*Organi*stens (als meines vielgeschätzten Gemüth-Freündes) *vacant*
gewordene *Organi*sten Stelle, welche, daß sie hinwiederumb mit
einen tüchtigen *subjecto* möge bestellet werden, der Gottesdienst
allerdings erfordert. Wird dannenhero E. E. Rath, als meine zu-
versichtliche hohe *Patronen*, meiner Wenigkeit hochgeneigt erlauben, sich umb Dero hohes u. vornehmes *Patrocinium*, wegen ermeldter stelle, zu bewerben; auch untern andern sonst verhan-
denen einheimischen *Competenten*, mir, als einen Frembden, sich
zu *naturali*siren, verstatten: sintemal dasjenige, was etwa in Verrichtung eines solchen Amts von einem kan erfordert werden,
nechst göttlicher Hülffe, gnugsam zu *praesti*ren mir getraue. Und
damit nicht durch Stillschweigen wieder die Warheit handele, so
dienet zur gehorsamsten Nachricht, daß ich nicht allein zu Erffurt
nunmehro in das vierdte Jahr eben dergleichen stelle schon beklei-
de, sondern auch über dieses die *musicali*sche *Composition ex professo*, so wohl *theoreticè* als *practicè* emsig *tracti*re, bloß zu mehrern Behulff u. *Sublevamine* eines *Cantoris*, den ich etwa einstens
bekom̄en mögte. Damit aber E. E. Rath nicht auf die Gedancken
gerathen möge, angeführtes weren nur bloße Worte, so habe aus
Vorsicht deßen, dem H. *Cantori Reineccio* etliche *specimina* meiner *simplen Composition*, umb kräfftigerer *Recom̄endation* halber,
einhändigen laßen; bin auch erbötig, nach *emporti*rung dieser
Stelle, zur Beförderung der Ehre Gottes, u. Vergnügung der dasigen ansehnlichen Gemeinde, demselben möglichst u. nach kräff-
ten zu *secundi*ren. Wie nun in *regard* dieses nicht zweiffeln will,
Sie werden mit dero hohen, zwar unverdienten Gunst und Gewogenheit gegen mich abzielen; als werde auch nicht ermangeln in
allersinnlichsten Gegen-Diensten mich *obligat* zu erweisen, der ich
höchlich zu seyn verlange

Weimar den 4 *Julij*.
1707.

Meiner HochzuEhrenden hohen
Patronen und Beförderer
en particulair
gehorsamster
Diener
Johann Gottfried Walther,
Organoedus ad D. Thom:

An
Einen Edlen, Ehrenvesten und
Wohlweisen Stadt-Rath,
der Hochfürstlich Sächs: *Residenz*
Weimar.
unterdienstliches
Memorial.

2.

Bewerbung um die Organistenstelle an der Stadtkirche St. Peter und Paul in
Weimar. Amtsvorgänger war Samuel Heintze. Zum Wirken von JGW in
Erfurt sowie zur Vorgeschichte der Bewerbung nach Weimar vgl. Br 1, 9 und
37. Das Schreiben trägt einen Präsentationsvermerk vom 4. Juli 1707; über
den Fortgang der Verhandlungen ist den Akten folgendes zu entnehmen:
5. Juli – JGW soll sich in 14 Tagen selbst oder durch einen Mittelsmann wieder melden; 25. Juli – nach erfolgter Meldung sollen der Stadtkantor G. Th.
Reineccius sowie S. Heintze eine Privatprobe im Hause des Kantors vornehmen; 26. Juli – Bericht der beiden Prüfer, „daß er der Music und besonders
der Orgel wohl gewachßen wäre"; nachmittags nach 2 Uhr Probe in der Kirche in Anwesenheit des Generalsuperintendenten J. G. Lairitz, des Syndikus
sowie Vertretern des Stadtrats; 27. Juli – Festlegung über den Dienstbeginn
gegen Michaelis mit Rücksicht auf die Trauerzeit nach dem Tode des Herzogs
Johann Ernst (10. Juli); 28. Juli – einmütige Wahl von JGW; 29. Juli – Aus-
stellung der Vokation. Die Namen der Mitbewerber sind aus den Akten nicht
zu ersehen. Zur Probekantate vgl. Br 10.

Nach einem in den Akten gleichfalls vorliegenden Bericht des Konsistoriums
an den Rat vom 20. November 1709 habe JGW „wegen bißheriger Entziehung
der Copulations-Accidentien sich beschweret"; der zugehörige „original An-
schluß", offenbar ein Schreiben von JGW, ist nicht mehr vorhanden.

Lit.: Brodde, S. 7 f.

3.
AN GOTTFRIED HEINRICH STÖLZEL, GOTHA
16. 4. 1726
Autographische auszugsweise Kopie

— Ich muß bekeñen, daß so wol Dero unterm 16 *Febr. a. c.* an
mich abgelaßene weitlaüfftige und sehr wohl ausgearbeitete *De-
duction,* den Gebrauch der *Quintae deficientis* und *superfluae* betreffend, nebst des Hrn. Capellmeisters *Matthesons* Gedancken
von der ersten Gattung *in Addendis ad P. III.* seines *Orchest*ers
vom 773 bis zum 780 Blate (der auf diesem Blate im 2ten Tacte
eingeschlichene Fehler gehöret hieher nicht) mir alle Gelegenheit,
hierauf zu antworten, völlig benoñen haben; daher auch beykoñende Zeilen nicht als eine Antwort, sondern vielmehr als eine
Confirmation anzusehen hiermit erklähre. Da es nun eine ausge-
machte Sache ist, daß *Quinta deficiens* nicht allein *gradatim,* sondern auch *saltuatim* an gewißen Orten und *concurri*renden Umständen nach, *loco bonae et perfectae* (wegen schönern *effect*s) kan
und muß gebraucht werden, sie heiße alsdeñ gleich *Consonantia
imperfecta* oder *Consonantia minus perfecta*; so deücht mich doch,
daß, weil sie in allen von *Mr. Mattheson l. c.* angeführten Exempeln, als von andern guten Meistern gegen die entweder *iñediatè*
oder *mediatè* drauf folgende Grund-Note, ›allezeit‹ sich herunter-
werts beweget, und gleich einer *Dissonanz resolvi*rt wird, sie
auch mehr zu dieser, als jener Claße gezehlt werden könne. (*salvo
tamen doctiorum judicio.*) Und, obgleich aus nur gemeldten braven *Auctoris* beygebrachten Exempeln wieder das von mir ge-
brauchte ›allezeit‹ ein *Excipe* vorzukoñen scheinet, indem er an
zween Orten, neml. im letzten Tacte des 774, und im 2ten Tacte
des 775 Blats die sprungweise angebrachte *Quintam deficientem*
nicht sichtbarl. und *formaliter* gegen die Grund-Note unterwerts
gehen, sondern sie in eine andere, im vorhergehenden Satze aber
NB. *virtualiter* schon steckenden Note aufwerts springen läßet,
so wird doch ohnstreitig das darzu gehörige *Accompagnement* solches bey der drauf folgenden Grund-Note, neml. dem *g* und *es*
(weñ solche Sätze anders wohl lauten sollen) verrichten und *suppli*ren müßen; wiewol in den Mittel-Stiñen, sonderl. im letzten
Exempel, obgleich dieses, nach einem andern Umstande, beßer als

das erste zu seyn erachte, *ratione resolutionis* es nicht allzu *regulair* alsdeñ zugehen dürffte. Ich weiß zwar wohl, daß dasjenige so in den *Extrem*-Stim̄en recht und gut ist, auch allezeit in den Mittel-Stim̄en solcherley sey; aber nicht *vice versâ*, und in diesen eher als in jenen einige ›*raisonable* Nothwendigkeit‹ statt haben könne; doch halte ohnmaßgebl. davor, weñ auch in diesen *legaliter* verfahren wird, eine *Composition* desto angenehmer u. beßer seyn müße. Solchemnach, da alle in- und ausländische gute Componisten die *Quintam deficientem* gegen die Grund-Note durchgängig also, wie im vorhergehenden schon gedacht worden, *disponi*ren; in den Mittel-Stim̄en aber einige, sonderlich *Boivin, Lambert*, und die es mit Ihnen halten, auf eine *Quintam deficientem* eine *perfectam* brauchen, und von andern also gebraucht wißen wollen; als will hiermit meine Meynung, doch ohne jemanden zu *praejudici*ren, Ihnen gantz kurtz eröffnen, nemlich: daß es sehr wohl gethan sey, auf eine *Quintam perfectam* eine *imperfectam* zu setzen und anzubringen, doch so, daß letztere gegen ihren Gegenstand, er stecke wo er wolle, sich gebührend *resolvi*re; aber auf eine *Quintam imperfectam* eine *perfectam*, ohne *raisonable* Nothwendigkeit zu setzen und anzubringen, hierzu wird mich, wegen des Übellauts, so leicht niemand bewegen können, weil solchen Satz für eine *marque* nicht genugsam angewandten Fleißes meines wenigen Orts ansehe; zur *raisonabl*en Nothwendigkeit aber *referi*re solche Sätze, weñ ein einmahl angefangener Gang, der *Quintae deficienti* zu Gefallen, nicht unterbrochen, sondern *propter imitationem continui*ret, und solcher gestallt *Quinta deficiens loco bonae*, so wol gegen den *Bass* als Mittel-Stim̄en, gebraucht, zu dergleichen aber dennoch nicht wird, wie es in *Albinoni* schönen *Sonaten* zum öfftern vorkom̄t. *Quintam superfluam*, und deren Gebrauch belangend, entstehet solcher aus einer *Retardation*, und ist (meines geringen Erachtens) von weniger Erheblichkeit, stößet auch nicht so offt auf, als die *Quinta deficiens*. Hiervon genung! ––

d. 16 *April.* 1726.

3.

Beilage zu Br 6. „Matthesons Gedancken ..." finden sich in dessen Schrift „Das | Forschende Orchestre, | oder desselben | Dritte Eröffnung. | ... | Hamburg ... 1721." auf S. 773 unter dem Titel „Rationes, cur Hemidiapente Consonantiis, etsi imperfectis, annumeranda, Quartæ vero, cœterisque Dissonantiis omnimodo præponenda sit, hæ sunt:"; S. 774 bis 781 folgen Beispiele. Zu den theoretischen Schriften von Boivin und Saint Lambert vgl. Br 5, Anlage 1, Abschnitt 3, Nr. 3, 8 und 9. Der Empfänger des Briefes ist aus Br 17 zu erschließen.

Lit.: Schünemann, S. 110.

4.

AN HEINRICH BOKEMEYER, WOLFENBÜTTEL

8. 3. 1729

Hoch-WohlEdler, Großachtbar u.
Wohlgelahrter,
Insonders Hochgeehrtester Herr,

Ew. Hoch-WohlEdl. wollen gütigst erlauben, daß, als ein unbekañter mir die Ehre nehme, *Ihnen* mit gegenwärtigen Zeilen ergebenst aufzuwarten. *Sie* werden aus beykom̃enden geringen *Scripto*, als dem Anfange eines *musicali*schen *Lexici*, und der Probe der künfftighin G. G. zu *edir*enden Buchstaben, meine *intention* völlig ersehen; nachdem nun der Buchstabe B von 13 1/2 geschriebenen Bogen zum Druck zwar parat liegt; ich aber, unter andern, auch von *Dero* geehrtesten Person mehrere Lebens-Umstände, als bereits in des Hrn. Capell-Meister Matthesons *Critica Musica* angeführt worden sind, gerne haben und der *musicali*schen Welt mittheilen möchte; als will hierdurch, und bey dieser gantz unverhofft mir aufgestoßenen Gelegenheit, (welche erst nach 14 Tagen oder 3 Wochen *retournir*en wird), Ew. Hoch-WohlEdl. *sum̃ari*sches *Vitae curriculum* gehorsamst ausbitten, um solches, mit Dero Genehmhaltung, an gehörigen Ort einrucken zu können, mit dem Anhange: Ew. Hoch-WohlEdl. wollen nurgedachter Gefälligkeit noch diese

29

ohnbeschwer beyfügen, und, nach anderer Gönner Exempel, zu diesen bereits gedruckten Bogen Liebhaber u. Kauffer Ihres Orts gütigst *procuri*ren, durch zurückgehende Gelegenheit die Anzahl derselben mir wißen laßen, und sodañ die verlangende *Exemplaria* fördersamst erwarten. Solte, wieder Vermuthen, den Hrrn. *Musicis* an Ihrem Hofe hiermit nicht gedienet seyn, dörffte doch andern Lehrbegierigen Anfängern und Schülern ein Gefallen damit geschehen. Das *Exemplar* kostet 2 g. Weñ nun einige u. fein viele Liebhaber sich finden solten, würde das *porto* Ihnen ein weniges zu stehen kom̃en.

Sonsten wünsche auch, bloß aus Liebe zur Music, und das Andencken berühmt gewesener *Musicorum* bey den Nachkom̃en, so viel möglich, zu erhalten, aus denen in der Hochfürstl. Bibliothec bey Ihnen verwahrlich aufbehaltenen gedruckten *musicali*schen Wercken die nöthigsten Umstände, als (1. der *Auctorum* völligen Nahmen, (2. deren Vaterland, (3. *Function*, (4. den Titul, (5. den Ort, (6. das Jahr, und was sonsten die *Praefationes* u. *Dedicationes* merckwürdig angeben möchten, zu überkom̃en; solten nun Ew. Hoch-WohlEdl. auch hierzu mir behülfflich seyn können, würde es mich sehr erfreüen, und, wie billig, *encouragi*ren, die davor zu erlegende *Copiales* danckbarlichst zu erlegen. Unter Erwartung hochgeneigter Willfahrung, bin zu allen möglichsten Gegen-Diensten bereit, verbleibende inzwischen

Hoch-WohlEdler,
Insonders Hochgeehrtester Herr u. Gönner
Ew. Hoch-WohlEdl.

ergebenster
J. G. Walther.

Weimar *d. 8 Martii,* 1729.
in höchster Eil
P. S. An den Hrn. Capell-Meister Schurmañen bitte unbekañter weise meine gehorsamste Empfehlung bey Gelegenheit zu machen; vielleicht kañ durch Selbigen mein Ansiñen *facil*irt werden. Deßen *vitae curriculum desideri*re gleichfalls.

4.

Der offensichtlich früheste Brief von JGW an Heinrich Bokemeyer. Mit dem „geringen Scripto" ist der folgende Druck gemeint: „Alte und Neue | Musicalische Bibliothec, | Oder | Musicalisches | LEXICON, | Darinnen | Die Musici, so sich bey verschiedenen Natio- | nen durch Theorie und Praxin hervor gethan, nebst ihren | Schrifften und andern Lebens-Umständen; | ingleichen | Die in Griechischer / Lateinischer / Italiänischer und | Frantzösischer Sprache gebräuchliche Musicalische Kunst- oder sonst dahin | gehörige Wörter, nach alphabetischer Ordnung vorgestellet, erklähret und | beschrieben werden. | Allen Music-Liebhabern | und Ergebenen zu nützlichem Gebrauch | Stück-Weise ausgefertiget und mitgetheilet | von | Johann Gottfried Walthern, | Fürstl. Sächsis. Hof-Musico und Organisten zu S. Petri | und Pauli in Weimar. | Zu finden hieselbst bey dem Verfasser. | Gedruckt zu Erffurt bey David Limprechten, Herrschafftl. Buchdr. 1728."

Die „Probe der . . . zu edirenden Buchstaben" muß handschriftlich vorgelegen haben. Zum Plan, das Musiklexikon in Lieferungen erscheinen zu lassen, vgl. Br 10. Einige wenige Angaben über Bokemeyers „Lebens-Umstände" finden sich in J. Matthesons „Critica Musica", Bd. I, Pars IV, 9. Stück (erschienen vermutlich im Januar 1723), S. 235. Auf Bokemeyers umgehend eingesandtem „Vitae curriculum" (vgl. Br 5) fußt sicherlich der in Br 9 wiedergegebene Text, der fast wörtlich im betreffenden Artikel des WL wiederkehrt. Zur Förderung des WL waren nicht nur der Musikalienbestand der „Hochfürstl. Bibliothec" geeignet, sondern auch die privaten Sammlungen von Bokemeyer und besonders von Georg Österreich, deren Existenz JGW zu Beginn des Briefwechsels jedoch noch nicht bekannt gewesen sein wird. Walthers Wunsch nach einem „vitae curriculum" von G. C. Schürmann blieb unerfüllt.

Lit.: Schünemann, passim; Kümmerling, passim; Wolfgang Schmieder und Gisela Hartwieg, Kataloge der Herzog-August-Bibliothek Wolfenbüttel. Die neue Reihe. Musik. Ältere Drucke bis etwa 1750, Frankfurt a. M. 1967 (Kataloge der Herzog-August-Bibl. Wolfenbüttel. 12. 13).

AN HEINRICH BOKEMEYER, WOLFENBÜTTEL
4. 4. 1729

Mein Herr,

Auf gegebene Erlaubniß bediene mich hiermit einer doppelten Freyheit: als erstl. ohne sonst gewöhnliche, und Ihnen allerdings gehörige Titulatur, und sodañ mit den verlangten 50 *Exemplari*en meiner Schwachheit, welche im geringsten nicht als ein Zeichen *affecti*render Geschicklichkeit, noch sonst etwas, sondern bloß als ein kleines Bestreben nützlicher Nachrichten von musicalischen *terminis* u. Personen, angesehen haben will, zu erscheinen; nebst diesem, bin Ihnen so wol für den mir eigenthümlich überlaßenen weitlaüfftigen, und merckwürdigen 50jährigen Lebens-Lauff, (zu welchem Gott noch viele Jahre, und in solchen vieles Gute, setzen wolle!) als die übrigen gedruckte *pieces* gar sehr verbunden. Den ersten werde gantz kurtz, und zwar begehrter maßen, so, daß es niemand erfahren soll, woher solche Nachrichten bekoñen, zu *employ*ren wißen; wegen der letztern, sonderl. geschriebenen Satyren, und mit dem Hrn. Capell-Meister *Mattheson* gewechselten Briefe aber, habe hierdurch mich zu erkundigen: ob selbige gleichfalls behalten, oder (wie vermuthe) *remitti*ren solle? Es ist ein und anderes daraus zu erlernen; dabey aber billig zu bedauren, daß zum öfftern redlich gesoñener Leüte wohlgemeynte Absichten ungleich aufgenoñen, und der sonst daher zu hoffende Nutzen auch bey andern gehindert wird. Damit aber auch ich, wegen zu übernehmender Bemüh- und *distrahi*rung obgedachter Exemplarien, nur einiger maßen danckbar seyn möge, übersende hiermit etliche zum beliebigen Gebrauch u. Eigenthum *destini*rte Kirchen- und andere Stücke meiner geringfügigen so wol mittlern, als neüern Arbeit. Von der ersten Gattung sind folgende: (1. Ich hebe meine Augen auf etc. (2. *Resonate jubila* etc. u. (3. Lobsinget ihr Christen etc. als welche vor mehr als 10, und demnach in den mittlern Jahren von an. 1702, (als in welchem die musicalische *Composition* zu erlernen angefangen) gesetzt habe; von der zweyten Gattung aber sind die drey übrigen Stücke, und insonderheit ist das *Kyrie eleison* eins von den 6, so erst vorm Jahre, aus gewißen Ursachen, verfertiget. (Deñ es ist meines Amts nicht, dergleichen zu machen; sondern ich habe vielmehr, als Organist, Ursache, mich auf Vorspiele über Choral-Lieder zu legen.) Solte dieses *Kyrie* anständig, und bey Ihnen (gleichwie hier) zu gebrauchen seyn, stehen die übrigen 5 gleichfalls zu Diensten; welche, weñ sie mit Stiṁen und Instrumenten starck besetzt werden, auch eine Oboé den *Discant accompagni*ret, einen (wie mich düncket) nicht unebenen, und vielleicht beßern *effect*, als manche in *stylo luxuriante* gesetzte Sachen, thun. An die, auf Sr. *Excellenz* des bisherigen Ober-Hof-Marschalls alhier, Hrn. Fried: Gotthilff von Marschall, sonst Greiff genañt, am 6ten May an. 1727 gehaltenes Beylager verfertigte *Cantata*, war in dem *Carmine*, über die in der mittlern Arie befindlichen Worte: ›Keüscheste Flaṁen breñt ewiglich fort!‹ ein 6stiṁiger *Canon infinitus* gedruckt, welchen hier, in Ermangelung eines Exemplars, (womit sonst gerne aufwarten wolte) mit beyschreiben wollen, zum Beweiß, daß es doch dergleichen Art gäbe, in welcher alle Stiṁen zugleich miteinander unmöglich aufhören, und demnach einen *typum* der Unendlichkeit darstellen können. Eben diese *Cantata* u. *Canonem* habe dem Hrn. *Mattheson* in Partitur zugesendet, und über beydes ein gar *favorable*s *judicium* von Selbigem wieder denjenigen, welcher, weiß nicht was an der *Cantata* (deñ vom letztern verstehet der gute Freünd *sc.* ohnedem gar nichts) aus Neiden aussetzen wollen, erhalten. Er hat auch an verwichener *Michaëlis*-Meße eben gegenwärtiges *Kyrie*, nebst noch 2 andern, auf Verlangen von mir bekoṁen, worüber deßen *sentiment* noch erwarte. Daß aber MHn. mit solchen behellige, geschiehet um so viel mehr, als glaube, daß Sie nicht alle *Consideration* vor die *canon*ische Arbeit werden abgelegt haben; eben in der Hoffnung übersende hiermit noch ein paar andere *specimina*, woraus zu ersehen ist, daß man solcherley Arbeit nicht bloß in den Schulen an der Tafel, sondern auch in Kirchen gar wohl brauchen könne. Es folgen auch hierbey zweene *Catalogi*. Der eine wird zeigen, was für *theoreti*sch-musicalische Bücher zum theil selbst in *original*, und was für *Excerpta* aus andern hieher gehörigen besitze, zur dienstl. Nachricht, daß in Aufzeichnung der mir ausgebethenen *Document*en hieriñen nicht vergebliche Mühe gemacht, und dasjenige, so bereits habe, nochmahls ergriffen werden möge. Diesem sind diejenigen *Scribent*en beygefüget, in welchen von mehrern *Auctoribus Musicis* hoffentl. Nachricht zu finden seyn wird; der zweyte *Catalogus* aber stellet diejenigen *Musicos Practicos* dar, von welchen die schon bewusten u. in meinem vorigen Schreiben gemeldete Umstände, insonderheit aber *Patriam* u. *Functionem desideri*re. Ich will demnach um gütigste Besorgung beyder stücke nochmahls ergebenst bitten, um die noch leeren Stellen vollend ausfüllen zu können. Solten, außer diesen, auch einige Lebens-Umstände vom seel. Hrn. Dietrich Leydingen (als von deßen Clavier-Arbeit verschiedenes besitze) u. deßen noch lebenden Sohne, die Kirche an welcher beyde gestanden ist mir auch unbekañt, ferner vom seel. Hrn. Delphin Struncken, Jacob Bällschen, Hrn. Joh: Dietrich Druckenmüllern, den beyden Hrn. Hurlebuschen, Hrn. Österreichen, u. dem Hn. Capell-Meister *Bernhardi* (welcher vielleicht derjenige ist, deßen u. seiner Arbeit im Holländischen *Catalogo* gedacht, u. dabey erwehnet wird: Er heiße mit dem Vornahmen *Bartolomeo*, sey ein *Accademico Filarmonico*, u. *Violin*ist am Dänischen Hofe) aufgetrieben werden können, würde es mir und andern gleichfalls sehr lieb seyn. Schlüßl. möchte wohl wünschen (weñ mich anders verbeßern köñte) gar bey Ihnen zu leben, weil mein schönes Orgel-Werck, wegen des vor nunmehro fast 2 Jahren angefangenen, aber leyder! ins Stecken gerathenen Kirchen-Baues, über den dritten Theil abgetragen worden ist, weswegen ich gar sehr verlegen bin, daß Gott und einer Gemeinde nicht so, wie es seyn köñte, u. auch ich gerne wolte, dienen kan; da deñ in der Nähe bey aller Gelegenheit zeigen würde, daß, gleichwie überhaupt eines jeden, also insonderheit eines rechtschaffenen u. behülfflichen Mañes, dergl. an Meinem Herrn gefunden habe, sey

aufrichtig-ergebenster Diener
J. G. Walther.

Weimar, *d. 4 Aprilis,*
1729.

[Anlage 1:]

Catalogus librorum theoretico-musicorum,
quos possideo.

in folio.

(1. *Kircheri Musurg:*
(2. — Hall- u. Ton-Kunst.
(3. *Zarlini Istitutioni Harmoniche.*
(4. *Vannei Recanetum de Musica aurea.*
(5. *Galilei Dialogo della Musica antica e moderna.*
(6. Murschhausers *Academ: Musico-Poëtica.*
(7. — Fundamentalische Handleitung zur Figural- u. Choral-Music.
(8. Uhlichs kurtze Anleitung zur Singekunst.
(9. Pulsnitzische Orgel-Beschreibung.
(10. *Vossii (Ger: Joan:)* Tr. *de Mathesi. it. de Artis Poët. natura.* // *Poëticas Institut: lib: 3.* ferner *de Imitatione cum Oratoria, tum praecipuè Poëtica; itaque Recitatione Veterū liber. it. de Veterū Poetarū temporibus lib. 2.* //

in 4to.

(1. *Aquivivi Disputat: lib. 4. in Plutarchi Chaeronei, de Virtute morali, praecepta.*
(2. *Tevo Musico Testore.*
(3. *Bononcini Musico Prattico.* 1. u. 2 Th.
(4. *Penna Albori Musicali.*
(5. *Bonanni Gabinetto Armonico.*
(6. *Berardi (Angelo) Documenti Armonici.*
(7. *Praetorii Syntagma Musicum.*
(8. *Volupii Decori Architectonice Musices.*
(9. *Meibomii Antiquae Musicae Auctores* 7.
(10. *Ptolemaei Harmonicorum lib. 3*
(11. *Matthesonii Opera omnia.*
(12. Werckmeisters *Opera,* außer das: vom Lobe der Music.
(13. *Keyrlebers 2 Canones* in Kupffer.
(14. Treibers *Programa: de Musica Davidica, it: de Discursibus per urbem cum Musica nocturnis.*
(15. Preüßens *Observationes Musicae.*
(16. Bendelers *Directorium Musicum.*
(17. Gumpelshaimers *Compend: Music:*
(18. *Walliseri Music: Figural:*
(19. Neidthardts Temperatur.
(20. — *Sectio Canonis Harmon:*

35

(21. Fockerodts Musical: Unterrichts 1. 2. u. 3 Theil.

(22. Beers *Bellum musicum.*

(23. — *Ursus vulpinatur.*

(24. Vockerodt vom Mißbrauch der freyen Künste.

(25. — Zeügniß der Warheit.

(26. Elmenhorsts *Dramatologia.*

(27. Herbsts *Musica Poëtica.*

(28. — *Arte Prattica et Poetica.*

(29. — *Musica moderna Prattica, overo maniera del buon Canto.*

(30. *Simonis de Quercu Opuscul: Mus:*

(31. Printzens *Opera omnia.*

(32. Buttstedts *Ut re mi fa sol la.*

(33. *Gasparini l'Armonico Prattico.*

(34. *Matthaei* Bericht von den *Modis Mus:*

(35. *Lippii tres Disputat: de Musica.*

(36. *Zeidleri Ternarius Musicus.*

(37. *Caldenbachii Dissertatio Musica.*

(38. *Gibelii Introductio Musicae theoreticae didacticae.*

(39. Crügers *(Joh:) Musicae Praecepta brevia, et exercitia pro tyronibus varia.*

(40. Heinichens Anweisung zum G. B. NB. Die alte u. neüe *Edition.*

(41. Görlitzische Orgel-Beschreibung u. Einweyhungs-Predigt.

(42. Musicalischer Trichter. (Fuhrmañs)

(43. Feyertags *Syntaxis minor.*

(44. Niedtens Musical: Handleitung 1. 2. u. 3ter Theil.

(45. Stierleins *Trifolium musicale.*

(46. *Thuringi Opusculum bipartitum.*

(47. *Reischii (Georg:) Margarita Philosoph:*

(48. Tils (Salom:) Dicht- Sing- u. Spiel-Kunst der Alten.

(49. *Lossii (Lucae) Psalmodia.*

(50. *Demelii Tyrocinium Musicum.*

(51. *Rentschii Disput: ex Mathematicis de Musica.*

(52. *Pfeifferi (Joan: Philippi) Antiquitat: Graec: Gentilium.*

(53. Bendelers *Organopoeia.*

(54. *Boëthii de Musica lib: V.*

(55. Wagenseils Tr. von den Meister-Sängern.

(56. *Memoria Joan: Kuhnau.*

(57. Stöltzel vom *Canone perpetuo.*
(58. Eisenhuts Musicalisches Fundament.

)in 8vo.(

(1. *Baryphoni Plejades Music:*
(2. *Calvisii Melopoeia.*
(3. *Boivin traité de l'accompagnement pour l'Orgue et pour le Clavessin.*
(4. *Bartholi (Abrah:) Musica Mathemat:* geschrieben, ohne zu wißen: wer der *Auctor* gewesen, u. wo es gedruckt.
(5. *Plutarchi Comentar: de Musica.*
(6. *Cassiodorus de Musica.*
(7. *Lavineta (Bernh. de) de Musica.*
(8. *Saint Lamberts Principes du Claveçin.*
(9. *— Traité de l'accompagnement du Clavecin, de l'Orgue &c.*
(10. *Brossard Dictionaire de Musique.*
(11. *Fregii Paedagogus.*
(12. *Wilfflingbeders Teütsche Musica.*
(13. *Agricolae (Martini) teütsche Musica.*
    — Rudimenta Musices.
(15. *— Musica instrumentalis.*
(16. — von der Figural-Music.
(17. — von den *Proportionibus.*
(18. *Olearii* Lieder-Schatz.
(19. Beers Musicalischer *Discurse* 1 Theil.
(20. *— Ursus murmurat.*
(21. Lorbers Lob der Music.
(22. — Vertheidigung der edl. Music.
(23. Motzens vertheidigte Kirchen-Music, 1. u. 2 Theil.
(24. Hirschens *Extract* aus *Kircheri Musurg:*
(25. Ahlens (Joh. Georg) Frühlings- Sommer- Herbst- u. Winter-Gespräche.
(26. Ahlens (Joh: Rudolph) Anleitung zur Singe-Kunst.
(27. *Steffani* Sendschreiben, verteütscht durch Werckmeistern. Wo er in Diensten gestanden möchte gerne wißen?
(28. *Buliowsky de emendatione Organi.*
(29. *Gruberi (Erasmi) Synopsis Musica.*
(30. *Schnegassii Isagoge Musicae.*

37

(31. — *Monochordi dimensio.*

(32. *Lossii (Lucae) Erotemata Musicae.*

(33. *Listenii (Nicol:) Musica.*

(34. *Lampadii Compend: Mus:*

(35. *Janowkae Clavis ad Thesaurum magnae artis Musicae.*

(36. *Vulpii Musicae Compend: M. Henrici Fabri.*

(37. David Funckens *Compend: Mus:*

(38. *Heinrici (Mart:) Myrti Ramus* 2 Theile.

(39. *Rhau (Georg) Enchiridion utriusque Musicae.*

(40. Qvitschreibers Music-Büchlein.

(41. *Matthesons Orchestre* 1. 2. u. 3 Theil.

(42. *Demantii Isagoge Artis Musicae.*

(43. Wetzels *Hymnopoeographia.* 1. 2. 3 Th.

(44. *Gibelii* Bericht *de Vocibus Musicalibus.*

(45. *Vossii (Isaaci)* Tr. *de Poëmatum cantu et viribus Rhythmi.*

(46. *Papius de Consonantiis.*

(47. Scheibels (Gottfr. Ephraim) Zufällige Gedancken von der Kirchen-Music.

(48. *Raselii Hexachordum.*

(49. *Beurhusii Erotemata Musicae.*

(50. *Grimarest Traité du Recitatif.*

(51. *Rousseau Methode claire, certaine et facile pour aprendre à chanter la Musique.*

(52. Barons Untersuchung des Instruments der Laute.

(53. Meyers (Joachim) Gedancken von der Kirchen-Music.

(54. — Hamburgischer *Criticus sine crisi.*

(55. *Pfreumbderi* Unterweisung der Singekunst.

(56. Amerbachers Anweisung zur *Vocal*-Music.

(57. Langens (J. Casp:) *Methodus in artem Musicam.*

(58. *Erhardi (Laurentii) Compendium Musices Latino-Germanicum.*

(59. Hasens gründl. Einleit. in die Music.

(60. *Puteani Pallas modulata.*

(61. — *Iter Nonianum.* es sind excerpta geschrieben.

(62. *Liberati (Antimo) Lettera.*

(63. *Todini Galleria Armonica.*

(64. *Ornithoparchi Micrologus.*

(1. *Miri Musica Sacra.*
(2. Kuhnauens Musicalischer Quacksalb.
(3. *Lippii Synopsis Musica &c.*
(4. *Crugeri (Joh:) Synopsis Musica,* doppelt in 4to u. 12mo.
(5. *Mylii Rudimenta Musices.*
(6. *Bartholinus de Tibiis Veterum.*
(7. *Magius de Tintinnabulis.*
(8. *Lampe de Cymbalis Veterum.*
(9. *Bonnet Histoire de Musique.* samt denen noch darzu ge-
kōmen 3 andern Theilen, in *8vo.*
(10. *Calvör (Casp:) Panegyr: de Musica Ecclesiastica.*
(11. Trost (Joh: Casp.) Beschreibung des Weissenfelß: Orgel-
Wercks.
(12. *Alardus (Lampertus) de Veterum Musica.* samt *Pselli Com-
pendi. Mus.*
(13. *Marino Dicerie Sacre.*
(14. *Banni (Alberti) Dissertatio Epistolica de Musicae natura,
origine, progressu. &c.*
Hierzu kōmen die *Excerpta* aus folgenden *Auctoribus.*

(1. *Vitruvii lib. 10. de Architectura.*
(2. *— Lexico.*
(3. *Philostrati Vita Apollonii.*
(4. *Garzoni Piazza Universale.*
(5. *Meursii Laconicis.*
(6. *— Atticis Lectionibus.*
(7. *Cragii (Nicol:) Republ: Lacedaem:*
(8. *Tiraquelli (Andr.:) Annotat: in Geniales Dies Alexandri
ab Alexandro.*
(9. *— Cōmentar: de Nobilitate.*
(10. *Acronis, Mancinelli, et Landini Notis in Horatium.*
(11. *Begeri (Laur:) Thesauro Brandenburg:*
(12. *Bisciolae (Laelii) Horis subcesivis.*
(13. *Beyerlinckii (Laur:) Theatro vitae hum.*
(14. *Stuckii (Joan: Guil:) Antiquit: conviv:*
(15. *Elssii (Phil:) Encomiastico Augustin:*
(16. *Balei (Joan:) Scriptoribus Britanniae.*
(17. *Swertii (Franc:) Athenis Belgicis.*

(18. *Alegambe (Phil:) Biblioth: Scriptorum Soc. Jesu.*
(19. *Pantaleonis (Henr:) Prosopographia.*
(20. *Gaddii Scriptoribus non Ecclesiasticis.*
(21. *Antonii (Nicol:) Bibliotheca Hispana.*
(22. *Clementis Alexandrini Operibus.*
(23. *Chassanaei (Barth:) Catalogo gloriae mundi.*
(24. *Dionis Chrysostomi Orationibus.*
(25. *Pollucis (Julii) Onomastico.*
(26. *Politiani (Angeli) Operibus.*
(27. *Bulengeri* Tr. *de Theatro.*
(28. *Gesneri (Conr:) Bibliotheca.*
(29. *Hyde (Thom:) Catalogo Bibliothecae Bodlejanae.*
(30. *Rhodigini (Lud: Coel:) Lectionibus antiquis.*
(31. *Pausaniae Descriptione Graeciae.*
(32. *Plinii Historia naturali.*
(33. *Menagii (AEgidii) Observat. in Diogenū Laertium.*
(34. *Bonae (Joan:) Rebus Liturgicis.*
(35. *— Divina Psalmodia.*
(36. *Pancirolli (Guid:) Rebus memorabilibus.*
(37. *Dempsteri (Thom:) Paralipom: in Rosini Antiquit.*
(38. *Superbi (Agostino) Apparato de gli Huomini illustri della Città di Ferrara.*
(39. *Wittenii (Henningii) Diario Biographico.*
(40. *Natalis Comitis Mythologia.*
(41. *Scaligeri (Josephi) Annotat: in Orphei Hymnos.*
(42. *Catalogo Bibliothecae Thuanae.*
(43. *Majoragii Orationibus.*
(44. *Allatii Apibus Urbanis.*
(45. *Wenceslai Philomatis de nova domo Musica plana.*
(46. *Erici (Joh. Petri) Principio Philologico.*
(47. *Foxii (Sebast:) de Regni, Regisque institutione.*
(48. *Osorii (Hier:) de Regis institut: et disciplina.*
(49. *Cave (Guil:) Chartophylace Ecclesiast.*
(50. *Scaligeri (Jul: Caes:) Poetica.*
(51. *Genialibus Diebus Alexandri ab Alexandro.*
(52. *Vives (Joan: Lud:) de causis corruptarum artium*
(53. *Solini (Julii) Polyhistore.*
(54. *Apuleji Floridis.*

(55. *AEliani Varia Historia.*
(56. *Majoli Diebus canicularibus.*
(57. *Luscinii (Ottom:) Musurgia.*
(58. *Cardani rerum varietate.*
(59. *Glareani Dodecachordo.*
(60. *Kircheri Magnetismo.*
(61. *Roberti de Fluctibus utriusque Cosmi Historia.*
(62. *Bedae Musica Theoretica, et Quadrata.*
(63. *Lipenii (Mart.) Bibliotheca Philosoph:*
(64. *Junii (Adriani) Nomenclatore.*
(65. *Martinii (Matth:) Lexico Philologico.*
(66. *Speelmanni (Henr:) Archaeologo.*
(67. *Volaterrani (Raph:) Comentario Urban.*
(68. *Photii Bibliotheca.*
(69. *Vegetii Re militari.*
(70. *Castiglione (Baldass: de) Corteggiano.*
(71. *Graevii (Abrah:) Histor: Philosophica.*
(72. *Vopisci Aureliano.*
(73. *Apollodori Bibliotheca.*
(74. *Doni (Anton. Francesco) Libraria.*
(75. *Catalogo Bibliothecae Duboisianae.*
(76. *Freheri Theatro.*
(77. *D. Bernhardi Epistola super Antiphonarium Cisterciensis Ordinis.*
(78. *Possevini (Anton:) Bibliotheca Selecta.*
(79. *Falsteri Quaestionibus Romanis.*
(80. *Callimachi Hymnis.*
(81. *Bedfort (Arthur) Temple Musick.*
(82. *Mersenni (Marini) Quaestionibus et Comentar: in Genesin.*
(83. *Pocciantii Catalogo Scriptorum Florentinorum.*
(84. *Morigia Nobiltà di Milano.*
(85. *Tassoni Pensieri diversi.*
(86. *Scaligeri (Josephi) Comentar: in AEtnam, Copam, et Manilii Sphaeram.*
(87. *François Essay des Merveilles de Nature.*
(88. *Masini Bologna Perlustrata.*
(89. *Ferrarii Originibus Linguae Italicae.*
(90. *Ménage Dictionaire Etymologique.*

(91. *Caseneuve Origines de la Langue Françoise.*

(92. *Augustini lib. 6 de Musica.*

(93. *Fabricii Bibliographia Antiqua.*

(94. *— Bibliotheca Graeca.*

(95. *Actis Eruditorū Lipsiensibus.*

(96. *Jacobi le Long Bibliotheca sacra.*

(97. *Bibliotheca Coirliniana.*

(98. *Bartolocrii Biblioth: magna Rabbinica.*

(99. *Costures (des) Morale universelle.*

(100. *Furetiere Dictionaire Universel.*

(101. *Casalii ritu nuptiarum, ac de jure connubiali Veterum.*

(102. *—Lucubratione de Tragoedia et Comoedia.*

(103. *Laurentii Collectione de Praeconibus, Citharoedis.*

(104. *Scaligeri (Julii Caesaris) Comentat: de Comoedia et Tragoedia.*

(105. *Meursii (Joan:) Collectaneis de Tibia.*

(106. *Musonii Luxu. Graecorum.*

(107. *Meursii (Joan:) Orchestra.*

(108. *Baccii (Andr:) de Conviviis antiquorum.*

(109. *Laurentii Tr. de Conviviis, Hospitalitate, &c.*

(110. *Fabri (Tanaquilli) Vitis Poetarum Graecorum.*

(111. *Barberii Miseria Poetarum Graecorum.*

(112. *Wowerii (Joan:) tract. de Polymathia.*

(113. *Meursii (Joan:) Bibliotheca Graeca.*

(114. *— Bibliotheca Attica.*

(115. *Causei (Mich: Angel:) Insignibus Pontif: Max:*

(116. *Bacchini Dissertat: de Sistris.*

(117. *Tollii Dissertat: de Sistrorum varia figura.*

(118. *Ferrarri (Fr. Bern:) Acclamatione Veterum.*

(119. *Pexenfelderi Apparatu Eruditionis.*

(120. *Giornale de Letterati d'Italia.*

(121. *Mercure Galant.*

(122. *Capaccii (Jul: Caes:) Forastiero.*

(123. *Journal des Sçavans.*

(124. *Galleria di Minerva.*

(125. *Andrea (Valerii) Biblioth: Belgica.*

(126. *Arisii Cremona literata.*

(127. *Sixti Senensis Biblioth: Sacra.*

(128. *Paschii Juventis novo-antiquis.*
(129. *Bibliotheca Telleriana.*
(130. *Mandosii Bibliotheca Romana.*
(131. *Mongitoris Bibliotheca Sicula.*
(132. *Picinelli Ateneo dei Letterati Milanesi.*
(133. *Calvi Scena Letteraria degli Scrittori Bergamaschi.*
(134. *Cozzando Libraria Bresciana.*
(135. *Montfaucon l' Antiquité etc.*
(136. *Oldoini Athenaeum Romanum.*
(137. *Alberici Catalogo degli Scrittori Venetiani.*
(138. *Bartholini Scriptis Danorum.*
(139. *Molleri Hypomnemat: Hist: Crit.*
(140. *Oldoini Athenaeo Augusto.*
(141. *-- Athenaeo Ligustico.*
(142. *Pignorii tract: de Servis.*
(143. *Maurolyci Opuscul: Mathem:*
(144. *Goclenii Lexico Philosoph.*
(145. *Calcagnini Operibus.*
(146. *Caroli du Fresne Glossario.*
 147 *Verdier Bibliotheque.*

Hierzu kom̄t noch *Draudii Bibliotheca Classica* u. *Exotica*, welche gedruckt besitze.

Aus nachstehenden Büchern, weñ sie anders in der Hochfürstl. Bibliothec bey Ihnen anzutreffen, und Nachrichten von *Musicis* dariñ befindlich seyn solten, möchte mir (gegen Erlegung der *Copialium*) die *Excerpta* gehorsamst ausbitten!

(1. *Galeotti (Bartolomeo) degli Huomini illustri di Bologna.*
(2. *Amadi (Francesco) Nobiltà di Bologna. Cremon: 1588.*
(3. *Croix (de la) du Maine Bibliotheque de France.*
(4. *Herrera (Thomae de) Alphabetum Augustinianum.*
(5. *Torelli Saecul: Augustinianum.*
(6. *Joan: Baptist: de Lezana Annales B. V. de Monte Carmelo.* Rom: 1656.
(7. *Fornarii (Jos: Maria) Anno memorabile de' Carmelitani. Mediol. 1688.*
(8. *Razzii (Seraph:) Histor. Vir. illustr: Ord: Praedicat:*
(9. *Contratae (Angeli Roccae) Bibliotheca Angelica omniũ artium ac scientiarũ generibus refertissima. Romae 1608.*

(10. *Bibliotheca Bultelliana.*

(11. *Bibliotheca Cardinal: Imperialis.*

(12. *Maroccii Bibliotheca Mariana.*

(13. *Cartharii (Caroli) Athenaeū Romanū.*

(14. *Ghilini (Hieron.) Theatrum Literatorum.*

(15. *Allatii (Leonis) Draͫaturgia.*

(16. *Nazarii Diarium Literatorum.*

(17. *Pirri (Rocchi) Sicilia Sacra. Panormi. 1633. T. 4 in folio.*

(18. *— Notitia Regiae et Imperialis Capellae S. Petri Sacri Regii Palatii felicis urbis. Panormi. Ms.*

(19. *Savonarolae (Raph:) Orbis literarius universus.* In diesem sollen musicalische Bücher *recensi*rt seyn.

(20. *Frugoni Galeria Ligustica, overo gli Huomini illustri della Liguria.*

(21. *Hier. Renda-Ragusae Bibliotheca Siciliae vetus.*

(22. *Auriae (Vincentii) Sicilia Inventrix.*

Sonsten soll auch in folgenden Büchern von der Music gehandelt werden, als:

(1. *Montii (Petri) de varietate unius legis, lib. 4. c. 25.*

(2. *Paulini (Fabii) de Septenario lib. 2. 3. et 4.*

(3. *Roder: Zamorens: Speculo lib. 3. c. 39.*

(4. *Georgii (Franc.) Harmonia Mundi.*

(5. *Guil: Parisiensis Universo, P. 2. P. 3. c. 20.*

(6. *Cressolii (Ludov:) Mystag: lib. 3. c. 27.*

(7. *Dionysii Areopag: Coelesti Hierarchia c. 10.*

(8. *Bettini (Marii) Apiario, 10. progymn: 1. propos: 3.*

(9. *Ruricii lib. 1. Epist. 5.*

(10. *Pighii (Alberti) Eccles: Hierarchia lib. 1.*

Hierauf folgen die *Auctores Musici* u. zwar *theoretici*, von welchen u. ihren Schrifften gerne die schon bewusten Umstände haben möchte.

(1. *Bontempi (Gio. Andr:)* sonsten *Angelini* genañt, *Istoria Musica.*

— nova quatuor vocibus componendi methodus.

hiervon *desideri*re mir den Inhalt u. Beschaffenheit des letztern *Scripti.*

(2. *Claudii Sebast: Bellum musicum.*

(3. *Sartorii Belligerasmus Musicus.*

(4. Treües *(Abdiae) Directorium Mathematicum de Harmonolo-gia.* Die Beschaffenh.

(5. *Jodocus Beysselius, de Musicorum optimo genere.* Die Be-schaffenheit *desideratur.*

(6. *Spatario (Giov:) Errori contra di Franchino.*

(7. *Corvini (Joh: Mich:) Heptachordū Danicum.* Die Beschaffen-heit *desideratur.*

(8. *Salinas de Musica.* Die Beschaffenheit und Inhalt.

(9. *Froschii (Joh:) Opusculū rerum musicalium. Argent: 1533.* wer der *Auctor* gewesen, *it:* die Beschaffenheit.

(10. *Tinctor (Joan:) de Arte Contrapuncti.*

(11. *Tigrini (Horatii) Compend: musicum.*

(12. *Aragona (Pietro) Istoria Armonica.* Die Person, Inhalt, u. Beschaffenh.

(13. *Aron (Petri) libri Musices.*

(14. *Banchieri la Cartella Musica.*

(15. *Bourmeisteri Hypomnemata Musica.*

(16. -- *Musica Poetica.*

(17. *Brucaei Musica Mathematica.*

(18. *Finckii Musica.*

(19. *Nucii Musica Poetica.*

(20. *Pontii Dialogi de Musica theoretica et practica.*

(21. *Joh. Baptistae Ars Contrapuncti.*

(22. *Calvisii (Sethi) tres Exercitationes de Musica.* Der Inhalt u. übrige Beschaffenheit.

(23. Heydens Beschreibung des Nürnbergischen Geigenwercks. Die Beschaffenheit.

(24. *Friccii* Tractat: vom Ursprunge u. Erhaltung Christl. Music. Die Beschaffenheit.

(25. *Jordani libri Musices.*

NB. Wo nichts dabey stehet, ist außer dem Nahmen, gar nichts mir bekañt.

Ob das Werck: *de flatuum ac ventorum operatione musica*, eines Münchs im 13 oder 14 Seculo, welches, besage des 7ten *Tomi* der *Bibliotheque Germanique*, zu Wolffenbüttel gedruckt worden sol-len, heraus sey, möchte wißen, u. für Bezahlung gar besitzen.

Bachi *(Giov: de)*
Bachini *(Gislamerio)*
Bagnius *(Benedictus)* +
Baldacini *(Antonio Luigi)*
Baldi *(Antonio)* +
Ballioni *(Girolamo)* +
Balziani *(Leonardo)* +
Bannus *(Joh. Albertus)* wer er
  gewesen?
Banwart *(Giacomo)*
Barbarini *(Bartolomeo)* +
Barbet *(Ad   )*
Barotius *(Scipio) à S. Martino
  ab Aggere.*
Barret.
Bartholusius *(Vincentius)* +
Bartolini *(Orindio)*
Bartolomi *(Angelo
  Michele)* +
Baseggio *(Lorenzo)* +
Baselli *(Constantino)* +
Bassani *(Paolo Antonio)* +
Bastini *(Vincenzo)*
Battiferri *(Luigi)*
Baudrexelius *(Philippus Ja-
  cobus) Theol: Doctor.* +
Beaulaigue *(Barthol:)*
Bele *(Georgius de la)*
Belli *(Girolamo)*
Bell'havere *(Vincenzo)*
Benedictus *(Donatus de)* +
Benedictus *à S. Josepho.* +
Benedictus *(M. Antonius)* +
Benelli *(Alemanno)*
Berchem *(Giachetto)* +
Berckzaimerus *(Wolffg:)*
Bergomus *(Alexander)*

Beria *(Giov. Battista)*
Bergerus *(Andreas) Dolsensis
  Misnicus.*
Bernard Emery.
Bertola *(Giov. Antonio)*
Bettini *(Girolamo)* ein Vero-
  neser.
Bianchi *(Giov:)* ein May-
  länder.
Bianchi *(Giulio Cesare)*
Bianciardi *(Francesco)*
Biccario *(Fabio)*
Bicorio *(Benedetto)*
Bildstein *(Hieronymus)*
Bilius *(Lucius)* +
Binaghi *(Benedetto)* +
Bingham. +
Binellus. +
Bisson *(Louis)*
Blanchis *(Petrus Antonius de)*
Bollio *(Daniele)*
Bonachelli.
Bonhomius *(Petrus)*
Borghetti *(Innocentio)*
Borlasca *(Bernardo)*
Borsari *(Arcangelo)*
Boschetti *(Girolamo)*
Braüning. +
Brandiss *(Marcus Dietericus)*
Braun *(Joan: Georg
  Franc:)* +
Brougeck *(Jacobus de)*
Bruhns *(Nicolaus)* das Ge-
  burts- u. Sterbe-Jahr
  desider:
Bruinings.
Bruck *(Arnoldus de)* +

46

Brunckerus +
Brunetti (Giov:) +
Brunner (Adam Heinr:)
Buel (Christoph) +
Burlini (Antonio) +
Busatti (Cherubin)
Bustus (Philippus) ein May-
 länder.
Bütner (Craton)
Buxtehude. Das Geburts- u.
 Sterbe-Jahr desid:
Bystyn (Pierre)

Caccini (Giulio) +
Caesarius (Joh: Martinus)
Calvi (Lorenzo) +
Calvene (Federico) +
Camberi (Pietro) +
Canalis (Florentinus)
Campioli. Dieses Castraten
 an ihrem Hofe Vaterl. u.
 Lebens-Umstände möchte
 gerne wißen. Vielleicht kan
 dieser von mehreren Lands-
 leüten Nachricht geben.
Castelbianco (Quirino)
Castritius (Matthias)
Castrucci (Pietro)
Cavalli (Francesco) ein Ve-
 netianer. +
Cavensi (Filippo) ein Rö-
 mer. +
Cauffimus (Jacobus) +
Cedraro (Francesco) +
Cecchino (Tomaso) ein
 Veroneser.
Cenci (Lodovico)
Cerato (Francesco)

Cerreti (Scipione) Napoli-
 tano. +
Chauvon.
Cherubino (Nicolò)
Chinelli (Gio. Battista)
Chizzolo (Giov:) +
Ciaja (Alessandro)
Cinciarinus (Petrus) +
Clerici (Giov.) +
Cleve (Johannes de) +
Coberg (Joh: Andreas) +
Coberus (Georgius) +
Cochia (Claudio)
Coclicus (Adrianus Petit)
Cola (Matth: à)
Collinus (Martinus)
Colombi (Giov: Bernardo)
Columbani (Orazio)
Columbini (Francesco)
Coma (Annibale)
Compenius (Esias) Organist u.
 Orgelmacher zu Braun-
 schweig.
Compenius (Henricus) +
Conforti (Giov. Battista)
Conradi (Joh: Georg) wo er
 Capellmeister gewesen?
Conti (Angelo)
Contini (Giov:)
Conversi (Girolamo)
Copernicus (Erdmannus)
Coprarius (Joannes)
Corbett (Guilielmo)
Cordillus (Jacobus Antonius)
Cornetti (Paolo)
Cortivil.
Cossard. (Jaques) +
Costa (Giov: Maria) +

Costera (Angelo) +
Cotherus (Henricus) +
Cottiguez. +
Craën (Nicolaus) +
Crappius (Andreas)
Crassot (Richard)
Crespel (Johann)
Crisanius (Georgius) +
Crivelli (Giov: Battista) +
Croci (Antonio) +
Cropatius (Georgius) +
Crotelini (Camillo)
Crotuslius (Arnoldus)
Custrovius oder Gustrovius
   (Joannes)
Czeis (Caspar) +

Daqvoneus (Joannes)
Deiss (Michaël) +
Delfino (Domenico) +
Dieterichus (Georgius)
Dieterich (Matt   )
Dimitis (Antonius) +
Doletus. +
Dominicus (Joannes)
Donato (Baldassare)
Donfridus (Joannes)
Doratius (Hieronymus) ein
   Luccheser.
Doratus (Nicolaus)
Dreux (Jacques Philippe)
Duben. +
Dulcinus (Joh: Baptista) +
Durandus (Caspar Chrysosto-
   mus) +
Dux (Benedictus)

Ebart (Samuel) Organist zu
   Halle.

Eberhardt (Joh: Conrad) +
Ebion (Matthias) +
Edingius (Rugerus) +
Engelmañ (Georg)
Enicelius (Tobias) +
Eve (Alfonso d')

Faber (Gregorius)
Fabri (Antonio) +
Fabrici (Pietro)
Fabricius (Bernhardus) ein
   Straßburger.
Fabrinus (Joannes) +
Faccini (Giov. Battista)
Fargia (Giuseppe del)
Farini (Antonio) +
Fasolo (Giov: Battista)
Fau.
Faverius (Joan:)
Fede. +
Felis (Steffano)
Felis (Giov:) +
Feretus (Joannes)
Fergusius (Joannes Baptista) +
Ferini (Gio: Battista) +
Ferrabosco (Alfonso)
Ferrabosco (Constantino)
Ferranzi (Gio. Battista) +
Ferresti (Giov:)
Ferronati (Lodovico)
Ferro (Marco Antonio)
Fevre. +
Filiberi (Oratio)
Filippi (Gasparo)
Finatti (Giov. Pietro)
Finck (Henricus) +
Finot (Domenico)
Fionei (Gasparo)

Fiore (Angelo Maria)
Flandrus (Arnoldus)
Fleischmañ (Sebastian)
Floriani (Cristoffero)
Floris oder Florius (Jacobus)
Fontana (Benignus) +
Fontana (Giov: Battista)
Fontana (Giov: Steffano)
Fontana (Michele Angelo)
Fontegi (Silvestro)
Fontei (Nicolò)
Fonteno (Giov:) +
Formelius (Wilhelmus) +
Fourestier (Mathurius) +
Fragmengo (Filippo)
Franchi (Pietro)
Franck (Johañ Wolffgang) +
Francus (Joannes)
Franzoni (Amanti) +
Fregosi (Gio. Battista) +
Fritsch (Balthasar)
Fritschius (Thomas)
Fritzius (Joachimus Fridericus)
Frutto. +
Furtarus (Gregorius)

Gagliano (Marco da)
Galeno (Gio: Battista)
Galliculus (Joannes)
Gallo (Giov: Pietro) +
Galluccio (Gerardo)
Gallus (Indemetus) +
Gandinus (Salvator)
Garulli (Bernardino)
Gascong (Matthias)
Gaspardini (Gasparo)
Gasperini (Felice) +
Gatzmannus (Wolffgangus)

Gavaccio (Giov:)
Geißler (Georg) +
Gentili (Pietro Girolamo)
Gero (J.   )
Gesnerus (Vitus Albertus) +
Giovanni (Scipione)
Girelli (Santino)
Girolamo da Monte del Olmo.
Giston (Nicolas) +
Glanerus (Caspar)
Gleppe (Gottfried) +
Gnocchi (Gio: Battista)
Gostena (Gio: Battista) +
Gostuinus (Antonius)
Gotschovius (Nicolaus)
Gotti (Archangelo) +
Grand (Nicol. Ferdin: le)
Grassini (Francesco Maria)
Greber. +
Gregorio (Annibale)
Gualtero (Alessandro)
Guaitolius (Franciscus
     Maria) +
Guidonius (Joannes)

Haas (Giov: de)
Haererius (Mich:) oder
     Herrerius.
Hakart (Carolo)
Han (Gerardo)
Hasenknopffius (Sebastianus)
Haug (Virgilius)
Haulo (Robertus de) +
Heldius (Jeremias)
Hele (Georg de la)
Hellinck (Lupus) +
Hennius (AEgidius)
Herold (Joh:)

Hervelois (Caix de)
Hess (Michael)
Heudeline.
Heutzenröder (Sebastian) +
Hitzenauer (Christoph)
Höven (Carolus van der) +
Hollandre (Christian)
Holders. +
Holzner (Antonius)
Homati (Tomaso)
Homo (Sebastian) +
Hornburg (Carl)
Hoyvus (Balduinus)

Jacobi (Hieronymus) +
Jacobi (Michael)
Jacobitus (Petrus Amicus)
Janus (Martin)
Jenkins (Johann) oder
    Jennickens.
Ignoratus. +
Joannes, Paduanus.
Jobinus (Bernhardinus)
Judelius (Joh:)

Kargel (Sixtus)
Kegelmannus (Joannes)
Keller.
King. +
Klein (Jakob) junior.
Kniller (Andreas)
Konink (Servaas)
Kopp (Georgius)
Kraff (Michaël)
Krengel (Gregorius)
Kuntze.

Laelius (Daniel)

Lambertini (Giov: Tomaso)
Lange (Johañ)
Lapicida (Erasmus)
Larba (Giov: Leonardo)
Latre (Jean de) oder Petit
    Jean.
Laurentis (Filiberto)
Lazzarini (Domenico)
Leonetti (Gio. Battista)
Leporati (Steffano) +
Lochnerus (Joachimus)
Lodi (Demetrio)
Löhmer (Joh.)
Lokkenburg (Johannes à)
Loth (Urbanus)
Lotherus (Melchior)
Loyer (Petrus le) +
Lucelburgerus (Andreas) oder
    Lucelburgius.
Luccio (Francesco) +
Lumbardus (Joan. Baptista)
Lupinus (Franciscus) +
Luppachini (Bernardinus)
Lupus (Joannes) oder Lupi
    Giov.) +
Lupus (Thomas) +
Lusitano. +
Lutkemannus (Paulus)

Macholdus (Joan:)
Maende (Joh: Maria) +
Magerius (Steffanus)
Magghiels (Jean)
Magiellus (Domenicus)
Magni (Benedetto)
Maillerie (de la)
Maleherba (Michele) +
Manara (Giacomo)

Manchou (Mich: de)
Manfredini. +
Manzia (Luigi de) +
Marazzi (Silvio) +
Marcesso (Bartolomeo)
Marchefi (Bernardo)
Marcus (Joachimus)
Marinelli.
Marinoni (Girolamo) +
Marsolo (D. Pietro Maria) +
Marti.
Martini (Claudius)
Martinengi (Gabriele) oder
    Mattinengi. welches von
    beyden recht sey, ist mir un-
    wißend?
Maulgred (Pierre)
Mazzochi (Domenico)
Medices (Laurentius)
Meier (Peter)
Melvio (Francesco Maria)
Membrio (Damiano)
Metallo (Grammatico) +
Mezogori (Giov: Nicolò)
Michna (Adamo)
Michel (Daniel)
Milani (Francesco)
Milanta (Giov. Francesco)
Minischalchi (Giulielmo)
Mocci. +
Mohrhart (Peter)
Moito (Gio. Battista)
Molinaro (Simone) +
Molitor (Fidelis) +
Molitor (Valentinus)
Montesardo (Girolamo)
Moreau. +
Moser (Maurus) +

Munnices (Joannes)

Naich (M. Hubertus)
Nagen (Georg Heinrich) +
Naldio (Romulo)
Nasco (Giov:)
Neümañ (Martin)
Nicolai (Elias)
Nitschius (Petrus)
Nocetti (Flaminio)
Nodari (Gio: Paolo) +
Noort (van)
Novelli.

Offnero (Giov: Giacomo)
Ohmen (Andreas)
Orgosinus (Henr:)
Orlandi (Santi)
Orlandini. +
Orme.
Orto. +
Osculati. +
Ottho (Valerius)
Ottmaierus (Casp:) +

Pabst (Andreas)
Pace (Pietro) +
Paduanius (Joannes)
Paetartus (Antonius) +
Palma (Gio. Vincenzo) +
Paolini (Aurelio)
Parcham (Andreas)
Parisi (Nicodemo)
Parma (Nicolò)
Passarini +
Passermi (Vincenzo) +
Passionci (C.)
Patta (Serafino) +

Pecci *(Tomaso)*
Pellio *(Giov:)*
Peraldus *(Guilielmus)*
Perdigon. +
Perinus *(Hannibal)* +
Peroni *(Giov:)* +
Pesenti *(Martino)*
Petri (Balthasar) +
Pfendnerus *(Henricus)*
Philippi *(Gasparo)*
Philibert. +
Piazza *(Giov: Battista)*
Pichsellius *(Sebast:)*
Pignata. +
Pinel. +
Pionnier *(Giov:)*
Piovesana *(Francesco)*
Pipilare *(Matthaeus)*
Pisa *(Agostino)*
Piroy. +
Plauen *(Leopold à)*
Podio *(Guilielmus de)*
Polluti *(Gabriele)* +
Ponte *(Jacobus de)* +
Popma *(Oevering de)*
Pordenoni *(Marco Antonio)*
Porta *(Ercole)* +
Poscentio *(Peregrino)*
Poschius *(Isaacus)*
Poss *(Georgius)*
Possidonius *(Franciscus)* +
Pozzi *(Luigi)*
Pradonerus *(Caspar)*
Prandini *(Giov. Battista)*
Predieri *(Luca Antonio)* +
Primavera *(Giov: Leonardo)*
Prosperi *(Angelo)*
Puls (Friedrich) ein Organist

Quagliati *(Paolo)* +
Quartiero *(Pietro Paolo)* +
Quointe.

Racanus *(Joan: Baptista)*
Radini *(Giulio)* +
Raineri *(Giacomo Maria)*
Ramazzottus *(Domitius)*
Ramella *(Joan. Franciscus)* +
Rampini *(Giacomo)* +
Rasch (Johañ)
Rauch (Johañ Georg) +
Ravenscrofft *(Thomas)*
Raymundus *(Victorius)*
Reali *(Zuanne)*
Regius *(Benedictus)* +
Renaldus *(Julius)*
Reneri *(Adamo)* +
Reuffius *(Jacobus)*
Reuschel (Johañ Georg) +
Reusnerus *(Jacobus)*
Rhieman oder Rieman *(Jacob)*
Riccio *(Giov: Battista)*
Richter (Tobias Ferdinand) +
Rigatti *(Giov: Antonio)*
Rimonte *(Pietro)*
Ripa *(Albertus)*
Rivo *(Radulphus de)* +
Rivulo *(Franciscus de)* +
Röbel *(Gregorius)*
Rogantini *(Francesco)*
Romano.
Rondinus *(Chrysostomus)* +
Rontani *(Rafaele)* +
Rossettus *(Blasius)*
Rossetus *(Stephanus)*
Rossi *(Cristoffero)*
Rossi *(Luigi)* ein Römer

Roswick *(Michael)*
Roth (Martin) +
Rovai (Francesco) +
Roussel (François)
Roux.
Rubiconi (Crisostomo) +
Rubinus (Nicolaus) +
Rudingerus (Martinus Ludo-
vicus)
Ruffus (Vincentius)
Ruschardus (Ludovicus)

Sabino (Hippolito)
Saladdus (Andreas) +
Salminger (Sigismundus)
Santini (Marsilio) +
Sarto (Gio: Vincenzo)
Sartorio. +
Sayne (Matthias de)
Scalmanni (Giuseppe) +
Schaffen (Henricus)
Schedlichius (Jacobus)
Schefferus oder *Schefflerus*
(Martinus)
Schefferus (Paulus)
Scheidemañ (Heinrich) Or-
ganist zu Hamburg.
Scherard (Giacomo) oder
Sherard.
Schimperlin (Christian)
Schlickius (Rudolphus)
Schnitzkius (Gregorius)
Schop (Johañ)

Schreckenfuß. +
Schultsen (A.   )
Schurmañ. +
Schwaiger (Georgius)
Schimphius (Christoph)
Sei (Adriano à)
Sepp (Paulus)
Sermisi (Claude de)
Serperio (Francesco)
Siebenhaar *(Malachias)*
Sigefridus (Otto)
Signorucci (Pompeio) +
Sistinus (Theodorus)
Slegelius (Valentinus)
Sodorini (Agostino) +
Soriano (Francesco)
Spada. +
Spagnolo (Bartolomeo)
Speraciario (Gio: Giorgio)
Spiegler (Matthias)
Spontoni (Bartolomeo)
Spongia (Francesco) +
Staminga. +
Steffanini (Giov: Battista) +
Steingaden (Constantinus) +
ein Minorit
Stinfalico (Eterio)
Sturio (Joannes) +
Suarini (Francesco) +
Swaen (de)
Surianus (Moralis) +
Sylvanus (Andreas) +

Dieses wären diejenigen *Auctores Practici*, deren Nahmen und Wercke mir bekañt, das ›Vaterland‹ u. die ›*Function*‹ aber unbekañt sind. Bey denen ein + stehet, ist außer dem Nahmen, mir gar nichts weiter von Ihnen bewust. Biß auf diesen Buchstaben *S.* beträgt meine *Collection* (den Buchstaben *A* abgezogen) noch 90 Bogen; deñ weiter bin noch nicht *avancir*et.

Ich bitte aber nochmahls hertzlich, dieses, bloß aus Liebe zu meiner Profeßion, u. deren *Cultores* herrührende Ansinnen, nicht ungütig zu nehmen, sondern, so viel möglich seyn will, mein Vorhaben zu *secundir*en, wofür mich zu allen Gegendiensten *obligir*e.

P. S. Weñ Mein Herr an mich schreiben wollen, kañ die *addresse* an meinen Schwager in Erffurt, Hrn. Joh: Caspar Schnellen, Kirchner u. Schul-*Colleg*en an der Kauffmañs-Kirche gemacht werden, von diesem bekoñe es gantz richtig.

5.

Unter den „Exemplarien meiner Schwachheit" ist das in Br 4 erwähnte „geringe scriptum" zu verstehen. Bokemeyers „weitläufftiger ... Lebens-Lauff" ist verschollen, zur Kurzfassung vgl. Br 4 und 9. Näheres über die „gedruckten pieces", „geschriebenen Satyren" und „mit dem Hrn. Capell-Meister Mattheson gewechselten Briefe" ist nicht bekannt. Die letzteren werden zumindest teilweise identisch sein mit entsprechenden Passagen der Auseinandersetzung zwischen Bokemeyer und Mattheson über den Kanon (Abdruck als „Der Musicalischen Critik Vierter Theil / genannt: Die Canonische Anatomie. Oder Untersuchung derjenigen Kunst-Stücke / und ihres Nutzens / welche bey den Musicis CANONES genennet / und / als was sonderbahres / angesehen werden." in: J. Mattheson, Critica Musica, Bd. I, Pars IV, 9.–12. Stück, Januar – April 1723, S. 235–365). Hierzu gehört auch die Anspielung auf die „Consideration vor die canonische Arbeit". An gedruckten Veröffentlichungen Bokemeyers nennt das Universal-Lexicon (s. Lit.) 1754 noch: „Gespräch zwischen Orthodoxo und Aletophilo von Ketzern und Ketzerischen Schriften, Wolfenbüttel 1711 in 4; ohne Vorsetzung seines Namens", „Das völlig entwafnete Τοιγτο wider Leonhard Christoph Sturm; Hamburg 1716 in 8." sowie „eine grosse Menge einzelner Gedichte", von denen „einige in Menantes Schriften eingedrucket worden".

Der Verbleib der von JGW erwähnten eigenen Kompositionen ist nicht bekannt; ein Exemplar des Textdruckes („Carmens") auf die Hochzeit Marschall/Breitenbauch wurde nicht ermittelt. Nach Angabe des Traubuchs der Schloßkirche Weimar wurde das Paar „in des Herrn Bräutigams Hause ufn Eisfelde" getraut. Der Kritiker der Kantate ist ebenfalls unbekannt.

Nachforschungen über den Verbleib der im beigegebenen Katalog (1) aufgeführten musiktheoretischen Schriften (Bücher und handschriftliche Exzerpte) wurden nicht angestellt; wahrscheinlich kam die Sammlung ganz oder teilweise in den Besitz des Musiklexikographen Ernst Ludwig Gerber und anschließend in die Bibliothek der Gesellschaft der Musikfreunde in Wien.

Die hier vorgelegte Numerierung der Bücher „in 8vo" weicht ab Nr. 35 vom Original ab, da JGW verschiedene Nummern aus Versehen doppelt oder dreifach vergeben hat.

Die Zusammenstellung von mehr als 530 Namen in dem Katalog (2) über „Musicos Practicos" brachte nahezu keinen Erfolg ein. In das WL mußten jene zumeist ohne nähere Angaben aufgenommen werden (Ausnahmen: Coberg, Conradi, Ebart, Franck, Scheidemann, Schop, Schürmann), etwa 150 wurden gänzlich weggelassen. Sieben der neun im Brieftext gesondert erwähnten Personen (die Ausnahmen sind hier B. Bernardi und J. D. Druckenmüller) sind im WL ausführlicher behandelt (besonders eingehend G. Österreich), sicherlich auf Grund von Mitteilungen durch Bokemeyer, H. L. Hurlebusch, G. Österreich und andere; vgl. Br. 7–9.

Der Umbau der Weimarer Stadtkirche war am 12. August 1726 begonnen und am 4. Dezember 1727 unterbrochen worden; die Fortführung der Arbeiten erfolgte erst vom 19. April 1735 an.

Lit.: Schünemann, S. 93 f., 101 f.; Wette, Bd. 2, S. 138 ff.; Nöthige Supplemente zu dem Großen Vollständigen UNIVERSAL LEXICON Aller Wissenschaften und Künste (J. H. Zedler), Bd. 4, Leipzig 1754 (Reprint Graz 1964), Sp. 123 f.; Johann Gottlob Wilhelm Dunkel, Historisch-Critische Nachrichten von verstorbenen Gelehrten und deren Schriften, Köthen/Dessau 1755, Bd. 1 (Reprint Hildesheim 1968), S. 31 ff.; Werner Braun, Bachs Stellung im Kanonstreit, in: Bach-Interpretationen, hrsg. von Martin Geck, Göttingen 1969, S. 106 bis 111, 218–220; Ostfriesenwart. Mitteilungen des Bundes ostfriesischer Heimatvereine 3, 1934, S. 63, 65 f. (Ufke Cremer); Serauky II/1, S. 301–305; Die Matrikel des Gymnasium Casimirianum Academicum zu Coburg 1606–1803, bearb. von Curt Hoefner, Würzburg 1955–1958; Genealogisches Taschenbuch der freiherrlichen Häuser 4, 1854, S. 341.

AN HEINRICH BOKEMEYER, WOLFENBÜTTEL
8. 6. 1729

S. T. Herrn
Herrn Heinrich Bokemeyer,
wohlbestaltem Cantori der Hochfürstl.
Land-Schule
in
par Ami. *Wolffenbüttel.*

Mein Herr,

Dero geehrtestes Beantwortungs-Schreiben, nebst beygelegten Lebens-Umständen des Hrn. Capellmeisters *Credii*, habe den 29
passato von der Post richtig erhalten; für deßen gütigste Verschaf-
fung bin Ihnen höchst verbunden, mit ergebenster Bitte, hiermit,
und denen bereits *specific*irten zu *continui*ren, als welches mir
zum grösten *plaisir*, denen so wol verstorbenen, als annoch lebenden Herren *Musicis* selbst zu beständigen Andencken, und andern
zu mehrerer Erweck- und Aufmunterung, gereichen wird. Deñ, ob
ich gleich selbst das angefangene, wegen dabey vermachten ver-
drüßlichen, und leichtl. zu errathenden Umständen, nicht fortsetzen mag; so kan doch hierdurch gewiß versichern, daß vermöge
eines getroffenen Accordes, ein anderer die Fortsetzung künfftighin
besorgen, und den *modum distribuendi faciliti*ren wird. Ich arbeite deswegen jetzo so wol an denen bereits verfertigten, als noch
zu verfertigenden Buchstaben unaufhörlich, um beyde in möglichsten Stand zu bringen: und soll es mir sehr angenehm seyn, weñ
durch Dero gütigste Vorsorge die aufzutreibende *vitae curricula*
von denen schon bewusten Hrn. *Musicis* je eher je lieber erhalten
kan; ich werde auch bedacht seyn, sothane mir hierunter insonderheit zu erweisende sonderbare Güte, nach geringen Vermögen, zu
erwiedern, als wozu Sie mir nur Gelegenheit geben wollen. Daß
an denen übersendeten alten und neüen Proben meiner *musicali*-
schen *practi*schen Arbeit, so wol *quoad textum* als *harmoniam*
etwas auszusetzen sich gefunden, befrembdet mich, zumahl wegen
des erstern Puncts, gar nicht, sondern bin vielmehr begierig zu
vernehmen, worinnen solches Versehen bestehe? Mein Herr wol-

len es, mir zu entdecken, nur belieben, ich versichere, daß es danckbarlich annehmen werde; was aber den zweyten Punct anlanget, hoffe selbigen durch beykom̃enden Zedul, so, wie ihn vor 3 Jahren an einen gewißen Capellmeister eines vornehmen Hofes, auf Verlangen, übersendet habe, völlig zu haben, den disfalls auf mich habenden Verdacht eines unrichtigen *Principii* abzulehnen, und mich zu *legitimi*ren; weil vorsätz- und wißendlicher weise solchen Satz nicht zu brauchen pflege, es müste deñ eine, mir wenigstens also scheinende *raisonable* Nothwendigkeit mich darzu bringen, dergleichen in dem übersendeten *Kyrie* anzutreffen seyn wird. Beykom̃ende ›Parodie‹ über die jüngstens übersandte Hochzeit-*Cantata* kan den erstern Punckt erläutern, woher es kom̃e, daß mit dem Texte nicht allewege richtig verfahren kan? solcherley ist nun auch die *Cantata*: ›Lobsinget ihr Christen‹ etc. etc. als welche ursprünglich einen andern Text gehabt, und um des Gebrauchs willen, nachgehends mit diesem versehen worden. Vielleicht ist, wegen meines *Scripti*, ehestens in Hannover etwa ein und anderes Stück unterzubringen, welches Sie, nach Gelegen- u. Bequehmlichkeit, gütigst zu besorgen belieben wollen, damit nur zum angewandten Gelde wiederum gelangen möge! Es gehet mir nicht allein also, sondern der Chur-Sächsische Capellmeister, Herr Heinichen, von welchem ein Exemplar seines großen *General-Bass*-Wercks, für eins meines sehr schwachen, verehrt bekom̃en, führet eben diese Klage, weil die Hrn. Buchhändler gleichsam *de concert* sich unter einander verbunden haben, außer ihrem Orden niemanden hülffliche Hand zu leisten. Hieraus befehle Meinen Herrn in Gottes Schutz, mich aber empfehle zu fernerer *Affection*, verbleibende
Deroselben

ergebenster Diener
J. G. Walther.

Weimar *d.* 8 *Junii*, 1729.
in höchster Eil.
P. S. Weil H. Überbringer dieses sich noch etliche Stunden länger aufgehalten, hat sich dieses 16 jährige St. *in duplo* gefunden, so hier mit zum Eigenthum übersende. *it.* ein neües *Kyrie*.

6.

Der relativ ausführliche Artikel über J. C. Credius im WL fußt offenkundig
auf den „beygelegten Lebens-Umständen". Zu den „schon bewusten Hrn. Musicis" vgl. Br 5. Der „beykommende Zedul", die Abschrift eines Briefes an
G. H. Stölzel, ist als Br 3 wiedergegeben. Zur „jüngstens übersandten Hoch-
zeit-Cantata" vgl. Br 5, zu Problemen der Neutextierung (Parodierung) vgl.
außerdem Br 9, 17, 21, 24, 29, 37 und 46. Mit dem „angefangenen" bzw. dem
„Scriptum" ist der in Br 4 erwähnte Druck gemeint, zum „Accord" mit einem
Verleger vgl. Br 7 ff. J. D. Heinichens „großes General-Bass-Werck" erschien
unter dem Titel „Der | GENERAL-BASS | in der | COMPOSITION, |
Oder: | Neue und gründliche | Anweisung/ | Wie | Ein Music-Liebender... |
... nicht allein den General-Bass | im Kirchen- Cammer- und Theatralischen
Stylô vollkommen, & in altiori | Gradu erlernen; sondern auch zu gleicher Zeit
in der Composition selbst, wichtige | Profectus machen könne. | ... Heraus-
gegeben | von | Johann David Heinichen, | ... | In Dreßden bey dem Autore
zu finden. 1728." Es kostete 2 Taler, das „Scriptum" von JGW 2 Groschen.
Zum Verhalten der Buchhändler vgl. Br 7, 9 und 10, zum „Überbringer" des
Briefes vgl. Br 7. Der Verbleib der von JGW erwähnten eigenen Kompositionen ist nicht bekannt.

Lit.: Wilhelm Jerger, Ein unbekannter Brief Johann Gottfried Walthers
an Heinrich Bokemeyer, Mf 7, 1954, S. 205–207; Dok II, S. 191; RISM B VI 2.

7.
AN HEINRICH BOKEMEYER, WOLFENBÜTTEL
6. 8. 1729

Mein Herr,

Daß mein letzteres *paquet*gen in die Irre gerathen, und von Magdeburg aus an Dieselben, mit unnöthigen Kosten, gelanget ist, bedaure sehr, und weiß ich nicht, wie es nur muß zugegangen seyn:
indem selbiges einem von hier nach Wißmar gehenden *Scholar*en anvertrauet gehabt, welcher versprochen, es MHn. selbst einzuhändigen, weil er auf Wolffenbüttel mit einem Fuhrmañe ohnfehlbar zugehen würde. Da nun diese meine *intention*, wieder
Vermuthen, übel gerathen ist; als folge Dero Rath, und übersende
hiermit beykom̃endes Paquetgen durch die *ordinai*re Post; bitte

aber anbey, beyderseits *porto* von dem einzulauffenden Gelde mir zu *decourtir*en, weil nicht Dero Schaden, sondern vielmehr Liebe und Freundschafft, begehre und verlange. Diese leget sich auch, zu meinem Vergnügen, hell genug zu Tage, da Sie nicht nur, mein *Scriptū* unterzubringen, bemühet, sondern auch angenehme Nachrichten bereits gütigst *procurir*et, und noch mehrere zu *procurir*en, erböthig sind. Solche Liebes-Bezeigung nun, einiger maßen, zu erwiedern, übermache anjetzo noch 3 *Kyrie*, nebst einem Pfingst- und einem Kling-Stücke zum beliebigen Eigenthum und *perlustri*rung, in Hoffnung, daß auch diese, gleich den vorigen, MHn. nicht mißfällig seyn werden; diesen sind noch einige meiner nach hiesiger Landes-Art, neml. kurtz eingerichtetē Clavier-Stücke beygefüget, welche Sie *communicir*en können, an wen Sie wollen, doch in der Absicht, daß für dergleichen etwas anders von des seel. H. Leidings, Bruhns, Strunckens, Bölschens, und anderer, Arbeit künfftighin, (weñ es anders dem Hrn. Annehmer beliebig) bekoīen möge, weil ein großer Liebhaber von *reeller* Arbeit, dergleichen nurgenañte *Auctores* verfertiget, bin, ohngeachtet ein anderer Neübegieriger sie, als etwas alt, aus Unverstand, nicht achten mögte. Ich habe zu dem Ende eine *Specification* derjenigen Stücke, so von diesen Männern besitze, mit beygeleget. Sonsten berichte, auf Verlangen, daß von der sämtlichen Auflage meines schwachen Unternehmens, so mich auf 28 rdl. zu stehen koīt, etwa noch 60 bis 70 *Exemplaria* liegen, an Gelde aber, nicht mehr als 10 rdl. wiederum bis *dato* draus gelöset habe, das übrige stehet noch außen; doch muß nicht unbillig hierbey besorgen: es dörfften viele Exemplarien, zu meinem Schaden, *retournir*en, weil die Hrn. Buchhändler weder Hände noch Füße dabey regen, sondern über den Ihnen zugedachten mercklichen *profit*, solchen über die Schnure dabey suchen, die Liebhaber dadurch vom Kauffe abschrecken, und übrigens die Sache lauffen laßen, wie sie, bey so gestalten Umständen, kan, damit meiner wohlgemeinten *intention* das Ziel verrückt werden möge; und unter guten Freünden u. Gönnern hat es diese Bewandniß; daß die Hrn. Liebhaber die *Continuation*, da solche nicht alsobald erfolget, theils für unmöglich, theils für allzulangweilig achten, und demnach deswegen verlegen sind. Allein, da nunmehro das Werck in voriger Woche zu Ende gebracht habe, welches geschrieben, ohne den Buchstaben A, 106 Bogen beträgt, werde solches auf Michaëlis G. G. dem künfftigen Hrn. Verleger, (weñ inzwischen nur zu meinem ausgelegten Gelde wiederum gelangen kan, deñ die Mühe will gerne umsonst gethan haben) *extradi*ren, imittelst aber solches nach Möglichkeit zu *suppli*ren u. vollständiger zu machen mir angelegen seyn laßen. Und hierzu bitte mir nochmahls Dero und anderer Wohlwollenden gütigsten Beytrag dienstl. aus. Bey Gelegenheit bitte dem Hrn. Hurlebusch für die dißfalls gehabte Bemühung, *meo nomine*, ergebensten Danck zu sagen, und Selbigem meiner Gegendienste zu versichern, als wozu mir nur Gelegenheit ausbitte. Anlangend dieses *judicieu-*sen Mañes ausgesoñene *invention*, jemanden dergestalt abzurichten: daß er *ex tempore praeludi*ren, und insonderheit die Kirchen-Gesänge auf vielerley Art *varii*ren könne; muß bekeñen: daß solche mir, gleich dem seel. H. Pachelbel zu vernehmen, höchst angenehm gewesen, und eine große Begierde bey mir erwecket hat, ›den *modum* zu wißen‹. Solte dieser sich aufs Papier hinlänglich entwerffen laßen, wolte ergebenst um deßen *communication*, und zwar gegen danckbarliche Erlegung eines dißfalls dafür zu zahlenden beliebigen *Honorarii*, bitten; weil mich nicht schäme (jedoch *sub rosa*) zu melden: daß diesen Punckt, ohneracht selbigem zum öfftern auch nachgedacht habe, deñoch nicht erreichen kan, sondern mich mit der Wißenschafft der *Composition*, und dem daher entstehenden Vermögen, etwas *reelles* aufzusetzen, begnügen laßen muß, da deñ schon weiß, wie theüer mir die Elle zu stehen kom̄t; da aber diese *invention* die *Composition* übersteiget, und nothwendig dabey leichter zu fahren ist, überdiß auch mein jüngster 14jähriger Sohn ungemeine Lust, ingleichen eine gute Fähigkeit zum Clavier-Spielen von sich spühren läßet, sage nochmals, daß mich nicht schäme noch etwas selbst zu erlernen, deñ: *non omnia possumus omnes*, und sodañ diese nützliche *invention* nurgedachtem Knaben zu gönnen. Ich will also dieses Ansiñen Meines Herren *prudence* überlaßen, und, nebst Verschweigung meines Nahmens, Sie ersuchen, Sich um diese *invention* bey dem Hrn. Besitzer derselben zu bewerben, in Hoffnung, der H. *Inventor* werde sich, da Er sie andern, und insonderheit einem Nürnbergischen Kauffmañe ehemals schon mitgetheilet, deßen nicht weigern. Ich will, wie schon gedacht, gerne dafür zahlen was gefordert werden mögte, oder auf andere Weise, wie es beliebig, mich *reven-*

*chi*ren. Nur bitte nochmahls, *sub silentio* und ohne mich zu neñen, hieriñen zu verfahren, weil leichtlich ein Mißbrauch daraus entstehen köñte.

Betreffend schlüßlichen Meines Herrn Grund-Satz: daß die *in pronunciatione* kurtze, und nur mit einem *Acuto* versehene *Vocales*, z. E. in den Worten: ›Flañen, wallen, wandern, locken‹, u. d. g. mit keiner *passage* zu belegen wären; laße mir solchen gar wohl gefallen; gebe aber hinwiederum dieses zu überlegen: ob nicht auf solche Art, die durch dergleichen Worte zu *exprimir*ende Sache, und deren Beschaffenheit, hierbey zu kurtz koñen dörffte? Hierauf neñe mich in höchster Eil, weil die nach Erffurt gehende Gelegenheit dahin eilet, und dieses Schreiben daselbst, nebst beykoñenden Sachen dem Hamburger-Bothen *insinuir*en soll, Meines Herrn

aufrichtig ergebensten
Diener
J. G. W.

Weimar *d. 6 Augusti.*
1729.

7.

Mit dem „nach Wißmar gehenden Scholaren" könnte J. Th. Leich gemeint sein; vgl. auch Br 6. Zum „scriptum" bzw. „schwachen Unternehmen" von JGW vgl. Br 4. Der Verbleib der von JGW erwähnten eigenen Kompositionen ist nicht bekannt, die „Specification" der fremden Werke liegt dem Briefe nicht bei. Mit dem „zu Ende gebrachten . . . Werck" ist das WL gemeint, dessen Manuskript dem Verleger (W. Deer) allerdings erst viel später übergeben wurde (vgl. Br 16). Zu H. L. Hurlebuschs „Bemühung" vgl. Br 5. Näheres über dessen Methode des Extemporespiels ist nicht bekannt, das Editionsunternehmen kam nicht zustande; vgl. Br 8 und 9. Zu J. C. Walthers Begabung vgl. Br 9. Die Erwähnung von Bokemeyers „Grund-Satz" für die Textbehandlung bezieht sich auf J. Mattheson, Critica Musica, Bd. II, Hamburg 1725, S. 326. Vgl. Br 8 als Fortsetzung von Br 7.

Lit.: Schünemann, S. 94, 97, 109 f.

AN HEINRICH BOKEMEYER, WOLFENBÜTTEL
6. 8. 1729

Herrn
Herrn Heinrich Bokemeyer,
wohlberühmt und bestaltem *Cantori*,

in

nebst einem
Paquetgen.   Wolffenbüttel.

Mein Herr,

Wollen nicht übel nehmen, daß, da nach Schließung beykom͞enden
Paquetgens, und des darin͞ enthaltenen Schreibens, noch ein und
anderes mir beygefallen, ich solches hiermit nachhole, zumahl die
nach Erffurt eilende Gelegenheit dieses noch verstattet, und sich
noch etwas verweilet.

Es bestehet aber in folgenden Fragen: (1. ob der Organist bey
S. *Laurentii* zu Nürnberg Löhm̲er, oder Löhn̲er heiße? (2. ob des
seel. Leydings Zunahme durch ein y oder schlechtes i geschrieben
werde? und (3. wie des Hrn. Hurlebuschs Vornahme, durch H. L.
angedeütet, heiße? Nebst diesem möchte wißen, *quo anno* dieser
letztere gebohren sey? ingleichen: ob Delphin Strunck des *Nicolai
Adami* Struncks Vater, oder Bruder gewesen sey? Das letztere ist
mir von andern ehemahls beygebracht worden; ferner bin begierig, mehrere Nachrichten von Ihren beyden Hrn. Lehrmeistern,
neml. dem Hrn. *Bartolomeo Bernhardi*, und Hr. Österreich, wie
nicht weniger dem H. Abt *Steffani* // H. *Concert*-M: *Simonetti,*
H. Capellm: Schurman͞, &c. // zu haben! Ich mögte wünschen, nur
halb so viel Stunden bey Ihnen zu seyn, als diese Zeilen betragen,
es solte weit mehr so wol in Musicalischen, als andern *Discour*sen
ausgerichtet werden, weder so nicht geschehen mag. Jetzo habe
nur noch zu berühren: daß, außer denen im Paquetgen enthaltenen
Frantzösischen *Clavi*er-Sachen, noch mit des Hrn. *Anglebert, Begue*; und von Teütschen Organisten, sonderl. mit des berühmten
Buxtehudens und Bachs Arbeit, einem Liebhaber, auf schon ge-

meldte Art, dienen kan, weil von beyden sehr viele, ja über 200 Stücke zusam̄en ohngefehr besitze. Die erstern habe mehrentheils von dem seel. H. Werckmeister, und des H. Buxtehudens eigner Hand in Teütscher Tabulatur; die zweyten aber von dem H. *Auctore* selbst, als welcher 9 Jahr Hof-Organist alhier gewesen, mein Vetter u. Gevatter ist, bekommen. Meiner *variir*ten Choral-Stücke auf verschiedene Art dörfften auch wohl etliche 70 seyn, ohne die andern. Hierbey melde, daß mir kein größerer Gefallen erwiesen werden kan, als wen̄ über die Kirchen-Gesänge etwas *reelles* und, wegen hiesiger Verfaßung, kurtz gefaßtes erhalte, obgleich, zu meinem großen Verdruß, jetzo ein Musicalischer Witber bin, und keine, oder vielmehr gantz kleine Orgel habe. In Hoffnung beßerer Zeiten, und Empfehlung göttl. Schutzes bin und verbleibe

Meines Herrn

zu allen möglichen Dienste[n]
so willig- als schuldig[er]
J. G. Walther

Weimar *d. 6 Augusti,*
1729.

P. S. Vom H. Capellmeister *Mattheson* habe sint einem Jahre, da Er mir die zweyte Helffte des Musicalischen Patriotens, und also den 1sten *Tomum complet* zugeschicket, weiter nichts erhalten; wohl aber in der Zeit die also genan̄te, und wieder Selbigen gerichtete ›Patriotische Ohrfeigen‹ à 1 Bogen schrifftl. von jemanden bekom̄en, auch letzthin in Naumburg des Hrn. *Cantoris* Fuhrman̄s in Berlin kleine *pieces* gesehen; daß also nicht weiß: was Er jetzo *edi*ret. Unser hiesiger *Concert*-Meister, Hr. Pfeiffer, ist vor 2 Tagen mit unserm Hertzoge nach den Niederlanden gereiset, nach deßen *Retour,* hoffe auch ein u. andere Nachrichten zu bekom̄en.

8.

Nachtrag zu Br 7. Zu den erbetenen Personalia vgl. Br 5, 7 und 9. Das WL enthält entsprechende korrekte Angaben: Löhner; Leiding; Heinrich Lorentz Hurlebusch; Delphin Strunck als Vater von N. A. Strunck. Zu B. Bernardi,

G. Österreich und G. C. Schürmann vgl. Br 5. Von J. W. Simonetti erwähnt das WL nur Zunamen und Funktion, die Mitteilungen über A. Steffani stammen möglicherweise nicht von Bokemeyer. Nicht nachweisbar sind die Buxtehude-Autographe in deutscher (Buchstaben-)Tabulatur und die auf J. S. Bach zurückgehenden Handschriften. Bei den Werken von d'Anglebert und Le Begue kann es sich um Druckausgaben gehandelt haben. „Gevatter" von JGW war J. S. Bach seit der Übernahme des Patenamtes bei dessen Sohn Johann Gottfried (27. September 1712). Die Bezeichnung „Vetter" umschreibt den Tatbestand, daß Valentin Lämmerhirt d. J. als Großvater von JGW sowie Bachs Mutter Elisabeth Lämmerhirt Halbgeschwister waren bzw. Valentin Lämmerhirt d. Ä. Bachs Großvater mütterlicherseits und zugleich – ebenfalls von mütterlicher Seite – der Urgroßvater von JGW war. Zur Verwandtschaft mit der Bach-Familie vgl. auch Br 9 und 37.

Als Komponist eines ganzen Jahrgangs „von Lieder Praeludiis, so auf die Kirchen-Zeiten gerichtet ist" wird JGW schon in J. Matthesons „Critica Musica" (Bd. 2, Pars VI, 17. Stück, Hamburg 1725, S. 175 f.) erwähnt und eine Publikation in Aussicht gestellt, sofern ein Stecher und ein Verleger sich fänden. Zum Umbau der Weimarer Stadtkirche und zur Teilabtragung der Orgel vgl. Br 5. Die Reise des Herzogs Ernst August dauerte von Juli 1729 bis zum 30. Januar 1730; nach dem WL (Art. Pfeiffer) war der Tag des Reiseantritts der 4. August 1729. Vgl. Br 10 und 12 (Reisedaten dort 3. August 1729 bis 21. Januar 1730).

Mit den im Postskriptum erwähnten Druckschriften sind gemeint: „Der Musicalische | Patriot, | Welcher seine gründliche | Betrachtungen, | über | Geist- und Weltl. Harmonien, | samt dem, was durchgehends | davon abhänget, | In angenehmer Abwechselung | zu solchem Ende mittheilet, | Daß | GOttes Ehre, das gemeine Beste, | und eines jeden Lesers besondere Erbauung | dadurch befördert werde. | Ans Licht gestellet | Von | Mattheson. | HAMBURG, im Jahr 1728." – „Ein paar derbe | Musicalisch-Patriotische | Ohrfeigen | Dem | Nichts weniger als | Musicalischen Patrioten | Und nichts weniger als | Patriotischen Musico / | Salv. venia | Hn. MATTHESON, | Welcher zum Neuen Jahre eine neue Probe seiner gewohn- | ten Calumnianten-Streiche unverschämter Weise an den Tag | geleget hat / | Zu Wiederherstellung seines verlohrnen | Gehöres und Verstandes | Und zu Bezeugung schuldiger Danckbarkeit | Auff beyde Backen | In einem zufälligen Discours wohlmeynend ertheilet | Von | Zween Brauchbahren Virtuosen, | Musandern und Harmonio. | Erstes Gespräche. | Anno MDCCXXVIII."

Zu den bis 1729 erschienenen Schriften M. H. Fuhrmanns vgl. Br 15 und 24 (Datierung und Zuschreibung nach Matthesons handschriftlichen Ergänzungen in dem in Br 23 erwähnten Handexemplar des WL); hinzuzufügen ist noch „MUSICA VOCALIS | IN NUCE, | Das ist: | Richtige und völlige | Unterweisung | Zur | Singe-Kunst / ..." (Berlin, o. J. [1715]).

Lit.: Schünemann, S. 98, 99 f., 107; Brodde, S. 3; Dok II, S. 44 f., 193; BJ 1967, S. 10–15 (F. Wiegand); Ernest May, J. G. Walther and the Lost Weimar Autographs of Bach's Organ Works, in: Studies in Renaissance and Baroque Music in Honor of Arthur Mendel, Kassel etc. und Hackensack, N. J. 1974, S. 264–282; Wette 1770, S. 501–503; Ina Sander, Johann Pfeiffer. Leben und Werk des letzten Kapellmeisters am markgräflichen Hof zu Bayreuth, in: Archiv für Geschichte von Oberfranken 46, 1966, S. 129–181; Beaulieu-Marconnay, S. 115; Forkel L, S. 311, 482 f.

9.

AN HEINRICH BOKEMEYER, WOLFENBÜTTEL

3. 10. 1729

Mein Herr,

Dero letzteres unterm 10ten *passato* an mich abgelaßenes Schreiben, nebst beygelegten Nachrichten von musicalischen Büchern und Personen, habe den 16ten wohl erhalten, und demnach Ursache, Ihnen für die dabey angewandte Mühe des Abschreibens nicht allein, wie billig, zu dancken, sondern auch mit etwas dienlichem, nach Möglichkeit, wiederum zu dienen. Solche wenigstens *intendi*rende Vergütung nun, soll anjetzo (weil eben nichts anders bey der Hand habe) in beykom̅enden 6 Kirchen-Stücken bestehen, davon die 3 erstern auf Advent u. Weynachten gerichtet, bereits an. 1708, und zwar auf Veranlaßung des damahligen alten Capellmeisters zu Gotha, Hrn. Wolffgang Michael *Mylii*; die übrigen 3 aber nachhero, und vor wenig Jahren, verfertiget habe. Wobey eriñern muß, daß die Texte zu diesen letztern nur Parodien sind, so ein auswärtiger Freünd zu seinem *plaisir* und Gebrauch, unter die mit anderm Text anfänglich versehene Noten gelegt, und mir nachgehends auch *communici*ret hat. Da nun jetztgedachte Texte nicht allenthalben wohl paßen werden, habe dieses zur dienstl. Nachricht hiermit melden wollen, damit Sie die Ursache deßen wißen möchten. Inzwischen will wünschen, daß solche sämtlich Ihnen nur einiger maßen anständig, und zum Gebrauch dienlich seyn, mithin mir Anlaß geben mögen, mein Ihnen aufrichtig zu dienen begieriges Gemüthe ferner zu entzünden, als welches durch Dero behülffliches und gantz ungemeines Bezeigen nothwendig in diesen *affect* gerathen müßen, weil in der That erfahren, daß Sie nicht nur in dem verlangenden alles mögliche gütigst beyzutragen bishero beliebt, auch solchen Beytrag zu *continui*ren gesoñen sind, sondern auch, wieder alles Vermuthen, mir etwas gantz außerordentliches entdeckt haben.

Ehe nun diesen sehr wichtigen Punct Ihres Lebens, eriñerter maßen, beantworte, wollen Sie erlauben, daß vorher meine Lebens-Umstände getreülichst anführen dürffe! ich melde demnach: daß gebohren worden bin zu Erffurt *an.* 1684 den 18 *Sept.* mein Vater ist ein Zeüg- und Raschmacher, und nunmehro bald 79 Jahr mit Ehren alt; die Mutter aber, eine gebohrne Lämerhirtin, die den Vater in seiner sehr verfallenen und Nahrungs-losen Profeßion mit Putzmachen und Nehen im Leben getreülich *secundi*ret, ist *an.* 1727 den 23ten *Januarii* im 73ten Jahre ihres Alters seel. verstorben, und hat mithin ihr für mich, als ihren eintzigen Sohn und zwo Schwestern, zu Gott abgeschicktes fleißiges Vater Unser abgebrochen, welches also, nach eines gewißen Land-Priesters gegen mir gethanen Ausdruck, mit ihr abgestorben und weniger geworden ist. Im 7den Jahre meines Alters bin, nachdem vorher einige *privat-information* von eines Apotheckers *Praeceptore domestico* genoßen, in die *trivial*-Schule der Kauffmänner daselbst gethan, und auf geschehenes Anrathen des seel. alten Raths-*Musici*, Hrn. *AEgidii* Bachs, der ein naher Verwandter von mütterlicher seite gewesen, auch hernach im Singen, und folgends im Clavier-Spielen *informi*ret worden. Der *Informator* im ersten war der dasige *Cantor*, Hr. Adlung, ein sehr *accurat*er nunmehro aber seel. verstorbener Mañ; im letztern hatte anfänglich obgedachten Hrn. *AEgidii* Bachs ältesten Sohn, Hrn. Johañ Bernharden, und sodañ, als dieser nach Magdeburg zog, den Organisten Kretschmar, der ein *Scholar* des Hrn. Buttstetts gewesen war, zu Lehrmeistern. Jener, der jetzo am Eisenachischen Hofe als Organist stehet, nahm die Italiänische Tabulatur mit mir vor, und brachte mich bis zum Anfange des *General-Bass*es, welcher sofort bey diesem, auf Pachelbelische u. Buttstettische Art, *i. e.* außer den *ordinai*ren Accorden, drey-stiñig *continui*ret wurde. Im Singen erlangte in 3/4 Jahren (welches dem Clavier zuschreibe) eine ziemliche Fertigkeit, so daß mich der seel. Hr. *Cantor* nicht allein für sich bey der Kirchen-Music, solange neml. unter seiner *disciplin* und in gedachter *trivial*-Schule, sondern auch, als *an.* 1697 ins *Gymnasium Senatorium* versetzt, und, nach dasiger Verfaßung, *mei juris* war, ohne Entgeld, (da doch andere meines gleichen jährlich etliche Thaler zur Ergetzlichkeit genoßen) brauchen kunte; ja, er schickte mich auch in die Catholischen Kirchen, und nahm das dieser wegen fallende *Accidens* à 2 bis 3 g. von einer Meße so lange zu sich, bis Er solches selbst nicht mehr einnehmen mochte, und es mir überließ; ich aber dachte: es müste so seyn, und es wäre ein Stück meiner Schuldigkeit. Nurgedachtem *Gymnasio,* und der in selbigem verwalteten *qs.* Organisten-//deñ es wird wöchentl. ein dariñen stehendes Positiv von 3 Registern 1mahl gebraucht, // ingleichen der im *Choro musico* geführten *Adjunctur*-Stelle habe *an.* 1702 den 8ten *Nov.* unter dem *Rectorat* des seel. Hrn. M. *Zachariae* Hogels, öffentlich *Valet* gesagt, nachdem vorher *eodem anno* den bey S. *Thomae vacant* gewordenen Organisten-Dienst, welcher, ohne mein Ansuchen, sondern lediglich auf eines noch lebenden *Cantoris,* Nahmens Leich, *Recom̄endation* mir angetragen wurde, nach Mariä Heimsuchung in dem Vorsatz, auf meiner Eltern und gedachten *Cantoris* Zureden angenom̄en hatte, das *Salariolum* à 16 fl. als eine Zubuße auf der Academie daselbst zu *employ*ren; als aber einen hämischen *Cantorem* zum *Colleg*en, mithin vielen Verdruß von ihm bekam (weil ich kein *Bacchus*-Bruder seyn wolte), der im̄er von seiner neüen Composition, von der er zu sagen pflegte: sie blute noch, etwas daher schwatzte, und viel Aufhebens machte, wurde fast genöthiget, um ihme nicht alles blindlings zu glauben, und mich sonsten nicht von ihm hänseln zu laßen, auch zu erfahren, was es mit seiner und anderer Leüte Composition für Beschaffenheit habe, selbige zu erlernen. // Nurgedachten *Cantoris* Sohn ist nachgehends, durch meine Vermittelung, auf einem 1ne Stunde von hier liegenden Dorffe Schulmeister geworden. // Ich fieng demnach solche den 11ten *Sept: a. cit.* bey Hrn. Buttstetten, als dem eintzigen damahligen *Componist*en in Erffurt, an, *frequentir*te, nach vorgedachter *dimission ad Academiam,* einige *Collegia Philosophica,* ingleichen *Juridica* über die *Institutiones* und *Pandect*en; weil aber, wegen nurbesagter Erlernung der musicalischen Composition, wie auch verschiedener Music-Information (deñ das davor zu zahlende *Honorarium* war 24 Thaler, welche, nebst Bezahlung der *Collegiorum*, erst durch die letztern verdienen muste) viele Zeit zur *repetition* mir solcher gestalt entzogen wurde, überdiß auch mein Lehrmeister sehr heimlich gegen mir war, so daß fast alle Worte demselben aufs neüe mit andern Gefälligkeiten im Schreiben, u. s. w. abkauffen muste; *resolvir*te mich, die *Studia* fahren zu laßen, und der Music eintzig und allein obzuliegen. Es deüchte mich dieses auch um so viel nöthiger zu seyn, damit nicht ein *ex omnibus aliquid, et in toto nihil* am Ende heraus koñen mögte. Ich *continuir*te also diese einmahl angefangene Arbeit, zu deren Anfange, weiß nicht mehr, wieviel eigentlich erleget worden war, 3/4 Jahr lang und bestunde die tägliche Verrichtung auf seiten des Lehrers in weiter nichts, als daß er mir anfänglich einige teütsche Regeln, von eintzeln Blättern, die, wie nachhero inne worden bin, aus des verkappten *Volupii Decori*, oder des Jesuiten *Schonsloderi* also genañter *Architectonice Musices universalis*, so zu Ingolstadt *an.* 1631 lateinisch gedruckt worden, genoñen gewesen, abschreiben ließ, hernach einen beziefferten und also harmonischen Baß gab, worüber ich die Ober-Stiñen zu Hause bauen muste, welche er nachgehends in 1/4 Stunde ohngefehr, mehrentheils zu Abend-Zeit, weñ er aus dem S. Peter-Closter, und zwar nicht so, wie es hätte seyn sollen, nach Hause kam, *corrigir*te, und mich wiederum mit einem neüen Exempel nach Hause schickete, weñ vorher manchmahl lange genug auf ihn gewartet hatte. Meiner seits kunte, bey so gestalten und für mich schliñ lauffenden Sachen, nicht umhin, mich auch mit stuñen Lehrmeistern aufs beste bekañt zu machen; schaffte mir demnach, nebst des seel. Werckmeisters sämtlichen Schrifften, auch des *Roberti Flud Historiam utriusque Cosmi*, und des *Kircheri Musurgie* mit großen Kosten an. Die erstern (weil sie mir damahls noch nicht deütlich genug waren) gaben mir auch Gelegenheit, zum öfftern nach dem *Modo* ein und andern Choral-Lieds meinen Lehrmeister zu befragen; an statt einer *adaequat*en und auf andere Vorfälle paßenden *general*en Antwort aber, muste mich begnügen, wenn, nachdem Er den *quaestionir*ten Choral in Gedancken durchgehiñert, nur eine *speciale* ohne *raison* bekam. Als auch in nurgedachten Schrifften der doppelten Contrapuncte gedacht wurde, und ich nicht wuste, was es für Ungeheüer wären: muste abermahl 12 Thaler ihm versprechen, und alsobald 6 Thaler auszahlen, worüber (gleich dem vorigen) kein schrifftlicher *Contract* aufgerichtet wurde. So einfältig war ich! Da es deñ geschahe, daß, als er mir (wie mit den vorigen auch geschehen, nur etliche wenige Zeilen in seiner Gegenwart von eintzeln Blättern auf einmahl abschreiben ließ, und mir die Zeit zu lang werden wolte, ich seinen ältesten Sohn durch Geschenck eines 2/3 Stücks dahin vermochte, daß selbiger mir den völligen Tractat heimlich verschaffte, der sodañ in einer Nacht (weil er nur 5 Bogen ohngefehr ausmachte) von mir abcopiret, und hiermit des ohnedem un*determini*rten Lehrens und Lernens ein Ende gemacht wurde. Ich hätte auch dieses nicht nöthig gehabt, weñ, mich auf andere Art damahls drein zu schicken, vermögend gewesen wäre. Es ist dieser Tractat von des seel. Hrn. Capellmeister Theilens Arbeit, und bestehet mehr aus überflüßigen Exempeln, als vielen Regeln; ich habe nachhero alles kürtzer und doch hinlänglich, zusamt dem *fundament* und *demonstration* dieser Lehre, gefaßet, und auf einen Bogen gebracht. Ehe ich diese mir sehr schwer gemachte *information* verlaße, muß noch gedencken: daß, als ein Kirchen-Stück, und zwar das erste und letzte so mir *corrigi*rt worden, verfertigte, und über *invention* klagte, bekam zur Antwort: ich solte meinen Schreibe-Tisch in jene Ecke der Stube, den einen Stuhl dahin, und den andern dorthin setzen; als nachgehends in *Kircheri Musurgie* die Lehre von der *Combination* ersahe, wurde erst inne, worauf dieses *Oraculum* gezielet hatte, ja, als nurgedachtes Buch, davor 8 rdl. gezahlet, blicken ließ, muste es ihm leihen, es wurden mir 14 rdl. dafür geboten, welche ich aber *refusi*rte, weil ich deßen Inhalt mir noch nicht bekañt gemacht, sondern selbiges erst bekoͤmen hatte, da es deñ hart hielt, und über 1/4 Jahr währete, ehe es wieder bekam. Jetzo möchte eher mit mir handeln laßen, weñ es sonst nicht aus *curiosité* lieber behalten wolte! Dieses alles aber will, weil das *de mortuis (etiam vivis) nil nisi bene* mir vor Augen schwebet, im geringsten nicht zu Beschimpfung dieses in seiner Kunst NB. für sich sonst braven Mañes, sondern nur deswegen *historice* angeführt haben, um daraus zu ersehen: wie mirs ergangen, und wie weit man es wol, bey solchen Umständen, bringen könne! Kurtz: die gantze Anführung bestund in Anweisung eines reinen *Quatuor*, dabey mir aber nicht gezeiget wurde, wie selbst zu einer guten Harmonie gelangen könne, weñ einen Baß beziefern, oder auch in Gedancken die *progressus formi*ren solte und wolte. Ich muß demnach aufrichtig bekeñen, daß mein weniges Können, es sey nun beschaffen wie es wolle, anfänglich mehr dem seel. Werckmeister (welchem zu Gefallen an. 1704 nach Halberstadt gereiset, von welchem auch nach der Zeit mit etlichen Briefen und Buxtehudischen Clavier-Stücken beehret worden bin) und nachgehends guter Componisten Arbeit *in Partitura*, nechst Gott, zu dancken habe. Mein erster *Cantor*, dem (wie schon gedacht) zu Gefallen, oder vielmehr zur *bravade* (ich kan das Ding nicht also gleich recht neñen) die *Composition* angefangen hatte, wurde, wegen liederlicher Aufführung und Versäumniß seines Amtes, gleich im ersten Jahre meines *officii*, gegen Weynachten entsetzet, und bekam einen andern sehr *comportabl*en *Cantorem*, der, nebst andern Liebhabern in der geringen Gemeinde, mich im̄erzu *encouragi*rte, ein und ander Stück zu setzen, wodurch es geschahe, daß an. 1707 im Früh-Jahre nach Mühlhausen, an des verstorbenen Hrn. Ahlens Stelle kom̄en solte; weil aber der Ort mir verhaßt gemacht wurde, schrieb den *termin* da mich stellen solte auf, und erwartete eine bequemere Gelegenheit, die sich auch in nurgedachtem Jahre noch, neml. *d.* 29 *Julii* alhier in Weimar äußerte, da, nach abgelegter Probe, unter 9 *Competent*en, von E. HochEdl. Rathe die Organisten-Stelle an der Haupt-Pfarr-Kirche zu *S. Petri* und *Pauli* erhielt. Gleich nach meinem Anzuge, welcher, wegen eingefallener Landes-Trauer vor unsers jetzo gnädigst regierenden Hertzogs Hrn. Vater, erst auf Michael geschahe, bekam den hochseel. Printzen, Johann Ernsten, wie auch deßen Stief- und des jetzo regierenden Hrn. Hertzogs leibliche Princeßin Schwester, *Johañ*en *Charlott*en, in die *information*, war auch so glücklich, daß diesen zwo hohen Personen viele andere von Adel folgeten; es mangelte auch nicht an andern Scholaren Bürgerlichen Standes, welche das Clavier *excoli*rten, und mir ein ergiebiges dadurch zuwendeten. Vorgedachten nunmehro hochseel. Printzen habe bis ohngefehr *an.* 1710, als Ihro Durchl. nach Utrecht auf die *Univer*sität giengen, *informi*ret, nach der Wiederkunfft aber, vom *Junio* des 1713ten bis in den Merz des 1714ten Jahrs, als Sie, wegen zugestoßener harten Unpäßlichkeit an dem

einen Schenckel und Hüffte ins Bad nach Wißbaden und Franckfurt giengen, Selbiger auch in Dero schmertzhafften Kranckheit in
der *Composition lection* gegeben, dariñen Sie es so weit gebracht,
daß 19 Instrumental-Stücke in der Zeit von 3/4 Jahren von Ihnen
verfertiget worden, davon 6 *Concert*en in Kupffer heraus gekoñen
sind, die der Hr. Capellmeister Mattheson an 2 Orten seiner Organisten-Probe anführet, und deren eine ich im *original*, neml. in
Partitur, als ein Geschenck besitze. In nurgedachter so wol ge-
sunden als krancken Zeit habe zu 4 mahlen die Gnade gehabt,
nebst dem Hrn. Hof-Meister von Benckendorff, und Hrn. *Secre-*
tario Reichardten, an Dero Tafel mit zu speisen, auch sonsten gar
offt des Nachts (weil wohl gelitten war) in der Kranckheit bey
Ihnen zu bleiben. Doch war diese in anderer Leüte Gedancken
mir wohl wehende West-Hof-Lufft mir zum öfftern, wegen anderer leicht zu errathender Umstände, in der That ein rauher
Nord-Wind. Als dieser Printz *an.* 1715 den 1sten *Augusti* zu
Franckfurt am Mayn verstorben, bin nachhero iñer mit meinem
Stande und mäßigem Glücke zu frieden gewesen; es hat mir auch
der liebe Gott, von *an.* 1708 da ich eine frembde Person gehey-
rathet, 8 Kinder beschehret, davon noch 2 Söhne, einer von nunmehro 17, und der andere von 14 Jahren, und 2 Töchter am Leben sind. *Anno* 1721 zu Ausgang des *Octobris* wurde gantz un-
vermuthet, als der verstorbene Fürst von Cöthen, Herr Leopold,
zum erstenmahl hier war, nach Hofe zur Music geruffen, und von
Ihro Hochfürstl. Durchl. unserm nunmehro gnädigst regierenden
Hertzoge, Hrn. Ernst Augusten, mit nachstehenden Worten an-
geredet: „ich wäre noch ein alter bekanter von Seinem Bruder her,
ich möchte das bey Handen stehende *Clavicymbel* jetzo mitspie-
len, Er wolte mir, weñ künfftighin dabey zu bleiben gedächte,
allerhand *douceur* davor machen." Des folgenden Tages wurde
vom Hrn. Hof-Marschall, Baron von Schmiedel, (den ich auch,
wiewohl eine gantz kurtze Zeit, als Er noch Stallmeister war, *in-*
*formi*ret) gefraget: was für die zu leistende Aufwartung haben
wolte? worauf dieses *replici*rte: „es wüsten Ihro *Excellenz* daß
ein blödes Gesicht hätte, und also bey Abend-Zeit und Lichte nicht
wohl fortkoñen könte, ich wolte also in dieser Absicht nicht fordern, sondern mit dem zu frieden seyn, was Ihro Hochfürstl.
Durchl. mir dißfalls gnädigst würden angedeyhen laßen." Hier-

71

auf wurde mir ein gewißes *Deputat* an Korn, Gerste und Holtz in Gegenwart eines andern Bedienten versprochen; bey Empfahung aber des hierüber, nebst dem *Praedicat* eines Hof-*Musici*, ausgefertigten *Diplomatis*, waren die beyden ersten Posten just um die Helffte herunter gesetzt, und *moderi*rt worden. Ob nun schon Ursach gehabt hätte, mich deswegen zu *movi*ren, ließ es dennoch seyn, wohl wißend, daß es nicht gar zu beständig und lange dauern würde, und nahm mit halben Tractament *nolens volens* vor lieb bis *an.* 1728 um jetzige Jahres-Zeit, da es gar wiederum aufgehoben worden ist. Wozu folgendes mag Gelegenheit gegeben haben, neml. als einmal *A* gesagt, wurde mir auch zu verstehen gegeben: es würden Ihro Durchl. gerne sehen, weñ, in Ermangelung des Claviers, als welches nicht aller Orten füglich gesetzt und gebraucht werden könte, die Violin mit zu spielen beliebte: diesem nach muste freylich auch *B* sprechen; es hat aber hierbey meine theils natürliche, theils aber von meiner an einem sehr dunckeln Orte stehendē // anjetzo zerrißenen // Orgel, und anderweit herhabende Augen-*maladie*, zumahl weñ etliche Personen an einer Stiñe sich befunden, sich nicht verbergen laßen, indem mich bükkend derselben nähern müßen, so daß es die Herrschafft, welche iñer hinten und forne sich befunden, auch zum öfftern Selbst mit *musici*ret, mehr als zu wol inne geworden. Ich bin aber deswegen, Gott lob, nicht blind, sondern meiner in rechter *distanz* liegenden Stiñe noch mächtig, Gott helffe ferner! als darum täglich zu beten pflege: ›Mein Gesicht mir auch verleihe, biß an mein letztes End etc.‹ Daß man vielleicht auch *ab externis ad interna argumenti*ret, und übrigens meine kleine *Statur,* ingleichen ein unver*chame*rirter Hut und dergleichen Kleid nicht anständig seyn mag, kan wol seyn, auch iñerhin es geschehen laßen, und ist mir im geringsten nicht empfindlich, wohl aber dieses: daß, als mein erster *Cantor* alhier, Hr. *Georgius Theodorus Reineccius an.* 1726 gegen Weynachten verstarb, und ich, gegen eine von des *Cantoris* reichlichen Besoldung zu nehmenden *Addition*, das *Directorium musicum*, // in *fourni*rung der Kirchen-Stücke u. weiter nichts bestehend, deñ die Aufführung wäre beym *Cantore* nach wie zuvor geblieben, // nicht aus Ehrgeitz, sondern meine schwache und nicht hinlängliche *Subsistenz* zu verbeßern, *ambi*rte, es auch schon an dem war, daß solches gegen 50 f. Zulage bekoñen solte, welches auch zween

Competenten, die die *Composition* nicht verstanden, angezeiget worden; muste es sich wunderlich fügen, daß Hr. *Laurentius* Reinhardt, bisheriger *Professor Eloquentiae et Graecae Linguae* am Hildburghäusischen *Gymnasio*, diesen Dienst, weil Er die *Composition* verstehet, völlig überkam; von Beschaffenheit derselben will nichts, sondern nur so viel melden: daß in 2 1/4 Jahren nur einerley Jahr-Gang, und dabey nur 3 *Kyrie eleison*, da doch Soñtäglich eins nöthig ist, aufs Tapet gekoñen sind. (Hierbey können Mein Herr abnehmen, was mich zu Setzung der 6 *Kyrie* bewogen!) Doch kan nicht unberührt laßen: daß Er ohne *Partitur componiret*, und ohne *Partitur dirigiret*, übrigens auch die mit dem vorigen *Cantore* gepflogene gute Harmonie *continuiret* hat. Da dieser nun, an statt des nach Anspach *in Patriam* gegangenen *Conrectoris*, Hrn. M. Jos. Matthiä Geßners, Stelle in diesem Jahre nach Pfingsten in aller Stille eingerucket, und auf gleiche Art einer von vorgemeldten *Candidaten*, der mein Scholar im Spielen gewesen, Nahmens Labes an deßen Stelle gekoñen, und das bisherige kurtze *Directorium* // deñ Er wolte nicht *Cantor*, sondern *Director Musicae* geneñet seyn, // wieder in das vorige *Cantorat* verwandelt worden, habe mich zwar aufs neüe bey hoher Herrschaft unterthänigst gemeldet, es ist auch mein Bittschreiben mit diesem Befehle an das Ober-*Consistorium* gesendet worden: „es solte Selbiges in meinem Gesuch nach Billigkeit verfahren;" worauf dieser Bescheid erfolget: „es könte hierin, weil der neüe *Cantor* die *Vocation* bereits erhalten hätte, kein Spruch geschehen." Auf solche Art bin abermahl Trost- und Hülffloß übergangen worden, so daß samt den *Accidentiis* von Hochzeiten jährlich mit 70 Meißnischen Gülden an Gelde, und an *Deputat* mit 18 hiesigen Scheffeln Korn, und 12 Scheffeln Gerste zufrieden seyn muß, welches zusamen etwa 100 f. beträgt; hierzu komt noch ein freye und neügebauete Wohnung mit einem Gärtgen. Von nurgedachter Geld-Besoldung aber muß, nach jetziger neüen Verfaßung, wegen *Accis* und Trancksteüer (welche gantzer 21 Jahr, laut der Bestallung, nebst andern frey gehabt) jährlich, wenigstens 10 f. wieder weggeben. Dieses sind demnach meine so wohl glück- als unglücklichen Begebenheiten, welche Ihnen *sub rosa communiciret* haben will. Nunmehro ist es an dem, daß das wenige, so ehemals bey schwacher *familie* und wenigem Aufgange habe zurück legen könen, wiederum herfürsuchen und bey jetzigen Umständen, da fast keine *Scholar*en, sondern derer, so zu sagen, nur drittehalben habe, zubüßen muß. Dieses letztere befremdet mich auch nicht, indem es wol nicht anders seyn kan, daß die in so langer Zeit gezogene Scholaren, so in Städten und Dörffern untergekom̄en sind, wiederum andere auf- und mithin die Nahrung mir entziehen. Mein Trost hierbey ist dieser: daß, dem Gewißen nach, aufrichtig mit ihnen verfahren, und sie den nächsten Weg ohne Umschweiff geführet, obgleich *politice* zu reden, nicht klüglich daran gehandelt habe. Denn da von den *Principal*-Stücken, als *General-Bass* und Choralen jederzeit angefangen, so ists geschehen, daß mancher, der nur 2 bis 3 Stunden wöchentl. genom̄en, diese unentbehrliche Stücke für ein sehr weniges, dafür kein Schuh-flicker einem seine Profeßion lehren würde, erlernet hat. Die Methode in beyden ist 4stim̄ig, und zwar in den letztern so, daß die Füße den Baß im Pedale absonderlich, und die Hände die übrigen 3 Stim̄en dazu *formir*en, und einander in der Ausschmückung *secundir*en, daß man hierdurch *ipsissimas Compositionis communis regulas*, die mich vorangezeigter maßen 24 rdl. gekostet, erlernen müße, indem die Ursachen von allem was dabey vorfällt gesagt werden, ist wohl außer Streit; das schlim̄ste aber für mich, daß die meisten dencken: es müße so seyn, und die gantze Welt mache es also; und demnach von den wenigsten als nur von denen, die anfänglich anderweit anders angeführt worden und also den Unterscheid mercken, dafür heimlich gedancket wird. Mein Herr werden hieraus erkeñen, wie weit es, wenigstens hier zu Lande, mit der lieben Music gekom̄en, und daß man sie den Leüten fast um nichts gleichsam nachwerffen muß. Doch mache mir auch hieraus eben nicht viel, weil der Spruch: ›Was ihr wollet, das eüch die Leüte thun sollen, das thut ihr ihnen auch‹, großen Eindruck in meinem Gemüthe gefunden, und ich die Hoffnung habe: Gott werde meinen Kindern in ihrem Fürnehmen auch gewißenhaffte und treüe *Praeceptores* bescheren, und es ihnen hinwiederum genießen laßen. Zwar bin, wegen meines ältesten Sohnes, der bereits 1 Jahr *in prima Classe* sitzet, demnach in ein paar Jahren auf die *Universit*ät ziehen, und das *studium juridicum* ergreiffen wird, zum Voraus dergestalt bekümert, daß öffters das: *unde sumimus panem in deserto*, für mich anstim̄e, weil befürchte, er möchte gleiche *fata* mit mir haben, *i. e.* allenthalben wenig oder nichts bekom̄en, ohnerachtet derselbe, als vor dem Jahre ihn die Materialisten-Handlung wolte erlernen laßen, von seinem *Praeceptore*, Hrn. M. Gesnern, nachstehendes öffentliches *elogium*, und ich den mit angehängten Einspruch erhalten: „jetzo ist der l. Sohn in einer solchen *disposition,* daß ich es recht vor Schaden hielte, weñ derselbe von den *studi*en abgezogen werden solte: daher ich auch eine halbe viertel-Stunde zuvor, ehe ich MH Gev. *billet*gen erhalten, mein geschrieben *judicium* beym *examine* also von ihm gegeben: *optimae spei juvenis, dignus, cui publica etiam liberalitate subveniatur, ›ne castra nostra forte deserat‹.* An seiner Lust zu studiren ist wohl nicht zu zweifeln, weil er bisher genugsame Proben davon gegeben: und weñ er fortfähret wie er angefangen, so halte ich es fast vor eine *morali*sche Unmöglichkeit, daß er solte durchs studiren sich oder die seinigen unglücklich machen." Der Anfang meines Besorgens hat sich auch bereits in dem geäußert, daß, da er fast 3 Jahre auf der hiesigen Hochfürstl. Bibliothec, und zwar wöchentlich 7 bis 8 Stunden aufgewartet, unter dem Versprechen, ein *Stipendium* von 25 bis 30 f. dafür zu bekom̄en, durch den Tod des Durchl. Hertzogs, Wilhelm Ernsts, gleichwie in vielen anderen Stücken, also auch in diesem, die *Scene* sich sehr verändert, daß weder dieses, noch sonsten etwas zu hoffen seyn wird. Eben dieses hat mich bewogen, das anfänglich nur für mich und zu meiner *notiz* gesam̄lete musicalische schwache Unternehmen auch andern mitzutheilen, ob etwa davon eine kleine Mitgabe auf die *Univers*ität für ihn zu machen seyn möchte? es will sich aber auch hieriñ nichts finden laßen, weil die Hrn. Buchhändler gleichsam *de concert* sich verbunden, einem *auctori*, der seine Arbeit verlegt, den Vertrieb recht sauer zu machen, und ohne deren Hülffe gehet es, wie bekañt, langweilig und kostbar für mich damit zu. Ich habe mich derowegen an einen Buchhändler nunmehro *addressi*ret, der die *Continuation* künfftighin besorgen wird, nehme *quid pro quo,* nur daß nicht zu Schaden, und ein weniges für meine Mühe bekom̄en möge, will übrigens die gröste Sorge dem Allerhöchsten überlaßen, und mich gantz und gar deßen allerheiligstem Willen in Gedult und Hoffnung unterwerffen: Er wirds wohl machen!

Nachdem nunmehro mein gantzes Hertz in Meines Herren

Schooß geschüttet, werden Sie auch leicht begreiffen, warum das mit Hrn. Hurlebuschen vorgehabte Unternehmen unterlaßen muß? obgleich solchen Vortheil insonderheit meinem jüngsten Sohne gerne gönnen möchte. Solte ich davon nur lallen hören, getrauete mir schon dahinter zu koṁen, nachdem in andern Stücken nicht unglücklich gewesen, sondern manches durch emsiges Suchen und Liebe zu meiner Profeßion entdecket und gefunden habe. MH. wollen den dieserwegen in Händen habenden Brief dem *Vulcano* aufopffern!

Bis hieher habe noch schreiben können, daß Sie es hoffentlich verstehen werden; nunmehro soll auf den sehr wichtigen Punct ihrer geheimen Philosophie gebührend antworten, und da weiß fürwahr nicht, was melden soll, weil nur eine *superficielle* Wißenschaft, oder vielmehr allein historische Nachricht davon besitze. Sie nehmen demnach nicht übel, weṅ nicht also, wie es seyn solte, von dieser allerhöchsten und schönsten Kunst, an deren Gewißheit niemals (wie doch andere thun) gezweifelt habe, mich werde heraus laßen können. Als noch ein *Gymnasiast* und ohne sonderliche Beurtheilungs-Krafft war, bekam verschiedene *chymi*sche alte Schrifften zu kauffen, welche, bey meinem Abzuge, meinem Vater, als einem Liebhaber hinterlaßen habe; nachdem aber MH. bey dem vorigen Packetgen ein so Wunderns-würdiges Schreiben davon mit beygeleget, und in selbigem so wohl, als in dem letztern es mir sehr nahe gelegt, ja etwas gönnen, und zu deßen Erforschung mich *animi*ren wollen; als sehe solches nicht obenhin, und von ohngefehr also geschehen zu seyn, sondern als etwas besonderes an. Ich habe demnach obengedachte Bücher, als (1. *Basilii Valentini* Tractat: von dem großen Stein der Uralten Weisen. (2. *ejusdem* Tractätgen: *de Microcosmo*. (3. von der großen Heimlichkeit der Welt, u. (4. von der Wißenschafft u. verborgenen Geheimnißen der 7 Planeten, so zusaṁen ein *8tav* Bändgen ausmachen; ferner (5. Johaṅ Langens wunderbahre Begebenheiten des unbekaṅten *Philosophi*, in Such- u. Findung des Steins der Weisen. (6. Das *Alchymi*stische Sieben-Gestirn, oder 7 Tractätlein vom Stein der Weisen. (7. *Philalethae* drey Tractätlein von Verwandelung der Metallen, samt Wigands vom rothen Schilde Tractatus genannt: Die Herrligkeit der Welt, von Johaṅ Langen heraus gegeben; (8. *Alexandri à Suchten* Schrifften, woran das Titul-

Blat mangelt. (9. Bericht von der Alchimie, abermahl ohne Titul; (10. *Alchimiā verā,* beschrieben durch *J. P. S. M. S. an.* 1604. (11. *Theophrasti Paracelsi* Schreiben, *de tribus principiis* aller *generat*en; *lib: vexationum,* u. *Thesaur: Alchimistarum.* (12. Die *Occultam Philosophiam* von dem verborgenen Philosophischen Geheimnißen der heimlichen Goldblumen, und *Lapidis Philosophorum,* was derselbige, und wie zu Erlangung deßen zu *procedi*-ren, samt der Schmaragd-Tafel, Paraboln, *Symbolis,* und 18 sonderbaren Figuren der hochberühmten Philosophen *Hermetis Trismegisti,* u. *F. Basilii Valentini,* Franckf. *an.* 1613. *in 4to,* mir kom̄en laßen, weil mein Vater sie ohnedem nicht mehr, wegen verlohrnen Gesichts, brauchen kan, und ein wenig darinnen studiret; allein ich bin ein *Davus* und kein *Oedipus!* Doch will meinen einfältigen Begriff hersetzen, daß es neml. ankom̄en mag (1. auf die Erkēntnis der ›wahren Materiē‹, dariñen der *Mercurius Philosophorum* enthalten. (2. auf deren ›Zubereitung‹, damit dieser erhalten, und wie mit diesem ferner zu *procedi*ren sey. (3. auf das ›Feüer‹, und (4. auf die ›Zeit‹. Da nun, besage Ihres liebreichen Schreibens, die wahre *materia philosophica,* oder der *Mercurius Philosophorum* an sich nirgend zu kauffen ist, sondern erstlich durch Kunst innerhalb 4 Wochen *praepari*ret, aus ›Metallen‹ (*in plurali,* als ›wahren Materien‹, nach meiner obigen Schreib-Art) *extrahi*ret, ja, noch deütlicher, aus 2 Dingen, und also (nurgesetzter maßen) 2 Metallen *componi*rt, auch Kopff und Schwantz zusam̄en gefüget werden muß; und Sie nurbesagtes, vermöge der beyden Zahlen 1 u. 7, und der beyden *Vocalium A* und *O,* wie auch der *hieroglyphi*schen Figur ☿ als der einfachen Schlange, woraus, weñ neml. 1 u. 7 *addi*rt, *item* nurgedachte einfache Schlange *dupli*rt wird, die Zahl 8 oder das *Signum Mercurii philosophici,* also gestaltet ☦, entstehen, so in der Music die Tieffe und Höhe in eins verbunden anzeigen, glücklich entdeckt haben; als deüchtet mich: man könne, (nach ›Ordnung der Metallen‹) entweder durch die Zahl 1 den *Saturnum* oder das Bley, und durch die Zahl 7 *Solem* oder das Gold, als das 1ste und 7de Metall verstehen, weil jenes durchs *A,* als den Anfang, und dieses durchs *O, Z* u. *th* (so alle in dem *fingi*rten Worte *Azoth* stecken) als das Ende, angedeütet werden mag; oder, (nach ›Ordnung der Planeten‹, wie sie nemlich am Firmament sich befinden) durch die

1 gleichfalls den *Saturnum*, und durch die 7 die *Lunam* (wiewohl umgekehrt) als das oberste und unterste, so zum weisen Werck etwa von nöthen; und vorgedachtes, neml. den ☽ u. ☉, als zum rothen Werck gehörig, verstehen, weil es doch heist: *superius est sicut inferius, et vice versâ*, daß demnach aus *composition* der beyden ersten Metallen neml. des ☽ u. ☾ der *Mercurius primi*, und aus den beyden letztern Metallen, neml. des ☽ u. ☉ der *Mercurius Philosophorum secundi generis* erhalten werde. Dieses sind meine einfältige *Ideen*, so aus dem Vortrage Ihres Schreibens mir bis hieher habe machen können; weil aber am Ende deßelben, nachem Sie mir die drey *hieroglyphische* Buchstaben: *I. A. O.* aus iñerster Ergebenheit geschencket, solche auch nachstehender maßen erklähret haben: „daß neml. das *I* der zugethane Circul sey: den solte ich öffnen, so entstünde das *A*, um diesen solte ich einen Creis führen, so bekäme ich das *O*, folgendes noch stehet im Metallischen Reiche ist ›eine‹ Materie (deñ die Metallen bestünden alle aus einer eintzigen Materie), solche eintzige Materie solte ich in ›zwo‹, *scil. in Sulphur et Mercurium*, oder in ›*fixum*‹ und ›*volatile*‹ theilen (davon das *fixum* so unten liege, dem *volatili* so oben schwebe, gleich sey) und diese wiederum mit einander verbinden, so hätte ich was verlangen könte." So will zwar die Meldung von ›einer‹ Materie, und die Erklährung des ›unten‹ und ›oben‹, mein voriges *Concept* von zweyen Dingen, ingleichen mein *superius* u. *inferius* wiederum verrücken; dörffte ich aber solche ›eintzige‹ Materie von dem *rara ave*, dem ☿ *Philosophorum*, der nachgehends in 2 Theile (vielleicht in Erde, *i. e. Sulphur*, als das *inferius*, und in Waßer, *i. e. volatile*, als das *superius*) zu bringen, und wiederum dergestalt zu verbinden sey, daß das unterst zu oberst, und das oberst zu unterst, durch *solvi*ren und *coaguli*ren, zu stehen koñe, verstehen und annehmen; so wären zwar meine vorige Gedancken von dem *superius* u. *inferius* unrichtig; aber die ›eintzige‹ (aus 2 Metallen durch Kunst hervorgebrachte und *praepari*rte) Materie richtig, und hätte hiermit zugleich das zweyte Stück, neml. die ›Zubereitung‹ seine Abfertigung; obgleich der *process* an sich, wie neml. der ☿ *Philosophorum* aus vorigen auf zweyerley Art gedachten Metallen zu *elici*ren, und demnach diese zu *tracti*ren seyn mögen, mir unbewust ist. Daß solcher durch kein gemeines ›Küchen-Feüer‹ verrichtet werden müße,

habe auch aus Ihren Schreiben ersehen, weil Sie melden: daß weder Holtz noch Kohlen dazu von nöthen, doch aber ein Ofen, *Athanor* genañt, (und also wohl ein besonderer) dazu gebraucht werde, und dieser samt den andern Materialien irgend einen *species*-Ducaten koste. Hierdurch bin auf die Gedancken komen: es könne vielleicht pur ungeleschter und mit Waßer zu entzündēter, oder mit Waßer und *s. v.* Pferde-Mist vermengter Kalck seyn, weil in beyden eine natürliche Wärme stecket; ob aber dieses *philosophi*sche Feüer sowol zur ›Vor-Arbeit‹, ich meyne zur *calcinir*- und *destrui*rung mehrbesagter 2 Metallen, und also bis zur Uberkomūng des ☿ *Philosophici*, als zur ›Nach-Arbeit‹, neml. erst nach erhaltenem *Mercurio* dienlich sey, und *adhibi*rt werden müße, ist mir abermahl unwißend? Was letztens die ›Zeit‹ anbelangt, so haben Sie selbige auch bereits (meine also genañte Vor-Arbeit betreffend) *determini*ret, und sonsten berichtet, daß Ihre Laborantin biñen Jahres-Frist das Werck bis zur Helffte gebracht habe: dörffte demnach solche von selbst Naturmäßig zu erwarten, und durch die in der Arbeit erscheinende Farben zu *observi*ren seyn.

Da nun alles mein Vorbringen nur in Muthmaßung bestehet, und ich davon, wie der blinde von der Farbe, schreibe und urtheile, auch weder das *hermetische* Zeichen ☿ an sich selbst, noch das darunter befindliche Creütz, welches den *modum* der *manipulation* (so mir undeütlich ist) andeüten soll, verstehe, und demnach eines Leit-Fadens bedürfftig bin; als will Meines Herrn gütigste *manuduction* (nachdem Sie mich hierauf, als eine Sache von der in 22 Jahren nichts gehöret, einmahl gebracht haben) mir ferner ergebenst ausbitten, unter gewißer Versicherung, daß, so durch selbige, vermittelst Göttlichen Seegens, zum rechten Erkeñtniß und Überkomūng dieses großen Schatzes etwa gelangen solte, ich solchen (da ohnedem die drey Götzen der Welt nicht verehre) im geringsten nicht mißbrauchen, sondern hauptsächlich zu Gottes Ehren und meines Nothleidenden Nechsten Nutzen anwenden, auch übrigens ›für mich‹ und ›die meinigen‹ nur so viel davon brauchen würde, als zu dürfftigem Unterhalt dieses zeitlichen mühsamen Lebens, und *solide*r Erlernung ihres Vorhabens (Hr. Hurlebusch solte der erste seyn, der in letzterer Absicht davon *participi*ren solte) nöthig, *de securitate paupertatis* (wofür mich, die Warheit zu sagen, entsetzlich fürchte) hinlänglich, und zu Beförderung des Ewigen seel. Lebens beförderlich seyn möchte. Hier haben Sie, gleichwie vorhin mein gantzes Hertz, also jetzo auch deßen eigentliches *Portrait*! Welchem diese *resolution* noch beyfüge: daß, so es Gott beliebet, nurgedachtes auf andere Ihm am besten bewuste Art, zu erlangen, ich das so sehr verborgene Geheimniß nicht einmahl zu wißen verlange; solte aber dieses das rechte und mir vorbehaltene Mittel dazu seyn, so geschehe sein Wille! Inzwischen werde nicht unterlaßen, gleichwie meine Söhne, und insonderheit den jüngern (als welcher nichts anders als ein Organist zu werden verlanget) *in musicis* zu unterrichten, und so weit zu bringen, als es mir möglich ist; also auch mich *in Chymicis* und oben angeführten Büchern weiter umzusehen. Hierauf empfehle Sie und die Ihrigen in Gottes Schutz u. Gnade, mich aber und die meinigen zu Dero fernern Gewogenheit, verbleibende

Meines Herrn

aufrichtig-ergebenster
J. G. Walther.

Weimar d. 3 Octob. 1729.

P. S. Noch habe folgende Stücke zu berühren, als:

(1. Daß Dero *chymi*schen Brief nicht recht eingesehen, sondern anfänglich gemeynet habe: er sey von einem vertrauten Freünde, den Sie um sein *vitae curriculum* meinet wegen ersuchet, an Sie geschrieben worden; in diesen Gedancken habe so lange gestanden, bis das letztere Schreiben empfangen, als wodurch erst völliges Licht hierinen bekam, und verstund, daß MH. der *Auctor* deßen sey.

(2. Ob Sie mit beykom̅enden *Extract* aus ihrem Lebens-Lauffe zu frieden? daß er neml. auf solche Art gedruckt werde.

(3. Den Hrn. Oesterreich, und alle andere, so Vorschub bisher gethan, und künfftighin noch thun möchten, bitte *meo nomine* anjetzo u. sodañ zu *saluti*ren, u. Ihnen ergebensten Danck zu sagen.

(4. Daß des Hrn. D. Brückmañs Zedul ausgetheilt habe.

(5. Daß einem Liebhaber dieser Hand, welche die *Advent-* und einige andere Stücke von jetzt beykom̅enden geschrieben, einen gantzen ausgeschriebenen Jahr-Gang, ohne Partitur, von Hrn. Erlebachs Arbeit pro 4 Thaler verschaffen kan.

(6. Daß ein gewißer Scholar, der mir nur 3 rdl. zugewendet, für meinen Augen herum gehet u. *informi*ret; da ich hingegen fast keine *information* habe. Das ist der Danck u. Erfolg von getreüen Unterricht!

(7. Daß ein vor 16 1/2 Jahren gewesener Scholar, der nachhero in Ost-Indien in der Stadt *Batavia* als *Sergeant* gedienet, dabey aber monatlich mit seiner bey mir erlerneten Music 30 bis 40 *Species* Thaler verdienet, am 6ten *Augusti* dieses Jahres *retourni*ret ist, mich aus Danckbarkeit mit verschiedenen Sachen, als einem saubern Indianischen Rohre oder Stocke, Halßtüchern für meine Kinder, und einer *quantit*ät *Chine*sischen *veritabl*en *Thée*, davon das lb zu *Batavia* 2 rdl. kostet, beschencket hat, und dabey wünschet: daß nur so viele Groschen, als Er Thaler verdienet, von der Music gewiñen möge.

(8. Daß, außer gedachten 6 Kirchen-Stücken, sich noch 3 andere vorgefunden, davon das eine, neml. die *Cantata* auf Johannis-Tag auch einen andern Text anfänglich gehabt, welcher auf die Geburt des erstgebohrnen Printzen u. der Princeßin, als Zwillingen, *an.* 1718 *d.* 4 *Julii* gerichtet gewesen, und von dem damahls bestalten neüen Cam̃er-Juncker nurgedachten nunmehro wiederum verstorbenen Printzens (die Princeßin lebet noch), neml. dem jungen Hrn. von Marschall, sonst Greiff genañt, welcher auch mein Scholar gewesen, und jetzo in Preüßischen Diensten unter der *Soldatesca* zu Magdeburg stehet, mir zu *componi*ren aufgetragen worden. Die davor befindliche *Ouverture* habe nach der Zeit mit noch andern *Pieces* vermehret, welche, auf Verlangen, vollkom̃en zu Dienste stehet.

(9. Daß, gleichwie Mein Herr durch den Schlüßel 1 u. 7. zur geheimen Philosophie, also ich durch die Betrachtung der Zahlen 1. 2. 3. 4. 5. 6. 7. u. 8. hinter die von *Zarlino* so weitläüfftig vorgetragene Lehre der *Consequenz*en kom̃en bin, von welcher nurgedachter *Auctor* meldet: daß sie (wegen des *judicii*) der höchste Grad in der *Composition* sey. Wie sie aber heütiges Tages von denen, die es doch beßer wißen könten u. solten, angesehen werde, ist Ihnen am besten bekañt.

(10. berichte: daß, nach meines Vaters Gedancken, die wahre Materie des *philosophi*schen Wercks, woraus der *Mercurius Philosophorum* zu *extrahi*ren, ›rothe gegrabene Erde‹ seyn soll, aus welcher eine ›Lauge‹, und aus dieser ein ›Salpeter‹ zu machen.

(11. Letztlich, wie ehemals gehöret: daß einige den *Mercurium sublimatum*, den *Sal armoniacum* u. *Aqua fort* für die wahren Materien u. 3 *Principia* dieser Kunst halten wollen, welche mit einander vermischet, sich ohne Feüer, in gewißer Zeit von selbst *perfectioni*ren, und sodañ andere damit bestrichene, oder in Fluß gebrachte Metallen tingiren sollen.

Bokemeyer (Heinrich) wohlberühmter *Cantor* zu Wolffenbüttel, hat das Licht dieser Welt *an.* 1679 im Merz-Monat, zu Im̄ensen, einem im Fürstenthum Zelle, und zum Amte Burgdorff gehörigen Dorffe, erblicket; nach dem 7den Jahre erstlich in seinem Geburts-Orte, u. hernach zu Burgdorff die Schule besuchet; von *an.* 1693 aber bis 1699 die *S.* Martins- und *S.* Catharinen-Schulen zu Braunschweig *frequenti*ret; sich hierauf *an.* 1702 nach Helmstädt auf die *Universit*ät begeben; *an.* 1704 den 2 April das *Cantorat* an der *S.* Martins-Kirche zu Braunschweig bekom̄en; *an.* 1706 die *Composition* bey Hrn. Georg Oesterreich erlernet; *an.* 1712 *Vocation* zum *Cantorat* nach Husum im Schleßwig-Holsteinischen erhalten, solches 4 Wochen vor Michaelis angetreten, und daselbst die Gnade gehabt, unter der *direction* des Hrn. Capellmeisters *Bartolomeo Bernhardi* (von welchem er die Manier, *alla Siciliana* zu singen begriffen) so wol in dasiger Schloß-Kirche ein *Solo*, als nachgehends bey der Tafel einige von nurgedachten Herrn Capellmeister gesetzte Italiänische *Cantaten* vor Ihro Königl. Majestät in Däñemarck nicht allein abzusingen, sondern auch Selbige zu sprechen, u. von Selbiger beschenckt zu werden; *an.* 1716 hat er seine schon im *Febr.* gesuchte *dimission* 3 oder 4 Wochen nach Michaelis erhalten, u. 20 rdl. auf die Reise verehrt bekom̄en; sich aber bis in den *Januarium an.* 1717 zu Husum noch aufgehalten, hierauf nach Braunschweig u. Wolffenbüttel sich gewendet, an letztgedachtem Orte gegen Michaelis erstl. die *Adjunctur* des dasigen *Cantorat*s (deñ der *Cantor* Bendeler war vom Schlag gerührt worden) u. nach deßen *an.* 1720 gegen Johañis-Tag erfolgten Tode, die völlige *Succession* überkom̄en. Er ist dabey ein fertiger Poët, und wegen der musicalisch *Canoni-*schen Arbeit, ingleichen der aufzusuchenden, und *in formam artis* zu bringenden *principiorum melodicorum,* mit dem Hrn. Capellmeister *Mattheson an.* 1722 in *Correspondenz* gerathen; wovon die Proben in dieses seiner *Critica Musica, T. I* u. *II.* zu lesen sind.

9.

Zu den „Nachrichten von musicalischen Büchern und Personen" vgl. Br 5–8. Die drei Kantaten für W. M. Mylius sind nach Br 37 Ende 1708 anzusetzen. Zum Parodieproblem vgl. Br 6, 17, 21, 24, 29, 37 und 46; der „auswärtige Freünd" war wohl J. F. Stöpel.

Zur Selbstbiographie von JGW vgl. Br 37. Das Gewerbe des Vaters („Zeug- und Raschmacher") war die Weberei. Mit den „zwo Schwestern" sind Magdalena Dorothea und Anna Sibylla Walther gemeint. Über den „Land-Priester" und den Hauslehrer eines Apothekers wurde nichts ermittelt; das „Jetztlebende Erfurt" nennt 1703 9 Apotheker. Zur Verwandtschaft mit der Familie Bach vgl. auch Br 8; Johann Ägydius (Egidius) Bachs Mutter Hedwig geb. Lämmerhirt entstammte wie der Großvater von JGW Valentin Lämmerhirt d. J. der ersten Ehe von Valentin Lämmerhirt d. Ä.

Zur Datierung des Unterrichts bei R. E. Adlung und J. B. Bach bzw. G. A. Kretzschmar vgl. Br. 37; nach dem WL ging J. B. Bach allerdings erst 1699 nach Magdeburg, so daß der Unterricht bei G. A. Kretzschmar 1699/1700 anzusetzen wäre. Der Eintritt von JGW in das Ratsgymnasium erfolgte im Mai 1697, die Inskription an der Erfurter Universität schon im vorhergehenden Jahre. Zur Übernahme der Organistenstelle an der Thomaskirche vgl. Br 1; die Empfehlung kam von J. C. Leich. Der Name des „hämischen Cantors" wurde nicht ermittelt. Das von Buttstedt zum Unterricht benutzte Lehrwerk W. Schonsleders erschien pseudonym unter folgendem Titel (vgl. auch Br 5, Anlage 1, Abschnitt 2, Nr. 8): „ARCHITECTONICE | MVSICES | VNIVERSALIS, | Ex qua | MELOPOEAM | PER VNIVERSA ET SO- | LIDA FVNDAMENTA MVSI- | CORVM, PROPRIO MARTE | CON- | DISCERE POSSIS. | Autore | VOLVPIO DECORO | MVSAGETE. | Cum Facultate Superiorum. | JNGOLSTADII, | Sumptibus Caspari Sutoris. | Typis WILHELMI EDERI. | ANNO M. DC.XXXI." Der heimlich kopierte Traktat, den JGW durch Beihilfe J. L. Buttstedts erhalten hatte, wird inhaltlich mit J. Theiles seit etwa 1670 nachweisbarem „Unterricht von denen gedoppelten Contrapuncten" übereinstimmen; er liegt – in von JGW redigierter Fassung – auch vor als „Johann Theiless Hochf: Sächs: Merseburgischen Capell-Meisters Contrapuncts-Praecepta. 1690."

Zu den „stummen Lehrmeistern" für JGW gehörten: „Utriusque Cosmi |
MAIORIS scilicet et MINORIS METAPHYSICA, PHYSICA | ATQVE
TECHNICA | HISTORIA | In duo Volumina secundum COSMI differen-
tiam diuisa. | AVTHORE ROBERTO FLUD aliàs de Fluctibus, Armigero, |
et in Medicina Doctore Oxoniensi. | ... | OPPENHEMII | Ære JOHAN-
THEODORI DE BRY. | ... | ANNO MDCXVII."; „ATHANASII KIR-
CHERI | FVLDENSIS E SOC. IESV PRESBYTERI | MVSVRGIA | VNI-
VERSALIS | SIVE | ARS MAGNA | CONSONI ET DISSONI | ... |
ROMAE, ... MDCL." sowie die Schriften Andreas Werckmeisters, die in
der Mehrzahl vor 1703/04 erschienen sind. Vgl. auch Br 5, Anlage 1, Abschnitt 1, Nr. 1, Abschnitt 2, Nr. 12, und Abschnitt 5, Nr. 61.

Zur Reise nach Halberstadt vgl. Br 37, zur Verbindung mit A. Werckmeister vgl. Br 8 und 37. Mit dem „comportablen Cantor" an der Erfurter Thomaskirche ist E. W. Raabe gemeint, ein angeheirateter Oheim J. Adlungs.
Die Organistenstelle an Divi Blasii in Mühlhausen erhielt am 15. Juni 1707
J. S. Bach (vgl. auch Br 37); zur Anstellung von JGW in Weimar vgl. Br 2
und 37. Landestrauer war nach dem Ableben des mitregierenden Herzogs Johann Ernst (10. Juli 1707) angeordnet worden. Prinzessin Johanna Charlotte,
Schwester des nachmaligen Herzogs Ernst August, und Prinz Johann Ernst
entstammten der ersten bzw. zweiten Ehe des Verstorbenen. Auf den Unterricht Johann Ernsts beziehen sich auch die „Praecepta der Musicalischen
Composition", die JGW dem Prinzen am 13. März 1708 widmete (Autograph
von JGW, 136 Bll., gr. 8°, zuletzt Bibliothek der Hochschule für Musik Berlin, Kriegsverlust). Prinz Johann Ernsts Abwesenheit von Weimar dauerte
von Februar 1711 bis zum 8. Juli 1713, die Reise nach Wiesbaden und Frankfurt wurde am 4. Juli 1714 angetreten. In die Zwischenzeit fällt der Kompo-
sitionsunterricht bei JGW; gedruckt erschienen Konzerte Johann Ernsts erst
1718 (vgl. Br 29). Im selben Jahr erschien eine Rezension in den „Leipziger
Gelehrten Zeitungen" (S. 343). Matthesons lobende Erwähnung findet sich in
der „Organisten-Probe" (Hamburg 1719), S. 203 sowie in einer Fußnote zu
einem vorangestellten Widmungsgedicht Telemanns (Wiederabdruck in Matthesons „Grosser General-Baß-Schule", Hamburg 1731, S. XI und 409). Die
Partitur des einen Konzerts aus dem Besitz von JGW ist verschollen.

Aus der Ehe von JGW mit Anna Maria Dreßler (17. Juni 1708) gingen
acht Kinder hervor: Johann Ludwig (3. Mai 1709), Anna Dorothea (22. Juni
1710), Johann Gottfried (26. September 1712), Johann Christoph (8. Juli
1715), ein totgeborener Sohn (August 1717), Johanna Eleonora (7. August
1719), Wilhelmina Maria (25. Dezember 1723) sowie eine Tochter (17. März
1728, Vornamen unbekannt). Am Leben waren 1729 Johann Gottfried, Johann Christoph, Johanna Eleonora und Wilhelmina Maria.

Über einen Besuch des Köthener Fürsten im Oktober 1721 war nichts zu
ermitteln; nach Dunkel (s. Lit.) wäre Leopold sogar schon 1720 in Weimar

gewesen. Zu belegen ist eine Privatvisite bei Herzog Wilhelm Ernst am
25. Oktober 1723 (Staatsarchiv Weimar, A 8995, fol. 76r). Ernst Augusts
Formulierung „alter bekanter von Seinem Bruder her" weist wohl auf den
Prinzen Johann Ernst. Zahlungen „Dem Hoff-Musico, Johann Gottfried
Walthern" finden sich in den Particulier-Kammerrechnungen des Herzogs
Ernst August (Staatsarchiv Weimar) unter „Ausgabe An Fürstl. Particulier-
Diener Besoldung und Kostgeld". Danach erhielt JGW beispielsweise im
Rechnungsjahr 1726/27 pro Quartal je 1 $^1/_2$ Scheffel Gerste und Korn zu 24
bzw. 27 Groschen pro Scheffel (zusammen 3 Gulden 13 Groschen 6 Pfennige)
sowie im ganzen Jahr 2 Klafter „weiche Deputat-Scheite" für zusammen
4 Gulden 16 Groschen. Der Strukturveränderung am Hofe beim Regierungsantritt Ernst Augusts (1728) fiel auch diese Vergütung zum Opfer.

Zur Augenschwäche und zum unscheinbaren Äußeren von JGW vgl. Br 12
und 16. Die Strophe „Mein Gesicht mir auch verleihe", Strophe 4 aus Bartholomäus Ringwalds „O Gott, ich tu dir danken", findet sich auch im Weimarer
Gesangbuch von 1713 (S. 555 f.).

Akten zur Besetzung des Stadtkantorats durch L. Reinhardt (21. April
1727) sind nicht erhalten. Im Zusammenhang mit der Entlassung J. M. Gesners (vgl. unten sowie Br 17) empfahl das Oberkonsistorium am 28. März
1729 in einem Schreiben an Herzog Ernst August (Staatsarchiv Weimar,
B 4415) den „bißherigen SubConRector auch Director Chori Musici" L. Reinhardt für den freiwerdenden Posten des Konrektors; für die „vacante Stelle
eines Collegae Quarti . . . mit welcher letztern das Cantorat sonst jedesmahl
verknüpfet gewesen" wurde A. F. Labes vorgeschlagen, „ein guter Musicus,
und darneben mit einer deutlichen Baß Stimme begabet". Zu überlegen gegeben wurde, „ob nicht dem Sub-Conrectori Reinhardten bey gnädigster con-
ferirung des Con-Rectorats die Direction der Music gelaßen, und dem Stu-
dioso Labes das Cantorat dergestalt aufgetragen werden könte, daß er das
singen in der Kirche und bey Leichen besorgen müste". Labes wurde schließlich am 13. Juli 1729 nach vierzehnmonatiger Vakanz der Stelle Kantor
(Staatsarchiv Weimar, F 170, fol. 202). Das Bittschreiben von JGW ist nicht
nachzuweisen.

Die von JGW praktizierte Unterrichtsmethode (Beginn mit Generalbaß
und Choralsätzen) entsprach derjenigen J. S. Bachs. Das Spiel vierstimmiger
Choräle auf zwei Manualen und Pedal („geteiltes Spiel") beschreibt Bachs
Schüler J. F. Agricola 1766.

Der Spruch „Was ihr wollet . . ." stammt aus der Bergpredigt (Matth. 7,12).

J. M. Gesner, Konrektor am Gymnasium und zugeich mit der Verwaltung
und Katalogisierung der fürstlichen Bibliothek betraut, war nach dem Tode
des Herzogs Wilhelm Ernst durch Herzog Ernst August der letztgenannten
Funktionen enthoben worden, um damit den mit Gesner befreundeten Friedrich Gotthilf Marschall (Greif), einen Anhänger des verstorbenen Herzogs,

empfindlich zu treffen. Gesners Nachfolger wurde J. H. Föckler. Durch diese Veränderung der „Scene" hatten sich die Hoffnungen auf eine Förderung des JGW-Sohnes Johann Gottfried Walther d. J. zerschlagen. Am 18. März 1728 hatte Gesners Frau bei der jüngsten Tochter von JGW Pate gestanden; hierauf gründet sich die Anrede „M(ein)H(err)Gev(atter)".

Zum „schwachen Unternehmen" von JGW – gemeint ist das WL – und zum Verhalten der Buchhändler vgl. Br 7. Im Vorabdruck des Buchstaben A (vgl. Br 4) heißt es in der Vorrede: „Hierzu hat nun der hiesige Hochfürstl. Bibliothecarius, und berühmte Con-Rector des Gymnasii, Hr. M. Joh. Matthias Gesner, durch gütigen Vorschub das meiste beygetragen, welches hiermit danckbarlich zu erwehnen, meine Schuldigkeit allerdings erfordert." Dieser Satz fehlt in der endgültigen Vorrede von 1732.

Zu dem von JGW „mit Hrn Hurlebuschen vorgehabten Unternehmen" zugunsten seines Sohnes Johann Christoph vgl. Br 7.

Der Hang zur Alchemie bei JGW entspricht der Haltung vieler seiner Zeitgenossen, darunter auch des Herzogs Ernst August, hebt sich jedoch durch das Streben nach lediglich bescheidenem Gewinn zur Linderung eigener und fremder Not vorteilhaft von jener ab.

Zum „Extract" aus Bokemeyers Lebenslauf vgl. Br 5, zur Förderung des WL durch G. Österreich und andere vgl. Br 5–8. Schreiber und Besitzer des Kantatenjahrgangs von Ph. H. Erlebach sind nicht bekannt. Die Namen der beiden Schüler von JGW wurden nicht ermittelt. Der in Batavia tätige wird mit dem in Br 15 erwähnten „Ost-Indien-Fahrer" identisch sein.

Die Kantate auf Prinz Wilhelm Ernst und Prinzessin Wilhelmina Augusta (Kinder des Herzogs Ernst August aus dessen erster Ehe) wird anläßlich der Geburtstagsfeier von 1718 entstanden sein; geboren wurden die Zwillinge am 4. Juli 1717. Der „junge Herr von Marschall" war ein Sohn des obengenannten F. G. Marschall aus dessen erster Ehe.

Zu Bokemeyers Korrespondenz mit Mattheson vgl. Br 5 (Critica Musica, Bd. I) sowie Matthesons „Critica Musica", Bd. II (Hamburg 1725), Pars VIII, 21.–23. Stück, S. 291–334, 345–379, enthaltend „Der Melodische Vorhof. Das ist: Herrn Heinrich Bokemeyers, Cantoris der Fürstl. Schule in Wolffenbüttel, Versuch von der Melodica" (Abhandlung Bokemeyers mit Anmerkungen Matthesons).

Lit.: Schünemann, S. 87, 88, 89 f., 90 f., 91 f., 94, 103, 111 f., 113 f.; Dok I, S. 256 f., 264; BJ 1967, S. 14–16 (F. Wiegand); Johann Sebastian Bach in Thüringen, Weimar 1950, S. 204 (O. Rollert); Siegfried Orth, Zu den Erfurter Jahren Johann Bernhard Bachs (1676–1749) BJ 1971, S. 106–111; Dok II, S. 22–25; DDT 26/27, S. VII; Hermann Gehrmann, Johann Gottfried Walther als Theoretiker, VfMw 7, 1891, S. 468–578; Johann Gottfried Walther, Praecepta der Musicalischen Composition, hrsg. von Peter Benary, Leipzig 1955 (Jenaer Beiträge zur Musikforschung. 2.); Werner Braun, Zwei Quellen für Christoph Bernhards und Johann Theiles Satzlehren, Mf 21, 1968, S. 459 ff,. bes. S. 459–462; Reinhold Jauernig, Zur Kantate „Ich hatte viel Bekümmernis" (BWV Nr. 21), BJ 1954, S. 46–49; Hans-Joachim Schulze, Johann Sebastian Bachs Konzertbearbeitungen nach Vivaldi und anderen – Studien- oder Auftragswerke?, in: Deutsches Jahrbuch der Musikwissenschaft für 1973–1977, Jg. 18, S. 80–100; Dunkel (vgl. Br 5), Bd. 1, S. 675 bis 681; Francke, S. 32, 35–38; Werner Deetjen, Johann Matthias Gesner und die Weimarer Bibliothek, in: Festschrift Armin Tille zum 60. Geburtstag, Weimar 1930, S. 234–251; Mentz, S. 21; Adlung B, Bd. 2, S. III f.; Wette, Bd. 1, S. 42, 421, Bd. 2, S. 27; Wette 1770, S. 551; Curiosa Saxonica 3, 1732, S. 249; Johann Gottfried Biedermann, Geschlechts Register der löblichen Ritterschafft im Voigtlande, Kulmbach 1752, Tab. VIII; Dietz-Rüdiger Moser, Musikgeschichte der Stadt Quedlinburg, Dissertation (masch.-schr.) Berlin 1967, S. 76, 311; Adlung A, S. 657; Spitta, Bd. 2, S. 131 f.; Dok III, S. 188; BJ 1975, S. 122 (W. Schrammek); Johann Mattheson, Critica Musica, Bd. 2, Hamburg 1725, S. 322 f.

10.

AN HEINRICH BOKEMEYER, WOLFENBÜTTEL
26. 10. 1729

Mein Herr,

Dero geehrtestes vom 15ten *dito*, nebst eingelegten 4 rdl. 4 g. habe den 21sten von der Post wohl erhalten. Ich dancke demnach zuförderst für die meinetwegen übernoͤmene große Mühe, in *distrahi*rung der Exemplarien, und *communication* der musicalischen Nachrichten, auch der dißfalls aufgewandten Kosten welches zusaͤmen gerne, nach geringem Vermögen, erwiedern moͤchte, weñ nur wißen solte, womit es am füglichsten geschehen koͤnte? Damit nun vor der Hand nicht gantz und gar undanckbar seyn, Mein Herr aber nur ein kleines Andencken von mir aufzuweisen haben mögen, will es wagen, und nochmahls einige Kirchen-Stücke von meiner geringen Arbeit, neml. 6 an der Zahl, übersenden, mit ergebenster Bitte, nicht so wol den schlechten, und mit Kosten Ihrer seits verknüpfften Wehrt, als vielmehr meine schuldige Ergebenheit hierbey zu *regardi*ren. Ich solte zwar billig, dieses zu thun,

Bedencken tragen, da Sie, verstandener maßen, mit vielen (und ohne Zweifel weit beßern) Sachen überflüßig versehen sind; weil aber Mein Herr dennoch gemeldet haben: daß Sie einige von denen schon übersendeten in der Kirche aufführen wollen, um zu vernehmen, wie solche sich ausnehmen möchten, und mir sodañ Ihre hierüber zu machende *observationes* mitzutheilen gütigst gesoñen sind, als mögen auch diese zum beliebigen Gebrauch Ihnen aus schuldigster Ergebenheit gewidmet seyn! Und da ich solche, nebst noch andern, selbst (wie bekañt) nicht brauchen kan, ist mirs desto lieber, weñ sie von jemand anders des Gebrauchs gewürdiget werden sollen; auch würde es mir zum Vergnügen gereichen, weñ Sie noch ein und ander Stück verlangen solten. Es brauchet dißfalls im geringsten keiner *revenche*, da ich vielmehr Ihr Schuldner bin, und auch wol verbleiben werde; wollen Sie aber ja ein übriges thun, kan es mit den verlangten ›Nachrichten‹ von ›musicalischen Büchern‹ u. ›dergleichen Personen‹ am bequemsten geschehen, und zwar vor der Neü-Jahrs-Meße noch, weil, vermöge des *Contracts*, gehalten bin, dem künfftigen Hrn. Verleger in Leipzig das völlige *Ms.* auf nurgedachte Zeit zu liefern, welcher, wieder meine *intention*, Willens ist, selbiges ›auf einmahl‹, und in anderer Form drucken zu laßen. Ich bearbeite mich zwar vor der Hand, diesen Vorsatz, wo möglich, zu hintertreiben, und Selbigen dahin zu *disponi*ren, daß Er die *continuation* des Wercks, so, wie es einmahl angefangen worden, fortsetzen möge; was ich aber hieriñ ausrichten werde, muß die Nachricht davon lehren. Inzwischen habe dieses vorläuffig berichten sollen, damit Mein Herr wegen der noch nicht untergebrachten Exemplarien bemühet seyn mögen, solche vollend an Mañ zu bringen; solte aber ja dieses nicht bewerckstelliget werden können, auch meine gethane Vorstellungen und *persuasoria* beym Hrn. Verleger nichts helffen wollen, und demnach einige Exemplarien bey MHerrn auf dem Lager unvertrieben liegen bleiben, will das nöthige Geld, wie billig, ersetzen. Doch hoffe, daß zwischen hier und der Oster-Meße (als um welche Zeit das Werck, nach des Hrn. Verlegers Absicht, fertig seyn soll) so wol die gemeldte, als andere anderswo noch abgehen werden, weil von diesem Handel sonst niemand etwas weiß; glaube auch, daß einzele Personen (weñ anders die Absicht des Hrn. Verlegers noch *praevali*ren sölte) eher 2 g. als ich etliche

Thaler, für meine wohlgemeynte *intention* und Mühe, entbehren können. Der Verlag der schon bekañten Bogen kostet mich, ohne das aufgewandte *porto*, über 27 rdl. von diesen sind noch zur Zeit nicht mehr, als 17 rdl. u. 16 g. wiederum eingelauffen, das übrige habe noch zu hoffen; doch dörffte nicht ohne Schaden davon komen, weil nicht alle die hierunter behülffliche Hand leisten, von solcher Aufrichtigkeit und un*interessi*rten Bezeigen, als Mein Herr, die Hrn. Buchführer aber vollend gar die Sache eher zu verschlimern, als zu befördern, nach bekañten *maximen*, gewohnt sind, als welche mehr als zu wohl erfahren habe, und niemanden rathen wolte, sein eigen Gemächte selbst zu verlegen, weil man es *propriissimè* ›verlegt‹, und zwar so, daß das aufgewandte Geld nicht völlig wieder gefunden werden mag. Das eine von jetzt beykomenden St. neml. ›Gott sey uns gnädig‹ etc. hat, obgleich mit der 9na in selbigem unrecht von mir *procedi*ret worden, den hiesigen Organisten-Dienst zuwege gebracht; nurgedachten Fehler wollen Sie bestens *excusi*ren, weil es dazumahl nicht beßer verstanden; zwar, weñ anderer Exempel zur *defension* dienen kötē, wolte ein Clavier-Stück von einem in Italien gewesenen, u. Ihnen von Person bekañten *Auctore allegi*ren, dariñen dieser *odieu*se Satz nicht etwa nur ein- sondern gar vielmahl hinter einander her vorkomt. In dem einen *Advent*-Stück, neml. *Dom.* 4. habe den letzten Satz umgeschmoltzen, wie iñliegende blättergen ausweisen werden; auf gleichen Schlag wolte es mit allen halten, weñ anders dieselben zum Gebrauch für mich nöthig hätte. Daß bey diesem Satze das ›Heben‹ und ›ängstliche Drücken‹ etlicher Personen, die ein schweres Thor aufmachen wollen‹, zur *expression* mir fürgesetzet, werden Sie, ohne mein Eriñern, wohl mercken. Auf das übrige kan jetzo, weil bis *dato* keine weitere Einsicht habe, auch, außer den *Daustenium* sonsten gar nichts weiter, und auch diesen noch nicht völlig durchlesen, nicht antworten. Es ist doch abermahl bedencklich, daß unter dem *Alchymi*stischen Sieben-Gestirn ich nurgedachtes Werckgen zu erst für mich selbst *choi*sirèt, ehe solches von Ihnen mir zu lesen *recomendi*ret worden. Den Triumph-Wagen, *Artephium*, u. *Struvii Paradoxon sine igne* will mir G. G. anschaffen, und, nach deren Durchlesung, sodañ Meinem Herrn, erlaubter maßen, ferner mit meinem schlechten Begriff beschwerlich seyn. Jetzo will ergebenst bitten, soviel Lebens-Umstände als aufzutreiben ihres Orts möglich seyn will, nebst Nachrichten von practischen u. *theoreti*schen Wercken, ohnbeschwer einzusenden, damit nur von diesem mühsamen *Dessein* abkoͤmen möge; es werden indeßen die anderweit her erwartende Nachrichten hoffentl. auch einlauffen, als von Wien, Breßlau, Nürnberg, Hamburg, Dreßden, etc. Was unter solchen der Hr. Capellmeister Telemaͤn u. *Mattheson* insonderheit thun werden, als welche um Dero *vitae curricula* schrifftlich ersuchet, erwarte mit Verlangen? Von Breßlau habe schon ein und anders bekoͤmen; es soll aber etwas mehrers nachkoͤmen. Was übrigens unser hiesiger *Concert*-Meister, Mr. Pfeiffer, welcher mein sehr guter Freünd ist, u. mich, weñ es bey Ihm gestanden, nicht hätte, vorberichteter maßen, fallen laßen, auf seiner mit Ihro Hochfürstl. Durchl. in die Niederlande angestellten Reise auftreiben, und bey nunmehro bald erfolgenden *retour* von dergleichen ausgebetener maßen mitbringen werde? muß sich auch bald zu Tage legen. Von den Fuhrmaͤnischen, und deßen Gegners Schrifften, habe in jetziger Michaëlis-Meße nichts erlangen köͤnen; es will mir aber solche der hiesige Buchführer verschaffen. Weñ mein Herr übrigens einen Liebhaber und Kauffer zu den Erlebachischen Stücken ausmachen köͤnen, soll es mir sehr lieb seyn. Der letztens *offeri*rte Tausch u. Verkehrung einiger *Clavi*er-Stücke mit einem Organisten in Braunschweig köͤnte am bequemsten auf die dasigen Meßen ohnmaßgebl. angestellet werden, als welche von den hiesigen Strumpffhändlern *frequenti*ret werden, weil sonsten die *Correspondenz* auf der *ordinai*ren Kutsche beyden Theilen zu kostbar fallen dörffte. Meinet halben können die mir zugedachte Clavier-Stücke nur in Teütscher Tabulatur übermacht werden; ich werde die Gegen-Lage in Noten abtragen. Schließlichen erwarte Dero Gedancken vom *praeludi*ren *ex tempore* mit großem Verlangen, verbleibende unter Anwünschung göttl. Gnade u. Schutzes Meines Herrn

aufrichtig-ergebenster

J. G. W.

Weimar *d.* 26 *Octobr.*

1729.

in höchster Eil, unter Lichtbreñen.

P. S. Mein Schwager in Erffurt, ist Pfarrer zu Ilversgehofen einem

eine viertel-Stunde von besagter Stadt liegenden Dorffe geworden, und wird auf künfftigen Soñtag seine Anzugs-Pre-
digt daselbst halten, dem aber ungeachtet seinen Schul-
Dienst (wie vernehme) dabey behalten, u. in der Stadt ferner seine Wohnung haben.

10.

Zur „distrahirung der Exemplarien, und communication der musicalischen
Nachrichten" vgl. Br 4 ff. Der „Verleger in Leipzig" ist W. Deer; zur „intention" von JGW, das WL in Lieferungen erscheinen zu lassen vgl. Br 4. Probleme des Selbstverlages werden auch in Br 7 und 9 berührt.

Die Probekantate von 1707 und die anderen Kirchenmusiken sind nicht
nachweisbar, der „in Italien gewesene ... Auctor" wurde nicht identifiziert.
Zum Eingang der „vitae curricula" von Telemann und Mattheson vgl. Br 12,
zur Reise des Konzertmeisters Pfeiffer vgl. Br 8 und 12. Das „fallen laßen"
bezieht sich wohl auf die Stellung von JGW in der Hofkapelle; vgl. Br 9.

Zu den Streitschriften M. H. Fuhrmanns vgl. Br 8, 12 und 15, zum Angebot von Kantaten Ph. H. Erlebachs vgl. Br 9. Welcher Organist in Braunschweig zum Austausch von Musikalien bereit war, bleibt ungewiß; in Frage
kommen u. a. H. L. Hurlebusch und O. A. Leiding.

Mit dem Schwager von JGW ist J. C. Schnell gemeint.

AN EINEN UNBEKANNTEN ADRESSATEN
VERMUTLICH VOR 1730

Hoch-Wohl-Edler,
Besonders HochgeEhrtester Herr!

Daß Ew. Hoch-Wohl-Edlen beständig Dero Wohlgewogenheit gegen mich, durch gütigste *comunication* derer mir dienlichen Bücher, *continuiren*, erkeñe mit ergebensten Dancke. Vor jetzo *remittire* die an der Mittwoche übersendete 2 Bücher, deren eines schon ehemals von Dero Güte überkomen; das zweyte aber, als die *Opera* ist mir darzu dienlich gewesen, daß den Nahmen des sonst bekañten Keyserlichen Capell-Meisters *authent*isch zu schreiben gelernet, und da vorhero gemeynet, und von andern gesehen; er habe *Bartali* geheißen, nunmehro gewiß weiß: Er habe *Bertaldi* geheißen. Solten dergleichen gedruckte *Opern* noch mehr vorhanden seyn, will um deren Mittheilung gehorsamst bitten, weil wenigstens etwas daraus zu *profiti*ren hoffe.

J. G. Walther.

P. S. In denen Wienerischen alten u. neüern *Addreß*-Calendern wird sondern Zweifel von denen Keyserlichen Musicis gute Nachricht anzutreffen seyn.

11.

Die „Communication" von Büchern gehört offenkundig mit zur Vorbereitung des WL. Mit der „Opera" ist das Textbuch „IL RE GILIDORO" (Wien 1659) gemeint; das WL erwähnt es im Artikel „Bertaldi" (recte: Bertali). Zu den „Wienerischen ... Addreß-Calendern" vgl. Br 12. Empfänger des Briefes ist vielleicht der in Br 12 erwähnte Kammerdiener des Herzogs Ernst August.

Lit.: Mf 13, 1960, S. 301 (R. Schaal).

Musicalisches
LEXICON

Oder

Musicalische Bibliothec,

Darinnen nicht allein

Die Musici, welche so wol in alten als
neuern Zeiten, ingleichen bey verschiedenen Natio-
nen, durch Theorie und Praxin sich hervor gethan, und was
von jedem bekannt worden, oder er in Schrifften hinter-
lassen, mit allem Fleisse und nach den vornehmsten
Umständen angeführet,

Sondern auch

Die in Griechischer, Lateinischer, Italiänischer und
Frantzösischer Sprache gebräuchliche Musicalische Kunst-
oder sonst dahin gehörige Wörter,

nach Alphabetischer Ordnung

vorgetragen und erkläret,

Und zugleich

die meisten vorkommende Signaturen

erläutert werden

von

Johann Gottfried Walthern,

Fürstl. Sächs. Hof-Musico und Organisten an der Haupt-Pfarr-Kirche
zu St. Petri und Pauli in Weimar.

Leipzig,
verlegts Wolffgang Deer, 1732.

AN HEINRICH BOKEMEYER, WOLFENBÜTTEL

Mein Herr,

Zweene Tage nach meinem letztern an Sie abgeschickten Paquetgen, neml. den 28 *Octobr. a. c.* bekam vom Hrn. Mattheson, nebst seinen Lebens-Umständen, folgenden Brief, als einen Anhang derselben: „Dieses sind die in aller Kürtze abgefaßten Umstände meines Lebens, so auf Dero Begehren vom 28 *Sept*, welches den 20 *Oct.* erhalten, unverzüglich habe übersenden wollen und sollen. Die Stücke von ihrem *Kyrie* habe bekom̄en, sie führen eine richtige Kunst mit sich, und sind nach ihrer Art zu schätzen, so daß ich an der Probe genug habe. Ist ihr Werck dēn im *Ms.* oder im Druck fertig? Wo kann mans kauffen? Ich habe nur *Lit. A.* davon erhalten, ungeachtet ich den Meß-Leüten allemahl eingebunden, mir die Folge zu bringen, auch an den Organisten Ziegler in Halle deswegen, wiewol umsonst, mehr als einmahl geschrieben. Warum haben doch Ew. WolEdl. mir ein solches Geheimniß davon gemacht, der ich ihrer jederzeit im besten gedacht habe? Schmid, Murschhauser und Printz haben es doch nicht allein thun können. Es kom̄t mir vor, als ob meiner nur im Anhange erwehnt werden sollte. Ich schätzte auch dieselbe Stelle für mich, in Ansehn der Andern, zu vornehm, und würde zurück halten, wen̄ ich mich nicht eines Vorwurffs besorgte. Der seel. Heinichen hat mir, seiner Zusage ungeachtet, niemahls eine Sylbe von seinem Lebens-Lauff eingesandt, und wundert mich, daß Ew. WohlEdl. es so festiglich bejahen. Von J. F. Alberti habe etwas, und wills nachsenden, weil doch *Lit. A.* dahin es gehört, schon lange heraus ist. Ich habe in der neüen Organisten-Probe, davon bereits einige Bogen gedruckt sind, etwas von diesem *A.* mahnt, welches Ew. WohlEdl. im besten vermercken werden." Solchen habe alsobald folgender maßen beantwortet: „Daß Ew. HochEdl. Dero ungemeine Lebens-Umstände mir, auf Verlangen, gütigst com̄uniciren wollen, nehme als ein Zeichen beständiger *Propension* an, und sage Ihnen deswegen hierdurch gehorsamsten Danck. Was mein schwaches Unternehmen betrifft, ist solches, bis zur Verstärckung im *Ms.* zwar fertig, noch zur Zeit aber nur der Buchstabe A davon heraus, und mögte wol noch einige Zeit verstreichen, ehe die Folge zum Vorschein koṁen kaṁ. Es würde auch diese Angabe noch nicht, und wol niemahls ans Licht getreten seyn, weṁ nicht eine besondere aus der Zuschrifft zu ersehende Ursache mich dahin vermocht hätte, welche, obgleich die Gelegenheit dazu sich schon am Ende des August-Monats *a. p.* eraüget gehabt, deṁoch nicht eher als *medio Octobris a. c.* und zwar durch anderer *Conduite*, von mir *apprehendi*rt worden, worauf sodaṁ die *resolution*, diese Bogen drucken zu laßen, erfolget ist. Und eben diese *pressant*e Ursache hat verhindert, daß mich nicht um einen Verleger dazumahl umsehen können. Solchem nach ist dieses Begiṁen damahls, als Ew. HochEdl. die 3 *Kyrie*, auf Befehl, übersendet, mir selbst noch ein Geheimniß gewesen; sonst würde nicht ermangelt haben, Ihnen zugleich Nachricht davon zu geben: daß Sie übrigens von der Saṁlung selbst schon lange gewust, hat seine völlige Richtigkeit. Es ist mir also leid, daß Ew. HochEdl. ein Mißfallen hierüber nehmen, und selbiges durch folgende von Ihnen ungewohnte Worte ausdrucken wollen, weṁ in Dero geehrtesten gefragt wird: [Warum haben doch — — eines Vorwurffs besorgte.] Wegen des ersten Puncts vermeyne mich allbereit genug *legitimi*rt zu haben, und bin ich Ihnen für das jederzeit gute Erwehnen meiner Wenigkeit, in so weit es etwa *meriti*ren möchte, auch für die gütige *approbation* vorgedachter *Kyrie*, nochmahls gar sehr verbunden; in sofern es aber mehr als zu gut gewesen, so daß Sie mehr von mir gehalten, als ich selber halten kaṁ, deßen nehme mich nicht an. Was nurgedachte Männer belanget, ist bekaṁt, daß der erste gar nichts, und der zweyte zwar etwas geschrieben; welches aber zu meinem Vorhaben nicht also, wie Ew. HochEdl. *Wercke*, *allegi*ren können. Da nun mein weniges Bemühen, unter andern, auch dahin gehet, berühmt gewesener *Musicorum* so wol theoretische als practische Schrifften, nach Möglichkeit, aufzusuchen und dadurch das Andencken deren Verfertiger nicht allein *pro nunc* zu erneüren, sondern auch bey den Nachkoṁen zu erhalten; nurbesagte Männer aber, auf mein Ersuchen, vieles hierzu beygetragen haben, ist es ja wol billig, daß ihrer in der Vorrede überhaupt (da es im Werckgen selbst auf solche Art nicht geschehen können) erwehnet, damit der Leser nicht, wieder die Wahrheit, dencken möge: als besäße ich dergleichen ohne Meldung des

Abnehmers im Werckgen *allegi*rte practische Sachen selbst. Die
Gelegenheit aber, an den Hrn. Murschhauser zu komen, ist fol-
gende gewesen. Es hatte neml. vor etlichen Jahren der hiesige
Capellmeister, Hr. Drese, bey Musterung seines seel. Hrn. Vaters
Musicalien, einen zu München *an.* 1653 bey Paul Parstorffern gedruckten, und auf die *façon* des Amsterdamischen eingerichteten
Music-*Catalogum* gefunden, und selbigen einem seiner guten
Freünde geschencket; dieser *Catalogus* ist nachgehends an mich
gekomen, und weil eben der Herr Murschhauser sein bekantes
Werck in *folio* damahls heraus gab, *adress*irte mich an Selbigen,
in Hoffnung, von den Erben des nurgedachten Kauffmanes, durch
ihn einige Nachrichten zu überkomen: welches auch geschehen ist,
doch nicht von besagten Erben und Erbnehmern, sondern vom Hrn.
Murschhauser selber, als welcher dazumahl vor mehr als 40 Jahren
den sämtlichen Parstorfferischen Verlag an sich erkaufft gehabt,
und von denen noch bey Handen gehabten Wercken mir 104
kurtz gefaßte Nachrichten mitgetheilet hat. Wären andere, die
um die Gebühr, oder andere Gefälligkeit hierum ersucht habe,
auch so behülfflich, wie dieser Man und der seel. Schmidt durch
seinen Hrn. Stief-Sohn gewesen, würden die annoch leeren Nester
in beßerm Zustande seyn können! Ew. HochEdl. werden also diesen Männern die ihnen in der Vorrede schuldig gewesene Stelle
ungezweifelt gerne gönnen, anbey sicherlich glauben, daß auch die
Ihrige (ohne was bereits in den *allegatis* geschehen ist, und noch
geschehen wird) den gehörigen Platz nach der Buchstaben-Folge,
und zwar den Vorzug vor diesen allen, auch dem Hrn. Capell-
Meister Teleman, nunmehro bekomen soll, wen anders dieser nebst
andern, die gleichfalls erst unterm 28 *Sept. a. c.* schrifftlich hierum
ersucht habe, ihre Lebens-Umstände (wie hoffe) einsenden, und
Eur. HochEdl. löblichem Exempel folgen werden: übrigens ist
hieraus zu ersehen, daß auch mir hierin keinen Vorwurff will machen laßen; sondern thue, was thun kan und soll, damit, wen es
ja, wieder meine Absicht, anders lauffet, ich sodan mit Ew.
HochEdl. vielleicht eben dasjenige dencken könne, was Sie anderswo in dergleichen Fall mögen gedacht haben. Daß ich gemeynet, der seel. Hr. Capell-Meister Heinichen habe seinen Lebens-Lauff Ihnen eingesandt gehabt, ist ein Versehen von mir,
und hätte ichs beßer wißen können, wen Ew. HochEdl. Organi-

sten-Probe nachgeschlagen. Von dieser heißt es in Dero geehrtesten Schreiben weiter: [Ich habe in der Organisten-Probe –– im besten vermercken werden.] Hierauf melde jetzo nur so viel: daß es mir zu besonderm Vergnügen gereichen soll, von einem so Weltberühmten Manne eines beßern belehrt zu werden; ich will aber dabey wünschen und bitten: daß es nach der vortrefflichen Vorschrifft des unvergleichlichen Herrn von Lohenstein, so Er *P. 2. lib. 2. p. 266.* seines *Arminii* gegeben hat, auch der von Ew. HochEdl. selber anderswo befindlichen guten Erklährung, in solchen *terminis* bereits möge geschehen seyn, oder noch geschehen möge, daß es im besten vermercken könne. Es dörfte aber wol keine große Sache seyn, weñ ein mit vielen Sprachen und vieler Gelehrsamkeit begabter Capell-Meister einem Organisten, der dergleichen nicht besitzet, vielweniger *affecti*ret, sondern nur denen die weniger als er, oder gar nichts verstehen, nach geringem Vermögen zu dienen bemühet ist, überlegen, (deñ das ist billig!) und hierzu etwa ein unrichtiges Wort, eine dergleichen *Construction,* oder ein anderer Umstand Gelegenheit geben sollte. Irren ist menschlich, und wir fehlen alle mañigfaltig! Überdiß ist es nur eine Saṁlung desjenigen, so andere hie und da zerstreüet vorgebracht haben, welches mir nicht zugeeignet, sondern den Gewähr-Männern überlaßen werden muß; weil jemanden, ohne dringende Noth, zu *corrigi*ren, mich viel zu wenig erachte. Sollten übrigens Ew. HochEdl. meine bishero noch mittelmäßig gewesene, nunmehro aber um ein merckliches vollend herunter *transponi*rte Lebens-Umstände, den schlechten Gehalt, die starcke Familie, und insonderheit das von Gott mir auferlegte *NB.* eines sehr beschwerlichen Natur-Fehlers, der allein *capable* ist, mich niederträchtig genug zu machen, u. s. w. genau wißen, Sie würden sich recht wundern: woher die Liebe zur Music noch koṁen könne? ja, Sie würden nicht allein Mitleiden haben, sondern auch den festen Vorsatz faßen, nurgedachten *affect* auf alle Art und Weise zu unterstützen, und insonderheit mein wohlmeynendes Vorhaben nicht nur jetzo (etwa mit einer Vorrede) bestens zu *secundi*ren, sondern es auch inskünfftige auf einen vollständigern Fuß zu bringen, bedacht seyn; gleichwie andere mit fremden Schrifften auch gethan haben, welche nicht so vollkoṁen nunmehro seyn würden, weñ sie nicht vorher einen unvollkoṁenen und kleinen Anfang gehabt hätten. Auf solche Art könte die Ehre Gottes, des Nächsten Nutz, Ew. HochEdl. Ruhm, und der lieben Music Aufnahme ohnmaßgeblich befördert, auch die iñere Zufriedenheit, und mein Wunsch, daß mit der Zeit ein vollständigeres Werck hieraus erwachsen möge, erfüllet werden. Ich gedencke keine eitele Ehre (deñ es ist nichts davon meine, als etwa die mit untergeschlichene Fehler,) aber auch keine Schande, sondern (die eigentliche Wahrheit zu sagen) und weil es einmahl nunmehro angefangen worden, meinem etwa in 2 Jahren auf die Universität gehenden ältesten Sohne, der das *studium juridicum* ergreiffen will, ein und ander nöthiges Buch hierdurch zu *acquirir*en. Dieses ist meine aufrichtige Absicht, zu deren Beförderung ich, nechst Gott, zu Ew. HochEdl. mich des besten versehe! Damit nun ferner auch Ihnen nichts verhalte, so dienet zur Nachricht: daß das völlige *Ms.* so außer dem Buchstaben A, etwa 107 Bogen beträgt, auf instehende Neü-Jahrs-Meße dem künfftigen Verleger, G. G. ausliefern werde, obgleich die Auflage des Buchstaben A noch nicht völlig vertrieben worden ist, um den Liebhabern den Zweifel zu benehmen, den sie gleich anfangs (wegen des selbst-Verlags) von der Folge sich nicht unbillig gemacht haben: deñ der *modus distrahendi* ist meiner seits nicht *profitable*, sondern beschwerlich genug gewesen; doch hat er von unbekañten Personen verschiedene Nachrichten zu wege gebracht.

Ob nun diese Vorstellung etwas fruchten werde, muß die Erfahrung lehren? ich glaube aber zum voraus: daß, gleichwie nicht beßer, sondern viel geringer als andere bin, es mir auch nicht beßer, als es bereits andern ergangen ist, ergehen werde; doch habe vielleicht das Glück, mit dem seel. Hr. Capell-Meister Heinichen in eine Brühe geworffen zu werden! Deñ ein naher Anverwandter von diesem seel. und hochberühmten Mañe, welcher mir von Person unbekañt und Organist in Weissenfels ist, nahmens Schwalbe, hat an mich unterm 23 *Januarii a. c.* berichtet: wie der Hr. Capellmeister Mattheson sich an wohlgedachten Hrn. Heinichen, wegen seines *edir*ten Tractats vom *General-Basse*, reiben wolte, weil dieser an jenes seiner Organisten-Probe verschiedenes auszusetzen gefunden, auch deswegen verschiedene Brieffe mit ihm gewechselt, und die *Errata* aufgesetzt gehabt: nurgedachte *Errata* und beyderseits Brieffe besitze er nunmehro, und wollte seinen seel. Vetter nicht *prostitui*ren laßen. Hierbey folget die Antwort des Hrn. Verlegers auf Ihre *argumenta persuasoria*, so vor 8 Tagen erhalten, und nachstehender maßen lautet: „Was Ew. WohlEdl. Meinung betrifft, daß man dieses *Lexicon* theileweiß heraus geben solte, so dienet hierauf zur Nachricht, wie dergleichen vor einen Buchhändler darum nicht ist, weil (1. die ersten Theile wohl abgehen, die andern aber liegen bleiben, und man insgemein von den letztern *maculatur* hat, die ersten aber bey guter Zeit fehlen: druckt man nun diese wieder, so bekomt man imer mehr und mehr *maculatur*, und stecket der *Profit* alle dariñen. (2. Kañ man mit solchen kleinen *pieçen* keinen Handel machen, man bekomt kleine *Scartequen* davor, so meist liegen bleiben, und die Fremden, sonderlich an kleinen Orten, ziehen den *Profit* so ein Verleger haben solte, wie das Exempel ausweiset, daß *Lit. A.* vor 4 g. verkaufft sey, inmaßen keiner solche Sachen auf baare Zahlung annimt. (3. ist es auch dem *Auctori* viel *reputir*licher, weñ ein Werck in einer ordentlichen Form erscheinet, also daß es in Bibliothecen und sonsten gesehen werden kan; vom *Augmento* aber gedencket man bey der ersten Auflage gar nicht, und ist mit selbigem bis zu einer andern, weñ man neṁlich glücklich fähret, Zeit genug darzu. Ich sende demnach den gantzen Buchstaben *B.* wiederum zurücke, und da es Ew. WohlEdl. hier und da noch an Nachricht gebricht, wollen wir diesen Winter noch dazu nehmen, und weñ es Ihnen gefällig, gleich nach der Oster-Meße G. G. anfangen, und in Zeit von 1/4 Jahr vollenden. Haben nun selbige *ad interim* bey *A.* noch etwas zu *completir*en, kañ es ebenfalls geschehen, auch die vorhandene *Exempl.* vollends *distrahir*et werden."

Zur Erläuterung dieses Brieffes dienet: daß ein gewißer Pachter zu Einöde in Francken, durch einen hiesigen benachbarten *Cantorem* anfänglich 6 *Exempl.* bey mir abholen laßen, jedes St. *pro* 4 groschen nachgehends verkauffet, solches nurgedachtem *Cantori* schrifftl. zu wißen gethan, und hierauf noch 24 St. verschrieben hat; diesen Brief habe ich dem Verleger, um Selbigen dadurch zu *encouragir*en, zugesendet; worauf obige Antwort, nebst Vermelden, daß er von denen Ihm zugeschickten 200 Exemplarien etwa noch 50 St. übrig habe, erfolget ist. Bey mir selbst liegen auch noch ohngefehr 150 St. auf dem Lager. Kurtz: weñ das für die sämtl. vertriebene Exemplarien noch zu hoffende Geld vollend einlauffet, so erhalte mein angewandtes wieder, und einiges *Porto*, mehr aber nicht; weil nicht alle Unterhändler so, wie Mein Herr, gesiñet sind, sondern (wie billig) für ihre Mühe auch etwas haben wollen; ja, einigen habe jedes St. nur für halbe *portion* laßen müßen, neml. das St. *pro* 1 g. oder höchstens 1 g. 3 d. Eben dieses Bezeigen hat verursachet, daß mich nach einem Verleger gesehnet, nur damit aus dem Gedränge kom̄en möge. Die *Recreation* stecket also völlig in dem Rest der Exempl. welche aber wol *caduc* gehen werden!

Der H. Capellmeister Telemañ, Hr. Organist Lübeck, ingleichen die Herren *Virtuos*en in Anspach, Eisenach, u. hier, haben mich mit ihren Lebens-Umständen auch beehret; denen Gothaischen und andern sehe Post-täglich entgegen. Von den Herren Wienern ist durch den guten Freünd, der dahin verreiset gewesen, und bey Ihro Kayserl. Majestät *Audienz* gehabt, nichts zu erlangen, noch zu hoffen, weil sie einander sehr neiden, nicht recht keñen, und, zumahl die Italiäner, ihre Abkunfft *cachi*ren, auch, wegen Größe des Orts, fast keiner des andern sein *Logis* weiß. Ich werde mich also mit den puren Nahmen, so, wie selbige im Wienerischen *Address*-Calender von an. 1721 und 1727 gefunden, begnügen müßen. Den letztern habe vor 3 Tagen erst durch unsers Hertzogs, Hochfürstl. Durchl., Cam̄er-Diener aus hochgedachten Hertzogs *Privat-Bibliothec* auf einige Stunden entlehnt bekom̄en, nachdem Selbiger, mit dem bey Sich gehabten *Comitat*, von der den 3ten *Augusti a. p.* nach Holland, und Franckreich angestellten Reise, am 21ten *Jan. retourni*ret. Unter dem *Comitat* hat sich auch der Hr. *Concert*-Meister, Pfeiffer, mit befunden: ob nun dieser etwas für mich mitgebracht, werde ehestens erfahren? weil ihn zwar zu sprechen gesucht habe, aber nicht antreffen können. In solcher Verfaßung stehet meine dermahlige Musicalische *Oeconomie*! Hierauf wende mich zu Beantwortung Dero unterm 4ten *Dec. a. p.* an mich abgelaßenen geehrtesten Schreibens, welche, wegen Erwartung des Leipzigischen Briefes, bis hieher habe verspahren müßen. Ich habe solches nicht über Erffurt, sondern über Halle und Jena bekom̄en, und, dafür, ungeachtet es nur aus 1nem Bogen Papier bestanden, deñoch 6 Groschen zahlen müßen. Ist deñ der über Erffurt gehende Hamburger Bothe bey Ihnen auch so theüer? Wäre es an dem, solte es mir Leid seyn, daß Ihnen mit starcken Paqueten unnöthige Kosten verursachet, mich deücht aber: dieser ist weit billiger; welches daher abnehme, weil von einem starcken Briefe, ja, von einem aus etlichen Bogen bestehendem Paquetgen biß Hamburg, nicht mehr als 4 g. von Erffurt aus zahle; und letztens hatte mein *Correspondent* in nurgedachter Stadt, Nahmens Joh. Friedrich Landgraf, Organist an der Kauffmañs-Kirche (weil mein Schwager, Hr. *Pastor* Schnell, nicht wohl Zeit hat, meine Briefe zu besorgen) von obiger Beantwortung des Matthesonischen Schreibens à 1 Bogen gar nur 2 g. biß Hamburg entrichtet, und sendete 2 g. wiederum zurück. Von des Hrn. Telemans und Lübecks in einander geschloßenen und von Ihnen erhaltenen Briefen habe auch nicht mehr, als 4 g. gezahlet; ja, von 27 Bogen der Matthesonischen Critic, und deßen Patrioten, sind nur 8 Groschen gefordert worden. Ists doch fast, als weñ der Bothe von dem wichtigen Inhalt unserer Briefe wüste, und sich hiernach *reguli*rte. Doch, Schertz *à part!* Zur glücklichen Genesung *gratuli*re Ihnen; ich bin auch an dem Reigen vom ersten Weynacht-Tage an über 14 Tage gewesen, so daß am Seiten-Wehe, welches wie ein Geschwühr mir vorkam, wol aber ein mit *flatibus* verknüpffter starcker Fluß mag gewesen seyn, *medicini*ren müßen. Des H. *Secretarii* Lauterbachs (welchem, wie auch dem Hrn. Capellmeister Schürmañ, mein gehorsamstes *Compliment* bey Gelegenheit zu vermelden, bitten will) Nachrichten oder vielmehr eine davon werde, wegen des von Catholischen Personen daher zu nehmenden Anstoßes, wol nicht brauchen können; sonsten hätte unter dem Articul: *Ambrosius*, auch Gelegenheit gehabt, noch ein und anders aus *Zeileri* Episteln von der damahls noch unbekandten Rang-Ordnung der Bischöfe, einzurücken, welches im ersten Entwurff *annoti*rt gehabt, aber beym Druck mit Fleiß außen gelaßen u. weggestrichen. Ich will aber wohlgedachten Hrn. *Secretarii* löbliche Absicht keines weges hierdurch verhindern, sondern vielmehr gantz gehorsamst bitten selbige in andern beliebtern Nachrichten aus Ihrer vortrefflichen Bibliothec bestens zu *continui*ren, insonderheit, weñ des *Hugonis Sempilii* XII. Bücher: *de Disciplinis mathematicis*, vorhanden seyn solten, als an welchen, nach *Vossii* Zeügniß, ein starckes Register Music-*Auctorum* befindlich ist. Es muß dieses Buch rar seyn, weil es weder in der hiesigen Fürstl. noch in der Jenaischen Universitäts-Bibliothec anzutreffen.

Damit aber auch Sie beyderseits wißen, und nicht unnöthige Bemühung über sich nehmen mögen, was für Bücher (außer denen so selber besitze, und davon ehemahls den *Catalogum* übersendet) noch durchgangen habe, so folget hierbey die *Specification* derselben. Unter den Verfaßern ist mir Albertus Bannus, seinem Stande und Amte nach, unbekandt. Noch *desiderire* Nachricht von beykoñenden Büchern, und deren Verfertigern, ja, ich möchte sie lieber eigenthümlich besitzen, weñ um einen *civil*en Preiß dazu gelangen könnte; ich habe deswegen einem auf künfftige Woche von hier nach Jena gehenden Freünde *commission* gegeben; zweifele aber, ob Er etwas davon werde auftreiben können. Solten Mein Herr Ihres Orts ein und ander Buch davon zu Gesichte bekoñen, will mir eine hinlängliche Nachricht ergebenst ausbitten, so daß so wol ich, als ein anderer sich eine *idée* von dem Verfaßer, und dem *Scripto* selbst, wegen des Inhalts, machen möge. Unter des in Merseburg verstorbenen Stadt-Richters, Hrn. Wilhelm Ernst Hertzogs, hinterlaßenen theoretischen und practischen Musicalien, so zusañen für 50 Thaler gehalten werden, befinden sich folgende, als:

(1. *Bontempi Historia musica*. (2. *Artusi l'arte del Contrapunto; it. Parte 1 et 2 delle imperfettioni della Musica moderna; it. Considerationi musicali*. (3. *Glareani Dodecachordum*. (4. *Berardi Porta musicale*. (5. *Scaletta Scala di Musica*. 6. *Trew Disput: de divisione Monochordi. Pippingii Disput: de Saule per Musicam curato; Waltheri (Mich.) Disputat: de Harmonia Musica*. (7. *Bourmeisteri Musica poëtica*. (8. Velthemin Zeügniß der Wahrheit vor die Schau-Spiele, wieder Hr. Wincklern. (9. Gibelii Pflantz-Garten der Singekunst. (10. *Crusii (Joh) Isagoge ad rem musicam*, nebst einigen beyderseits noch dran gebundenen kleinen *pieçes* von *Erasmo Sartorio, Laur. Stiphelio, Georgio Daubenrochio*, Paul Reichen, Joh. Weichmañen, *Henr. Orgosino*, u. *Frid. Funcio*; (11. *Quanta certezza habbia da suoi principii la Musica, del. Sign. Steffani*. (12. Erhardt Büttners *Rudimenta* musica. Auf diese 12 Stücke habe unbesehens 5 Thaler geboten, aber noch keine Antwort erhalten; glaube dañenhero: daß die Erben gedachte Musicalien auf einmahl anzubringen gedencken, und nicht eintzeln verkauffen wollen. Ob übrigens der dasige Freünd mir, von den andern unbekañten practischen Sachen, gegen die Gebühr, die ver-

langte Nachrichten verschaffen werde, muß erwarten? ich habe deswegen am vergangenen Montage nochmahls *per posta* geschrieben, auch, bey dieser Gelegenheit, zum zweytenmahle den dasigen Capell-*Director*, Hrn. Graun, um gütige Einsendung seiner Lebens-Umstände ersuchet, weil Er es dem Überbringer des erstern Schreibens mit vieler Höflich- und Willigkeit versprochen gehabt. Mein Herr werden hieraus ersehen, daß nicht so wol mir, als andern, nach Möglichkeit, auch fast mit meinem Schaden, zu dienen suche, deñ das auf musicalische Bücher zu wendende Geld köñte wol nöthiger *employ*ren; weil aber die Begierde zum *studio musico* bey mir sehr groß ist, laße michs doch nicht reüen, und erspahre es lieber anderswo. Des daher meiner seits zu hoffenden Nutzens, oder vielmehr Gewinsts wegen, dürffte, aus schon bekañten Ursachen, nicht ınen Groschen, geschweige deñ ein mehrers anwenden, weil es, wenigstens hier zu Lande, dahin gekoñen ist, daß die Scholaren zu ihren Lehrern *tacitè* sagen: schaffe du für mich Bücher an, ließ dieselben, verwandele sie *in succum et sanguinem*, und gib mir sodañ die gleichsam *concentri*rte *quintam essentiam* auf einmahl in einer *lection* ein; arbeite du für mich; schaffe die neüesten Italiänischen Sachen in Kupffer an, und *comunici*re mir, weñ ich für den erlerneten *General-Bass* etliche wenige Groschen angewendet habe, alsdeñ die dazu gehörigen Stiñen (die zusañen etliche Thaler dem Lehrer gekostet haben) umsonst. Mir gehet es also. Zu dieser Ausschweiffung giebt augenblicklich einer von so gearteten Gästen Gelegenheit, der, nachdem er ein Quartal lang, wöchentl. 3 Stunden, in der beym *Choral*-Spielen führenden, und M. Herrn schon bewusten *methode, Lection* genoñen, nunmehro schon einen nähern Weg suchet, und die übrigen Chorale von seinem Vetter, welcher auch ehedeßen mein Discipul gewesen, abschreiben will, mithin *generalia specialioribus* zu *applici*ren gedencket. Solcher gestalt habe abermahl für 2 rdl. und 6 g. einen halben Organisten gezogen, der vielleicht in kurtzer Zeit selbst zu *practici*ren anfangen wird. Dieses sind die schönen Früchte von dem überall herrschenden Geld-Mangel. Meiner seits bedaure nichts mehr, als den Zeit-Verlust hierbey, daß kahler 18 d. wegen, (welches *pretium* doch manchem viel deüchtet) eine gantze Stunde versäumen muß! Deñ ich kañ nicht mehr, als einen Lehrling, auf einmahl mit Nutzen *absolvi*ren. Ey, weñ doch so glücklich werden solte, dieses mit vieler Mühe, Zeit-Verlust und Verdruß verknüpffte kleine *Accidens* gar zu entbehren, ich wolte viel lieber den dürfftigen ohne einiges Entgelt mit meinem wenigen Wißen dienen! Gott gebe es! Ich kehre wieder in den rechten *tramitem*, bittende, von dem H. *Concert*-Meister *Simonetti*, Mr. Graun, ingleichen von dem seel. Braüningen und Wieringen, ihre Lebens-Umstände hochgeneigt zu verschaffen, und was sich sonsten noch möchte auftreiben laßen. Des Hrn. Leydings Bezeigen macht mich glauben, daß entweder meine Arbeit nicht anständig, und des Umtauschens würdig seyn müße, oder, daß er die vom seel. H. Bölschen, seinem H. Vater, und andern besitzende Sachen vielleicht allzusehr *aestimi*re. Es sey dem wie ihm wolle, ich will mirs auch gefallen laßen. Inzwischen *co͞munici*re meinem allerliebsten Freünde noch etwas so wol von meiner Clavier- als andern harmonischen Arbeit; solte niemand von Ihren Kindern solche brauchen, so werden Sie doch damit, nach vorgängiger *perlustration*, wenigstens einem andern guten Freünde vielleicht einen Dienst thun können. Ich habe mit Fleiß meinen Nahmen nicht drauf setzen wollen, weil aus der Erfahrung inne worden bin, daß man öfters die Sache nach der Person, und nicht diese nach jener (wie es doch billig seyn solte) zu schätzen pfleget. Als einstens ein Stück von einem berühmten *Concert*-Meister aufs Tapet kam, wurde nach dem Verfertiger gefragt, und nach geschehener Beantwortung, musten die Sti͞men wiederum, ohne es zu machen, gesa͞mlet und weggethan werden. Dieses also wißend, habe ehemals meine geringe Arbeit für des Hrn. Capellmeister Telema͞ns, und dieses seine Arbeit für eines andern *Composition* ausgegeben, nur um zu erfahren, ob meine Anmerckung eintreffen werde? Da es deñ geschahe, daß meine *Composition*, (es war das Ihnen *co͞munici*rte Stück: Wir haben Lust außer dem Leibe zu wallen) *applaudi*ret, und die rechte Comp. wohlbedachten sehr berühmten Ma͞nes nicht geachtet wurde. Es trifft also wol recht ein: *Mundus regitur opinionibus*. Bey der *execution* des *Concert*s will bitten, aus den *concerti*renden *Violin*en, die *Violini ripieni*, nach Maßgebung des *Basso ripieno*, hiraus zu ziehen, um beßern *effect*s willen. Solcher gestalt kañ ein ehrlicher, und andere Leüte (Gewißens halber) nicht verachtender Mañ unmöglich *emergi*ren; wer aber letzteres so wol mit Worten, als auch nur Geberden verrichtet, der koṁt glücklich fort. Aus gleichem Grunde ohne Grund mag es auch gekoṁen seyn, daß die übergebene 6 Exemplarien vom Buchstaben A nicht einmahl *distrah*irt worden sind, sondern noch auf ihrem Lager, weiß nicht wo, liegen mögen. Was solches Bezeigen bey denen, die drum wißen, nach sich ziehe, können Sie leicht erachten. In solchen Umständen befinde mich leider! daß manchmahl nicht weiß, was thun oder laßen soll. Sonsten muß auch von einem gewißen *Thrasone*, der andern, gleich *ex tempore* eine Fuge, und einen Choral auf verschiedene Art auszuführen, lehren will, großen Tort ausstehen, ungeachtet noch keine Probe davon erlebet habe. Es werden nunmehro 4 Jahr seyn, daß einen fremden in der *Composition* und auf dem Claviere, neml. im *G. B.* u. *Choral*en 2 Jahr lang *informi*ret, und zwar gantz von fornen an, deñ erwehnter Scholar kunte, als er zu mir kam, etwa ein halb Dutzend *Menuett*en und sonst gar nichts spielen; war aber fleißig, und brachte es in allerseits stücken so weit, daß er mich nicht allein in der Kirche ablösen, sondern auch, unter andern, beykoṁende *Ciacona* verfertigen kunte. Nach Verlauff dieser 2 Jahre gab ihm den Rath; er möchte nun 1 Jahr sich nach Hause begeben, das erlernete fleißig *repeti*ren, wöchentl. etwas neües setzen, selbiges *memori*ren, und sich sodañ nach Gelegenheit, unterzukoṁen, umsehen; und so er Lust hätte, fremde Länder zu besehen, wolte ihm an einem gewißen Hofe, wo noch Printzen wären, die auf die Reise nach Franckreich u. Italien gehen würden, durch den dasigen Capellmeister *addresse* verschaffen. Das erstere hat ermeldter Discipul gethan; als er aber einstens zur mir kam, und beykoṁenden Choral zur *censur* übergab, fragte ihn: warum er nicht auch im andern stücke meinem wohlgemeynten Rathe folgte? hierauf bekam folgende unvermuthete Antwort: „›Er wäre nicht im Stande, sich mit seiner Arbeit für jemanden weder hören noch sehen zu laßen.‹" Im weitern Discurs äußerte sichs, daß er, von obengedachter Meynung gäntzlich eingenoṁen, fast sagen durffte: Ich wäre nicht *capable* jemanden zu *informi*ren. Und dieses war der *effect* des heimlich gepflogenen Umganges mit oben gemeldten *Thrasone*. Hierauf bemühete mich, eine *Cantata* von dieses seiner Arbeit aufzutreiben, wozu Er doch wenigstens etliche Tage Zeit gehabt, und schickte sie, nebst diesen 2 Stücken meines mißvergnügten und undanckbaren Discipuls, an eben den Capellmeister, durch welchem sein Glück hätte befördert werden können, mit der beygefügten Frage: „ob es wol möglich, daß einer der nicht fähig wäre, etwas tüchtiges zu setzen, da er doch Zeit dazu hätte, deñoch einem andern, solches aus dem Stegereiff zu machen, lehren köñte?" ich wüste wohl, daß, gleichwie unter den Poëten, also auch unter den *Musicis* es *Subjecta* gäbe, die dergleichen für sich, aus langer Übung, *praesti*ren könten; ich hätte aber noch niemals gehöret, daß solche sich unterstanden, andern dergleichen *ex tempore*, ohne vorgängige *meditation*, zu lehren. Hierauf lief folgende Antwort ein: „Ferner habe auf Dero Ersuchen nicht umhin gekunnt, die überschickte *Pieces* von der *Composition* Dero ehemahligen *Schola*ren, wie auch die dabey liegende weltliche *Cantate* eines ungenañten, zu durchsehen. Und ich muß gestehen, daß so wol Dieselben als auch Dero *Scholar* alles gethan haben, was in zweyen Jahren nur iñer *praetendi*ret werden mag. Es hat dahero letzterer sich gantz und gar nicht, weder vor seinen Lands-Leüten, noch von *Musicastris* in seinem wohl und glücklich angefangenen *Studio* irre machen zu laßen; deñ ich kan auf mein Gewißen versichern, daß in einem eintzigen Tacte seiner *Composition* mehr *realia musica, quoad Concentum,* zu finden, als in der gantzen weltlichen *Cantata,* welche zwar von einem guten *Naturell* und nicht unangenehmer Melodie zeiget, so lange bloß die Natur arbeitet; deñ sobald ihr die Kunst solte zu Hülffe koñen, so bleibt in deren Ermangelung, sie die Natur selbst stecken, und macht sich gar sehr unkäntlich und arm, wie das *Duett* mit mehrern bezeiget. Die sonst und sonderl. im *Recitative* dariñen vorkoñende musicalischen *Capriolen* sind viel zu abentheüerlich, als daß ich die *Cantat*e denenselben jetzo gleich *remitti*ren könne; sondern ich bitte mir solche, wo möglich, gar aus. Was sonsten den großen Vortheil anlanget, wodurch ein jeder so abzurichten, daß er *ex tempore phantasi*ren, *fugi*ren, und *Choral*-Lieder verschiedl. *tracti*ren und *varii*ren könne, so koñt es darauf an, daß *Monsieur le Maitre* nur ein *Subjectum* auf diese Art abrichtet, doch mit der *Condition,* daß das *phantasi*ren, *fugi*ren und *varii*ren auch etwas *reelles* in sich halte; alsdeñ will ich Ew. WohlEdl. gantz dienstl. gebethen haben, mir den Nahmen dieses Mañes zu entdecken, deñ ich will selbst von ihm *Lection* nehmen, um seinen *modum do-*

cendi zu *penetri*ren. O! weñs doch aufkäme, daß man einem die Wissenschafften in einem Glaß Weine zutrincken köñte! Das wären göldene Zeiten." Nebst diesem *Videtur* eines bis *dato* mir von Person unbekañten Mañes, welches deßwegen um so viel unpartheyischer ist, weil es bloß bey der Sache, ohne Absicht auf die Person, geblieben, besitze noch 2 andere von eben dergl. welche sämtl. für mich *favorable* abgefaßt sind; ich mag sie aber nicht hersetzen, um Meines Herrn Gedult, Zeit und Papier zu schonen. Ungeachtet nun diese Schwerder für mich brauchen können, habe es doch nicht gethan, sondern geglaubet: daß denen die Gott lieben, alle Dinge zum besten dienen müßen. Welches auch in so weit bereits eingetroffen ist, daß mehrgedachter *Thraso* selbst nachhero bey mir in der *Composition lection* nehmen wollen, und deswegen zu verschiedenen Zeiten an mich gesetzet hat. Daher muthmaße, es habe vielmehr dieser von jenem zu *profiti*ren gesuchet; inzwischen ist doch mein gewesener Scholar, ungeachtet der ihm vorgelegten *judiciorum*, bey seiner *Caprice* geblieben, hat, seinem Vorgeben nach, das *Clæ*vier *abandoni*ret, und hält sich nunmehro ins 3te Jahr bey einem *Violi*nisten in Caßel auf. Daß ich dem abermahl gedachten *Thrasoni* nicht gewillfahret, wird hoffentl. auch deswegen nicht unrecht gethan seyn, weil er (außer schon gemeldten) auch eine andere Person angestifftet, bey mir *lection* zu nehmen, dafür Er selbst das Geld erlegen, und sich das erlernete zutragen laßen wollen. Bey solchen Umständen werde gantz schüchtern hieriñ gemacht, daß fast Bedencken trage, jemanden fernerhin anzunehmen, aus Furcht, es mögte dieser gute Freünd *sc.* dahinter stecken; wie deñ aus dieser Ursache ihrer zweene schon abgewiesen habe. An einem so gefährlichen Orte befinde mich! Auf vorgedachte *Ciacona* noch einmahl zu koñen, muß melden: daß sonsten kein sonderl. Liebhaber von dergleichen Art bin; weil aber hier die schönste Gelegenheit sich äußerte, dem mehrgedachten Scholaren den Vortheil zu zeigen, wie über einen *obligat*en Baß verschiedene *Imitationes formi*rt werden könten, ohne daß selbige nur *par hazard*, oder blindlings zuträffe, sondern daß er wißen könne, wie solche entstehen müßen; habe ihm dieses Choral-*Thema* nehmen laßen, und bey der *elaboration* nichts mehr gethan, als gewiesen; daß auch das 2te *membrum* der Melodie mit dem ersten *membro* könne *combini*rt, und

107

›über-‹ ingleichen ›unter‹ einander zugleich *tracti*rt werden; *it:* wie dieses das *fundament* zu allerhand Arten der *Canonum* sey, weñ neml. die *imitationes continui*ret würden. Sonsten werden auch beygelegte 4 *Variationes* über ein *Corelli*sches *Solo* zeigen; wie auf solche Art zum *phanta*siren gelangen könne.

Von diesem allen möchte mündlich wol mehr vortragen, als schreiben können, wünschende, von der Methode des Bekañten in ihrer Nachbarschafft nur die geringste zuverläßige Spur zu vernehmen! um zu erfahren: ob sie aus einem andern, oder, mit der meinigen, aus einerley *principio* gehe? Ich halte dafür: daß es einem, der viel Sachen auswendig gelernet, u. *NB. memoriam tenacem* hat, ergehe wie einem Handwercker, der über seiner gewohnten Arbeit ein bekañtes Lied singet, und beydes, ohne fast recht dran zu gedencken, richtig zugleich *absolvi*ret. Hiervon genug! Den *modum,* alle *variationes melodicas* und *harmonicas* unter gewiße *Rubrique*n zu bringen, will mir ergebenst ausbitten, um solchen, nach Möglichkeit, zu besorgen.

Die mir aus Liebe *recom̄endi*rte 3 Bücher habe so wenig, als die in Berlin *an.* 1728 heraus gekom̄ene kleine musicalische *Pieçes* des Herrn Fuhrmañs, und die drauf für Hrn. D. Meyern erfolgte *Replic,* bekom̄en können, ungeachtet um solche auch in Leipzig beworben. Weil nun, in jener Ermangelung, mich in der bewusten Sache nicht üben können, will jetzo nur dasjenige, so *mediti*rt habe, entwerffen, und, mit gütigster Erlaubniß, folgende einfältige Fragen an Sie ergehen laßen: (1. ob nicht entweder aus dem ☌ nio das *menstruum philosophicū* zu erlangen sey? oder (2. ob nicht durch deßen *regulum* das ☉ so *destrui*rt werden könne, daß es hernach, mit Zuthuung eines *convenable*n *menstrui ad primam materiam* gebracht werden könne? (3. ob nicht der Vitriol fähig sey, ein *menstruum universale,* oder *ignem philosophicum* daraus zu überkom̄en? ich verstehe aber das *Vitriolum nativum* so, wie es in Ungarn aus der Erde gegraben, und nicht denjenigen Vitriol, der aus Kupffer gemacht wird; deñ dieses *Vitriolum nativum* an sich selbst mag vielleicht das *principium remotissimum;* das aus ihme verfertigte *oleum dulce* das *principium proximum;* der aus ihme, neml. mit Zusatz der *minera* ♂ *tis generi*rte ›neüe Vitriol‹ aber das *principium proximo propius,* ja, das rechte *menstruum solvens,* und das rechte philosophische Feüer seyn, welches die *corpora metallica perfecta,* ☉ *et* ☾, als die 2 nöthige *ingredienti*en dieses Wercks, angreiffet und zerstöret, weñ neml. dieser durch Kunst *praepari*rte neüe Vitriol abermahl in seine *principia, i. e. Sulphur* u. *Mercurium* geschieden, und sodañ diese wiederum mit einander verbunden worden, und zwar so, daß ♂ am Ende gäntzlich wieder davon müßen. Zu dieser annoch unlautern *Speculation* hat mich gebracht (1. die hermetische Tafel, auf welcher in der Runde folgende Worte stehen: *Visita Interiora Terræ Rectificando Invenies Occultum Lapidem,* aus deren *initial*-Buchstaben das Wort: *Vitriol* entstehet; da deñ insonderheit das beträchtliche Wort: *Rectificando,* vorgemeldtes an die Hand gegeben, (2. die von meinem Herrn mir geschenckte 3 *hieroglyphi*sche Buchstaben: *I. A. O.* welche so wol *Antimonium,* als *Vitriolum* bedeüten können. Ich neñe aber nurgedachte *Speculation* (außer dem, daß sie in *choi*sirung nurgedachter 2 Materien, annoch zweifelhafft ist) deswegen hauptsächlich ›unlauter‹: weil, [da nach Ihrem Unterricht, *I* als der zugethane einspitzige Circul in *A* geöffnet und zweyspitzig gemacht, *i. e.* die ›eine‹ im Metallischen Reiche befindliche ›Materie‹ in ›zwo‹ neml. in *fixum* und *volatile,* oder *Sulphur et NB. Mercurium* getheilt, und diese wiederum mit einander ›verbunden‹ werden sollen] ich in dem Wahn stehe: die aus ☉ *le et* ☾ *na* vermittelst des rechten *menstrui elici*rte *Quinta Essentia* heiße *Mercurius?* so ist, sage ich, dieses mir undeütlich: weñ Sie den einen Theil von obgedachten (welche zusañen ich für das *menstruum* halte) *Mercurium* geneñet haben. Hätten Mein Herr den 2ten Theil *Sal* geheißen, so bliebe meine aus Einfalt also *tituli*rte *Quinta Essentia* ☉ *lis et* ☾ *nae* der doppelte ☿ *rius;* allein, hierdurch ist meine gehabte *idée* auf einmahl *confus* gemacht, und über den Hauffen geworffen! es wäre denn, daß man meine nurgedachte *Quintam Essentiam* ☉ *lis et* ☾ *nae,* als *concipi*rt gehabte ☿ *rios,* beßer *Salia* dieser beyden Metallen neñen köñte. Zu vorigem Wahne hat mich abermahl die Hermetische Tafel gebracht, auf welcher ☉ und ☾ ihren Schein zusañen in einen Becher oder Kelch werffen, unter welchem das *signum* ☿ *rii* befindlich ist. Und daher habe vermeynet: es müsten in dem Philosophischen Wercke dieser beyden *perfecten* Metallen ihre ☿ *rii,* als ein *agens* und *patiens* mit einander *combini*rt werden, nachdem diese 2 *Mercurii,* vermittelst des rechten *menstrui solventis,* als des ächten Mittels, erhalten worden; auch dieser nunmehro also zusam̃engesetzte *Mercurius* mit dem schon gemeldten *menstruo* beständig *imbibi*rt, u. gekocht werden. (Ich kan mich in dieser so sehr versteckten Materie nicht so, wie gerne wolte, *explici*ren!) Noch habe (4. zu fragen: was an diesen beykom̃enden vier Blättern, die von meines Vaters Exemplar in allem unverändert abgeschrieben worden sind, zu thun seyn mag? ich besitze noch eine dergl. kleine Schrifft von ihm, welche künfftig, G. G. (weñ es anders erlaubt ist) einsenden will. Die jetzigen wollen Sie nur behalten. Nachdem auch angemercket, daß das Philosophische Werck durch einen naßen und truckenen Weg *tracti*rt wird; bin begierig zu vernehmen: Welchen von beyden Sie erwählet haben? (5. ob nicht, an statt der mir angerathenen *Annotandorum*, des Ehed von Naxagoras *an.* 1712. zu Breslau in *8vo* gedruckte *Concordantiam Philosophorum* nützlich als schon vorgearbeitet, brauchen könne? Gleichwie nun Ihnen, für die bishero gantz unverdienter Weise mir gegönnete Wohlgewogenheit, gar sehr verbunden bin; also erwarte unter sehnlichstem Verlangen derselben *continuation,* hertzlich bittende, meine Ihnen entdeckte Angelegenheiten, und der daher entstandenen Ausschweiffungen ja nicht übel zu nehmen, sondern vielmehr zu glauben, daß solches aus einem recht großen gegen Sie tragenden Vertrauen geschehen sey, weil, da redlich gesoñen gewesene Freunde alhier abgestorben sind, dieses Verfahren mir gleichsam zur Artzeney, und Linderung des Hertzens dienet. Hiermit bin und verbleibe, unter Empfehlung göttlicher Obhut und Gnade

Meines Herrn

aufrichtig-ergebenster
J. G. Walther.

Weimar *d.* 6ten *Febr.* 1730.

P. S. Des Hrn. Capellm. Schürrmañs Geburts-Ort, Jahr, Monat u. Tag möchte wol vollend wißen! weil diese Umstände vielleicht vergeßen, und wol nicht mit Fleiß außen gelaßen worden sind. Ich bin noch, wegen Beraubung meiner Orgel, ein musicalischer Witber.

12

Zum „letztern an Sie abgeschickten Paquetgen" vgl. Br. 10. Statt „28 Octobr. a. c." muß es „... a. p." heißen.

J. Matthesons „Lebens-Umstände" nehmen im WL die Seiten 390 bis 392 ein. Von dem „Werck" (dem WL) lag nur „Lit. A." vor; vgl. Br 4. Die Vorrede dieses Vorabdrucks erwähnt Mattheson nicht. Vgl. Br 17, Anlage 2.

In Matthesons „Organisten-Probe" von 1719 (vgl. Br 15) heißt es hinsichtlich der Einsendung biographischer Aufzeichnungen: „Desiderantur in specie. ... 21. Heinchen / Dresden." (S. 121), während die „Grosse General-Baß-Schule" (vgl. Br 17) feststellen muß „Der gute Heinchen / ... / (ist) schon darüber weggestorben" (S. 167).

Ausführlich behandelt ist J. F. Alberti in Matthesons „Ehren-Pforte" von 1740 (S. 5–8); das WL enthält einen kurzen Artikel, während der Vorabdruck von 1728 Alberti nicht erwähnt. Zu Matthesons Rezension in der „Organisten-Probe" vgl. Br 17, Anlage 2.

Die „Weimar den 15ten Novembris 1728." datierte Dedikation des WL-Vorabdruckes bezieht sich auf dessen Erscheinen „bey völlig angetretener Regierung" des Herzogs Ernst August; die „Gelegenheit ... am Ende des August-Monats" weist auf Ernst Augusts Alleinherrschaft nach dem Tode des Herzogs Wilhelm Ernst (26. August 1728).

Von dem „1653 bey Paul Parstorffern gedruckten" Musikalienkatalog – im Vorbericht des WL bezeichnet „Indice di tutte le Opere di Musica" – ist kein Exemplar bekannt; das ehemals von J. S. Drese verwahrte und über J. W. Drese an JGW gelangte Exemplar dürfte von J. S. Dreses Vetter Adam Drese bei Gelegenheit einer Reise nach Regensburg (1653) erworben worden sein.

Murschhausers „bekanntes Werck" ist die „ACADEMIA | MUSICO-POETICA | BIPARTITA. | Oder: Hohe Schul | der Musicalischen | COMPOSITION | ... | Nach des Weltberühmten Herrn Johann Caspar Kerlls / weiland | gewesten Chur-Bayrischen Hof-Capell-Meisters / und anderer approbirten | Classicorum Tradition getreulich / ... beschrieben ... | Durch | Franciscum Xaverium Murschhauser, | Tabernensem Alsatam, des Chur-Fürstl. Hochansehnlichen Unser | Lieben Frauen Collegiat-Stiffts in München Musicæ Directorem. | Erster Theil. | ... | Nürnberg/ | In Verlegung Wolfgang Moritz Endters. | ... 1721."

Nach dem Vorbericht des WL erfolgte der Aufkauf des „Parstorfferischen Verlags" „vor nunmehro 50 Jahren."

Die Hilfe von J. C. Schmidt und dessen Stiefsohn J. C. Böhme bestand in Mitteilungen aus den am Dresdner Hof „in der Instrumental-Cammer verwahrlich beygelegten gedruckten alten Musicalien" (Vorbericht, a. a. O.).

Die Bitte um Einsendung seiner „Lebens-Umstände" (statt „28 Sept. a. c."

muß es „. . . a. p." heißen) erfüllte G. Ph. Telemann am 20. Dezember 1729; sein Brief an JGW trägt dessen Eingangsvermerk „accepi d. 2. Januarii 1730." Zum Zeitpunkt der Beantwortung von Matthesons Brief stand Telemanns Antwort also noch aus. Ein von Telemann erwähntes „Schreiben . . . von Herrn Lübeck" wird die biographischen Daten von V. Lübeck enthalten haben (vgl. WL, S. 373). Telemanns kurze Autobiographie von 1729 liegt dem entsprechenden Artikel im WL (S. 596 f.) zugrunde, wurde von JGW jedoch um einige Daten sowie ein Werkverzeichnis ergänzt.

Mit der „vortrefflichen Vorschrifft" ist folgende Stelle aus „Daniel Caspers von Lohenstein | Arminius. | Anderer Theil. | . . . | Leipzig/ | Verlegt Johann Friedrich Gleditsch/ | 1690." gemeint: „Hätten sie ihrer Weißheit einigen Mangel auszustellen; möchte diß mit Glimpf und Bescheidenheit geschehen. Denn Weltweise solten mit einander nicht anders als die Wolcken kämpfen; welche / wenn sie aufeinander stiessen / Glantz und Licht gebieren. Eine solche Art der Zwistung diente so wohl ein- als dem andern Theile zu Erleuchtung der Irrthümer / und ihre die Wahrheit suchende Unschuld verdiente: daß so wohl der Uberwundene / als der Uberwinder einen Lorber-Krantz trüge."

Zur „starcken Familie" von JGW vgl. Br 9. Näheres über den „Natur-Fehler" ist nicht bekannt. Zum Studienbeginn von J. G. Walther d. J. vgl. Br 21. Der „künfftige Verleger" des WL war W. Deer. Zu den Vertriebsschwierigkeiten für „die Auflage des Buchstaben A" vgl. Br 4 ff., besonders 7, 9, 10.

Der Verbleib des Briefwechsels zwischen Mattheson und Heinichen ist nicht bekannt; zu Heinichens „Tractat vom General-Basse" vgl. Br 6. Welcher „gute Freünd" nach Wien gereist war und eine Audienz bei Kaiser Karl VI. erlangte, ist nicht bekannt. Hinsichtlich der „Herren Wiener" begnügt das WL sich weitgehend mit Verweisen auf die „Address-Calender"; vgl. auch Br 11. Der Name des „Cammer-Dieners" wurde nicht ermittelt. Zur Reise des Herzogs Ernst August und des Konzertmeisters Pfeiffer vgl. Br 8 und 10.

Mit dem „Leipzigischen Brief" ist das Schreiben des Verlegers W. Deer gemeint (vgl. oben), mit den Briefen Telemanns und V. Lübecks sicherlich die bereits erwähnte Einsendung von „Lebens-Umständen". Unter der „Matthesonischen Critic, und deßen Patrioten" werden die „Critica Musica" sowie „Der Musicalische Patriot" zu verstehen sein (vgl. Br 8).

„HVGONIS SEMPILII | CRAIGBAITÆI SCOTI | E SOCIETATE IESV | DE | MATHEMATICIS | DISCIPLINIS | LIBRI DVODECIM | AD | PHILIPPVM IV. | HISPANIARVM ET INDIARVM | REGEM CATHO-LICVM. | ANTWERPIÆ, | EX OFFICINA PLANTINIANA | BALTHA-SARIS MORETI. | M. DC. XXXV." enthalten auf S. 272–278 einen 678 Namen umfassenden „INDEX AVCTORVM QVI DE MVSICA SCRIP-

SERVNT." Die „Spezification" über gewünschte Bücher ist nicht erhalten. Zum „ehemahls . . . übersendeten" Besitzkatalog vgl. Br 5, Anlage. Der Ankauf aus dem Nachlaß E. W. Hertzogs kam vermutlich nicht zustande; über die in 12 Positionen aufgeführten 23 Werke berichtet das WL zumeist nur kursorisch und auf Grund von Sekundärliteratur.

Mit dem „dasigen Freünd" könnte G. F. Kauffmann gemeint sein. Die von J. G. Graun erbetene „Einsendung seiner Lebens-Umstände" kam ebensowenig zustande wie die Beschaffung von Daten zu J. W. Simonetti, C. H. Graun, Bräuning, Wiering und Schürmann.

Der Vorfall mit dem „Stück von einem berühmten Concert-Meister" könnte sich in der Weimarer Hofkapelle ereignet haben; ob eine Komposition von J. S. Bach, dem vormaligen Weimarischen Konzertmeister, in Frage kommt, bleibt ungewiß.

Über die Mißhelligkeiten mit den Kompositionsschülern war nichts zu ermitteln. „Thraso" bzw. „Thrasone", sicherlich kein Personenname, bedeutet im klassischen Sinne Bramarbas, Aufschneider, Grobian. Der „Capellmeister . . . an einem gewißen Hofe" könnte G. H. Stölzel sein, der „Violinist in Caßel" J. A. Birckenstock.

Bei der „beykommenden Ciacona" handelt es sich wohl um die – später irrtümlich JGW zugeschriebene – „Ciacona sopra 'l Canto fermo: O Jesu du edle Gabe" (DSB, Mus. ms. autogr. Walther, Joh. Gottfr. 7; nur Überschrift von JGW geschrieben, WZ P in gabelüberhöhtem Schild, MKW).

Mit den „4 Variationes über ein Corellisches Solo" ist gemeint „Alcune Variationi | sopr' un Basso Conti- | nuo des Sign.ʳ Co- | relli, compo- | ste da J.G.W." (DSB, Mus. ms. autogr. Walther, Joh. Gottfr. 3; WZ A mit Dreipaß). Eine von JGW angefertigte Reinschrift enthält der Sammelband DSB Mus. ms. 22541, Bd. IV, Nr. 14. Die Vorlage entstammt dem Preludio der 11. Sonate aus Corellis seit 1700 mehrfach gedruckten „Sonate a Violino e Violone o Cimbalo", op. V.

Mit dem „Bekannten in ihrer Nachbarschafft" ist vielleicht H. L. Hurlebusch gemeint. Zu den Streitschriften M. H. Fuhrmanns und J. Meyers vgl. Br 8. Zum Zustand der Stadtkirche und ihrer Orgel vgl. Br 5 ff.

Lit.: Schünemann, S. 94 f., 103, 104, 114 f.; La Mara, Bd. 1, S. 148–151; Telemann-Briefe, S. 32–34, 424; Georg Philipp Telemann, Autobiographien 1718, 1729, 1739, hrsg. von Eitelfriedrich Thom, Blankenburg/H. 1977 (Studien zur Aufführungspraxis und Interpretation von Instrumentalmusik des 18. Jahrhunderts. Heft 3.); Dok II, S. 75, 220; Adolf Aber, Die Pflege der Musik unter den Wettinern und Wettinischen Ernestinern. Von den Anfängen bis zur Auflösung der Weimarer Hofkapelle 1662, Leipzig 1921, S. 147 bis 150; Hans-Joachim Moser, Die Musik im frühevangelischen Österreich, Kassel 1954, S. 36 f.; Zeitschrift des Vereins für hessische Geschichte und Landeskunde 68, 1957, S. 161 f. (C. Engelbrecht); Kümmerling, passim;

Brodde, S. 20 f.; Karl Scheibe (vgl. Br 30), S. 87 f.; Friedhelm Krummacher, Die Überlieferung der Choralbearbeitungen in der frühen evangelischen Kantate, Berlin 1965 (Berliner Studien zur Musikwissenschaft. 10), S. 99, 126, 395; DDT 26/27, S. XVI f., XXVI, XXXI f., 301–303, 360–364; Beaulieu-Marconnay, S. 243–259; Hermann Kopp, Die Alchemie in älterer und neuerer Zeit. Ein Beitrag zur Kulturgeschichte. Erster Theil. Die Alchemie bis zum letzten Viertel des 18. Jahrhunderts, Heidelberg 1886, bes. S. 139 f.; Mentz, S. 25 f.

13.
AN HEINRICH BOKEMEYER, WOLFENBÜTTEL
24. 4. 1730

Mein Herr,

Dero geehrtestes unterm 5ten, habe am 11ten dieses wohl und vergnügt mit vielen Freüden erhalten. Und dieses um so viel mehr, weil Ihnen Gott die Gnade erzeiget, nicht nur von ihrer bisherigen *maladie* befreyet zu werden, sondern auch Ihr liebwertestes und vielleicht erstes Ehe-Pfand auch wiederum in diesen von Gott selbst gestiffteten Stande zu sehen. Ob nun schon der Anfang mit einer starcken Verdrüßligkeit vermacht gewesen, so will hertzlich wünschen, daß der Fortgang glücklicher, und, nach langer Zeit, das Ende dermahleinst seelig seyn möge!

Sie wollen demnach erlauben, daß als ein unbekañter, an der vielleicht noch bevorstehenden Priesterlichen Einsegnung auch abwesend Theil nehmen, und durch beykom̃ende *Cantata*, so gut als sie gerathen wollen, mein deswegen erfreüetes Gemüth darlegen dürffe, weil auf andere und *reell*ere Art es zu verrichten nicht im Stande bin, mit ergebenster Bitte, unter Anwünschung vielen Seegens und allerseits Vergnügens, hiermit hochgeneigt vor lieb, und den guten Willen vor die That anzunehmen. Bey dieser Gelegenheit habe zugleich dasjenige noch mit beylegen wollen, so Ihnen zum beliebigen Gebrauch sonsten von mir *destini*ret, und zum theil deswegen abgeschrieben worden, nemlich (1. das 6te, und Ihnen noch *manqui*rende Kyrie eleison, über den Choral: Aus tieffer Noth schrey ich zu dir etc. (2. noch ein anderes, so allererst aus der Mache koṁt, und seine Ausflucht zu Ihnen, als einen guten Keṅer, mit Recht auch am ersten niṁt. (3. Gott fähret auf mit Jauchzen. (4. *Veni Sancte Spiritus*, und (5. Es war ein reicher Maṅ etc. Daß ein paar davon schmutzig erscheinen, wollen Sie im besten vermercken, deṅ, sie sind auf die 20 Jahr alt, und, wegen des Textes an einigen Orten, der üblichen Aussprache gemäß, anjetzo geändert worden, damit mich deswegen zu schämen nicht Ursache haben möge. Sie werden zwar auch in dem letzten Stücke, und deßen Baß-Arie aus dem *Fis* etwas auszusetzen finden; doch aber, nach Dero Bescheidenheit, gar wohl bedencken: daß man nicht allezeit alles reifflich zu überlegen fähig sey, sondern einer Sache bald zu wenig, und bald zu viel thue. Ich erkeṅe und bekeṅe, daß an nurgedachtem Orte *in excessu pecci*ret habe, obgleich mercken und es mir ahnden sollen: es werde der *Recompens* schlecht ausfallen; deṅ bey Verfertigung dieses Stücks ist mir dieses *arrivi*ret: daß von dem nunmehro verstorbenen Besteller deßelben in Errfurt, ohnerachtet meine sämtliche Familie kranck darnieder lag, und ich deswegen, diese Arbeit über mich zu nehmen, ausschlug, deṅoch sehr dazu genöthiget, und, mit Übersendung einer kleinen Angabe à 8 g. *animi*ret worden, in Hoffnung, weṅ das meinige, nach geringem Vermögen, würde gethan haben, daß alsdeṅ die Folge der Arbeit *proportioni*rlich seyn werde; allein, weit gefehlet! es lieffen nach der Auslíefferung, noch 8 g. dafür ein, und damit solte und muste wol *nolens volens* zu frieden seyn. (Also wird musicalische Arbeit hier zu Lande belohnet, ich weiß nicht, wie bey Ihnen!) Wie mich deüchtet, hat auch der Poët einen Fehler in denen von mir unterstrichenen Worten: ›was für Sünden‹, begangen. Vielleicht ists ihm gleichfalls so, wie mir, ergangen. Dieses sind demnach meine Präsente (wie Sie solche in ihren vorigen zu neṅen beliebet haben) die aber nur papieren u. im geringsten keiner Erwiederung bedürffen, wobey *content* bin, weṅ sie Ihnen nur anständig, und zum Gebrauch dienlich sind; auf deßen Vernehmen stehen nicht allein die letztens *specifici*rte, sondern auch noch mehrere von andern *Auctoribus*, als Hrn. Telemaṅ, Böhmen, Kriegern, Erlebachen, Englert, Buttstedten, Heinichen, Gleitsmaṅ, *Conradi*, Schultzen, u. s. w. zu Dero Diensten parat, weṅ Sie anders dasjenige, so Ihnen schon von ihnen sämtl.

bekañt seyn mag, aufzusetzen, und mir zu *communici*ren belieben wollen, damit es nicht noch einmahl unnöthiger weise übersende.

Des Hrn. Schultzens, als Ihres nunmehro nahen Freündes, Lebens-Umstände (für deren gütige Mittheilung verbunden bin) habe alsobald gehörigen Orts eingetragen, wünschende, noch mehrere zu überkoñen. Mit dem Hrn. Capell-*Directore* Graun in Merseburg gehet mirs eben so, als Ihnen mit deßen Hrn. Bruder u. *Signr. Simonetti*: Er hat mir schon zu Anfange des *Februarii*, seine Lebens-Umstände einzuschicken, schrifftlich, auf geschehenes und wiederholtes Ansiñen, versprochen; es ist aber deñoch noch nichts eingelauffen. Weñ es alle so gemacht hätten, oder noch so machen wolten, würde mancher Articul mir höher zu stehen koñen, als ich vom Verleger für 1/2 Bogen zu erwarten habe. Ich weiß nicht, was hierbey fast dencken, und ob ich Ihrer Meynung beytreten, oder dafür halten soll: daß mein schwaches Unternehmen diesen H. nicht anständig, und zu niederträchtig seyn müße. Dem ungeachtet, und ob es gleich, wie in andern Stücken, also auch hieriñ nicht nach Wunsch gehen will; nehme mir doch die Freyheit, mit dem Inhalt und Beschaffenheit nachstehender Bücher von Ihnen beehret zu werden, als: (1. *Bontempi method.* (2. *Froschii (Joan.) Opusc. rerum mus*: (3. *Aron (Pietro) libr. mus*: u. (4. *Salina.* Den ersten und letzten keñe ihrer *function*, und *speciell*en Vaterlande nach; die beyden mittlern aber nicht. Es soll mir also sehr lieb seyn, weñ, durch MHerrn gütige Vermittelung, von diesen, und was sich sonsten in des *Croix du Maine Bibliotheque de France*, ingleichen *Ghilini Theatro Literatorum* finden möchte, künfftighin nähere Nachricht erhalten kan. Inzwischen werde auf instehenden 2ten May, G. G. mit meiner Waare von hier nach Leipzig aufbrechen, und sie dem Hrn. Verleger *extradi*ren, da deñ in meiner Abwesenheit mein jüngster Sohn den Gottes-Dienst *figuraliter* und *choraliter* völlig versehen wird, nachdem er mich bishero nur dañ und wañ im letztern abgelöset hat: welches, aus iñern Vergnügen, meinem liebwehrtesten Herrn nicht bergen wollen.

Des Hrn. *Secretarii* Lauterbachs *judicium* ist von mir viel zu hoch, und mag ich auch für nicht mehr als einen *Organotribam*, angesehen werden, weñ nur entweder meine Orgel wieder hätte, oder eine andere anderweit haben solte, so daß mich verbeßern könte. Deñ ich kan auf den wenigen mir übrig gelaßenen Stim̄gen nicht eine von den *specific*irt übersendeten Vorspielen *tracti*ren, daß mir deswegen selbst recht gram bin. Auf künfftiges Marien-Fest sind bereits 3 Jahr verfloßen, daß die Kirche, und mithin die schöne Orgel eingerißen worden; aber ans wieder Aufbauen will noch niemand dencken.

Am 16ten dieses habe endlich den ›Hermetischen Triumph‹, ingleichen des ›*Artephii*‹ Tractätgen (welches in dem Buche: der ›Hermetische *Philosophus*‹ genañt, unter 7 das 4te ist) von Jena kaufflich, neml. jedes à 5 g. zusam̄en 10 g. überkom̄en; des ›*Struvii Paradoxon*‹ aber ›*de non igne*‹, ist daselbst nicht mehr zu haben, ob es gleich von da ausgeflogen: weswegen der Verleger *resolvi*rt seyn soll, es wiederum auflegen zu laßen. Jene sind anjetzo bey dem Buchbinder, und dieses dörffte wol nunmehro nicht allzunöthig mehr seyn, nachdem Sie mich Dero treüen und liebreichen Unterrichts, als woraus (meiner Meynung nach) vieles *profiti*ret, gewürdiget haben. Wie weit sich nun meine schwache Einsicht, und die aus Ihrer wehrtesten Zuschrifft gefaßete *idée* vorjetzo erstrecke, habe auf beygelegtem Zettul entworffen, worüber deñ Dero *confirmation* und *correction* mir ferner ergebenst ausbitten will, heiliglich versichernde: daß alles mit iñerster Ergebenheit von mir angenom̄en, auch zu des Allerhöchsten Ehre, und des Nechsten Nutzen wiederum angewendet werden soll. Beygelegtes *Original* meines Vaters, wovon die Abschrifft genom̄en, übersende hiermit zum Eigenthume, Ihr *sentiment* darüber erwartende, weil es mir (was das △ u. *Spiritum Vitrioli* betrifft) und, nachdem eines beßern von MH. belehret worden bin, anstößig vorkom̄t. Von Ihrem letzten habe nur 3 g. *porto* zahlen dürffen. Unter schönster Begrüßung an Sie sämtl. und *in specie* der Neüen Eheleute, bin und verbleibe

Meines Herrn

en particulier
ergebenster
J. G. Walther.

Weimar *d.* 24ten April, *an.* 1730.

[Anlage:]

Folgende Musicalische Bücher sind mir dem Inhalt, und theils auch, den Verfaßern nach (welche mit einem + bezeichnet habe) unbekañt.

Bontempi (Gio. And.) Istoria musica. So weit die *recension* dieses Buchs in den *Actis Erudit: Lips.* gehet, in so weit ist mirs auch bekañt.

Sebastiani (Claud.) Bellum musicum. +

Sartorii Belligerasmus musicus. +

Treües *(Abdiae) Directorium mathematicum, de Harmonologia.*

Beysselius (Jodocus) de optimo Musicorum genere.

Spatario (Gio.) Errori contra di Franchino. +

Donius (Joh. Bapt.) de praestantia veteris Musicae.

Corvini (Joh. Mich.) Heptachordum Danicum.

Salinas de Musica.

Froschii (Joan.) Opusculum rerum musicarum. +

Scacchii (Marci) Cribrum musicum. Ist aus *Matthesonii Critic* zum theil bekañt.

Tinctor (Joan.) de arte Contrapuncti.

Tigrini (Horatii) Compendium musicum.

Aragona (Pietro) Istoria armonica. +

Aron (Petri) Libri Musices. +

Zacconi Libri Musices. hat *Matthesonius recens:*

Banchieri Cartella musica. +

Bourmeisteri Hypomnemata musica. +

-- Musica Poetica. +

Brucaei Musica Mathematica. +

Finkii Musica. +

Nucii Musica Poetica. +

Tigurinus de arte Contrapuncti. +

Pontii Dialogi de Musica theoretica et practica. +

Joan. Baptistae ars Contrapuncti. +

Calvisii tres Exercitationes de Musica.

Heidens Beschreibung des Nürnbergischen Geigen-Wercks.

Jordani Libri Musices. +

Franchini Opera musica.

Bei der „Priesterlichen Einsegnung" handelte es sich um die Trauung von Bokemeyers ältester Tochter Anna Dorothea Elisabetha mit Johann Christoph Schultze. Der Bräutigam, ein Sohn des Hildesheimer Organisten A. H. Schultze, wird im Wolfenbütteler Traubuch als „Studiosus und der Music beflißener" bezeichnet. Die Trauung hatte bereits am 19. April 1730 stattgefunden. Der Verbleib der Glückwunschkantate und der anderen Werke von JGW ist unbekannt. Besteller der Kantate „Es war ein reicher Mann" war J. C. Leich. Mit dem „nunmehro nahen Freünd" ist A. H. Schultze gemeint, dessen „Lebens-Umstände" im WL enthalten sind. – Biographische Angaben zu J. G. Graun, C. H. Graun und J. W. Simonetti blieben aus.

Mit den „nachstehenden Büchern" sind gemeint: 1. „NOVA | QVATUOR VOCIBUS | COMPONENDI | METHODUS, | Qvâ | Musicæ artis planè Nescius | ad Compositionem accedere potest, | AUTHORE | Johanne Andreâ Bontempô | Perusinô | Serenissimi Saxoniae Electoris Musici | Chori Magistro. | DRESDAE, Typis Seyffertinis. | An: 1660." 2. „RERVM | MVSICARVM | OPVSCVLVM RARVM AC IN- | signe, totius eius negotii rationem mira in- | dustria & breuitate complectens, iam | recens publicatum. IOAN. | FROSCHIO, | Autore, | ..." [am Schluß:] „ARGENTORATI APVD PETRVM | Schœffer & Mathiam Apiarium. Anno Salutis / M. D. XXXV." 4. „FRANCISCI SA- | LINAE BVRGENSIS | ... | ... de Musica libri Septem, in quibus eius doctrinæ | veritas tam quæ ad Harmoniam, quàm quæ ad Rhythmum | pertinet, iuxta sensus ac rationis iudicium osten- | ditur, & demonstratur. | ... | SALMANTICÆ | Excudebat Mathias Gastius. | M. D. LXXVII." Welche Werke Pietro Aarons unter 3. gemeint sind, läßt sich nicht sicher bestimmen. Die unter 1., 2. und 4. genannten Veröffentlichungen sind im WL kurz beschrieben.

Bibliographische Hinweise erbat JGW aus folgenden beiden Werken: „Premier volume de la Bibliothèque du sieur de la Croix Du Main, qui est un catalogue général de toutes sortes d'autheurs qui ont escrit en françois depuis cinq cents ans et plus jusques à ce jour d'huy ... Paris 1584"; „TEATRO | D'HVOMINI | LETTERATI | Aperto | DALL' ABBATE | GIROLAMO GHILINI | ACADEMICO INCOGNITO. | ... | IN VENETIA, Per li Guerigli. MDCXLVII. | ..."

Die Reise zur Messezeit nach Leipzig zu W. Deer unterblieb; vgl. Br 14.

Über die in der Anlage genannten Bücher bzw. deren Autoren enthält das WL wenige Angaben, die sich Bokemeyers Vermittlung zuschreiben ließen.

Lit.: Schünemann, S. 95 f.; Bitter, Bd. 1, S. 121 f.; Forkel L, S. 183, 379; SIMG 13, 1911/12, S. 103; Friedrich Wilhelm Marpurg, Kritische Beyträge zur Aufnahme der Musik, Bd. 1, Berlin 1754, S. 57, Bd. 3, Teil 1, Berlin 1757, S. 50; BJ 1979, S. 49 (H.-J. Schulze).

AN HEINRICH BOKEMEYER, WOLFENBÜTTEL

Mein Herr,

Bey jetziger zufälligen Gelegenheit kan nicht umhin zu fragen: ob die unterm 24ten April an Sie abgelaßne 5 Kirchen-Stücke, neml. (1. *Kyrie eleison per Canonem ex C♮*. (2. *Kyrie eleison sopra 'l Canto fermo:* Aus tiefer Noth schrey ich zu dir. (3. Gott fähret auf mit Jauchzen. (4. *Veni Sancte Spiritus,* und (5. Es war ein reicher Mañ etc. allerseits in Partitur; nebst einer ausgeschriebenen Hochzeit-*Cantata* auf die Eheliche Verbindung Dero ältesten Tochter mit dem Hrn. Schultzen, richtig eingelauffen sind? und dieses um so viel mehr, als bishero iñer Post-täglich verhoffet habe, von Ihnen mit angenehmer Zuschrifft beehret zu werden. Damahls habe zugleich, unter andern berichtet: daß den 2ten May nach Leipzig gehen, und mein *Mst.* dem Hrn. Verleger ausliefern werde; es ist aber solches, auf Einrathen eines Blut-Freundes, der mich besuchet, unterlaßen worden, weil man unter der Meße den Hrn. Kauff-Leüten nicht gelegen koͤmt; doch habe geschrieben und *sondir*et, weñ mich einfinden solle? worauf die Antwort dahin ausgefallen: ich möchte nur iñer mehr *colligir*en, und solche *collection* auf Michaëlis überbringen. Es wurden mir zugleich 8 Thaler für die untergebrachte Exemplarien übermachet, daß nunmehro mein ausgelegtes Geld völlig, G. L. wieder beysañen habe. Ich *frequentir*e sint der Zeit die hiesige Fürstl. Bibliothec wöchentl. zweymahl, um das angefangene je mehr und mehr *quoad res et personas* zu bereichern; muß aber auch zufrieden seyn, weñ öffters manche liebe Stunde vergeblich *employ*re. Solten MH. die mir ergebenst ausgebetene Nachrichten von des *Bontempi nova quatuor vocibus componendi methodo, Froschii Opusculo rerum musicalium, Petri Aron libris Musices,* ingleichen des *Salinae* Buche, und andern in des *Croix du Maine Bibliotheque de France,* u. s. w. etwa beysañen haben, kan deren Übermachung entweder durch Hrn. Überbringer dieses, welcher *in patriam* nach Glückstadt gehet, und von da in einigen Wochen *retournir*en, auch bey Ihnen sodañ, versprochener maßen, anfragen wird, oder, durch einige von hier auf die Braunschweiger Meße gehende Strumpff-

Händler, nahmentl. Hrn. *Commissarium* Rosenbergen, und Hrn. Bindern am füglichsten geschehen. Für die hierunter habende Bemühung übersende, in Ermangelung einer *convenabl*ern Vergeltung, anjetzo 3 Kirchen-Stücke zum beliebigen Eigenthume. Das eine hätte Ihnen gerne vor dem *Jubilaeo* gegönnet, weñ es mir nur unter die Hände gekom̄en wäre, so wie es nachgehends geschehen, deñ ich habe es schon am vorigen *an.* 1717 gesetzet; doch kan es vielleicht auch zur andern Zeit Dienste thun! In dem Advent-Stücke soll der letzte Satz eigentl. geschwinder Tact seyn, so daß an statt der Achtel, Viertel, und an dieser Stelle, halbe Tacte gesetzt werden: es ist auch anfängl. jetztbesagter maßen die Einrichtung gewesen; allein mein gewesener *Cantor,* der seel. *Reineccius,* von deßen Hand dieses und das vorhergehende ist, hat es also nach seiner *Caprice* geändert. Mit diesen wenigen bitte für diesesmahl hochgeneigt vor lieb zu nehmen!

Mein alter fast 8ojähriger Vater ist jetzo bey mir, und gedencket noch einige Wochen sich alhier zu *arreti*ren, sodañ aber wiederum nach Erffurt bey die Schwester, als sein rechtes Lager, aufzubrechen. Sonsten habe noch zu melden: daß der Hermetische Triumph an statt der *Confirmation* in der bewusten Sache, mich vielmehr wanckend als *confus* machen will; hergegen die dabey befindl. *Dicta Alani* und noch ein anderes Tractätgen, *Phoenix* genañt, *concordi*ren gar wohl mit dem, was aus Meines Herrn gütigster Mittheilung, *pro ingenii mei modulo* faßen können. Hierbey fällt mir aus dem *Artephio* ein: daß derselbe nebst dem geheimen Natur-Feüer, auch das Küchen-Feüer *in arte Hermetica statui*ret, und von diesem meldet: ›man habe es nur bisweilen von nöthen‹. Dieser wegen, und was sonst in meinem letztern unterm 24ten April auf ein *à parte*s Blätgen geschrieben, wollen Mein Herr mich ferner Dero gütigsten Andenckens würdigen, der ich, unter Empfehlung Göttlicher Gnaden-Obhut, allstets bin und verbleibe Meines Hochgeehrtesten Herrns
und wehrtesten Gönners

getreü-ergebenster
Joh.: Gottfr: Walther.

Weimar *d.* 19 *Julii*, 1730.
In Eil, wegen behender Fort-Reise des Hrn. Überbringers, welcher ein hiesiger angeseßener Barbierer ist, und Wiegand heißet.

14

Zur Übersendung von Kompositionen, einschließlich einer Kantate auf die Hochzeit Schultze/Bokemeyer, zur geplanten Reise nach Leipzig in der Absicht, das Manuskript des WL dem Verleger W. Deer zu übergeben, sowie zu den bibliographischen Desiderata von JGW vgl. Br 13. Der Name des „Blut-Freündes" ist nicht bekannt.

Mit dem „Jubilaeo" ist die Zweihundertjahrfeier der „Augsburgischen Konfession" gemeint, die vom 25. bis 27. Juni 1730 begangen wurde; das „vorige" Jubiläum ist die Zweihundertjahrfeier der Reformation, die vom 31. Oktober bis 2. November 1717 stattfand. Mit der „Schwester" in Erfurt ist möglicherweise die (unverheiratete?) Magdalena Dorothea Walther gemeint.

Lit.: Schünemann, S. 96; Spitta, Bd. 1, S. 577 f.; Johann Sebastian Bach in Thüringen, Weimar 1950, S. 96 (R. Jauernig); Dok II, S. 203 f.

15.

AN HEINRICH BOKEMEYER, WOLFENBÜTTEL

3. 8. 1730

Mein Herr,

Nachdem in meinem letztern unterm 19ten *passato* an Sie abgelaßenen Schreiben, dariñen mich erkundiget: Ob das unterm 24ten April übersendete Paquetgen richtig angekoṁen sey? ein und anderes, wegen Eilfertigkeit des Hrn. Überbringers, vergeßen worden, auch nachhero sich etwas recht merckwürdiges begeben; als kan nicht umhin, beydes bey jetziger bequehmen Gelegenheit, da der hiesige *Coṁercien-Coṁissarius*, Hr. Rosenberg, auf die Braunschweiger-Meße gehet, Ihnen gebührend zu *communici*ren. Vor allem aber habe Ursache anzufragen: Ob Sie die übrigen *Exemplaria* vollend vertrieben haben? solten selbige nicht alle bereits untergebracht worden, oder, sie noch an Mann zu bringen, keine Hoffnung vorhanden seyn, wollen Sie es nur melden, ich will das Geld dafür *restitui*ren. Hiernechst habe zu berichten: daß (1. von den kleinen wegen Hrn. D. Meyers u. Hrn. Capellmstr. Matthesons heraus gekoṁenen Schrifften (a. Das ›siechende Christen- u. siegende Heydenthum‹. (b. Die ›gerechte Waag-Schaale‹, erhalten;

die übrigen wünsche noch zu überkoṁen, damit diese Historie *complet* haben, und meinen Kindern hinterlaßen möge. Ich ärgere mich allezeit, weñ die Behrische und Vockerodtische gewechselte Streit-Schrifften ansehe, und in den erstern einer doppelten Lücke gewahr werde, da mir der: *Ursus saltat*, u. *Ursus triumphat*, mangelt. (2. Daß der bewuste Ost-Indien-Fahrer an Pfingsten wieder in Amsterdam gewesen, und aus dem dasigen Musicalischen Verlage des Hrn. *Cene*, mir 4 Tractätgen, neml. von *Nivers, Campion, Masson* und *Loulié*, auf meine Kosten à 2 rdl. 21 g. mitgebracht hat. Es ist wenig Waare für nurgedachtes Geld, und der Inhalt ist auch nicht ungemein, sondern nur von bekañten Materien; ich habe selbigen zu dem Ende in mein *Scriptum* eingetragen, damit andere (beßer als ich bißhero) wißen mögen, was in solchen Tractätgen befindlich ist. (3. Daß von dem Organisten und Schul-Collegen in Weissenfelß, Hrn. Schwalben, einen unterm 8ten April 1729 vom Hrn. Capellmeister Mattheson an den seel. Hrn. Capellmeister Heinichen abgelaßenen Brief, woriñ er diesem folgende 3. Puncte vorhält: (1. Daß an der rechten Beneñung einer Sache viel gelegen. (2. ein anschlagender Ton kein Grad, und (3. nicht alles, was sich in der Zeit-Maße auf 3. *reduci*ren laße, daher ein Tripel sey; und dieses seine Antwort hierauf, so unterm 27 April. *a. c.* ausgefertiget worden, der verschiedene *contra fundamenta Musicae practicae* anstößige Örther der Matthesonischen Organisten-Probe beygefüget sind, so bey nahe ıñen Bogen ausmachen, bekoṁen. So viel ich abmercken kan: ist jener in Worten, dieser aber in Sachen *accurat*er. Solches bestärcket mich das zugleich mit erhaltene, aus 12 Clavier-*Suit*en bestehende, und *an.* 1714 zu London in Kupffer gestochene ›Harmonische Denckmahl – von arbeitsamer u. ungemeiner *Structur* errichtet‹ des Hrn. Matthesons, in welchem verschiedenes finde, so mit des *Auctoris* Worten, und dem, was Er von andern *praetendi*ret, nicht übereinstiṁen will. Es folget hierbey *sub rosa* eine Probe von jetztbesagtem, welche, nebst andern, als einen auf bedürffenden Fall zu verschießenden Pfeil, zum Voraus gemacht habe. Das gleich im Anfange sich befindende Wörtgen: ›abermahl‹, bezieht sich auf die vorhergehende 6te *Suite*, und den darinnen vorkoṁenden Fehler, wieder des Hrn. *Auctoris* anderweit selbst gegebene Lehre; von deßen *Contenance* auch meine Aufführung *dependi*ren wird. Ich erwarte hierüber

Dero *Videtur*, samt den Anmerckungen über meine Composition; jedoch nach Belieben und *comodité*. Die besondere Merckwürdigkeit aber, deren gleich Anfangs gedacht habe, bestehet in folgenden: Als gestern vor 14 Tagen, nachdem mein letzterer Brief an Sie abgegangen war, die hiesige Fürstl. Bibliothec, nach Gewohnheit, *frequenti*ren wolte; selbige aber noch nicht geöffnet war, kam der Kunst-Cämerer und *inviti*rte mich inzwischen auf die Kunst-Camer, welche gleich an die besagte Bibliothec stößet. Beym Eintritt wurde eines *Barometri* gewahr, da den fragte: ob es richtige Anzeige gäbe? hierauf fiel die Antwort: Nein, das Glaß wäre löcherint, und der *Mercurius* könne deswegen seine Würckung nicht thun; mit dem unverhofften und mich in große Verwunderung bringenden Zusatze: „»wer den *Mercurium* mit dem Philosophischen Feüer, und dem ⊙ zu *tracti*ren wüste, könte glücklich werden, er bedaure, daß er solches mit seinem Sohn nicht vor ein paar Jahren angefangen‹ habe." Auf diese wieder alles Vermuthen von diesem alten 70jährigen Manne vernomene Worte *spondi*rte: was Er den durchs Philosophische Feüer verstehe? Er *replici*rte hierauf: „Das Reiben in gläsernen Geschirre, so durch eine *Machine*, gleich einem Braden-Wender, verrichtet werden könte. Vor etliche 30 Jahren habe er dergleichen bey dem damahligen *Archidiacono* in Rudelstadt, Hrn. Rothmahlern, gesehen, da die *Machine* 24 Gläser auf einmahl *dirigi*ret, und in solchen das *continui*rliche Reiben verrichtet habe. Das geriebene hätte in einem grauen Pulver bestanden, welches damahls 1 1/2 Jahr in der Arbeit gestanden, von ihm *probi*ret, aber unächt befunden worden, weil es aus bloßem ☿ *rio*, wozu kein ⊙ gekomen, bestanden." So weit dieses *Senioris*, ohne einige gegebene Gelegenheit, gehaltener *Discours*! Der Hr. *Bibliothecarius* war inzwischen gekomen, da mich den, samt einer frembden Frau von Schneeberg, die alles mit angehöret, beurlaubte, u. fortgieng. Nach der Zeit habe dieser Sache nachgedacht, ob sie practicable und eine völlige Erleichterung abgeben könne? zuvor aber und fördersamst selbige Ihnen *communici*ren, und Dero *Sentiment* hierüber vernehmen wollen, der ich mit der größten Hochachtung bin und verbleibe
Meines Herrn

verbundenster Diener
J. G. Walther.

Weimar d. 3ten Augusti,
1730.

P. S. Bey Gelegenheit bitte mein gehorsamstes *Compliment* an den Hrn. *Secretaire* Lauterbachen abzustatten. Abermahl in Eil.

// Meine Orgel-Plage *continui*ret noch im̄er, und die Augen-Plage wird auch stärcker in einem so finstern Loche. //

[Anlage:]

›Über die 7de *Suite*‹.

Im *Prelude* dieser aus dem B gehenden *Suite* ist von dem H. *Auctore* das b dem e in der Vorzeichnung (abermahl wieder deßen eigenes *principium*) außen gelaßen worden; da er doch solches in den vier übrigen *Pièces* dieser *Suite*, u. zwar in der *Allemande* nicht nur richtig in die Vorzeichnung gesetzet, sondern noch über diß fast allenthalben unnöthig beygezeichnet hat. Die Entschuldigung, so andere, bey NB längeren *Pièces* dißfalls vorzubringen pflegen: „daß sie neml. das in eine richtige und dem *Modo* gemäße Vorzeichnung sonst gehörige Zeichen des ♯ oder ♭ deswegen mit Fleiß außen liesen, damit sie in der *Quint* u. *Tertz* des *Modi* desto länger und ungehinderter *moduli*ren, mithin z. E. das vorzuzeichnende ♭ nicht allzu offt durch die Beyzeichnung des ♮ wieder aufheben möchten", findet hier gar nicht statt: weil in diesem *Praeludio* das vor dem e beygezeichnete ♭ über 40mahl, das e aber nur 13mahl vorkom̄t, u. demnach jenes vor diesem gar sehr *domini*ret. Es hätte also nicht nur der Hr. *Auctor*, sondern auch der Kupffer-Stecher (die Richtigkeit des *Modi*, der Vorzeichnung nach, nicht weiter zu *urgi*ren) vieler Mühe überhoben seyn können.

Was dünne Ohren von nachstehenden im 10ten, 12ten u. 15ten Tacte eben dieses *Prelude* vorkom̄enden Sätzen halten mögen, werden die, so dergleichen haben, am besten wißen?

Mancher dörffte auch wol fragen: welches in der Ober-Stim̄e des hier beygefügten 13ten Tacts die eigentliche *substantial*-Noten seyn sollen? Der im letzten Viertel befindlichen Mittel-Stimme

nach, müßen solche ohnfehlbar *g′ c″*, und, nach Maßgebung dieser, die zwey unmittelbar vorhergehende *b′ es″* und *a′ d″* seyn; wie nun solchen Falls in dem zweyten Viertel dieses Tacts das *es″* mit dem in der Mittel-Stim̄e stehenden *d accordi*ren könne? fällt jederman̄ in die Augen und Ohren, obgleich die zwo drauf folgende heimliche Quinten manchem verborgen bleiben möchten; solten aber im zweyten Viertel des obigen Tacts die *substantial*-Noten *b′ d″*, und, *ad imitationem* dieser, die vier folgende *a′ c″* und *g′ b′* seyn: so wäre es für die zwey letzten Viertel, in Ansehung der Unter-Stim̄en, noch schlim̄er.

Im zweyten Theile der *Allemande* kom̄t im 11ten Tacte dieser Satz vor:

Von solchen schreibet Printz *p. 1. c. 15. p. 73.* des Satyrischen *Componistens* also: „Falsch ist es, wenn beyde Stimmen *motu contrario* (neml. *ex Quinta in Octavam*) springen: wiewohl es in vollstimmigen *Cantionibus* passiret." Mit nurgedachtem Teutschen ist *Zaccaria Tevo,* ein neuerer Italiäner, einerley Meynung. siehe ›deßen *Musico Testore, P. 3. c. 10. p. 164*‹.

Die Schlüße sowohl in der Mitte als am Ende der *Gique* sehen folgender Gestalt aus:

In solchen gehen die gegen die Baß-Note angebrachten *Septimen* *b'* und *es',* gegen die folgende Grund-Note just aufwärts in die *Quint.* Diese *Resolutions*-Art wird der H. *Auctor* in des H. Kuhnauens ›Neuer Clavier-Übung‹, die Er doch, laut des Beschlußes seiner Vorrede über das ›Harmonische Denckmahl‹, löblich *aemuliren* wollen, schwehrl. gefunden haben: daß Er demnach in diesem Stück nicht unter die Nachfolger deßelben zu rechnen ist, ob Er gleich seine Rechnung also, und vermuthl. noch höher mag gemacht haben. Es ist auch artig: weñ der H. *Auctor* eben dasjenige, so Er

an anderen, u. zwar mit Recht, tadelt, dennoch selbst *practici*ret.
Eine Probe hiervon findet sich in deßen Anmerckungen über
Niedtens *Musical.* Handleitung zur *Variation* des *General-Basses*
p. 66. allwo Er die von nur gedachten *Auctore* angebrachte u.
gleichfalls in *Quintam* aufwärts gehende *Septimam* in Noten also
vorgestellet, u. dabey geschrieben: „So siehet die Mittel-Stim̄e in
seinem *Quatuor* gegen dem Baß aus. Es *judici*re ein jeder, ob das

recht sey?" *Fiat applicatio* in dem wovon hier die Rede ist! Zu
Abhelffung dieser Fehler ist auf mehr als eine Art leicht Rath zu
schaffen, so daß auch vor dem leztern Schluße das mit der Baß-
Note *d* in der Ober-Stim̄e anschlagende u. querein springende *es'*
zugleich mit weggebracht werde.

In nachstehenden zween Täckten wird vielleicht die 3te Note des
2ten *Tactes* in der Ober-Stim̄e *g''* seyn sollen: damit der Gang
mit dem vorhergehenden übereinkom̄e;

Es scheinet auch die Harmonie, so wol vor als nach diesen Täcten,
an einigen Orten, und insonderheit *tactu* 6 *et* 16, anstatt *es, e* zu
erfordern.

Übrigens erhellet aus dieser auf Fugen-Art gesetzten *Gique,* daß
der Hr. *Auctor ambigue* verfahren: indem Er die Folge-Stim̄e
verändert, und zum erstenmahle so, zum zweytenmahle aber anders angebracht hat, wie aus folgendem *Extract*e zu ersehen:

Vielleicht soll das in der ersten Helffte dieses letztern Tacts vor-
koṁende *f*, *g* seyn: weil sich in der Ober-Stiṁe *b''* befindet; es
wäre auch die Einrichtung gegen die anfahende Stiṁe (was die 2
letzten Täcte anbelanget) alsdeñ beßer und Fugen-mäßiger; deñ,
was den ersten Tact betrifft, ist ohne dem sicher, daß er als eine
Fuge *illegal* eingerichtet.

Was würde endlich Printz zu folgenden im *Menuet tact.* 12. 13.
et 16. vorkoṁenden Sätzen gesagt, und von solchen geschrieben
haben, wenn er die *Septimam* und *Semidiapenten* auf solche Art
*tract*irt, und so eine angenehme *formulam connectendi*, in welcher
zwo *intrinsece* lange Noten *dissoni*ren, und eben so viel kurtze
*consoni*ren; auch endlich die Quart so, wie hier befindlich, angebracht hätte sehen sollen? Dieser letzte Satz wäre nicht allein wohl
zu entschuldigen, sondern auch recht zierlich: weñ dem Hrn. *Auc-*
tori beliebet hätte, über die vorhergehende Baß-Note *d*, in der
Ober-Stiṁe nach dem *b'* noch das *f''* zu setzen, alsdeñ die durch-
gehende Quart anschlagend anzubringen, und selbige sogleich in
die Terz, als die *Substantial*-Note, gehen zu laßen.

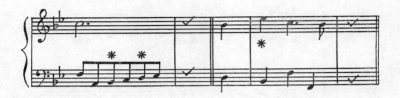

15.

Zum „letztern ... Schreiben" sowie dem „unterm 24ten April übersendeten Paquetgen" vgl. Br 14 und 13, zum Vertrieb der „übrigen Exemplaria" vgl. Br 4 ff.

Die unter 1. a) und b) genannten Streitschriften werden M. H. Fuhrmann zugeschrieben: „Das | In unsern Opern-Theatris und | Comœdien-Bühnen | Siechende Christenthum | Und | Siegende Heidenthum, | Auf veranlassung Zwoyer wider den | Musicalischen Patrioten | Sich empörenden Hamburgischen | Theatral-Malcontenten, | ... | betrachtet, | ... In einem Gespräch | vorgestellet | Von | Liebhold und Leuthold. | ... | Gedruckt zu Canterbury." [1728]; „Gerechte Wag-Schal, | Darin | Tit. Herrn | JOACHIM MEYERS, | ... | So genannter | Anmaßlich Hamburgischer | CRITICUS SINE CRISI, | Und dessen Suffragatoris, | Tit. Herrn | HEINR. PHILIPP GUDEN, | ... | Superlativ Suffragium, | Und | Tit. Herrn | JOH. MATTHESONS, &c. | ... | Göttingischer Ephorus, | ... genau abgewogen, ... | ... Gedruckt zu Altona." [1728].

Die ehedem JGW gehörigen Exemplare befinden sich gegenwärtig in Leipziger Privatbesitz. In dem 1696 bis 1698 geführten Federkrieg zwischen Johann Beer und Gottfried Vockerodt um den „Mißbrauch der freyen Künste" erwähnt Beer zwar mehrfach seinen „Ursum thriumphantem" und „Ursum Saltantem", doch sind diese Schriften wohl nicht im Druck erschienen.

2. Zum „Ost-Indien-Fahrer" vgl. Br 9. Mit den „4 Tractätgen" sind gemeint: „Traitté De la | Composition | De Musique. | Par le Sr. de Nivers, | Me. Compositeur en Musique & Organiste | de l'Eglise St. Sulpice de Paris; | Et traduit en Flamand par E. Roger. | ... | A Amsterdam, | Chez J. L. de Lorme & E. E. Roger | ... | M.D.C.LXXXXVII."; (Campion), „Traité d'accompagnement & de Composition, selon la Regle des Octaves de Musique. Ouvrage generalement utile pour la Transposition ... & pour apprendre à chiffrer la Basso Continüe."; „NOUVEAU TRAITÉ | DES RÉGLES | POUR LA COMPOSITION | DE LA | MUSIQUE, | Par lequel on apprend à faire facilement un | Chant sur des Paroles; A composer à 2, à 3, & | à 4 Parties, &c. Et à chiffrer la Basse-Continüe, | suivant l'usage des meilleurs | Auteurs. ... | Par C. MASSON, ... | Troisième Edition, | ... |

A PARIS, | Chez CHRISTOPHE BALLARD, ... | ... | M.DCCV. | ..."; (E. Loulié), „Elements ou principes de Musique ..." Amsterdam (E. Roger), 1698.

3. Zum Briefwechsel Mattheson-Heinichen vgl. Br 12. Mit der „Matthe-sonischen Organisten-Probe" ist gemeint „Exemplarische | Organisten-Probe | Im Artikel | Vom | GENERAL-BASS. | ... mittelst 24. leichter / und eben so viel etwas schwerer Exempel/ | aus allen Tonen, ... | ... | Mit den nothwendigsten Erläuterungen und Anmerckungen / bey jedem Exempel/ | und mit einer ausführlichen ... | Theoretischen Vorbereitung/ | ... | ver-sehen von | MATTHESON. | ... HAMBURG / im Schiller- und Kißneri-schen Buch-Laden / 1719." Matthesons Suitensammlung trägt den Titel „MATTHESONS | Harmonisches Denckmahl / | Aus | Zwölf erwählten Clavier-Suiten / | Bestehend in | Ouverturen / Symphonien / Fugen / Bou-taden / Praelu- | dien / Allemanden / Couranten / Sarabanden / Giquen / Arien und | Menuetten / nebst ihren Doublen oder Variationen, | Von | Ar-beitsamer und ungemeiner STRUCTUR | errichtet / | Auch mit einer ... | Vor- oder Anrede | An die heutige berühmte COMPOSITEURS | ... ver-sehen. | 1714. | London Printed for I. D. Fletcher. ..."

Kunstkämmerer in Weimar war Johann Andreas Ehrbach, Bibliothekar Johann Heinrich Föckler.

Mit den in der Anlage genannten Veröffentlichungen sind gemeint: „Wolff-gang Caspar Printzens | von Waldthurn | PHRYNIS | MITILENÆUS, | Oder | Satyrischer | COMPONIST, | ... Dreßden und Leipzig / | Verlegts Johann Christoph Mieth und Johann | Christoph Zimmermann / 1696"; hier heißt es S. 73: „Falsch ist es / ... Item wenn beyde Stimmen Motu Contra-rio Springen: wiewohl dieser letzte Progressus in vollstimmigen Cantionibus passiret." Zu Zaccaria Tevo vgl. Br 39. „Johann Kuhnau- | ens Neue | CLA-VIER-UBUNG. | Leipzig. | Zu finden bey Joh. Herbordt Klosen." [1689]. „Friederich Erhard Niedtens | Musicalische Handleitung / | Die Zweyte Auflage / | Verbessert / vermehret / ... | ... | ... durch | J. MATTHESON, | ... | HAMBURG / | Bey Benjamin Schillers Wittwe und Joh. Christoph Kißner im Dom / 1721."

Lit.: Schünemann, S. 105; Dok II, S. 186, 196 f.; Adlung A, S. 99 ff.; Forkel L, S. 157. 480 f.; Heinz Krause, Johann Beer 1655–1700. Zur Musik-auffassung im 17. Jahrhundert, Dissertation, Leipzig 1935, S. 77 f.; Lidke, S. 42, 48, 52; MGG 8, Sp. 1811.

16.
AN HEINRICH BOKEMEYER, WOLFENBÜTTEL
12. 3. 1731

Mein Herr,

Werden Sichs kaum vorstellen können, wie sehr, seit Absendung
meiner im vorigen Jahre an Sie gerichteten drey Briefe, Post-täglich auf einige Antwort gehoffet habe; da nun bis *dato* nicht weiß,
was hieran Schuld seyn mag, und nicht glaube, daß etwa der Tod,
oder ein von mir begangener Fehler die Unterlaßung gewürcket
haben solte; als thue, wegen des letztern, allenfalls hiermit meine
aufrichtige Erklärung, nemlich: „daß, gleichwie überhaupt niemanden in ichtwas vorsätzlicher weise nahe zu treten gesiñet, ich solche Pflicht vielmehr bey einem guten, und meine Wohlfahrt su-
chenden Freünde in acht zu nehmen, schuldig bin." Solte aber ja
etwa worinnen verstoßen haben, wollen Sie mirs zu gute halten,
und erlauben, daß in gegenwärtigen Zeilen die meiner seits so angenehme *Correspondenz* fortsetzen möge, (1. ›berichtend‹; daß
mein // auf 120 Bogen aufgelauffenes // *Mst.* an verwichener Michaëlis-Meße dem Hrn. Verleger *extradi*ret, u. von Selbigem, laut
eines nach dem N. Jahre erhaltenen Schreibens, bereits unter die
Preße gegeben worden, damit es auf instehende Oster-Meße fertig werden könne. Ich hoffe also die Ehre zu haben, Ihnen, zu Be-
zeügung meiner schuldigsten Ergebenheit für den geschehenen
reichlichen Beytrag, mit einem Exemplare aufzuwarten. (2. mich
›erkundigend‹: ob der angefangene Entwurff wieder den Hrn. M.
bedürffenden Falls, weñ dieser neml. nach seiner Gewohnheit, mir
massiv begegnen solte, anständig sey? (b. ob das *Videtur* über
einige übersendete Kirchen-Stücke zu Stande gebracht sey? (c. ob
sich in Ihrer Hochfürstl. Bibliothec so wol, als zu Braunschweig
in dem Bölschischen Kasten, nichts finden wollen, so zu meinem
Vorhaben u. Vergnügen dienlich seyn könne? indem die fernere
Besorgung des erstern gerne befördert sehen möchte, auch, wegen
des letztern, mein jüngerer Sohn das eintzige aus dem E *moll* vom
seel. Hrn. Bölschen gesetzte und besitzende Clavier-Stück von 2
Bogen ziemlich in die Hände und Füße gebracht hat, und dergleichen, wie auch von des seel. Hrn. Bruhns Arbeit, noch mehrere //

gegen andere Sachen, // zu überkoṁen, hertzlich wünschet, zumahl beyderseits, wie nicht weniger des seel. Hrn. ›Leydings‹
neüere Arbeit nicht so bekaṅt ist. Hierbey aber muß (3. ›bekla-
gen‹: daß weder ich, noch vorgedachter auf die Music sehr er-
pichter Knabe, bey annoch daurenden Unterlaßung des von *an*.
1727 bis hieher, leider! ruhenden Kirch-Baues, und der davon
*dependi*renden Wieder-Aufsetzung der völligen Orgel, ein rechtes
exercitium haben sollen. Deṅ, obgleich ein und anderes Orgel-
Stück, und insonderheit Vorspiele über Kirchen-Lieder zu setzen,
mir ein Vergnügen und Freüde seyn laße; so muß doch die öffentliche *execution* derselben, mit nicht geringen Verdruß, aussetzen;
weil auf dem mir übrig gelaßenen Rück-Positiv von 10 Stiṁgen,
die sich nicht alle zusaṁen schicken, auch sonst, nebst dem Claviere selbst, schlecht vorjetzo *conditioni*rt sind, nichts tüchtiges
heraus zu bringen ist, und bey mir eintrifft: *Non progredi est re-
gredi.* Dieser empfindliche Umstand hat zu Gefehrden, (*a*. daß
von dem schon bewusten, und, bey jetziger Verfassung, noch ge-
schwächeten Gehalt, 3/4 Jahr lang den dritten Theil (gleich andern) entbehren muß; (*b*. von 15 bis 18 annoch vor 3 Jahren gehabten Lehrlingen nur ihrer drey übrig sind, und unter diesen einer
sich befindet, der, (wie ich glaube) nicht so wol aus Vorsatz, als
dringender Noth, um sich als ein Schüler durchzubringen, wiederum andere seines gleichen, u. s. w. *informi*ret. // Da ehemahls
wöchentl. 1 1/2 bis 2 rdl. mit *information* verdienet, muß jetzo mit
6 bis 9 Groschen auch vorlieb nehmen: u. ich besorge nicht ohne
Grund den völligen Verfall. // (*c*. daß der ehemahls gemeldte
heimliche Nachsteller der Composition, einem bey mir in diesem
Stück jetzo stehenden Scholaren (der, zu den vorigen gerechnet,
der vierdte ist) nachhero, als er etwa 1/2 Jahr *lection* genoṁen,
zu sich ins Haus aufgenoṁen, und ihm eine von seinen 2 gemie-
theten Stuben (wie andere Leüte wißen wollen) NB. gratis ein-
geraümet hat. Was für Überwindung hierzu gehöre, um meine
Schuldigkeit deṅoch nicht zu *negligi*ren, können Sie leicht ermeßen?
weil es ohne iṅerlichen Gemüths-Streit nicht abgehet. Hierzu koṁt
ferner (*d*. daß eben dieser gute Freünd *scil*. (deṅ er ist ein naher
Anverwandter von meiner Frau) mich aus dem bishero in die
23 Jahr ruhig beseßenen *Jure*, die neü-erbaueten Orgeln, ingleichen
die *Candidat*en der Schuldienste im Clavier-Spielen, unter dem

Vorwand eines *Point d'honneur*, unverschuldeter weise verdrängen will, und zu dem Ende sich anheischig gemachet, das erstere umsonst zu verrichten. Ob nun wol ihme in keinen von beyden vollkomen gewillfahret werden dörffte, so können mein Herr doch hieraus erkeñen: wie hoch der sündliche Neid zu steigen pflege, daß der Höhere und an sich selber in beßern Umständen sich befindende, dem Niedrigern auch das wenigere nicht einmahl gönnet. Mit der Zeit aber dörfte man wol (weñ ihm anders *gratificiret* werden solte) iñe werden, daß nicht *titulus* sondern *vitulus* hierunter gesuchet werde, weil man sich durch unnöthigen Kleider-Pracht und andere *Debauchen* in Schulden gebracht hat, und einem andern, der damit noch nicht G. L. beladen ist, auch diesen Vortheil mißgönnet, und deswegen zu *tormentiren* gedencket. Ich zürne dieser wegen gar nicht, sondern befehle alles Gott, der wirds wohl machen, und mich samt den meinigen dennoch gnädig versorgen.

Das *Final* meines *Lamento* mag für dieses- und, Gott gebe! allemahl seyn, daß (*e.* der jetzige Hr. *Cantor* allhier, mein sonst gar *comportabler Collega*, einen von mir *pro* 4 1/2 rdl. in Partitur und Stimen sauber und *correct* geschriebenen ›Liebholdischen‹ Jahrgang (der *Auctor* ist vor 2 Jahren unglücklicher weise aufm Felde erfroren) nunmehro im 2ten Jahre auch bald zum 2tenmahle *absolviret* und *musiciret* haben wird, und hieriñen seinem *Antecessori*, dem jetzigen Hrn. *Correctori*, es glücklich und ohne Wiederspruch nachthut, der auch ›einen‹ Jahrgang von eigener Composition ins dritte Jahr aufgeführet hat. Dem erstern habe zu Ausgange des abgewichenen Kirchen-Jahres einen andern Jahrgang von eben gedachtem *Auctore* um gleichen Preiß angebothen, so *ad deliberandum* angenomen worden; worauf aber nurgemeldter *effect* erfolget ist. So spielet das Glück! Leüte, die *in hoc genere* theils nicht arbeiten können, theils nicht wollen, auch sonst nichts anzuwenden gedencken, genießen die deswegen gemachte reichliche Besoldung, und andere, die gerne arbeiten wollen, können, auch um eine weniges, nicht dazu gelangen. Dem ungeacht kan doch nicht unterlaßen, auf bedürffenden Vorfall vorgedachten Hrn. *Cantorem* mit einigen Stücken zu *secundiren*; wie ihm deñ ohnlängst, bey der *Investi*rung des hiesigen Hrn. *General-Superintend*entens ein auf diesen *Actum* sich schickendes Stück von Hrn. Buttstedts Arbeit, und ein neües von mir über den Kirchen-Gesang: Es ist das Heyl uns kom̄en her etc. gesetztes *Kyrie eleison,* ohne Entgeld *com̄unici*ret, wovon keins von beyden annoch wieder bekom̄en habe. Es gehet mir, *applicatis applicandis,* wie dem ehemaligen *Musico,* ›Heerbrand‹, von dem in *Adami vitis Germ. Theol. p. 668.* folgendes stehet: „*fuit iste vir ingenio praestans, qui et literas, et latinam linguam didicerat. Arithmeticam exactissimè, ut et* ›*Musicam*‹ *utramque, vocalem et instrumentalem calluit: cui plus aequo temporis se tribuisse saepius est conquestus: adeo, ut animum suum illis à studiis alienatum cum dolore postea magno, sed nimis serò sit confessus. Intellexit tum demum studiosis adolescentibus esse debere* ›*Musicam*‹ *animorum, post labores, ingenuam refectionem;* πάρεργον , non autem ἔργον; ἥδυσμα , non ἔδεσμα .*"* Bey allen diesen verhaßten Umständen mag mit einem gewißen Poeten wohl ausruffen:

Die Zeit von Eisen daur't noch im̄er,
Wird selten beßer, vielmahls schlim̄er!

Ich will aber auch zu Gott innbrünstig seüfzen:

Laß mich in deiner Furcht bestehn,
Fein schlecht und recht stets einhergehn,
Gib mir die Einfalt, die dich ehrt,
Und lieber duldet, als beschwehrt.

Daß übrigens nicht in meinem rechten Element lebe, und dasjenige *métier,* wozu etwa aufgelegt bin, nicht mit Nutzen *practici*ren kan, werden Sie wohl mercken: ich mache mir auch weiter keine Hoffnung dazu, weil die besten Jahre bereits verstrichen sind, und für andern, die ein beßeres *exterieur* zeigen, nicht wol aufzukom̄en ist. Solte mich Gott länger leben, aber auch die jetzo schon sehr beschwerliche Augen*maladie* (die in 7 Jahren durch die Cam̄er- und Tafel-*Musiquen* stärcker worden) dergestalt zunehmen laßen, daß, gleich meinem annoch lebenden 80jährigen Vater, nichts erken̄en könte, wäre es vollend um mich geschehen, da ohnedem gar kein Gedächtniß habe, und deßwegen auch meine eigene Sachen jederzeit vom Papiere *tracti*ren müßen. Gott stehe uns in Gnaden bey, und gebe beßere Zeiten, damit so wol andern als ich den angehörigen etwas guts können erlernen laßen! Dieses alles will *sub rosa,* und als eine Erleichterung des beklem̄eten Hertzens, meinem liebwehrtesten Herrn und Freünde eröffnet und gemeldet haben.

Hierauf berichte auch etwas vergnügendes, daß nemlich vor wenig Wochen die Nahmen der vornehmsten Instrumentisten in der Königl. Portugiesischen Capelle zu Lissabon bekom̃en habe, die als ein Anhang, bey der nach Leipzig zu übersendenden Vorrede, an das Werck dorthin noch überschicken werde. An letzt verstrichener *Martini*-Meße zu Wien habe an einen von den dasigen Hof-Organisten, Hrn. Muffat, wegen der sämtl. Glieder der Kayserl. Capelle (deren Nahmen mir schon bekãnt sind) geschrieben, und gute Vertröstung des verlangten auf jetzige Pfingst-Meße erhalten. Vor einem Jahre hatte das Vergnügen, auf den dritten Oster-Tag, das letztere Schreiben von Ihnen zu bekom̃en; ich wünsche, daß heüer dergleichen auch genießen, und den Ausschlag auf das übrige in der bewusten Sache vollend mir angedeyen möge, nicht zweifelnd, Sie werden, da schon das mehreste mir gütigst gegönnet worden, auch das wenigere mir nicht versagen. Der *Athanor* ist vorhanden, und die Zeit auch. Ich hoffe in den übrigen Stücken, durch Dero getreüen Unterricht satsam gegründet zu seyn, und demnach nach dem instehenden *aequinoctio vernali* anfangen zu können. Ich muß auch gestehen, daß bey mehrmahliger Durchleßung des Hermetischen Triumphs die 2 unentbehrliche *ingredienti*en mir beßer, als zuerst (da mich fast daran gestoßen) bekãnt worden sind. Den Vorschlag wegen der *machine regardi*re auch nicht mehr, weil es wol eine *inpracticable* Sache seyn mag. Nur *desideri*re den *modum regiminis philosophici* der Zeit nach, ob es beständig und ohne eintziges Aufhören, oder *interruptè* und mit abwechselnden Stunden oder d. g., so daß ›im̃er‹ die Wärme einer sitzenden Heñe verspühret werde, verrichtet, // oder, ob es nach u. nach ›verstärcket‹ // werden müße? *it.* wie das *compositum* bey Nacht-Zeit, da die Arbeit ruhen kan, für der Kälte bewahret werden müße? weil aus dem *Daustenio* angemercket: daß bey jenem so wol *in defectu* als *excessu* verstoßen werden könne, und daß die Kälte dem *composito* sehr schädlich sey. Bey der *praeparation* des metallischen ▽ verstehe *per sal decrepitum*, altes oder dürres Saltz, und *destilli*rten Wein-Eßig. Sie gewähren meiner ergebensten Bitte, ich bin Lebenslang unausgesetzt dafür   Meines Herrn   aufrichtiger
Weimar *d.* 12ten Merz,   J. G. Walther.
1731.

P. S. Das *porto* will bey Übersendung des Exemplars *restitui*ren u. beylegen.

16.

Mit den Briefen, auf die Bokemeyers Antwort noch ausstand, sind Br 13, 14 und 15 gemeint. Die Hoffnung des Verlegers W. Deer, das WL schon zur Ostermesse 1731 vorlegen zu können, erfüllte sich nicht; die Fertigstellung verzögerte sich noch bis zum Frühjahr 1732 (vgl. Br 20). Zum „Entwurff wieder den Hrn. M[attheson]" vgl. Br 15, Anlage. Unter dem „Bölschischen Kasten" ist wohl ein Schrank mit dem Musikaliennachlaß Jacob Bölsches zu verstehen. Das von J. C. Walther gespielte e-Moll-Orgelstück von Bölsche ist verscholla. Zum Umbau der Weimarer Stadtkirche und zum Zustand der Orgel vgl. Br 5 ff. Näheres über den – namentlich nicht bekannten – „Nachsteller der Composition" berichtet Br 12. Walthers Recht, Orgelneubauten zu begutachten und Kandidaten für den Schuldienst im Klavierspiel zu prüfen, dürfte mit seiner Bestallung von 1708 verbunden gewesen sein; von JGW ausgestellte einschlägige Zeugnisse vom 3. Juni 1738, 6. Juli 1740 und 12. Juli 1740 finden sich in dem Aktenband „Wiederbesetzung der vacanten Pfarr- und Schulstellen im Fürstentum Weimar betr. 1730–1747" (Staatsarchiv Weimar, B 2906, fol. 109, 190 und 195). An Orgelgutachten seien genannt diejenigen für Klein-Brembach 1718 sowie für Buttstädt 1724. Zu den Intrigen gegen JGW vgl. Br 17.

Der „jetzige Hr. Cantor allhier" ist A. F. Labes, dessen Vorgänger war L. Reinhardt; zur Beschränkung auf einen einzigen Kantatenjahrgang vgl. Br 9. Zum Verbleib der Liebholdtschen Kantaten vgl. Br 40. Die Investitur des Generalsuperintendenten J. G. Weber erfolgte am 21. Trinitatissonntag (29. Oktober) 1730; nicht erhalten sind die von JGW erwähnten Kirchenmusiken. Der Name des „gewißen Poeten" wurde nicht ermittelt. Aus Paul Gerhardts Lied „Nach dir, o Herr, verlanget mich" stammt die Strophe „Laß mich in deiner Furcht bestehn" (vgl. „Schuldiges Lob GOttes ∤ | Oder: | Geistreiches | Gesang-Buch / . . .", Weimar 1713, S. 341; hier als Strophe 15). Zum „exterieur" von JGW vgl. die Bemerkungen über einen „Natur-Fehler" (Br 12) sowie die „kleine Statur" und einfache Kleidung (Br 9).

Die Namen der in portugiesischen Diensten stehenden Musiker finden sich im WL im Artikel „Portugall" (S. 489).

„Dritter Oster-Tag" war 1730 der 11. April, 1731 der 27. März, vgl. Br 17.

Lit.: Schünemann, S. 96, 98, 103, 115, 117, 118; Wette, Bd. 1, S. 191; Francke, S. 55 f.; Meusel, Bd. 14, S. 430 ff.; BzMw 7, 1965, S. 60 (S. Orth); BJ 1940/48, S. 139 (H. Löffler); Klaus Beckmann, Jakob Bölsche (1684): Präambulum E-Dur, in: Ars Organi 32, 1984, S. 215–232.

AN HEINRICH BOKEMEYER, WOLFENBÜTTEL

3. 8. 1731

Mein Herr,

So wol das unterm 21ten Merz, als 22ten April *a. c.* an mich abgelaßene habe richtig, und zwar das erstere, abermahl am 3ten Oster-Tage, nach Wunsch mit vielem Vergnügen (da Dero beständigen Wohlgewogenheit von neüem überzeüget worden) erhalten, die dabey befindlich gewesene Clavier-Stücke zum Theil auch alsobald in Noten gebracht, so daß sie eher, als nun geschiehet, hätten zurück gesendet werden könen; das *porto* aber zu erspahren, habe sie lieber bis hieher behalten, und jetzo durch den auf die Braunschweiger Meße gehenden Hrn. *Comissarium* Rosenberg, mit vielem Dancke übermachen wollen. Des seel. Hrn. Bölschens Arbeit habe nicht von solchem *calibre* gefunden, als das bereits besitzende Stück ist, und selbige deswegen nicht abschreiben mögen; insonderheit ist das *Magnificat* von allzuveränderlicher Harmonie, indem es beständig bald in der scharffen, bald weichen *triade moduli*ret; des seel. Hrn. Leydings Sachen hingegen haben mir desto beßer gefallen, und waren selbige kaum in Noten gesetzet, als mein jüngerer Sohn sich drüber gemachet u. sie erlernet. Dabey bedaure, daß einige Chorale, wegen der Melodie, unbrauchbar seyn sollen. Weil der Eigenthums-Herr keine Gegenlage verlanget, mag mir auch die Freyheit nicht nehmen, um mehrere zu bitten; wohl aber meinem Herrn, für die hierunter gehabte Bemühung, wenigstens mit etwas von meiner so alt als neüen Composition, nebst ein paar andern, die hoffentlich auch nicht bekant seyn werden, ein kleines Andencken zu machen, und, als ein Zeichen meines Danckbegierigen Gemüths, eigenthümlich zu überlaßen. Solten Sie belieben, die zwey neüesten Stücke, als ›Musen-Söhne sind betrübt‹ etc. und ›Jauchzet die ihr Künste liebet‹ etc. nach Gelegenheit mit *convenabl*en geistlichen Texten zu beehren, will mir selbige ergebenst ausbitten; den die Noten habe schon in Abschrifft behalten. Das erstere ist dem Hrn. *Mag.* Gesnern zu Ehren, als Selbiger *an.* 1729 gegen Pfingsten von hier als *Rector* nach Anspach beruffen wurde, (er ist von danen gebürtig, und jetzo *Rector* in Leipzig an der Thomas-Schule) in meines ältern

Sohnes Nahmen (was die Music anbetrifft) gesetzet; das zweyte aber am verwichenen Johañis-Tage den Schülern von mir verfertiget worden, nachdem der Hr. *Conrector* Reinhard, als Verfaßer der Poesie, bishero auch die Melodien gemacht hat. Eine Probe von dieses seiner ohne Partitur gesetzten Arbeit koṁt hierbey mit, welche von einem Schüler, der den gantzen ausgeschriebenen Jahr-Gang für 4 rdl. von ihm erkauffet, und dieses Stück, auf mein Ersuchen, gegen etwas anders, in Partitur gebracht hat, mir ausgebeten, damit sie meinem Herrn mittheilen könne. Ob in meinen neüern Stücken der *Recitativ-Stylus* beßer, als sonst, gerathen sey, will mich gar gerne belehren laßen? weil, bekañter maßen, keine Anführung dazu genoßen, auch nichts theoretisches in Schrifften davon vorhanden ist. Die practischen Sachen des Hrn. Capellmeister Telemañs, so gedruckt zu bekoṁen sind, mag mir nicht anschaffen, weil es nicht meines Aṁts ist; dieses weis gewiß, daß, weñ solche hätte, Freyer dazu umsonst genug, und in Weigerungs-Fall eben so viele Feinde bekoṁen würde. Ich verfahre also lediglich nach meiner Phantasie. Der Hr. Capellmeister Stöltzel in Gotha, mit dem gleichfalls unbekañter weise in Brief-Wechsel zu stehen die Ehre habe, soll von dieser Materie etwas unter Händen haben; ob Ers aber heraus geben, oder, verlangter maßen, mir etwas davon *privatim coṁunici*ren werde, stehet zu erwarten; insonderheit, da mein jüngerer Sohn auf den 8ten dieses Monats, als den Geburts-Tag des dasigen Hrn. Hertzogs, seine Aufwartung bey ihm machen, auch vielleicht eine Probe seines bisherigen Fleißes auf dem Claviere ablegen wird. Eben dieser brave Mañ, von deßen Arbeit nur 3 Kirchen-Stücke besitze, ist es, der das ehemahls übersendete Urtheil von sich gestellet, und in seinen Angelegenheiten mein weniges *Videtur* verlanget hat, welches bereits meinem Herrn, um mich wegen des rechten Gebrauchs der unvollkoṁenen *Quint* zu *legitimi*ren, bekañt ist. Was die von mir verlangte Regeln der doppelten Contrapuncte u. *Canonum* anlanget, glaube, daß wir beyderseits einerley *fontes* besitzen. Mein weniger Vorrath vom seel. Hrn. Theilen bestehet (1. in einem *an.* 1691. zu Naumburg geschriebenen „›Kunst-Buche‹, dariñen 15 Kunst-Stücke u. Geheimniße, welche aus den doppelten Contrapuncten entspringen, anzutreffen sind etc. etc." u. (2. aus einem vom *Contrap. all' Ottava, Decima* u. *Duodecima* handelnden *Mst.*

deßen Anfang also lautet: „Ein erfahrner u. verständiger Componist hat nicht nöthig die Quint aus dem Contrapunct *all' Ottava* gäntzl. zu verwerffen, sondern etc. etc." (NB. in andern Exempl. stehet dieses in der Mitte.) Die Exempel machen, unnöthiger weise, das mehreste aus. Jenes beträgt 27, und dieses 5 Bogen. Die völlige Lehre vom *Contrapunct all' Ottava* habe auf 2 Quart-Blätter *reduci*ret. Von Hrn. D. Förtschen sind mir nur einige aus 6 Quart-Blättern bestehende, von den Fugen, doppelten, 3 u. 4 fachen Contrapunct handelnde *fragmenta* bekañt. Hierzu koṁt, was in des *Zarlini Institutionibus*; *Bononcini Musico Practico*; *Tevo Musico Testore*; *Penna Albori Musicali* etc. etc. hiervon öffentlich gelehret wird. Was hierunter anständig ist, stehet zu Dero Dienst auf ersten Winck parat. Von D. Förtschen werden Sie ohne Zweifel das vollständige Werck haben. Dieses so wol, als ihren eigenen Entwurff, möchte mir gerne zur Abschrifft ergebenst ausbitten, weñ nur im Stande wäre, solche Gefälligkeit mit etwas anständigem zu erwiedern. Meine *Praecepta* über die Composition insgemein, deren ich mich bey der *Information* bediene, sind aus des Jesuiten, *Wolffg. Schonslederi, Architectonice Musices universalis*, die er unter dem Nahmen, *Volupii Decori*, zu Ingolstadt *an.* 1631 in *4to* drucken laßen; aus des *Bernhardi* teütschen *Mst.* und andern entlehnet u. zusaṁen getragen.

Wie es mit meinem *Lexico* stehe, davon wird beykoṁendes *Avertissement* zeügen. Bey deßen Vollendung bleibet es allerdinges bey dem gethanenen Versprechen. Unter denen vom Hrn. Verleger inzwischen auf Abschlag erhaltenen Büchern, // Von Matthesons ›gelehrtem *Cantore*‹ will mein Hr. Verleger, daß er heraus sey, nichts wißen; habe also diese Schrifft noch nicht. // ist auch des Hrn. Capellmeister Matthesons neüe Organisten-Probe von 1731. in welcher *p.* 10. u. p. 182. des Buchstabens *A.* von meinem Werckgen Erwehnung geschiehet, eines ungenañten Music-Directors Brief u. Urtheil davon angeführet, und die *Specification* einiger Fehler angefüget worden. Weil nun das letztere in gar gelinden und bescheidenen *Terminis* geschehen; als habe Ihm deswegen in beykoṁenden Briefe (welchen für das eingelegte Geld bestellen zu laßen bitten will) gedancket, und zugleich diejenigen Örter, die ich in der Vorbereitung dieses Buchs angemercket, angeschloßen. Von beyden *coṁunici*re hiermit meinem allerliebsten

Herrn u. Freünde, in gutem Vertrauen, die völlige Abschrifft. Ich hoffe den Hrn. Capellmeister hierdurch zu aufrichtiger Freünd-schafft zu bewegen, und von der ungezähmten Tadelsucht, wo möglich, zu bringen; solte er aber, wieder alles Verhoffen, deñoch mich etwa künfftighin zur Ungebühr angreiffen, so behalte mir aldeñ eine weitläufftigere u. lebhafftere Ausführung vor: deñ hier ist der Entwurff nur sum̄arisch abgefaßet. Weil auch nicht wißen kan, ob mein Herr diese neüe Auflage besitzen, so habe die gantze *Critic* des Hrn. *Auctoris* hinter meine jetzige Antwort schreiben, auf den Brief des Music-*Directoris* aber mit Fleiß nichts *replici*ren wollen. Wer von andern, auch in den allergeringsten Kleinigkei-ten, die höchste *accuratesse praetendi*ret, muß dergleichen noch mehr in wichtigern Dingen selbst beobachten. Die in meiner ge-ringen *Critic* befindliche Worte: ›auf anderweitige Eriñerung‹, werden hoffentl. vom Hrn. Capellmeister genau *apprehendi*rt werden; weil sie sich auf etwas beziehen, wovon Er vielleicht glaubet, daß es nicht mehr, außer seinem *Museo, in rerum natura* sey. Wegen seines ›Harmonischen Denckmahls‹ stehet *p.* 129. eine artige Anmerckung, die gewiß von einem sehr dünnen Geruch zeü-get. Kurtz: ich hoffe das beste; u. Gott gebe, daß alles, nach sei-nem Wohlgefallen, gelinge! Hierauf wende mich zu den verlang-ten Nachrichten, und melde: (1. daß der Hr. *Cantor* an der Au-gustiner-Kirche in Erffurt, Nahmens Leich, ohngefehr vorm Jahre gestorben. Deßen Sohn, den Sie gekeñet, hat sich bisher in Wismar aufgehalten, und von da die *Univer*sität Rostock bezogen. Der Verstorbene ist eben derjenige, auf deßen Ersuchen den *Actum* vom Reichen Mañ gesetzt habe. (2. daß der *Studiosus* Klesch, meines ehemahligen Beicht-Vaters älterer Sohn, nach seines Hrn. Vaters *an.* 1706. oder 1707. erfolgtem Absterben, da der damahlige *Diaconus* an der Kauffmañs-Kirche ihm *succedi*ret, dieses *Diaco-nat* zwar gesuchet, aber nicht bekom̄en; auch, da der *Rector* an dasiger Schule dieses *emporti*ret, und der unterste Schul-*Collega* das *Rectorat* erhalten, er keins von beyden, ob er sich gleich darum beworben, davon getragen. Der Hr. Vater war ein Ungar, und stund in seinem Leben bey allen Leüten in der gantzen Stadt, in-sonderheit aber bey seinen Eingepfarrten, in der größten *Renom-mée*; doch mochten ihm die Hrn. Vorsteher zuletzt in das ver-deckte Spiel gesehen, und wahrgenom̄en haben, daß er, als Ober-

Inspector, mit den *Capitali*en nicht allzuwohl gehauset. Der ältere Sohn wurde von einem Frauen-Zimer aus Helmstädt, nach seiner Zurückkunfft von da, in Erffurt aufgesuchet, und mit selbigem (wo nur recht) in eines Catholicken Hause heimlich getrauet. Beydes zusamen mag also wol die Ursache gewesen seyn, daß er nicht *reüssi*ren können. Beyde Brüder sind in obgedachter Trivial-Schule meine Mit-Schüler gewesen; wo sie aber mögen hingekomen seyn, ist mir unbekant. Genauere Umstände von einem Toden anzuführen, trage billig Bedencken! (3. ›Gotha‹ lieget von hier Abendwerts 6, und über Erffurt, so in der Mitte sich befindet, 3 Meilen. Wen der Ort, da einer von Ihren alten Schul-Freünden lebet, ›Langensaltza‹ heißet; so berichte, daß diese nach Weißenfelß gehörige Stadt, unter Erffurt Mitternachtwerts 4, und von Gotha 2 Meilen entlegen; das Städtgen ›Sultza‹ aber von Weimar, gegen Morgen, 3 Meilen entfernet ist. Nach Langensaltza gehet wöchentlich die Weißenfelsische Land-Kutsche hier durch; haben Sie etwas an den einen oder andern Ort zu bestellen, wollen Sie mirs nur zuschicken, es soll bestens besorget werden. (4. der ›Hermetische Philosophus‹ ist bey Joh. Gabriel Grahlen, Buchhändlern in Wien, zu Franckf. u. Leipz. *an.* 1709 in *8vo* zu bekomen, und enthält folgende Tractätgen, als: (1. *Principia Naturae et Artis.* (2. *Definitionem Alchymiae.* (3. *Phoenicem Alchymiae.* (4. *Artephii* Kunst u. Stein der Weisen Geheimniß (5. *Joh. Garlandi seu Hortulani, Angli, Compendium Alchymiae.* (6. Grafens *Bernhardi* 3 Bücher von der Hermetischen Philosophie der Weisen u. (7. die *Dicta Alani*, allerseits in Teütscher Sprache. Sint der Zeit habe in einer zu Erffurt gehaltenen *Auction* einen Octav-Band für 4 g. in *comission* erstanden, darinen nachstehende Tractätgen anzutreffen sind, als: I. *Paracelsi Secretum magicum*, so (*a.* von der *Materia prima* aller Geschöpfe Gottes; (*b. de prima metallorum materia*; und (*c.* von zween *magi*schen Steinen, neml. dem *Animali* u. *Vegetabili* handelt. II. *Bernhardi Symbolum Apostolicum.* III. *Vincentii Roffsckii* Tinctur-Wurtzel u. *materia prima* des uralten Stein der Weisen. IV. *Raymundi Lulli Extract* vom Philosophischen Steine. V. *Xamolxidis Dyrrachium philosophicum.* VI. *Colloquium Spiritus Mercurii cum Fratre Alberto Bayr.* VII. *Colloquium* der Natur, des *Mercurii*, und eines Alchymisten. VIII. *Lullii* Tr. *de praeparatione Lapidis Philosophici* u. IX. *Arcanum de multi-*

plicatione philosophica in qualitate. Alle zusaͤmen führen diesen
Titul: *Thesaurinella Olympica aurea tripartita,* oder Hiͤmlisch gül-
denes Schatzkaͤmerlein, eröffnet durch *Bened. Figulum,* Franckf.
1682. Hierauf folget von eben diesem *Editore* der *Hortulus Olym-
picus aureolus,* dariñen nachstehende *pieçes* enthalten sind, als
(1. *Theophrasti* Büchlein mit der hiͤmlischen Sack-Pfeiffe; *ejusd.*
(2. Tr. von der Materie des *Lapidis Philosoph.* (3. Casp. Har-
tungs Bereitung des gebenedeyeten Steins. (4. eines *Anonymi* war-
haffte u. einfältige Auslegung aller Philosophen vom Stein der
Weisen, in 12 kurtzen Capiteln. (5. *Ulrici Poyselii* Spiegel der
Alchymie. (6. *Georgii Fuegeri Theoria de Lapide Philosophorum.*
u. (7. eines *Anonymi Practica* vom *Universal,* Vers-weise. Ferner
vorgedachten *Ben. Figuli Paradisus aureolus hermeticus, an.* 1682
gedruckt. Die darin begriffene Tractätgen sind folgende, als: (1.
Alphonsi, Regis Castellae, Clavis Sapientiae. (2. *Aristotelis Alchymistae Tract. ad. Alexandrum M. de Lapide Philosophorum*;
und (3. der lateinische *Dialogus Naturae, Mercurii, et Alchymistae,*
welcher schon Teütsch da gewesen ist. Weiter befindet sich in diesem Bande *Eugenii Philaletae Lumen de Lumine,* zu Hamburg
an. 1693; und 79 große u. sonderbare Wunder, so bey einem *special* angegebenen *Subjecto* theils von der Natur, theils aber in der
geführten Arbeit sich befunden haben, zu Gotha u. Leipz. *an.* 1696
gedruckt. Es folgt hierbey der Abriß von einer Machine zu einem
Gefäß, welchͤe ein *Mechanicus* in Jena entworffen, u. für 10 rdl.
die Machine selber schaffen will, unterm Vorgeben, Farben damit
zu reiben. *Propter dubium silentium* habe sint der Zeit mit dem
hiesigen Hrn. Kunst-Caͤmerer nicht wieder geredet, gedencke auch
solches fernerhin nicht zu thun. Die Höhe meines *Athanor*s gehet
von dem inwendigen *centro,* zur *peripherie* gezogen, bis an das
Schleiffgen beykoͤmenden Fadens, und die gantze Länge dieses Fadens giebt das Maaß der *peripherie.* Der Boden ist Daumens
Dicke. Die Arbeit habe noch nicht angefangen, weil das eine *ingrediens* nicht so, wie von Erffurt verlanget, daß es neml. vor
dem Schlagen wohl gereiniget sey, bekoͤmen können. Blindlings
dem Verkauffer daselbst Glauben zustellen wollen, ist nicht rath-
sam, und demnach nöthig in eigener Gegenwart so wol den ersten
als zweyten *Actum* verrichten zu laßen, damit man nicht betrogen
werde. Und dieses will G. G. in weniger Zeit daselbst besorgen,

auch bedacht seyn, das zweyte *ingrediens* so, wie es nöthig, zu überkomen, weil zu deßen Erlangung doch eines Apotheckers Hand anfänglich unentbehrlich ist. In *M. Sigism.* Hoßmanns *an.* 1702 heraus gegebenen Regenten-Saale, welches Buch vor 4 Wochen mir in die Hände gerathen, habe *p.* 10. da der *Auctor* von dem in Crain in der *Ydria* befindl. Quecksilber-Bergwercke redet, folgende *passage* gefunden: „Die Art des *Mercurii,* welchen die Bergleute *virgineum* nenen, tröpfelt aus den *Minen* (Mineren) von selbsten heraus, oder man kan ihn auch in der Erde augenscheinlich sehen, der ohne Beyhülffe des Feüers durch Abwaschen *separi*ret wird. *Mercurius comunis* aber ist derjenige, welchen man nicht siehet, sondern in der Erde verborgen lieget, und muß durch die Gewalt des Feüers heraus getrieben werden." Diese gantz unverhofft mir aufgestoßene Nachricht, hat verursachet, daß einen von Apolda nach Wien handelnden, und dasige Meßen selber besuchenden Strumpff-Verleger bereits *per schedulam* ersuchet, 6 bis 8 Loth von der ersten Gattung (weñs anders möglich seyn will) mir mitzubringen. Den äußerlichen Unterscheid zwischen beyden Sorten, möchte demnach wol wißen, auch, im Fall die erstere bekomen solte, wie alsdeñ damit zu *procedi*ren, u. ob die Zeit kürtzer werde? welches sehr gut wäre, weil weñ hieran gedencke, mir eine Grauen ankomt, und in meinem Gemüthe sich eine Vorbild der unerträglichen Ewigkeit darstellet; noch beßer aber würde es seyn, weñ, nach einiger Zeit, obgedachte Machine gute Dienste thun, die sonst unumgängliche Entheiligung des Sabbaths verhüten, und die Stelle einer *choleri*schen, auch in diesem Punct sehr hartglaubigen Gehülffin vertreten könte. Deñ auf meine Kinder darff, wegen ihrer täglichen Schul- u. Privat Arbeit, mir keine Rechnung machen, u. meine sehr schwache Schultern möchten alleine wol nicht hinlänglich seyn, eine solche lange Zeit auszuhalten. Nach meiner Rechnung, hoffe, daß nunmehro bey Ihnen die vergnügte Zeit eingetreten seyn werde, in welcher Sie weder Mangel der Gesundheit noch der Caße befürchten dürffen. An meinem Leibe stellen sich *conamina haemorrhoidalia* ein; // aber, nach Urtheil anderer: sollen die Nieren Blut von sich ausgehen laßen, auch die Leber schadhafft seyn; // und seit etlichen Monaten befindet sich mein älterer Sohn an einer garstigen *maladie,* dabey er aber deñoch eßen u. trincken kan, auch nicht wohl, er *medicini*ret, u. wartet seines Thuns; wie lange er es aber antreiben werde, ist Gott bekañt. Dem Ansehen nach dörffte er wol eher die hohe Schule in jenem, als in diesem Leben beziehen, und die dieserwegen überkoñene Bücher à 18 rdl. zum Theil gar nicht, einige aber nur noch auf einige, Gott allein bewuste, Zeit brauchen. Des Herrn gnädiger u. guter Wille geschehe! Weñ das Früh-Jahr wieder erleben solte, will auf die Möglichkeit des Wercks bedacht seyn, inzwischen alle Vorbereitung vorkehren, u. meines Herrns gütigsten Beystand inständigst ausbitten, damit nicht in die Irre gerathen möge.

Sonst habe noch zu berichten, (1. daß Ihro Rußisch-Keyserl. Majestät dermahliger Concert-Meister, Herr Johañ Hübner, 8 Tage vor Ostern mich seines Zuspruchs gewürdiget, und in die 2 Stunden lang sich bey mir aufgehalten, auch seine Lebens-Umstände gar willig in die Feder *dicti*ret hat. (2. daß, wegen überbriefter Verdringung des ungenañten Freündes *sc.* vom Orgel-*Examine*, sichs nunmehro äußert, daß nicht so wol dieser, als vielmehr der hiesige Hof-Orgelmacher hieran Schuld, und jener nur das Werckzeüg seyn soll, dieses seine Streiche u. *laesion* der Kirchen, in der *legi*rung, zu verdecken. Es ist mir schon vor Weynachten vom Ober-*Consistorio* anbefohlen worden, ein von ihm neü-erbauetes Orgel-Werck zu *probi*ren: da nun hierauf mit dem Orgelmacher gesprochen, und ihme *injungi*ret, mich bey Verfertigung der Pröbgen ruffen zu laßen, damit alsdeñ bey deren *application* keine Irrung entstehen könne; so fänget er an zu zaudern, damit das Hochfürstl. Ober-*Consistorium* dencken soll, es liege der lange Aufschub an mir, inzwischen spielet er auch, durch seine Bluts-Freünde, bey Hofe seine Rolle, Gott weiß, wie hinterlistig vielleicht, damit er mich um den Besitz bringen, selbigen einem andern, der nicht weiß, wo Barthold den Most hohlen soll, zuwenden, und also der Betrug nicht offenbahr werden, er auch frey ausgehen, und hinführo iñer brav Bley statt Zinns anbringen möge. So kan man, auch beym Recht thun, Feinde und Schaden bekoñen! Mit dem *tentamine* der Organisten oder Schulmeister ist es noch im alten Geleise, und habe ich noch in voriger Woche einen 6 jährigen *Studiosum Theologiae examini*ret. Wie stehet es, nach Absterben Ihres Durchl. Hertzogs mit der vormahligen Capelle? sind deren Glieder, u. insonderheit des Hr. Capellmeister, behalten worden, oder hat diesen der Hr. Capellmeister *Credius* abgelöset? Dieser hat ohngefehr *an.* 1715, auf Verlangen, ein Exemplar von des seel. Hrn. Buttstetts Musicalischen Vorrath-Caṁer, und ein Exemplar meiner in Kupffer *radir*ten u. *variir*ten 2 Choral-Lieder: Meinen Jesum laß ich nicht, à 6 *vers:* u. Jesu meine Freüde, à 10 *vers.* für 1 rdl. zusaṁen von mir bekoṁen; ich habe aber bis *dato* solchen noch nicht erhalten. Als vor etl. (5) Jahren ein in Blanckenburgischen Diensten gestandener Trompeter, Nahmens ›Kalb‹, in hiesige Hochfürstl. Dienste, als Hof-*Fourrier* trat, und nach Blanckenburg *retournir*te, seine Sachen von da abzuhohlen, habe den Hrn. Capellmeister *Credium* dieser Anforderung wegen schrifftlich eriṅert, aber an statt dergleichen Antwort und *reell*er Vergnügung, von obbesagten Hof-*Fourrier* mündlich so viel verstanden: Er habe *Coṁission*, das Geld mir zu zahlen; es ist aber bis *dato* noch nicht geschehen, glaube auch, daß es durch diesen Hof-Maṅ niemahls geschehen wird. Also habe, weṅ mein Exemplar gar nicht rechne, deṅoch 16 Groschen baar ausgelegtes Geld (andere haben das Buttstettische Exemplar für 1 rdl. bezahlen müßen) Schaden. Weṅ von Ihm selber nicht bezahlt werde, so muß den Lebens-Lauff dafür rechnen. Mein Wunsch ist, daß deren noch mehr, um *Supplementa* daraus zu machen, überkoṁen möge! Schlüßlichen *gratulir*e hertzlich zur erhaltenen Groß-Vaters-*Charge*, verbleibende unausgesetzt, nebst Empfehlung in Gottes Gnaden-Schutz

Meines Herrn,

u. allerliebsten Freündes

aufrichtig ergebenster
J. G. Walther.

Weimar den 3ten *Augusti,*
1731.

P. S. Das Vogel-Schießen hat vom
    18 *Julii* bis den 25ten *inclusivè,*
nebst andern Lustbarkeiten, gewähret. Die Reime sind aus des Hrn. *Conrect:* Reinhards Feder gefloßen. Für das *Specimen* ihrer Composition dancke schönstens; ich werde es zum Andencken aufheben.

[Anlage 1: autographische Kopie
des Briefes an Joh. Mattheson vom 4. 8. 1731
(s. Brief Nr. 18 dieser Edition)]

[Anlage 2: autographische Kopie
aus Joh. Matthesons „Organistenprobe",
2. Auflage, 1731]

Von dem 1sten St. dieser Bibliothec schrieb mir den 17 Febr.
1729. ein ansehnlicher Music-Director in einer großen Reichs-
Stadt folgende Gedancken:

„Dieser Tagen bekam ich *Literam A* von einem musicalischen
Lexico zu sehen, welches J. G. Walther - - verfertiget, in deßen
Durchlesung mit Verwunderung ersehen, daß er in der Vorrede
mit keinem Wort des Matthesons erwehnet, da er doch seine andere u. beste *fontes* nahmhafft macht, und doch achtmahl die noth-
wendigste u. gebräuchlichste *definitiones* aus Ew. HochEdl. Gestr.
*Operibus alleg*irt, welches man bey vielen (Broßard ausgenoͤmen)
seinen graubärtigen Griechischen u. Lateinischen lieben Alten
kaum finden wird. Wo wollte man e. g. die schöne Beschreibung
einer jetzigen Arie sonsten hernehmen? Meines Erachtens hätte
er aus Dero Büchern seinem Werck eine beßere Nutzbarkeit zuwenden können, weͤn es nicht seine *loci coͤmunes* verwehret hätten."

Der Maͤn scheinet böse zu seyn; ich aber bin es gar nicht, und
verlange keinesweges, daß man mit meinen Sachen groß thun
soll. Meine Antwort ist auch dahin gegangen: Hätte -- Walther
meiner in der Vorrede nicht gedacht, so hätte ers doch zehnmahl
in den 8 Bogen seines *A* gethan, würde es auch vielleicht noch wol
im *M* mehr thun. Ich weiß schon, was es mit dergleichen Arbeit zu
bedeüten hat; sonst hätte ich mich derselben längst unterzogen.
*C' est le sort des Dictionnaires de ne marcher vers la perfection
que fort lentement, et à diverses reprises. ›Bayle Avert. sur la 2.
Edit. de son Diction.‹* Inzwischen kaͤn der -- Verfaßer seinen
künfftigen *erratis* noch beyfügen, daß *p.* 10 nicht *accordes, faus-
ses, compose*, sondern *accords* (als ein *mascul.*) *faux* u. *composé*
stehen müßen. So wird auch *p. anteced. sub. voce: Accompagna-
mento* viel ausgelaßen seyn. *Ad pag. 15.* ist zu mercken, daß *Af-*

fetto auf Frantzösisch, in diesem Verstande wie es hier stehet,
nicht durch *affection,* sondern durch *passion* übersetzt werden
müßte: ingleichen daß, statt *affectuesement,* zu übersetzen sey:
affectueusement etc. Daß in einem Wörter-Buche Anmerckungen
über Wörter gemacht werden, ist wohl nicht zur Unzeit. p. 182.
Bisher hat man nur auf die Fortsetzung der Waltherschen Bibliothec gewartet; aber ungeachtet aller Bemühung u. des öfftern
Nachfragens, so wol in Leipzig auf den Meßen, als in Halle u.
Glaucha, noch nichts mehr, außer dem Buchstab *A,* davon gesehen. Weil nun zu vermuthen stehet, daß in demselben lobenswürdigen Werck verschiedene Nachrichten vorkom̄en werden, die
mit der ›Ehren-Pforte‹ etwas Gemeinschafft haben, so muß ich es
mit dieser wol so lange anstehen laßen, biß man erfähret, was
jene weiter vorbringt. Sonst wollte ich mit meinem Schock lieber
gleich den Anfang machen, und herausrücken.

17.

„3ter Oster-Tag" war 1731 der 27. März.

Näheres über die an JGW geschickten Musikalien („Clavier-Stücke", „Hrn.
Bölschens Arbeit", „Hrn. Leydings Sachen") ist nicht bekannt; offenbar handelte es sich teilweise um Tabulaturniederschriften, die erst „in Noten gebracht" werden mußten. Der „jüngere Sohn" ist J. C. Walther. Die Un-
brauchbarkeit „einiger Chorale" ist wohl durch Melodiefassungen bedingt,
die von den Weimarer Versionen abwichen. Zu J. M. Gesners Weggang nach
Ansbach vgl. Br 9. Erster Pfingstfeiertag war 1729 der 5. Juni. Der Verbleib
der beiden Kantaten ist nicht bekannt; zur Parodiefrage vgl. Br 21 und 29.
Die Komposition im Namen des „ältern Sohnes" J. G. Walther d. J. erklärt
sich durch Gesners wohlwollende Förderung von dessen Ausbildungsgang
(vgl. Br 9). Gesner stammte aus Roth bei Ansbach; er war im Mai 1729 nach
Ansbach berufen worden und wirkte seit dem 8. Juni 1730 als Rektor der
Leipziger Thomana. Zur musikalischen Befähigung L. Reinhardts vgl. Br 9.
Offenbar für eine Schulfeier des Weimarer Gymnasiums Ende Juni bestimmt
war die am „verwichenen Johannis-Tag" (24. Juni 1731) von JGW kompo-
nierte Kantate.

Mit Telemanns „practischen Sachen" wird dessen 1725/26 gedruckter Jahr-
gang „Harmonischer | Gottes-Dienst / | oder | geistliche | CANTATEN . . ."
gemeint sein, dessen Vorbericht sich auch über die Vortragsweise des Rezi-
tativs äußert. Von G. H. Stölzel existiert tatsächlich eine „Abhandlung vom
Rezitativ", doch ist unbekannt, ob sie JGW zugänglich war. Der geplante

Besuch J. C. Walthers in Gotha betraf den Geburtstag von Herzog Friedrich II. von Sachsen-Gotha und Altenburg. Zum Briefwechsel JGW – Stölzel vgl. Br 6; der Verbleib der „3 Kirchen-Stücke" Stölzels ist nicht bekannt.

Zu den theoretischen Werken von Theile, Zarlino, Tevo, Schonsleder und Förtsch vgl. Br 29, 39, 15, 9 und 25. Von G. M. Bononcini ist gemeint „Musico prattico, che brevemente dimostra il modo di giungere alle perfetta cognizione di tutte quelle cose, che concorrono alla composizione de i Canti, e di ciò ch'all'Arte del Contrapunto si ricerca" (In Bologna, per Giacomo Monti, 1688), von Penna „Li Primi Albori Musicali Per li Principianti della Musica Figurata; Distinti In Trè Libri . . . Del Padre Frà Lorenzo Penna . . . Quinta Impresione. In Bologna, per Pier-maria Monti. 1696 . . ."

Ein „Avertissement" für das WL ist nicht bekannt. Der „Verleger" ist W. Deer. Bei „Matthesons gelehrtem Cantore" handelt es sich um „M. H. J. Sivers | Gelehrter Cantor, | Bey Gelegenheit einer zu Rostock gehaltenen | Hohe-Schul-Uebung, | in Zwantzig, | aus den Geschichten der Gelehrsamkeit ausgesuchten | Exempeln, | zur Probe, Vertheidigung und Nachfolge | vorgestellet, | Sodann, | wegen der Seltenheit des Inhalts, aus dem Lateinischen | übersetzet, | Auch | mit einigen kurtzen Anmerckungen | versehen | von | Mattheson. | Hamburg, gedruckt und verlegt von seel. Thomas von Wierings Erben im güldenen | A, B, C. bey der Börse. 1730." (Vgl. Br 24, Anh.).

Zur Rezension des WL-Vorabdruckes von 1728 (vgl. Br 4) in: „Johann Matthesons | Grosse | General-Baß-Schule. | Oder: | Der exemplarischen | Organisten-Probe | Zweite / verbesserte und vermehrte Auflage / | Bestehend in | Dreien Classen, | . . . Hamburg / | Zu finden in Johann Christoph Kißners Buchladen. | 1731." vgl. Anhang 2 zum vorliegenden Brief. Der Name des „Music-Directors" wurde nicht festgestellt. Zu Matthesons „Harmonischem Denckmahl" vgl. Br 15.

Zu der von J. C. Leich bestellten Komposition vgl. Br 13.

Nach dem Tode von C. Klesch wurde der bisherige Diakon J. Kießling dessen Nachfolger. Rektor der „Kaufmänner-Schule" war bis 1704 V. W. Stenger, „unterster Schul-Collega" J. F. Rothmann. J. C. Klesch, der am 4. Januar 1706 geheiratet hatte (am 31. Januar 1707 ist die Taufe eines Kindes nachweisbar), ging über Schlesien in die Heimat seines Vaters, die Slowakei, zurück und trat später zum Katholizismus über. Der jüngere Bruder W. C. Klesch ist nur bis zur Aufnahme des Universitätsstudiums zu verfolgen.

Zur Krankheit des „älteren Sohnes" J. G. Walther d. J. vgl. Br 19.

J. Hübners „Lebens-Umstände" wurden in das WL aufgenommen; mit der „Rußisch-Keyserl. Majestät" ist Zarin Anna Iwanowna gemeint. Zum „Orgel-Examine" vgl. Br 16; der „hiesige Hof-Orgelmacher" war H. N. Trebs. Um welches „neu-erbauete Orgel-Werck" es sich handelte, ist nicht bekannt. Zur Prüfung der „Organisten oder Schulmeister" vgl. Br 16; der „Studiosus Theologiae" ist nicht namentlich bekannt.

Dem verstorbenen Herzog August Wilhelm von Braunschweig-Wolfenbüttel folgte dessen jüngerer Bruder Ludwig Rudolph; die Kapelle wurde
nicht aufgelöst, Kapellmeister blieb G. C. Schürmann.

Zu den an J. C. Credius gelieferten Musikalien vgl. Br 28; als säumigen
Schuldner erwähnen ihn Br 27 bis 30. Credius' „Lebens-Lauff" ist im WL
ausführlich wiedergegeben.

Bei den Drucken handelte es sich um die 1713 erschienene „MUSICALI-
sche | Clavier-Kunst | und | Vorraths-Kammer | Von | Johann Heinrich
Buttstett / | Erfurt. Thuring. ibidemq; Prædicatorum | Organœdo. | LEIP-
ZIG, | Zufinden bey Johann Herbord Kloßen, Buchhändlern, | Gedruckt in
diesem Jahre." sowie um die „Musicalische Vorstellung | Zwey Evangeli-
scher | Gesänge / | nemlich: | Meinen JESUM laß ich nicht | und | JESU
meine Freude, | Auf dem Claviere zu spielen | entworffen | von | Johann
Gottfried Waltern Erfurt. | J. Z. Organisten der Kirche S. Petri | und Pauli
in Weimar. | Erfurt / Zu finden bey Ludw. Dreßlern | Organisten zu S.
Thomæ | Anno M.D.CCXII. | den 30. Sept."

Als erste Enkelin H. Bokemeyers war im Februar 1731 S. D. B. Schultze
geboren worden.

Anlage 2. Matthesons Äußerungen stammen aus der oben zitierten „Grossen General-Baß-Schule" von 1731 (S. 10 und 182). Das von JGW nicht
ganz korrekt wiedergegebene Bayle-Zitat findet sich in „DICTIONAIRE |
HISTORIQUE | ET | CRITIQUE: | Par Monsieur BAYLE. | TOME
PREMIER. | SECONDE EDITION, | Revuë, corrigée & augmentée par
l'Auteur. | A – D. | A ROTTERDAM, | Chez REINIER LEERS, |
MDCCII. | . . .", S. XIV („AVERTISSEMENS | Sur la seconde édition."
vom 7. Dezember 1701). Matthesons Anspielung auf sein „Schock" bezieht
sich auf die Mitteilung (1731, a. a. O., S. 167), daß 60 Beiträge für die geplante „Ehren-Pforte" bereits vorlägen. Seine Erkundigungen in Halle wird
Mattheson bei J. G. Ziegler eingezogen haben, diejenigen in Glaucha (bei
Halle) vermutlich auch beim dortigen Organisten oder Kantor. Die Fortsetzung des WL hatte die Zeitung „Hollsteinischer Correspondent" in Nr. 29
vom 19. Februar 1729 aus Halle gemeldet. Eine weitere Ankündigung, jetzt
aus Leipzig, folgte erst 1731 (Nr. 141 von 5. September). Vgl. auch Br 20,
Anlage.

Lit.: Schünemann, S. 96, 97, 105 f., 109, 110 f.; Wette, Bd. 1, S, 408, 418 f.,
420 f.; Johann Christoph Strodtmann, Neues Gelehrtes Europa, Bd. 1, Wolfenbüttel 1752, S. 253 ff.; Francke, S. 38 f., 41, 49 f.; Werner Steger, G. H.
Stölzels „Abhandlung vom Rezitativ", Dissertation, Heidelberg 1962; Schenk-
Güllich, S. 220, 223; Karl Leich, Die Geschichte der Familie Leich, Harpen
b. Bochum (1912); Sigismund Justus Ehrhardt, Presbyterologie des Evangelischen Schlesiens, Bd. II/1, Liegnitz 1782, S. 431, 434; A Pozsonyi Ág. Hitv.

Evang. Egyházközség Története, Preßburg 1906, S. 47, 182 (Eugen-Karl Schmidt); Robert-Aloys Mooser, Annales de la musique et des musiciens en Russie au XVIIIe Siècle, Genf 1948, passim; Chrysander (vgl. Br 29), a. a. O.; Schmidt (vgl. Br 44), a. a. O.; DDT 26/27, S. XI, XVI, XXX, 129 bis 133, 167–170, 358–359; Ernst Ziller, Der Erfurter Organist Johann Heinrich Buttstädt (1666–1727), Halle/S. 1935, S. 57 ff.

18.
AN JOHANN MATTHESON, HAMBURG
4. 8. 1731
Autographische Kopie

Ew. HochEdl. werden hoffentl. die auf Dero geehrteste Zuschrifft, unterm 16 *Nov.* 1729. übersendete weitläufftige Antwort wohl erhalten haben. Da nun in der neüen Organisten-Probe einige von mir begangene Fehler gar bescheiden angezeiget worden, als bin Ihnen dafür verbunden; doch habe Ursache etliche abzulehnen: weil der dritte bereits in den *erratis*, zu verbeßern, angegeben worden; wegen des 5ten *Mr. Brossard*en zum Abnehmer habe, bey welchem *p.* 257. *Affection* und *Passion* einerley ist, auch eins durchs andere erklährt wird, und was den letztern betrifft: weil er in der drauf folgenden dritten Zeile recht ausgedruckt stehet. Außer diesen sind mir selber noch mehrere bekañt, die auch zum theil in einigen Exemplarien mit der Feder geändert worden. Es bleibet also wol dabey: Ein Auge siehet nicht alles so genau; und, wir fehlen alle mañigfaltig! Zum Beweiß deßen, wollen Ew. HochEdl. erlauben, Ihnen beykoñende anstößige *verbal-* u. *real-*Stellen, die, bey genauer Durchlesung, in der Vorbereitung obgemeldter Organisten-Probe wahrgenoñen habe, auf die *p.* 67. des 1 *Orch.* verlangte Art, ›*privatim* mitzutheilen‹; in sicherer Hoffnung, Sie werden solche aus lauterer Absicht entworffene Anzeige so, wie versprochen, annehmen, und mir ein gleiches (ungleiche Urtheile von andern beyderseits zu vermeiden) künfftighin wiederfahren laßen; welches, mit Vorbehalt aller Ihnen sonst gebührenden Hochachtung, sich ergebenst ausbittet
Ew. HochEdl.

aufrichtiger Diener

Weimar *d.* 4ten *Augusti,*
1731.

P. S. Ists beliebig, so will auch die in den Prob-Stücken selbst vor-
kom̅ende unrichtige Örter anmercken (weil selbige mit meinem
zweyten u. jüngern 16jährigen Sohne vorzunehmen im Begriff bin)
u. selbige gleichfalls übersenden. Mit dem Schock der Lebens-Beschreibungen können Ew. HochEdl. nur getrost herausrücken, weil
ich die wenigsten davon berühret habe.

18.

Anlage 1 zum Brief vom 3. August 1731 an Heinrich Bokemeyer; vgl. Br 17.
Das Schreiben von JGW an Mattheson vom 16. November 1729 ist nur in
Gestalt der in Br 12 wiedergegebenen Auszüge überliefert. Zu den von Mat-
theson in seiner „neuen Organisten-Probe" (der „Grossen General-Baß-
Schule" von 1731) monierten Stellen im Vorabdruck des Buchstaben A (vgl.
Br 4) vgl. Br 17, Anlage 2. Mit der „Vorbereitung obgemeldter Organisten-
Probe" sind S. 1–200 von Matthesons Buch gemeint, überschrieben „Der |
Grossen | General-Baß-Schule | Oder | Organisten-Probe | Unterste Classe, |
Bestehend | in einer | Vorbereitung." Matthesons „Neueröffnetes Orchestre"
(1713) enthält auf S. 67 keine Aufforderung, Fehler dem Autor privatim mit-
zuteilen. Die von JGW mit seinem Sohn Johann Christoph durchzunehmen-
den „Prob-Stücke" gehören ebenfalls in Matthesons Generalbaßschule von
1731. Zum „Schock der Lebens-Beschreibungen" vgl. Br 17, Anlage 2. Zu
Matthesons Antwort vgl. Br 20, Anlage.

19.

AN HEINRICH BOKEMEYER, WOLFENBÜTTEL

25. I. 1732

Mein Herr,

Ich hatte mir vorgesetzet, auf Dero letzteres unterm 14ten *Augusti*
a. p. nicht eher zu antworten, bis das versprochene Exemplar des
Lexici mit beylegen, und Ihnen damit ergebenst aufwarten könne;
allein, obschon die von dem Verleger in 22 Tabellen gebrachte

Exempel, so, nach geschehener *revision*, bereits unterm 13ten nurgedachten Monats *remitti*ret, und dabey geglaubet, es würde selbige der Kupfferstecher in Nürnberg fertigen, daß das Werckgen
auf Michaëlis, wie versprochen worden, oder längstens in jetziger
Neü-Jahrs-Meße ausfliegen könne; ist wieder alles Vermuthen
solches deñoch nicht geschehen, u. mithin bin ich nicht im Stande
Ihnen vorjetzo damit zu dienen; doch bleibet das Versprechen unveränderlich u. feste, worauf sich zu verlaßen. Inzwischen nehme
mir abermahl die Freyheit, auch wieder Dero *Ordre*, etwas von
meiner so alt als neüen schlechten Composition zu übersenden,
um dadurch nur zu zeigen, daß Ihnen gantz und gar aufrichtig
ergeben sey. Das eine Stück ist vor 22 Jahren auf des hiesigen
Raths Kirchgang gemacht, aber wegen der Anfangs-Worte nunmehro in der Melodie etwas geändert worden. Diese hatte anfänglich die *Imitation* aus der 1sten Violin; da deñ bey genauer
Überlegung befunden, daß der Zuhörer den Text nur von den
Mäñern u. nicht von andern Personen annehmen möchte. Das
zweyte Stück *à Basso solo* habe vor 16 Jahren dem hiesigen *Bassi*-
sten in der Hof-Capelle, der zugleich *Secretaire* u. *Pagen*-Hofmei-
ster war, gesetzet; nach deßen vor 5 Jahren erfolgten Tode aber
von den Erben wiederum, nebst andern Sachen, an mich erkauffet,
und Mein Herr sind der erste, dem es *comunici*re. Das 3te, ein
Kyrie, ist vor 5/4 Jahren bey *installi*rung des hiesigen *General*-
*Superintendent*ens jung geworden, u. beym jetzigen *Cantore* bis
hieher in der *Custodie* gewesen. Dieses wenige wollen Sie also,
wie bereits gemeldet, zum Zeichen meiner Ergebenheit gütigst annehmen, und Ihr künfftiges Eigenthum seyn laßen. Mein Herr
haben mir eine Güte erweisen, den an den Hrn. Capellmeister Mattheson übersendeten Brief durch sichere Gelegenheit übermachen,
und das zum *porto destini*rte Geld *remitti*ren wollen, glaube auch,
nurgedachtes Schreiben, nebst eingeschloßenen werde richtig seyn
bestellet worden; allein, anstatt einer gehofften schrifftlichen Antwort, habe durch einen von Hamburg nach Stuttgard gehenden,
und hier durch *passi*rten *Vocal-Musicum*, Nahmens Gerlach, am
1sten *Nov.* nur einen mündlichen Gruß von gemeldten Hrn. Capellmeister erhalten, welcher, weñ er anders aus redlichem Gemüthe hergefloßen, mir deñoch angenehm gewesen. Ich habe mir
gleich nach Anlangung Dero geehrtesten Schreibens die Rechnung

also gemacht: Es werde der Hr. Capellmeister sich anstellen, als ob Er keinen Brief von mir bekomen hätte. Nun die Zeit wird den Erfolg zeigen. Bey nurgedachter Gelegenheit habe immittelst vernomen: daß der Hr. Capellmeister einen Verlust von 6000 Gülden erlitten, und deswegen, wie leicht zu erachten, gantz verlegen sey; auch mit dem Hrn. Music-*Directore* Stoltzenberg in Regensburg, ingleichen *Mr.* Hurlebuschen, u. andern mehr, insonderheit aber mit dem erstern deswegen in Verdrüßlichkeit stehe, weil Er, auf deßen Ansuchen, nicht sogleich sich mit seinem Lebens-Lauffe eingestellet und jener in unanständigen *terminis* nochmahls selbigen erinert habe; worauf der Hr. Stoltzenberg seine Antwort öffentlich drucken laßen, die eben nicht anständig sey. Vorbesagter Hr. Gerlach machte mir zu einem Exemplar Hoffnung; ist aber drüber fortgereiset, und hat sein Versprechen nicht erfüllet. Vielleicht bekome es noch einsten anderweit zu sehen. Es liegt mir auch eben so viel nicht dran; wohl aber ein weit mehrers, wen von meinem Herrn aus denen bishero bey Sich gehabten, und in die Hochfürstliche Bibliothec bey Ihnen gehörigen Büchern etwas zu meinem *propos* dienliches erhalten, und dadurch in den Stand gesetzet werden solte, die *intendi*rende *Supplementa* verfertigen zu können. Noch zur Zeit läßet sichs zwar nicht zum besten, die lebenden *Virtuos*en betreffend, dazu an, indem auf meine 2 an den Hrn. Hof-Organisten in Wien, Nahmens Muffat, abgeschickte Schreiben keine Antwort bekomen; ob nun dergleichen von dem dasigen Capellmeister an der Stephans Dom-Kirche, Hrn. Reüter, an den vor 10 Wochen geschrieben, auch das Fuxische Compositions-Werck vor 5 rdl. 8 gr. verlanget, bekomen werde, muß inerhalb wenig Tagen sich außern, nachdem der Apoldische Kauffmann, der ein naher Anverwandter von mir ist, von danen *retourni*ret, und ehestens zu mir zu komen, versprechen laßen? Der Organist in Illmenau ist verwichenen Herbst bis Manheim verreißt gewesen, u. hat allenthalben mein Anliegen besorgen wollen, aber nirgend etwas fruchtbarliches ausrichten können, zumahl bey denen, die vom Hrn. Capellm. Mattheson, wegen seiner Musical. Ehren-Pforte, um ein gleiches ersuchet worden sind, und ihme nicht *gratifici*ret haben, z. E. Hr. Capellm. Graupner in Darmstadt etc. etc. So ist Menschen Furcht meinem unschuldigen *Dessein* hinderlich! Am verwichenen 18 *Dec.* ist mein Vater seel. verstorben, nachdem er an selbigem Tage u. fast in einer Stunde sein 81stes Jahr erreichet. Am 20sten habe, nebst meiner Frau, ihn zur Ruhestädte begleitet, an welchem Tage er vor 81 Jahren getauffet worden. Meinen annoch imer kränckeln- den Sohne ist von Ihro Hochfürstl. Durchlaucht durchs Ober- *Consistorium* vor wenig Tagen ein *Stipendium* Gott Lob! ver- sprochen worden, wie hoch es sey, werde ehestens erfahren. Gott gebe, daß ers nützlich u. gesund brauchen möge! Zu Ausgange des *Augusti a.p.* hat mein jüngerer Sohn sich in Naumburg auf der Orgel, in Beyseyn der Geistlichkeit u. einigen Raths-Personen *en passant* hören laßen, und dadurch die Ehre erlanget, in das *Proto- coll* eingeschrieben zu werden. Daß Ihr *philosophisches* Werck ins Stecken gerathen sollen, bedaure zwar, bin aber dabey versichert, daß es Ihnen so wol, als mir, *indifferent* sey, und ohne Gottes Willen nicht das geringste geschehen köñe. Hiermit empfehle Meinen Herrn, nebst wehrtesten Angehörigen, in Gottes Gnaden- Schutz, der auch in diesem neüen Jahre bey Ihnen neü seyn wolle; mich aber zu beständiger Wohlgewogenheit, verbleibende Meines Herrn

ergebenster
Weimar *d.* 25ten *Januarii*   Walther.
1732.

P. S. Der Überbringer dieses ist der Hr. *Com̄ercien-Com̄issarius* Rosenberg.

19.

Zur Fertigstellung des WL vgl. Br 20. Die von JGW vorgesehenen Noten- beispiele waren offenbar erst auf Wunsch des Verlegers W. Deer in einen Anhang verwiesen worden; der Name des Kupferstechers ist nicht bekannt. Die von JGW erwähnten Kompositionen sind verschollen. Mit dem „hiesi- gen Bassisten" ist G. E. Thiele gemeint, mit dem „General-Superintendenten" J. G. Weber und dem „jetzigen Cantore" A. F. Labes (vgl. auch Br 16). Zu dem an J. Mattheson gerichteten Brief vgl. Br 18. Der Name des „von Ham- burg nach Stuttgard gehenden" Sängers wird von JGW in Br 20 berichtigt.

Matthesons Kontroverse mit Stoltzenberg steht im Zusammenhang mit der geplanten „Grundlage einer Ehren-Pforte"; die Fortsetzung des bereits 1720 übermittelten Lebenslaufes erhielt Mattheson offenbar erst nach deren Druck- legung (1740).

Mit dem „Fuxischen Compositions-Werck" ist gemeint „GRADUS | AD | PARNASSUM, | Sive | MANUDUCTIO | AD | COMPOSITIONEM MU-SICÆ | REGULAREM, | Methodo novâ, ac certâ, nondum antè | tam exacto ordine in lucem edita: | Elaborata à | JOANNE JOSEPHO FUX, | Sacræ Cæsareæ, ac Regiæ Ca- | tholicæ Majestatis CAROLI VI. Ro- | manorum Imperatoris | SUPREMO CHORI PRÆFECTO. | VIENNÆ AU-STRIÆ, | Typis Joannis Petri Van Ghelen, Sac. Cæs. Regiæque Catholicæ Ma- | jestatis Aulæ-Typographi, 1725." Zum Titel der deutschen Übersetzung vgl. Br 38.

Zur Frage des Stipendiums vgl. Br 24, zu den Musikalien Br 21. Der Name des „Apoldischen Kauffmanns" wurde nicht ermittelt. „Organist in Illmenau" war J. G. Gleichmann. Ein „unterm 11ten Dec. 1731" erhaltenes Schreiben von „Hr. Capellmeister Reüttern" erwähnt JGW im WL unter den Addenda (S. 660).

Christoph Graupner schickte autobiographische Notizen erst am 21. Mai 1740 an Mattheson; der entsprechende Artikel im WL enthält nur wenig Biographisches. Johann Stephan Walther starb tatsächlich am Tage der Vollendung seines 81. Lebensjahres. Über J. C. Walthers Orgelspiel in Naumburg/Saale (vermutlich an der Thayßner-Orgel der Stadtkirche St. Wenzel) wurde nichts ermittelt; vgl. auch Br 21.

Lit.: Schünemann, S. 96; Ehren-Pforte, S. 348–350, 410–413, Anh., S. 37 bis 40; Kraft, S. 366, 714; Ulrich Dähnert, Der Orgel- und Instrumentenbauer Zacharias Hildebrandt, Leipzig (1962), passim.

20.
AN HEINRICH BOKEMEYER, WOLFENBÜTTEL
31. 3. 1732

Mein Herr

Werden das an jüngst verstrichener Braunschweiger-Meße, durch den Hrn. *Comissarium* Rosenbergen, übersendete Paquetgen hoffentlich wohl erhalten haben. Was damahls aufs neüe versprochen, will anjetzo, nachdem ehegestern die mir zugehörige Exempl. von Leipzig erhalten, heiligl. halten, bittend, mit beykōmenden Exemplar vor lieb zu nehmen, und zu deßen Fortführung, gleichwie an diesem rühmlichst geschehen, wo möglich, ein und andern Beytrag gütigst zu thun. Ich habe, über die in Leipzig geschehene *correctur*, alle Bögen, bis auf den 1sten u. letzten, selber nochmahls durchsehen, und die häuffigen Irrungen fleißig angemercket; glaube aber nicht, daß sie alle, so wie sie noch für mich liegen habe, werden seyn abgedruckt worden. Es sind zwar öffters nur Kleinigkeiten; weil aber die Welt so unartig, und aus Mücken Elephanten zu machen gewohnt ist, habe, ohne was mir deñoch entwischet seyn mag, solche aufs sorgfältigste angemercket. In der ersten Zeile der *Dedication* (ein schlechter Anfang!) soll an statt: ›dritte‹, ›vierdte‹ heißen. Der Fehler kōmt daher: weil sie schon *an*. 1731. *d. 16 Febr.* von mir aufgesetzet u. ausgestellet worden; ob es nun gleich nachhero eriñert, daß neml. hieriñ eine Änderung getroffen werden müste, so ist zwar das jetzige 1732te Jahr *substitui*ret, an vorgedachte Zeile aber von dem Hrn. — nicht gedacht worden. Dem Hrn. Verleger zu Gefallen, solte ferner das Wort: ›vollständig‹ in das Titul-Blat einrücken; ich kunte ihm aber nicht willfahren, sondern setzte anfänglich dafür: ›hinlänglich‹; da aber auch dieses, bey genauerer Überlegung, mir nicht anständig seyn wollte, bath den H. Verleger, es gar wegzulaßen, so auch geschehen; die in der Vorrede aber hierüber gemachte Anmerckung ist glücklich *scil.* stehen blieben. So gehets, weñ man an dem Druck-Orte nicht selber zu gegen ist, und nicht alle Bögen *revidi*ret. Das *p.* 642. im Articul: *Vredeman* stehende Wort *Canonai* soll *Canzoni* heißen. Unter denen Exemplarien habe einen vom Hn. Capellmeister Mattheson *d. 26 Sept.* 1731. *dati*rten Brief an mich gefunden, welcher beykōmenden u. unveränderten Inhalts ist. Hierbey weiß nicht, weñ u. was für Art dieser Brief an den Hrn. Verleger, oder wenigstens an deßen Handlungsdiener gelanget seyn muß? deñ, da jener zeithero so vielmahl an mich geschrieben, u. die zu *corrigi*rende Bögen eingeschicket, hätte ja den Brief längst bekōmen köñen! Es scheinet etwas drunter verborgen zu liegen; und dem sey wie ihm wolle, auf instehende Oster-Meße will ihn beantworten. Der jüngstgedachte Sänger soll nicht ›Gerlach‹ geheißen haben, sondern des Hrn. Capellm. Keysers jüngster Sohn gewesen seyn. Da die von hier nach Erffurt gehende Gelegenheit ehestens fortgehet, muß eilen, mit Anwünschung vergnügter Feyertage, und Empfehlung meiner u. der meinigen, unausgesetzt verharrende

Meines Herrn, und aller-
wehrtesten Freündes

ergebenster
Walther.

Weimar *d.* 31 Merz,
1732.

[Anlage:]

Ew. Wohl-Edlen dürffen aus meinem bisherigen Stillschweigen nicht etwa schließen, ob sey mir dero wehrteste Zuschrifft vom 3. *Aug.* nicht lieb und angenehm gewesen; ich kann ihnen aufrichtiglich das Gegentheil darthun, und will, bey Gelegenheit dero wolgetroffene Anmerckung der Welt öffentlich mittheilen, zum Zeügniß, daß ich ihr auch, meinem Grund-Satze zu Folge, gerne mit meinen Fehlern dienen wollte. Fahren Ew. –– demnach nur getrost fort, und senden mir, nach Bequemlichkeit, ihre Gedancken über den practischen Theil meines jüngsten Wercks je eher je lieber ein: ich will alles mit Danck annehmen und erkeñen. Nur muß ich bitten, daß sie es meinen anderweitigen bisweilen wichtigen u. überhäufften Geschäfften zuschreiben wollen, weñ ich nicht allemahl, so bald als ich gerne wollte, noch so ausführlich, als ich billig sollte, meine schuldige Antwort ergehen laße. Es soll alles zu seiner Zeit ersetzet werden. Der ich inzwischen mit vieler Hochachtung verharre

Ew. Wohl-Edlen u. Wolgeb.
gehorsamster Diener
Mattheson.

Hamburg den 26 Sept.
1731.

P. S. Wañ und wo siehet man deñ
dereinst die Fortsetzung ihres
Wörter-Buchs?

Begleitschreiben zur Übersendung des in Br 16, 17 und 19 versprochenen Exemplars vom WL. Der beanstandete Beginn der Dedikation an den Weimarer Herzog Ernst August lautet: „ES geht nunmehr ins dritte Jahr, daß Ew. Hochf. Durchl. den Anfang meines Musicalischen Lexici in unterthänigster Ehrfurcht zu wiedmen mich unterfangen." Im Vorbericht heißt es irrtümlich: „Auf dessen [des Verlegers] Begehren und Vorschrifft nun ist der Titul in etwas geändert, und, unter andern, das Wort hinlänglich eingerücket worden, nicht darum, als wenn das Werck alles in sich fassete und nicht vollständiger werden könte, sondern deswegen, weil ein jeder so viel Vorrath und Nachrichten darinnen findet, als ihm zu seinem Zwecke nöthig seyn dörffte"; vgl. auch Br 26. Matthesons in Abschrift von JGW vorliegender und hier als Anlage wiedergegebener Brief stellt die in Br 19 bereits vermißte Antwort auf Br 18 dar. „Der jüngstgedachte Sänger" war in Br 19 irrtümlich Gerlach genannt worden; trotz der Berichtigung bleibt die Identität fraglich, da an Reinhard Keisers Sohn Wilhelm Friedrich (geb. 1718) nicht ernstlich zu denken ist. Vielleicht handelt es sich um den 1712 geborenen Sohn Ludewig Gerhard jenes Hamburger Ratsmusikers Johann Kayser, der schon zu Lebzeiten R. Keisers oft mit diesem verwechselt worden ist. Die „Anwünschung vergnügter Feyertage" bezieht sich auf das bevorstehende Osterfest (Ostersonntag war 1732 der 13. April).

Nach Ankündigungen in den Meßkatalogen von Michaelis 1731 und Ostern 1732 verzeichnet der „EXTRACT Derer eingelauffenen NOUVELLEN" (Beilage zu den „Leipziger Zeitungen") vom 14. März 1732, S. 44, das WL mit unter den bei W. Deer greifbaren Neuerscheinungen: „Des Hochfürstl. Sächs. Hof-Musici, Herrn Walthers in Weimar, Musicalisches Lexicon, in welchem lauter solche Sachen, die ein Liebhaber der edlen Music nöthig hat, in einem Compendio zu finden, ebenfalls groß med. 8. 1732. a 1 Thlr. 16 Gr." Weitere Anzeigen enthalten der „Hamburgische Correspondent" vom 20. Juni 1732 sowie die „Neuen Zeitungen von Gelehrten Sachen", Nr. LXVIII, vom 25. August 1732 (S. 609 f.). Die Ankündigung vom 5. September 1731 (vgl. Br 17) war Mattheson wohl entgangen.

Lit.: Schünemann, S. 103; Göhler 3, S. 26; VfMw 6, 1890, S. 185–189 (F. A. Voigt); Schenk-Güllich, S. 163, 224; Magdeburger Telemann-Studien IV, 1973, S. 68–85 (W. Maertens); Hamburger Jahrbuch für Musikwissenschaft, Bd. 3. Studien zur Barockoper, 1978, S. 56 f. (K. Zelm); Basler Jahrbuch für Historische Musikpraxis 6, 1982, S. 45–60 (Veronika Gutmann).

AN HEINRICH BOKEMEYER, WOLFENBÜTTEL
4. 8. 1732

à Monsieur
Monsieur ›Bokemeyer‹,
Maître et Directeur de la Musique fort renommé
à
Wolffenbüttel.
par faveur.

Mein Herr,

Ob es gleich fast scheinen will, als hätten Sie meiner in etwas vergeßen, indem nunmehro fast ein Jahr verfloßen ist, da von Ihnen
mit keinem Schreiben beehret worden bin; so kan u. will ich doch
eines so behülfflichen und liebwehrtesten Freündes nicht vergeßen,
sondern hierdurch bey jetziger Gelegenheit, da neml. der hiesige
Cõmercien-Cõmissarius, Herr Rosenberg, die Braunschweiger
Meße beziehet, mich Dero und der Ihrigen Ergehens erkundigen,
in Hoffnung, Sie werden sich allerseits noch wohl auf befinden,
welches, Gott sey Danck, auch von mir und den meinigen melden
kan. Nachdem unterm 25ten *Januarii* dieses jetztlauffenden 1732ten
Jahres, durch eben diese Gelegenheit nachstehende Stücke, als:
Jederman sey unterthan der Obrigkeit etc. Wohl dem, des Hoffnung der Gott Jacob ist etc. u. *Kyrie eleison sopra 'l Canto fermo:*
Es ist das Heyl uns kõmen her etc. ingleichen nachhero, neml. vor
Ostern, ein Exemplar von dem damahls fertig gewordenen Musical. *Lexico* übersendet, möchte wißen: ob alles richtig ange-
kõmen? und ob zu denen unterm 3ten *Augusti* 1731. übermachten
2 *Cantat*en einē geistlichen Text von Ihrer Poësie zu erwarten
haben möchte? wie nicht weniger: ob in denen aus Ihrer Weltberühmten Hochfürstl. Bibliothec bey Sich gehabten Büchern etwas
in mein *forum* lauffendes gefunden worden? Ich habe in allem
40 Exemplarien vertrieben, und zwar jedes, außer den *Praenume-*
*rant*en, derer 21 gewesen, für 1 1/2 rdl. und 3 liegen noch auf dem
Lager, die von denen erst unterm 26 *Julii* erhaltenen 10 Exempl.
noch übrig sind. Mein Exemplar habe durchschießen laßen, und
seithero verschiedenes, insonderheit aber des Hrn. D. Meiers zu

Göttingen Articul, vermehret, nachdem das vom Hrn. D. Heü-
mañen gefertigte Leichen-*Progrãa* bekoñen. Mein älterer Sohn
lieget seit Hiñelfahrt den *studiis Academicis* in Jena ob, und der
jüngere *frequenti*ret das hiesige *Gymnasium*, *applici*ret sich aufs
Clavier, und thut manchmal in den Ferien eine kleine *tour*, um
sich hören zu laßen. Es wird nun bald 1 Jahr seyn, da er dergleichen in Naumburg in Beyseyn der Geistlichkeit u. des Magistrats
*practici*ret, da deñ sein Nahme ins *Protocoll* eingetragen worden.
In jetzigen bevorstehenden Schul-Ferien wird er eine Reise nach
Merseburg u. Nordthausen antreten, weil er an beyde Örter durch
die dasige Hrn. Organisten, und zwar von dem erstern mündlich,
von dem andern aber *per tertium*, eingeladen worden, um sich
bekañt zu machen, und sein künfftiges Glück, G. G. zu befördern. Vielleicht stattet er auch bey Ihnen, u. in Braunschweig einmahl seine *Visite* ab. Mit meiner Orgel ist es noch iñer im vorigen
Zustande, so daß dieser wegen die *Devise* meines Petschaffts
ihre Richtigkeit hat. Am 11ten *passato* haben 1048 Saltzburgische
*Emigrant*en, mit 96 kleinen Wagen, in unserer Stadt *pernocti*ret,
des Morgens drauf um 8 Uhr eine Predigt angehöret, und um 2 Uhr
Nachmittages ihre Reise über Buttstedt nach Eißleben *prosequi*-
ret. Sie sind bey uns von der Geistl. sämtl. Schul-*Colleg*en u. Schülern singend ein- und ausgeführet, wohl bewirthet u. mit einer
von der Bürgerschafft u. andern Inwohnern gesañleten *Collect*e à
520 rdl. versehen, auch sonst reichlich beschencket worden. Die
Durchl. Herrschafft hat auf jeden *Emigran*ten 1 Maaß Wein den
Hospitibus reichen, Vorspañe thun, und noch ein ansehnlich stück
Geld ihnen mitgeben laßen. Ich habe 4 ledige Weibes-Personen
von 20 Jahren, aus dem Amte Goldeck gebürtig, beherberget. Hierauf empfehle Meinen Herrn in Gottes Schutz, mich aber Dero beharrlichen Wohlgewogenheit, verharrende allstets
Deroselben

ergebenster Diener
J. G. Walther.

Weimar *d.* 4ten August
1732.

Zur Übersendung von Musikalien und einem Exemplar des WL vgl. Br 17, 19 und 20, zur Neutextierung einer Kantate vgl. Br 29. Das durchschossene Handexemplar des WL befindet sich in der Bibliothek der Gesellschaft der Musikfreunde Wien (Signatur: 878. A. 5). Ein Exemplar des Leichenprogramms auf Joachim Meier besitzt die Niedersächsische Staats- und Universitätsbibliothek Göttingen (Signatur: 8° H. Lit. biogr. IV, 6235): „PROGRAMMA | IN | FVNERE | VIRI AMPLISSIMI CONSVLTISSIMIQVE | IOACHIMI MEIERI | I. V. DOCTORIS | ET GYMNASII REGII GOTTINGENSIS | PROFESSORIS HISTORIARVM PVBLICI | A. M D CC XXXII. D. II. APR. | PIE PLACIDEQVE DEFVNCTI | P. P. | A | CHRISTOPH. AVG. HEVMANNO | S. THEOL. D. ET PROF. GYMN. INSP. | GOTTINGAE | LITERIS HAGERIANIS."

Zum Orgelspiel J. C. Walthers in Naumburg/S. vgl. Br 19. Die Einladung nach Merseburg wird von G. F. Kauffmann ausgegangen sein, diejenige nach Nordhausen vielleicht von C. G. Schröter. Zum Zustand der Weimarer Stadtkirche und ihrer Orgel vgl. Br 5 ff. Das Petschaft von JGW zeigt (nach Spitta) „einen Tannenwald, darüber als Devise: vigni" (gemeint: vigui?). Die Angaben über den Durchzug der Salzburgischen Emigranten stimmen mit den Daten in Wettes ausführlichem Bericht überein. Zur Absendung von Br 21 vgl. Br 22.

Himmelfahrt fiel 1732 auf den 22. Mai.

Lit.: Schünemann, S. 96; Egel, S. 11; Dok II, S. 231 f., III, S. 654; Wilhelm Ebel, Catalogus Professorum Gottingensium 1734–1962, Göttingen 1962, passim.

22.
AN HEINRICH BOKEMEYER, WOLFENBÜTTEL
1. 10. 1732

Weimar d. 1 Octobr.
1732.

Mein Herr,

Iñliegender Brief ist schon an verwichener *Laurentii*-Meße parat gewesen; als aber solchen an den Hrn. *Coñissarium* Rosenbergen übersendete, welches 8 Tage vor der Meße geschahe, war derselbe schon 2 Tage zuvor abmarchiret. Nach deßen Zurückkunfft habe von ihm erfahren, daß MH. in seinem Gewölbe nach einem Schreiben von mir gefraget; woraus fast schlüße: daß mein letzteres in der Char-Woche übersendetes *Paquet*, darinnen 1 Exemplar vom Musical. *Lexico* gelegen, nicht müße angekom̄en seyn, da es doch von hier richtig nach Erffurt bestellt, und von da aus dem Hamburger Bothen selber in die Hände geliefert worden, wie mich deßen der Organist an der Kauffmans̄-Kirche daselbst, Hr. Landgraf, gewiß nachhero versichert hat. Solten Sie solches, wieder verhoffen, nicht bekom̄en haben, werden Sie solches schon gehörigen Orts zu suchen, u. hierdurch Sich zu *legitimir*en wißen. Was, vor einigen Wochen, für ein *judicium* in den NiederSächsischen Nachrichten von gedachtem *Lexico* gefället worden, wird Ihnen ohne Zweifel aus dem 58ten St. bekan̄t seyn; dieses aber vielleicht nicht: daß neml. der Hr. Capellmeister M. *Auctor* davon sey, als der es selber mir zugeschicket hat. Damit nun obgedachter Brief nicht allzu alt, und mit Kosten übersendet werden möge, habe selbigen, bey jetziger Leipziger Meße, an Sie durch Gelegenheit übersenden wollen. Worauf Sie u. die Ihrigen Göttl. Gnade, mich aber fernerer Wohlgewogenheit bestens empfehle, verharrende, unter Erwartung einiger Antwort, wegen der mir ausgebethenen geistl. Texte u. anderer mir dienl. Sachen, auf künfftige Licht-Meße allstets

Meines Herrn
ergebenster

J. G. Walther.

22.

Mit dem „inliegenden Brief" wird Br 21 gemeint sein. Das vermißte „Paquet" war nicht verlorengegangen; vgl. Br 20 und 24. Matthesons Besprechung des WL steht ohne Angabe des Verfassers in „Niedersächsische | Nachrichten | Von | Gelehrten neuen Sachen. | Auf das Jahr 1732, den 21. Juli." (No. LVIII.), S. 505–509 (Exemplar: Sächs. Landesbibliothek Dresden, Ephem. lit. 808). Der Vorabdruck des Buchstaben A (vgl. Br 4) hatte im selben Periodikum am 2. März 1729 sowie in den Leipziger „Neuen Zeitungen von Gelehrten Sachen" vom 21. Februar 1729 (S. 134) lobende Erwähnungen erfahren.

Lit.: Schünemann, S. 106; DDT 26/27, S. XII; Schenk-Güllich, S. 69, 162.

AN JOHANN MATTHESON, HAMBURG

27. 12. 1732

Autographische Kopie

P. P.

Nebst Anwünschung eines geseegneten Neü-Jahr-Wechsels, berichte: daß Dero geehrteste Zuschrifft unterm 26 *Julii a. c.* nebst Beylage, am Ende des *Augusti* über Jena wohl erhalten habe. Wegen der heraus gegebenen Unvollkoṁenheiten hätte eher ein mitleidiges Stillschweigen, als eine solche allzu gut abgefaßte *Recension* vermuthet; wofür deñ hiermit gehorsamsten Danck abstatte. Es wäre meine Schuldigkeit gewesen, dieses eher zu thun; weil aber, auf gegebene Erlaubniß, zugleich meine Gedancken über den practischen Theil der Organisten-Probe übersenden sollen, und der bewuste Lehrling (wie ehemahls schon gemeldet) gar kleine Schritte hieriñen thut, auch, wegen Erlernung des Tacts, ich mehrentheils andere mit einer Violin versehene Bäße mit ihm vornehmen muß; ist es für diesesmahl nicht weiter, als bis aufs 13te Stück *inclusive* zu bringen, möglich gewesen, worüber deñ die gantz kurtz entworffene Anmerckungen hierbey folgen. Aber, ein für allemahl will gehorsamst bitten: mich ja nicht in diejenige Claße zu setzen, der im 288ten §. u. im Anhange der Organisten-Probe erwehnet wird: deñ sie ist zu hoch, und die Gesellschafft zu vornehm, sondern vielmehr alles, versprochener maßen, in Liebe auf- und anzunehmen. Wofür allstets, unter vieler Hochachtung, verharre Ew. HochEdl. u. Hochgel.

aufrichtig ergebenster
Diener
J. G. Walther.

Weimar *d.* 27 *Decemb.* 1732

[Anlage:]

Syst. 3. muß über der ersten Note nicht die 4, sondern die 2 durchstrichen seyn. *Syst.* 5. *t.* 1. ist die Sept über dem c′ wol übrig. *Syst.* 6 wäre es, dächte ich, beßer: weñ die 9te Note, *praeter Sextam*, noch die 4 bekäme, u. die folgende Note ins *es* verändert würde.

p. 243. *Syst.* 4. *t.* 3. ist wenigstens die Sept über dem mit der
4^+ versehenen *c* zu durchstreichen, weñ ja dergleichen der vorhergehenden nicht wiederfahren soll. Den zwo letzten Noten mangelt
die $\binom{6}{4}$ *Syst.* 5. *t.* 1. ist abermahl die Sept über dem c zu durchstreichen. *Syst.* 7. mangelt im letzten halben Tact dem *as* die Sept;
welche zwar nicht schlechterdinges, sondern nur zu richtigerer
Herausbringung der zween folgenden Sätze, nöthig, und, ohne
Zweifel, deswegen in der ersten Auflage befindlich ist.

p. 245. *l.* 2. muß es, an statt: ›Viertel‹, Achtel heißen.

Dem 12ten Prob-Stück
mangelt (nach Ihrem eigenen Grund-Satze) die reine Quart des
Tones, als *chorda necessaria*, die demnach billig in dieser Vorzeichnung ausgedruckt seyn sollte; wird aber wol mit Fleiß deswegen nicht geschehen seyn: weil die andern Sätze, außer dem
Rondeau, mehr *d* als *des* hören lassen.

Vom 13ten Prob-Stück
kan weiter nichts, als dieses beyfügen (weil es nicht in Partitur
stehet): daß nemlich abermahl in der Vorzeichnung, und demnach
im Anfange, dem *e* das vorzusetzende ♭ mangelt: weil, dem Au-
genscheine nach, wenigstens in den ersten vier Zeilen, und also
mehr als in der Helffte des gantzen Stücks, der *es-clavis domini-*
ret; und am ›Ende‹ des 2ten Theils die $\binom{6}{4}$ über dem *a* in der
ersten Partie, sich mit der 7 ♭ über dem *e* in der zweyten Partie
nicht vertragen kan.

23.

Beilage zu Br 24. Matthesons Brief vom 26. Juli 1732 an JGW ist nicht erhalten; zur Rezension des WL vgl. Br 22. Matthesons Exemplar des WL
befindet sich in Berlin (DSB, Mus. Ad 4 Rara); es stammt aus der Sammlung von Georg Poelchau. Zur Benutzung der Probestücke aus Matthesons
„Grosser General-Baß-Schule" als des „practischen Theils der Organisten-
Probe" durch den „bewusten Lehrling" J. C. Walther vgl. Br 18. Abschnitt
CCLXXXVIII in der „Vorbereitung" der „Grossen General-Baß-Schule"
(S. 187 f.) sowie S. 194 f. des Anhangs wenden sich gegen „Splitter-Richter"
und andere nichtzuständige Kritiker.

Lit.: Schünemann, S. 106; Heinz Becker, Johann Matthesons handschriftliche Einzeichnungen im „Musicalischen Lexicon" Johann Gottfried Walthers,
Mf 5, 1952, S. 346–350.

AN HEINRICH BOKEMEYER, WOLFENBÜTTEL

Mein Herr,

Ehe noch an etwas anders gedencke, werde von meiner Schuldigkeit eriñert, Ihnen für das unterm 9ten *Febr. a. c.* gantz unver-
mutheter weise erhaltene angenehme Präsent ergebensten Danck
abzustatten, und dieses, wie hierdurch geschiehet, um so viel mehr,
als Sie Ihren Bücher-Vorrath, aus Liebe gegen mich, mit einem
raren Stück verringern, und den meinigen vermehren wollen. Ich
habe es alsobald binden und den gehörigen Ort einnehmen laßen,
auch, zum Andencken, Dero wehrtesten Nahmen hinein geschrieben, und dabey berühret, wie es an mich gelanget sey. Nun wäre
es gantz billig, mich dafür zu *revangi*ren; weil aber hierzu gantz
unvermögend bin, ja nicht weis, womit es am füglichsten geschehen
könne, muß es, bis auf eine bequehme Gelegenheit, ausgestellt seyn
laßen: inzwischen, da mich entsiñe, daß Ihnen ehemahls von des
seel. Hrn. Capellmeisters Heinichens Arbeit ein Stück übersendet,
von welchem Sie nicht unbillig geurtheilet, daß es von deßen erstern Erfindung sey, und mir nachhero beykoȿende 2 Kirchen-
Stücke zu Handen koȿen sind, habe selbige jetzo zu Dero Eigenthum übersenden wollen, ob Sie vielleicht hieran einen beßern
Geschmack finden möchten. Die Überschrifft des einen ist von des
Leipziger Herrn Bachs Hand. Hierbey folgen auch 2 St. von meiner schlechten Arbeit, zum Zeügniß, daß, auf Dero Anrathen, der
Vocal-Composition noch nicht völlig *Valet* gegeben habe; doch
hat es mit dem einen diese Bewandniß, nemlich: ein alter Schul-
Freünd in Erffurt, Nahmens Stöpel, der an der dasigen Haupt-
Kirche zum Predigern *Cantor* ist, hat sich die Mühe genoȿen, von
meinen ihme auf Verlangen überschickten 8 Arien, die bey verschiedenen Gelegenheiten ehemals gesetzet, ohnlängst 2 zu *choi-
siren*, selbige mit anderm Texte zu versehen, und so wol dem Anfange, als Mittel und Ende einen Choral beyzufügen, welche deñ
nachgehends gefertiget, so daß sie zusaȿen als ein Kirchen-Stück
erscheinen, und, zum Andencken meiner ersten *Vocation*, am verwichenen Marien-Feste aufgeführet werden können. Solte Er mit
den übrigen, wie vermuthe, auch also verfahren, werde sie vollend

besorgen, und sodañ das *Final* machen; weil Umsonst der Tod ist, und keine Heñe vergeblich zu scharren pfleget, überdiß auch an *Vocal*-Sachen überall kein Mangel ist, und ich gar wol mit den meinigen zurück bleiben kan. Wegen des Hrn. Capellm. Matthesons berichteten Tode habe noch keine zuverläßige Nachricht einziehen können, und weis der hiesige Hof-Prediger, Hr. *M.* Köhler, der die also genañte Nieder-Sächs. Nachrichten von Neüen Büchern hier allein hält, Sich nicht zu entsiñen, diesen Todes-Fall in selbigen gelesen zu haben. Besitzen Sie dergleichen, will um gütige *Coṁunication* bitten, ingleichen: ob es an dem sey, daß Hr. Telemañ sich ersaüffet habe? nachdem seine Frau 3000 Thaler oder gar Ducaten verspielet; wie solches ein in Erffurt sich aufhaltender Baron von Schell gewiß versichern wollen. Es wäre fürwahr ein großes, und um beyde brave Männer ein unwiederbringlicher Schade! Das erstere kan wol möglich seyn, und ist, wenigstens mir, daher glaublich; weil Er auf meine Ihm übersendete Gedancken (die hierbey folgen), wieder Gewohnheit, nicht geantwortet hat. Er lebe nun, oder sey todt, will bitten, diesen Entwurff zu eigener Nachricht geheim zu halten, und nicht in andere Hände koṁen zu laßen, weil andere Leüte, außer MH. eben nicht wißen dörffen, was zwischen Ihm u. mir vorgegangen ist. Was Hr. Kauffmañ in Merseburg, der saṁt seiner Liebste u. ältesten Töchtergen nunmehro bald vor einem Jahre, auf der Erffurtischen Reise, hin u. her bey mir übernachtet hat, vorhabe, wird beykoṁendes *Avertissement* mit mehrern besagen. Mein ältester Sohn ist, Gott sey Danck, völlig wiederum gesund, und von meinem gnädigsten Herrn, der, laut beykoṁenden *Carminis*, iṁer höher steigt, vor wenig Tagen mit dem Frey-Tische in Jena begnadiget worden. Er weis noch nichts davon, und ich werde ihm morgen erst das hierüber erhaltene *Diploma* zuschicken. Der hiesige Hof-*Fourier*, *Mr.* Kalb, hat sich nunmehro, auf abermahliges Befragen, dahin erkläret: wie Er die im Nahmen des Hrn. Capellmeisters *Credii* an mich abzutragende Schuld-Forderung *à* 1 rdl. nicht entrichten könne, weil Er von nurgedachtem Hrn. Capellmeister deshalber nicht vergnüget worden. Haben Mein Herr Gelegenheit diese Antwort u. *Resolution* an den Hrn. *Credium* gelangen zu laßen, so will glauben, es werde Derselbe dieses wenige schon vor vielen Jahren für Ihm baar ausgelegte Geld zu *restitui*ren, nicht entstehen. Was MH. Feinde anbelanget, wollen wir beyde *causam communem* machen, und aus der Litaney anstimen: ›Unsern Feinden, Verfolgern u. Lästerern vergeben und sie bekehren!‹ Das wird Gott gefällig, und beyden Theilen ersprießlich seyn. Seit dem *Febr. a. c. informi*re bey Hofe der Princeßin, als des Hertzogs Schwester, Staats-Fraülein, und außer dieser, des Hrn. von Münchhausens, der bey der Fr. verwittbeten Hertzogin Ober-Hof-Meister ist, eintzige Fraül. Tochter von 11 Jahren; welches aufs neüe mit scheelen Augen angesehen, u. wie die erstere mir selber erzehlet hat, mit Worten starck beredet wird, als weñ hierdurch eines andern Ehre, dem sie eher als mir zukäme, beleidigt würde. Kan es übrigens seyn, daß Sie mich, bey rückgehender Gelegenheit, so wol mit dem versprochenen, als verlangten erfreüen, werde alles mit iñigsten Dancke annehmen, und, unter Vorbehalt der schuldigen Gegenlage, die nur gemeldet werden darf, allstets verharren Meines Herrn

ergebenster
J. G. Walther.

Weimar *d. 29 Julii,*
1733.

[Anlage zu einem nicht näher identifizierbaren Brief Walthers an Bokemeyer, geschrieben zwischen 1733 und dem 4. 8. 1736]

Matthesonii Schediasma Epistolicum, de Eruditione Musica, ad Joannem Christophorū Krusike; u. *ejusdem literae ad Christ. Friedericum Leisnerum, de eodē argumento an. 1732. spriptae,* sind mir bekañt; des Hrn. à *Seelen ›Princeps Musicus‹,* u. Herrn Sivers ›*Cantor eruditus*‹ aber noch zur Zeit unbekañt! ingleichen die ›Musicalische Striegel‹, u. ›Die an der Kirche Gottes gebauete Satans-Capelle‹. Berlin 1729. Weñ solche sämtl. nebst der *Bibliotheque des Théatres, contenant le Catalogue alphabetique des Pieces Dramatiques, Opera, Parodies, Opera Comiques, et le temps de leur représentation; avec des Anecdotes sur la plupart des Pièces contenues en ce Recueil et sur la Vie des Auteurs, ›Musiciens‹ et Acteurs. Paris.* 8 à 370 Seiten. bekoñen könte, geschähe mir ein sonderbarer Gefallen, u. ich wolte sie gerne bezahlen. In Leipzig ist keins davon zu haben.

24

Bokemeyers „Präsent" war wohl als Gegengabe für das ihm zugesandte Exemplar des WL gemeint; vgl. Br 20 und 22. Näheres über die „ehemahls" überreichte Komposition Heinichens ist nicht bekannt. Die Partituren der beiden „beykommenden ... Kirchen-Stücke" finden sich in dem Konvolut DSB Mus. ms. 30210; ihre Schreiber sind unbekannt. Bei „Feriâ Paschat: 2^{dâ}. Einsamkeit ô stilles Wesen. d. J: Dav: Heinichen." (Kopftitel) zeigt die Autorangabe die Schriftzüge J. S. Bachs, bei „Es lebet Jesus, unser Hort" stammt die Autorangabe „Joh. David Heinichen" von JGW. Zu den von J. F. Stöpel gefertigten Parodietexten vgl. Br 29. Mit dem „Marienfest" ist Mariä Heimsuchung (2. Juli) gemeint.

Bei den Meldungen vom Tode Matthesons (vgl. auch Br 33) und vom Selbstmord Telemanns handelte es sich um bloße Gerüchte, während die Behauptungen über die Verschwendungssucht von Telemanns Frau sicherlich einen wahren Kern enthalten. Zu den „Ihm [Mattheson] übersendeten Gedancken" vgl. Br 23.

G. F. Kauffmanns „Avertissement" betraf sicherlich seine in Lieferungen erscheinende „Harmonische SeelenLust | Musicalischer Gönner und Freunde. | das ist: | Kurtze, iedoch nach besondern Genie und guter Grace | elaborirte Præludia von 2. 3. und 4. Stimmen | über die bekanntesten Choral-Lieder etc. | Allen | ... Liebhabern des Claviers zu einem PrivatVergnügen, | denen HERREN Organisten in Städten und Dörffern aber | Zum allgemeinen Gebrauch beym öffentlichen GOTTES-Dienst, | ... entworffen, | Welchen iedesmahl am Ende der schlechte Choral, mit einem Zierlichen | Fundament nach dem General-Baß, und zwischen ieden Commate | eine kurtze Passage, ... | annoch beygefügt, und ... | ... heraus gegeben worden, | von | George Friedrich Kauffmann, | Fürstl.: Sächßl: Merseburgischen Capell-Direct: | und Hoff-Organisten. | Leipzig auf Kosten des Autoris | und in Commission zuhaben unter dem Rathhauße | bey Boetii Seel: Tochter. | J. G. Krügner sculps. Lipsiae." Deren Vorrede ist datiert „Merseburg, den 8. Octobr. 1733." Ankündigungen enthalten die „Neuen Zeitungen von Gelehrten Sachen" vom 30. Juli 1733 (S. 533 ff.) sowie die „Leipziger Zeitungen" vom 13. August 1733 (S. 516). Nach der letztgenannten Quelle waren am Vertrieb u. a. beteiligt: J. Adlung in Erfurt, J. F. Kirchhoff und J. G. Ziegler in Halle, J. C. Schwalbe in Weißenfels und JGW in Weimar. Das Erscheinen des ersten Stückes melden die „Leipziger Zeitungen" am 7. Oktober 1733 (S. 640). Nach den „Leipziger Zeitungen" vom 17. Februar 1734 erschien das erste Stück zur Michaelismesse 1733, das zweite im Februar 1734.

Zur Förderung von J. G. Walther d. J. durch Herzog Ernst August vgl. Br 19, zur Geldforderung an J. C. Credius vgl. Br 17 und 30.

Mit der „Prinzeßin" ist Johanna Charlotte von Sachsen-Weimar gemeint. Die Identität von deren „Staats-Fräulein" war nicht sicher festzustellen.

Bei den in der undatierten – wahrscheinlich nicht zu Br 24 gehörigen – Anlage genannten theoretischen Schriften handelt es sich um folgende Werke: „DE | ERUDITIONE | MUSICA, | AD | Virum plurimum Reverendum, Amplissimum | atque Doctissimum, | JOANNEM CHRISTOPHORUM | KRÜSICKE, | Artium Magistrum & Oratorem Sacrum apud | Hamburgenses disertissimum, | SCHEDIASMA EPISTOLICUM | JOANNIS MATTHESONII. | Accedunt ejusdem Literæ | ad V. C. | CHRISTOPHORUM FRIEDERICUM | LEISNERUM | de eodem argumento scriptæ. | HAMBURGI, APUD FELGINERI VIDUAM. 1732." (angezeigt in der Zeitung „Hamburgischer Correspondent" vom 1. Oktober 1732, nach Matthesons Ehren-Pforte, S. 214, bereits im April 1732 erschienen).

„Q. D. B. V. | PRINCIPEM | MVSICVM | EX | SACRA ET PROFANA HISTORIA | EXHIBET | ET | EXIMIOS IVVENES | OLAVM MOLLERVM, FLENSBURG. | DE | ERVDITIS MVSICIS | AC | PETRVM CRAMERVM, FLENSBVRG. | DE HISTORIA | PVBLICE D. AVGVST. DICTVROS | PATRVM REIPVBLICAE, VIRORVM SA- | CRI ORDINIS CETERORVMQVE STV- | DIIS NOSTRIS FAVENTIVM | SPLENDIDA CORONA CINGI | DECENTER ROGAT | IO. HENR. VON SEELEN | CONRECTOR. | FLENSBVRGI, | OPERIS VOGELIANIS. A. M DCCXV."

Zu „Herrn Sivers Cantor eruditus" vgl. Br 17. Das lateinische Original erschien unter dem Titel „Cantorum eruditorum decades duae. Rostoch. 1729."

„M. H. F. G. F. C. Musicalische | Strigel/ | Womit | (1.) ... Superlativ-Virtuosen aus der Singenden | und Klingenden Gesellschafft / ... | ... | (2.) ... Super-kluge | Quacksalber aus der Musical. Gül- | de, ... | ... | säuberlich geputzet werden. | ... | Athen an der Pleiße." [1716].

„Die an der Kirchen GOttes gebauete | Satans-Capelle; | ... In einem Wald-Discours | Uber des Autoris zwey letzte Tractät- | lein wider die Hamburgischen Operisten und | Herrn D. Mayern betrachtet, | ... | Und allen Christlichen Seelen | Zur Anschau und Abscheu | vorgestellet | Von | Marco Hilario Frischmuth. | Gedruckt zu Cölln am Rhein, ...". [1729]. Verfasser der beiden letztgenannten Schriften war M. H. Fuhrmann; die Druckorte sind fingiert und bedeuten offenbar Leipzig bzw. Berlin.

„BIBLIOTEQUE | DES THEATRES, | CONTENANT | LE CATALOGUE ALPHABETIQUE | des Piéces Dramatiques, Opera, Parodies, & | Opera Comiques; & le tems de leurs Repré- | sentations. | ... | A PARIS, | ... M.DCC.XXXIII. | ...'"; als Verfasser wird „MAUPOINT, avocat" genannt. Vgl. Br 31.

Lit.: Schünemann, S. 96 f., 100 f., 107, 109; Dok II, S. 238; DDT 28, S. XXVIII, XXXIII; Telemann-Briefe, S. 185, 199 f.; Eckart Kleßmann, Telemann in Hamburg 1721–1767, Hamburg 1980, S. 174 f.; Forkel L, S. 92, 165, 185; RISM B VI 2, S. 565; Schenk-Güllich, S. 12 f., 163 f., 224; Hans Schröder / F. A. Cropp und C. R. W. Klose, Lexikon der hamburgischen Schriftsteller bis zur Gegenwart, Bd. 4, Hamburg 1858–1866, S. 224–227, 415 f.

25.
AN HEINRICH BOKEMEYER, WOLFENBÜTTEL
28. 1. 1734

Mein Herr,

Die Nachricht zu haben, ob Dieselben, samt wehrtester Familie, bey Veränderung der Jahrs-Zahl, Sich noch wohl befinden, wird mir sehr angenehm seyn? ich hoffe solches, und wünsche davon beständige *continuation*! Meines wenigen Orts lebe, nebst den meinigen, Gott sey Danck! noch gesund. Anjetzo übersende die bereits bezahlte 4 Kauffmañische Exemplarien, das 2te Stück davon ist noch nicht heraus, das Geld aber dafür von den andern Hr. *Praenumerant*en an Selbigen übersendet, und von mir so viel gemeldet worden: ich glaubte, es würde die Arbeit den Hrn. Liebhabern Ihres Orts, (die nahmentlich geneñet) gleichwie mir, schon gefallen, Er möchte demnach nur 4 Exempl. zurücklegen, um selbige, auf erhaltene Zahlung, alsdeñ zu übermachen; da Sie nun eben die Gelegenheit haben können, selbige zur Meß-Zeit durch einen Kauffmañ von dem Hrn. Verfertiger, weñ er anders zugegen, selber, oder von dem Stecher Hrn. Krügnern abzufordern, wird es am bequehmsten seyn, auf solche Art dazu zu gelangen; nicht, als weñ hierunter nicht weiter dienen wollte, sondern bloß deswegen, weil Sie das ausgefertigte solcher Gestallt eher aus der ersten, als von mir durch die zweyte u. dritte Hand, erhalten können.

Hierbey koñen des seel. Hrn. Förtschens *Composition*s-Regeln, mit schuldigsten Danck, wiederum zurück. Das 3te Hauptstück davon ist mir schon bekañt gewesen, als welches vor ungefehr

20 Jahren von des damahligen Music-*Directoris* zu Eütin, Hrn.
Joh. Niclas Hanffs seel. Bruder, der sich damahls hier aufhielt,
nachhero aber in Riga als Organist zu Diensten gelanget ist, abgeschrieben. Zur Gegenlage übersende hiermit, auf Verlangen,
meine zusam̄en getragene *Musicam Poëticam*, und zwar die *kleinen* Heffte von einer fremden u. sehr unrichtigen Hand, zum beliebigen Eigenthum, (die Fehler werden Sie schon verbeßern,) die
größern Heffte aber, die ich u. ein anderer geschrieben, zur bequehmen Abschrifft. Was, wegen des 1sten Theils, zwischen mir
u. einem angeblichen Scholaren, der zu Schwerin Capellmeister
wolte gewesen seyn, nachhero bey Ihnen in Wolffenbüttel als
*Violi*nist gedienet, auch in dieser Bedienung vor etlichen Jahren
in großer Melancholie allhier verstorben, *passi*ret sey, wird aus
beygelegter Abschrifft guten theils zu ersehen seyn; und Sie werden selbigen vermuthlich wol gekan̄t haben. Daß dieser sehr un-
vollkom̄ene Aufsatz dergleichen gute *approbation* nicht *meriti*re,
deßen bescheide mich gerne, will auch in solcher Absicht selbigen
Ihnen keines weges *com̄unici*ret, sondern deßen beßere Ausführung auf bequehmere Zeit mir vorbehalten haben; wie dergleichen
mit der Lehre von den *Modis musicis* im Musical. *Lexico* hoffentlich gethan. Der mündliche Unterricht muß das beste bey der
Sache thun. Hierauf habe zu berichten: daß die in Dero letztern
vor der Michaëlis-Meße mir aufgetragene *Com̄ission* damahls nicht
hat besorget werden können, weil der Brief 12 Tage unter Weges
gewesen, da bereits die Meße angegangen, und Hr. Funcke in
Erffurt selbige bezogen gehabt; sie ist aber nachhero, und zwar
vor der abgewichenen Neü-Jahrs-Meße getreülich ausgerichtet worden, sodaß glaube, die Würckung davon werde sich, zum Vergnügen des Hn. Ober-Amtman̄es Woltereck, geäußert haben. Nurbesagter Brief war von MH. bis Erffurt *franci*ret worden; es
hatte aber eine fremde Hand das Wort: ›Erffurt‹, überstrichen,
und ›Caßel‹ daraus gemacht; der Brief-Träger verlangte, laut der
Aufschrifft, durchaus 4 g. *porto* mit großem Ungestüm̄, und einiger
alteration auf seiten meiner; diesem ungebührlichen Ansin̄en aber
loß zu werden *resolvi*rte mich an den Post-Meister in Jena, aus
deßen *Expedition* der Brief an mich gelanget war, zu schreiben,
diesen Unfug ihm zu eröffnen, und das gewöhnliche *porto* hinein
zu legen; worauf weiter nichts vorgefallen, auch keine Antwort

darauf erfolget ist. Dieses geschahe am 5ten *Octobr.* In eben dieser Woche bekam von des seel. ›Buttstetts‹ hinterlaßenen ältesten Sohne, der ein *Medicinae Practicus* in Erffurt ist, einen Gevatter-Brief; welcher aber, nach geschehener Anfrage, bey dem Kirchner, u. besage des Kirchen-Buchs, falsch befunden worden, als in welchem nicht ich, sondern eine andere Person befindlich gewesen. So wird bey geistl. Handlungen auch S.— heütigen Tages ausgeübet! und dieses ist schon der zweyte Vorfall von daher, der mich eben gewitziget hat, mit dem Pathen-Geschencke nicht sogleich heraus zu rücken, sondern erst Nachfrage zu halten. Fast zu gleicher Zeit habe aus *Como* in Italien von einem dasigen Priester, und aus Augspurg von einem dasigen Buchhändler Briefe, und zugleich von dem erstern einige wenige Nachrichten von seinen *Special*-Landt-Leüten im Mayländischen, von diesem aber etliche 20 gedruckte Titul-blätter u. Zuschrifften aus seinem Musical. Verlage erhalten, wodurch mein *Lexicon* vermehren köñen. Dem letztern habe zur Erkeñtlichkeit 6 Instrumental-Stücke von meiner Arbeit zum beliebigen Druck übersendet. O! weñ doch noch mehrere erwecket würden, dergleichen zu thun. In der Hoffnung alles guten, u. beständiger Hochachtung bin u. verbleibe allstets

. Meines Herrn

ergebenster
J. G. Walther.

Weimar *d.* 28 *Januarii*, 1734.
// Im Mus. *Lex.* sind die Articul: *Bele* u. *Capitaneus*, als irrig auszustreichen, u. hingegen unter: *Hele* u. *Mengelius* das gehörige zu suchen. //

25.

Zu den „Kauffmannischen Exemplarien" und zum Erscheinungstermin der zweiten Lieferung vgl. Br 24. Die Namen der erwähnten Pränumeranten sind nicht bekannt. Eine Abforderung „zur Meß-Zeit" setzt die Anwesenheit G. F. Kauffmanns in Leipzig voraus.

Mit „des seel. Hrn. Förtschens Compositions-Regeln" ist sicherlich J. Ph. Förtschs „Musicalischer Compositions Tractat" gemeint, der in einer Abschrift des Förtsch-Schülers G. Österreich mit Zusätzen von der Hand Bokemeyers vorliegt (DSB, Mus. ms. theor. 300).

Bei dem Rigaer Organisten Hanff (Vornamen nicht bekannt) handelt es sich wohl um einen der drei Halbbrüder J. N. Hanffs: Matthias (geb. 1681), Johann Martin (geb. 1684) und Johann Andreas (geb. 1686).

Die „Musica Poetica", ein Teil der „Praecepta der Musicalischen Composition" von JGW (vgl. Br 9), befindet sich abschriftlich in Berlin (DSB, Mus. ms. theor. 950).

Der ehemals in Wolfenbüttel und zuletzt in Weimar tätige Violinist könnte mit C. L. Crone identisch sein; die „beygelegte Abschrifft" über dessen Kontroverse mit JGW fehlt. Der Artikel „Modus Musicus" nimmt im WL die Seiten 409–415 ein. Über die „Commission" für J. C. Woltereck ist nichts bekannt.

Die Taufe von Samuel Wilhelm Buttstedt, einem Sohn von J. L. und Enkel von J. H. Buttstedt, fand am 6. Oktober 1733 in der Erfurter Predigerkirche statt; das Kirchenbuch nennt unter den Paten JGW nicht.

Der Name des Priesters in Como wurde nicht ermittelt, der Buchhändler in Augsburg wird mit J. C. Leopold identisch sein; zu einer Veröffentlichung der diesem übersandten Instrumentalstücke kam es nicht.

Lit.: Max Seiffert, Ein unbekannter Brief Johann Gottfried Walthers, SIMG 9, 1907/08, S. 155 f.; Schünemann, S. 112 f.; DDT 46/47, S. XVII, XIX; Lidke, S. 83; Johann Sebastian Bach in Thüringen, Weimar 1950, S. 103 (R. Jauernig); Bernhard Baselt, Der Rudolstädter Hofkapellmeister Philipp Heinrich Erlebach (1657–1714), Dissertation (masch.-schr.), Halle/S. 1963, S. 556; Moritz Rudolph, Rigaer Theater- und Tonkünstler-Lexikon, Riga 1890.

26.
AN LORENZ CHRISTOPH MIZLER, LEIPZIG
15. II. 1734
Autographische Kopie

HochwohlEdler und Wohlgelahrter,
Insonders Hochzuehrender Herr Magister!

Ew. HochwohlEdl. geehrteste Zuschrifft unterm 25 *passato* habe, nebst angeschloßener *Dissertation*, wohl erhalten. Ich dancke demnach hierdurch gebührend für deren gütige Mittheilung; zuförderst aber *gratuli*re zu diesem rühmlichst abgelegten *Specimine Academico-Musico*, herzlich wünschend, daß auf solches ein mehreres (verstandener maßen) zu beßerer Aufnahme der lieben Music, bald erfolgen möge! An statt einer von mir erwartenden Antwort auf das in vorgedachter *Dissert.* befindliche 3te *Corollarium*, beziehe mich auf den dem Musical. *Lexico* vorangesetzten Bericht, als in welchem, dem Verstande nach, eben dasjenige anzutreffen ist, was Ew. HochwohlEdl. in dem gebrauchten Gleichniße (den ›Mangel‹ betreffend) auszudrucken beliebt haben. Was aber den ›Überfluß‹ anbelanget, dergleichen z. E. in nachstehenden Articuln aufstößet, als ›*Augustinus*‹, woselbst *p.* 57. die Worte: „das 1ste Buch – – 17 Capitel." ans Ende dieses Articuls gehören; ›*Capitaneus*‹, welcher Articul allerdinges irrig u. auszutilgen ist; ferner: ›Pachelbel‹ (Johañ) in welchem *p.* 458 die ›acht untere und neün obere‹ Zeilen gleichfalls auszurotten sind; und an andern Stellen mehr: hafftet theils die Schuld an mir, theils aber auch an dem Aufseher des Druckes. Wie deñ hier beyläuffig eriñern muß: daß die im Vorberichte befindliche Worte: „Auf deßen Begehren – – nöthig seyn dörffte." gleichermaßen auszulöschen sind. Der Hr. Verleger hatte von mir verlanget: das Wort ›vollständig‹ in den Titul zu bringen; nachdem aber hierzu mich nicht verstehen wollen noch köñen, und dafür lieber das Wort ›hinlänglich‹ vorgeschlagen, zugleich aber auch ihm gezeiget: daß dieses nicht einmahl nöthig sey; hat er meiner Vorstellung gefolget, und beydes weggelaßen, in diesem ihm schon *an.* 1731. zugefertigten Vorbericht auch die Jahr-Zahl geändert, diese *passage* aber glücklich *sc.* stehen laßen. Sonsten glaube nicht, daß Ew. HochwohlE. die z. E. unterm Articul: *Homerus*, angebrachte *criti*sche, auch andere hin u. wieder vorkoñende *geographi*sche Anmerck- und Erläuterungen unter die ›überflüßige Feüchtigkeiten‹ rechnen werden; weil es nicht ohne Ursach geschehen ist.

Ich will demnach die von Ihnen mir *offeri*rte deütlichere Meynung, nebst anzuzeigenden Stellen, ergebenst hierdurch ausbitten; weil nicht von der Sorte zu seyn verlange, die *incorrigible* zu seyn *praetendi*ret; sondern bin vielmehr verbunden u. bereit, gute u. gegründete Eriñerungen in Liebe auf- und anzunehmen: wie deñ auch die bereits öffentlich geschehene Anzeige mich nicht *touchi*ret; doch wäre es mir lieber, weñ solche nicht geschehen. Soll sie aber nur so viel bedeüten: daß die Leser möchten *encouragi*ret werden, das von sich u. andern *Musicis* wißende gelegentlich einzusenden, um dem ›Mangel‹ hierdurch abzuhelffen; wohlan! so seyn Ew.

HochwohlEdl. von der Güte, und beehren mich zugleich so wol
mit Dero eigenen, als anderer in Ihrer Gegend u. Nachbarschafft,
die es *meriti*ren, insonderheit der Hrn. ›Bümler‹, u. Hrn. ›Ehr-
mañs‹ nöthigen Lebens-Umständen; ich will sie denen bereits anderweit her erhaltenen, mit vielem Vergnügen, beyfügen. Vielleicht sind Ew. HochwohlEdl. hieriñ glücklicher als ich! deñ den
Hrn. Capellmeister ›Georg Heinrich Bümler‹ (den ich für den
Vater des jetzigen halte) habe durch *Mr.* Weichardten vorlängst
hierum ersuchen laßen, aber nichts erhalten köñen; an verschie-
deñen andern Orten ist mir ein gleiches wiederfahren, so daß fast
alle dißfalls aufgewandte Kosten, Mühe u. Zeit bis hieher vergeblich gewesen. Da nun Ew. HochwohlEdl. melden: „Ich wolte
ich wäre im Stande was beyzutragen," so gebe Ihnen zu überlegen: ob, weñ Sie an meiner Stelle gewesen, wol eine ›stärckere
u. vollkoñenere Geburt‹ würde zum Vorschein gekoñen seyn? ist
deñ des *Fabri Lexicon* gleich anfänglich auch in jetzigem Stande
gewesen? etc. etc. Ich habe gethan, so viel nur iñer thun können.
Inzwischen befinde, daß das Sprüchwort: *quot capita, tot senten-
tiae,* seine völlige Richtigkeit habe, weñ unter andern eingelauffenen *judiciis,* insonderheit das vom Hrn. Capellmeister Mattheson
gefällte, u. im 58 Stück der Niedersächs. Nachrichten von neüen
Büchern aufs Jahr 1732. befindliche Urtheil (deßen mich in verschiedenen Stücken unwerth schätze) gegen das Ihrige halte. Ein
Argwöhnischer möchte wol gar muthmaßen, daß dieses nicht aus
eigenem Triebe, sondern auf Anstifften eines andern hergekoñen;
doch, die hieriñen bezeigte Redlichkeit, da Sie solches Selber mir
zugeschicket haben, läßet mich hoffen, daß es nicht böse gemeynet,
sondern vielmehr eine kleine Ü – – – in unnöthiger Wiederholung
desjenigen sey, so ich bereits selber mehr als einmahl angeführet
habe. In dieser Hofnung, nehme mir die Freyheit, Ihnen mit etwas
von meiner Composition aufzuwarten, um zu bezeigen, wie allstets,
unter vieler Hochachtung, zu seyn verlange
Ew. Hochwohl-Edl. u. Wohlgel.

ergebenster Diener
J. G. W.

Weimar *d.* 15 Novemb.
1734.

[Anlage: Autographische Kopie des Briefes von L. Ch. Mizler
an Joh. Gottfr. Walther vom 25. 10. 1734]

WohlEdler Herr!
Hochgeehrtester Gönner!

Die Freyheit die ich mir genom̄en, an Ew. WohlEdlen dieses
Schreiben abzulaßen, macht so wohl die Hochachtung so ich vor
die Verdienste Ew. WohlEdlen in der Music habe, als auch meine
Liebe die Musicalische Wißenschafft nach meiner Wenigkeit zu
befördern. Das erste ist entsprungen, da ich das Musicalische
Lexicon von Ew. WohlEdlen mit vielen Fleiß zusam̄en getragen,
und an das Licht gestellet, gesehen. Das andere bezeüget meine
beygeschloßene *Dissertation* so ich zu Leipzig gehalten. Selbige
habe ich aus keiner andern Ursach Ew. WohlEdlen zu übersenden vor nöthig erachtet, als weil ich mir die Freyheit genom̄en,
am Ende ein ohnmaßgebliches Urtheil über Ew. WohlEdlen Musicalisches *Lexicon* zu fällen. Ew. WohlEdlen werden sich solches so mehr gefallen laßen, je mehr bekan̄t ist, daß in der Republic der Gelehrten erlaubt ist, von jeden Buch seine Meinung
aber mit Bescheidenheit zu sagen. Ich glaube nicht daß ich darinn
über derselben Gräntzen geschritten bin. Ich gebe es Ew. Wohl-
Edlen selbsten zu beurtheilen. Sie werden selbsten sehen, daß
noch vieles kan dazu gesetzet werden, und vieles gar nicht darin̄
stehen solte. Meine Meinung kan ich auf Verlangen deütlicher
nebst angezeigten Stellen erklären. Ich kan Ew. WohlEdlen versichern: ich habe mich nicht wenig vergnüget, da ich deroselben
Buch gesehen, u. wird mir eben ein so groß Vergnügen seyn, wen̄
ich die andere und verbeßerte Auflage sehen kan. Ich wolte ich
wäre im Stande Ew. WohlEdlen was beyzutragen, ich machte mir
eine Freüde davon. Meine Pflicht wäre gewesen, Ew. WohlEdlen
meine *Dissertation* gleich von Leipzig aus zu übersenden; meine
aber gleich darauff erfolgende Reiße zu meinen Eltern hat solches
verhindert. Übrigens bitte meine Freyheit im Urtheilen nicht ungütig zu nehmen, sondern zu glauben, daß ich, obgleich unbe-
kan̄ter Maßen, die Ehre zu seyn habe,

Ew. WohlEdlen Meines Hochgeehrtesten
Gönners Ergebenster Diener
M. Lorenz Christoph Mizler.

Heidenheim im An-
spachischen. *d.* 25 *Octob:*
A. 1734.

26.

Beilage zu Br 29. In der Abschrift von JGW Anordnung der Briefe umgekehrt: Mizler an JGW, JGW an Mizler. Mizlers Arbeit erschien unter dem
Titel „DISSERTATIO | QVOD | MVSICA ARS SIT | PARS ERVDI-
TIONIS | PHILOSOPHICAE; | QVAM | AMPLISSIMI PHILOSOPHO-
RVM | ORDINIS CONSENSU PUBLICO ERUDITORUM | EXAMINI
SUBMITTENT | d. XXX. JUNII MDCCXXXIV. | PRAESES | LAUREN-
TIUS CHRISTOPHORUS | MIZLER, | PHILOSOPHIAE MAGISTER
IN ACADEMIA LIPSIENSI; | RESPONDENS | LIBORIUS OSCH-
MANN, | UTRIUS JURIS & MUSICES STUDIOSUS, ENGELSBA- |
CENSI- THURINGUS. | LIPSIAE, | TYPIS JOH. GEORG. SCHNIBESII.“

Den Wortlaut der dort auf S. 24 unter den „Corollaria“ gedruckten Kritik am WL gibt JGW in Br 27 wieder. Zu den Emendanda in Titel und
Dedikation vgl. Br 20. Mizlers Dissertation ist – neben J. Mattheson und
J. S. Bach – „IOHANNI BENEDICTO BUMLERO“ und „IOHANNI
SAMUELI EHRMANNO“ gewidmet; korrekt angegeben sind die Vornamen
Bümlers erst in der zweiten Auflage von 1736. Vgl. Br 32, Anlage. Das WL
bringt über Bümler nur eine sehr kurze Notiz. J. Ph. Weichardts Vermittlerrolle
erklärt sich durch seinen Wechsel aus Weimarer in Ansbachische Hofdienste
(1729?). Die Bemerkung über „des Fabri Lexicon“ bezieht sich auf „Basilii
Fabri Thesaurus Eruditionis Scholasticae“ (zahlreiche Auflagen seit 1587).
Zur Besprechung J. Matthesons vgl. Br 22.

Lit.: Schünemann, S. 106; Wöhlke, S. 11 f.

AN HEINRICH BOKEMEYER, WOLFENBÜTTEL

Mein Herr,

Daß Dieselben bis hieher Sich wohl mögen befunden haben will
hoffen, und beständige *Continuation* Ihnen zum eingetretenen
Neüen Jahre, nebst allem Seel- u. Leibes-Wohlergehen, ergebenst
anwünschen. Meine Gesundheit stehet dermahlen, vom 17 dieses,
auf nicht gar starcken Füßen, da mich ein Fluß-Fieber sehr herunter bringen u. mitnehmen will; doch, da seit etlichen Tagen die
Schmertzen am rechten Ohr sich geleget haben, und durch selbiges
das iñerliche Geschwür sich nach u. nach abführet, hoffe baldige
restitution, um mein Amt, welches mein jüngerer Sohn für mich
jetzo versiehet, selber wiederum zu übernehmen. Für beykoñende
2 Contrapunctische Tractätgen bin Ihnen verbunden; und übermache das 3te hiermit zum beliebigen Eigenthum, welches eben
dasjenige ist, wovon ehemahls gemeldet habe, wie u. auf was für
Art dazu gelanget sey; doch, da mir nachhero die Methode des
seel. Hrn. Theilen nicht durchgängig gefallen wollen, indem nach
selbiger z. E. in 3 Stiñen, allezeit zwo Stiñen, der Melodie nach,
überein ausfallen; habe eine Änderung gesuchet, u. selbige, wie
beygelegte Fuge *à* 3 *Subjectis* zeigen wird, hoffentlich gefunden.
Diese Fuge und das Vorspiel über: Hr. Jesu Christ wahr Mensch
u. Gott etc. können MH., nach geschehener *perlustri*rung, Dero
Herrn Schwieger-Sohne, nebst dienstl. Begrüßung von mir, zustellen, weil ich glaube, daß Derselbe beydes wird brauchen können.
Mein gantzer Reichthum an veränderten Chorälen von meiner
Arbeit erstrecket sich auf 107 an der Zahl, die zusañen über
3 1/2 Hundert *Variationes* betragen, und möchte ich wol zu solchen
einen anständigen Verleger wünschen, der sie in Kupfferstich *publici*rte: ich habe auch deswegen bereits nach Augspurg u. Hamburg
geschrieben; allein von beyden Orten keine *favorabl*e Antwort erhalten: an jenem befürchtet man sich keines Abgangs darum, weil
es nur Evangelische Lieder wären, die von andern Religions-Ver-
wandten nicht gesuchet würden; und von diesem erhielt einen
Wunsch, dahin gehend: daß sich der rare Vogel bald entdecken
möge! Es koñe nun damit wie es wolle, so laße mir so wol die

Ausfertigung derselben, als die Zurückbehaltung gefallen, und werde ich mich einesweges, weñ Gott ferner Leben u. Gesundheit bescheeret, befleißigen, damit fortzufahren, zumahl, weñ es sich fügen solte, daß meine Orgel bald wiederum bey- und zusamen sähe.

Das beykomende Bachische Exemplar, wofür ich 12 g. gezahlet, wollen Sie für 8 g. hingeben, u. nebst dem Crediußischem Rest à 1 rdl. von *an*. 1713 her, (weñ er anders eingelauffen ist) sodañ durch Gelegenheit an mich gütigst gelangen laßen. Von des berühmten Italiäners *Francesco Gasparini* Arbeit, habe eine aus aĺlerhand Arten *Canonum* bestehende *Missam* an jetziger Meße bekomen, die Er als ein *Specimen* seiner Geschicklichkeit verfertiget, um in die *Academie* der *Filarmonicorum* aufgenomen zu werden. Woraus, meines wenigen Orts, so viel schlüße: daß diese Gattung bey dieser Nation annoch in Ehren gehalten werden müße, sonsten es ja durch etwas anders wol hätte geschehen können. Übrigens habe noch zu melden: daß, da sich kein *M.* aus dem Nordischen *H* sich gefunden, mein Musical. *Lexicon* anzugreiffen; sich dennoch ein anders *M* aus dem Südlichen *H* eingestellet, solches zu thun: neml. ein aus *Haidenheim* im Anspachischen gebürtiger, u. bishero sich in Leipzig aufgehaltener *Magister*, Nahmens Lorentz Christoph ›Mizler‹, hat am 30 *Junii a. p.* eine *Dissertation: quod Musica Ars sit pars Eruditionis philosophicæ* gehalten, selbige dem Hrn. Capellmeister *Mattheson*, dem Hr. Capellmeister Bach, dem Hrn. Capellm: Bümler, u. dem Hrn. *Music-Directori* Ehrmañ in Anspach *dedici*ret, und unterm 25 *Octobr. a. p.* mir, nebst einem Handschreiben, zugeschicket. Sein gefälltes *judicium* bestehet in folgenden: *Waltheri Lexicon musicum sive Bibliotheca musica, Patris laude sua non defraudandi bonæ spei filius, sed infans adhuc est, qui variis, ut fieri solet in infantibus, morbis laborat, opto ut, prudenti accerso Medico qui abundantes humores adimat, multos post annos robustior factus, semper in reipublicæ musicæ usum vivat!* Meine Antwort hierauf ist unterm 15 *Nov.* geschehen, und muß ich des fernern gewärtig seyn; solten MH. selbige zu lesen verlangen, will sie künfftig übersenden.

Schlüßl. will bitten, weñ des Hrn. Capellm: Hurlebusches Clavier-Werck aus Fugen bestehend, so Er selber *edir*en will, um das unächte Exemplar so in Amsterdam herausgekomen zu Schanden zu machen u. seine Ehre zu retten, ans Licht treten solte, mir die Gefälligkeit zu erweisen, und nur von jedem Stück den Anfang des *Thematis* abschreiben zu laßen, und selbigen mir zu com̄uniciren. Köñte ich das Werck selber *NB.* zu sehen, nicht aber zu kauffen, durch Meines Herrn gütigste Vermittelung, überkom̄en, wäre es mir um so viel lieber, als hierunter eine geheime Ursache verborgen lieget, die Ihnen sodañ *sub rosa et spe silentii,* auf Verlangen, entdecken werde. Hierauf empfehle mich zu beharrlichen Wohlwollen, allstets verbleibend

Meines Herrn

aufrichtig ergebenster
Diener,
J. G. Walther.

Weimar *d. 27 Januarii*
1735.

P. S. Ist aus Ihrem Quartier, oder vielmehr aus Ihrer Gegend u. Nachbarschafft, ingl. aus Ihrer Hochfürstl. Bibliothec nichts für mein *Lexicon* an Nahrung zu hoffen? Der Hof-*Fourier* ›Kalb‹ ist von hier weg, ohne mich, wegen des Hrn. Capell. *Credii,* zu bezahlen; u. weñ dieser mein ausgelegtes Geld nicht selber *restituiret,* so hat ein Organist einem Fürstl. Capellmeister etwas *par force* geschencket.

27.

Über die „beykommenden 2 Contrapunctischen Tractätgen" ist nichts Näheres bekannt; das dritte – aus dem Besitz von JGW – könnte mit einem der in Br 9 erwähnten Titel identisch sein. Der Verbleib der beigelegten Kompositionen von JGW ist nicht bekannt. Mit „Dero Herrn Schwieger-Sohne" ist J. C. Schultze gemeint. Zur Anzahl der von JGW komponierten Choralvariationen vgl. Br 37. Die Augsburger Anfrage war sicherlich an J. C. Leopold gerichtet, entsprechende Anhaltspunkte für Hamburg fehlen. Zum Zustand der Weimarer Stadtkirchenorgel vgl. Br 5 ff.

Das „Bachische Exemplar" wird mit dem Einzeldruck einer der sechs Partiten BWV 825–830 identisch sein; zur Forderung an J. C. Credius vgl. Br 17 und 28–30.

Gasparinis Kanonmesse soll 1705 entstanden sein. Eine Abschrift in der Sächsischen Landesbibliothek Dresden (Mus. 2163–D–7) trägt den Titel „Missa à quatro Voci à Capella. Canon in Diapente, et Diapason. Francesco

Gasparini" (Besetzung: 4 Singstimmen und Orgel, Provenienz: Hofkirche). Weitere Abschriften: SPK Mus. ms. 7101 (J. F. Agricola), Mus. ms. 7102 (J. Ph. Kirnberger?), Mus. ms. 7105/1, Am. B. 436; DSB Am. B. 414; Civico Museo Bibliografico Bologna.

Mit „M. aus dem Nordischen H." ist Mattheson in Hamburg gemeint; zu dessen Besprechung des WL vgl. Br 22. Zum Briefwechsel mit L. C. Mizler vgl. Br 26.

C. F. Hurlebuschs „COMPOSITIONI MUSICALI..." erschienen wenig später zum Preise von 3 Talern 12 Groschen. Am Vertrieb war auch J. S. Bach beteiligt (Anzeige in den „Leipziger Zeitungen" vom 5. Mai 1735). Der Amsterdamer Raubdruck war etwa Mitte 1733 unter dem Titel erschienen „OPERA SCELTE PER IL CLAVICEMBALO | DEL FAMOSISSIMO SIGNORE | CONRADO FRIDERICO HURLEBUSCH | CONTINENTE | OUVERTURE, ALLEMANDE, CORRENTI, SARABANDE, GAVOTTE, MENUETTI, | GIGHE, TOCCATI E FUGHE, | ... | OPERA PRIMA | STAMPATE A SPESE DI | GERHARDO FRIDERICO WITVOGEL | A AMSTERDAM N° 28."

Über die „geheime Ursache" ist nichts bekannt.

Lit.: Bitter, Bd. 3, S. 223; Schünemann, S. 98; Wöhlke, S. 12 f.; Dok II, S. 255 f., 262 f.; RISM A/I/4, H 8022; Tijdschrift van de Vereeniging voor Nederlandsche Muziekgeschiedenis 7, 1904, S. 264 ff. (M. Seiffert); Martin Ruhnke, Francesco Gasparinis Kanonmesse und der Palestrinastil, in: Musicae Scientiae Collectanea. Festschrift Karl Gustav Fellerer zum siebzigsten Geburtstag am 7. Juni 1972, Köln 1973, S. 494–511; Johann Adam Hiller, Lebensbeschreibungen berühmter Musikgelehrten und Tonkünstler neuerer Zeit, Leipzig 1784, S. 222 f.

28.
AN HEINRICH BOKEMEYER, WOLFENBÜTTEL
19. 4. 1735

Mein Herr,

Dero geehrteste Zuschrifft unterm 7 *Febr. a. c.* habe, nebst angeschloßenem, am 18 gedachten Monats bey guter und wiederum hergestellter Gesundheit, was die gehabte Ohren-*maladie* anbelanget, wohl erhalten; sonsten aber werde beständig und nunmehro über 1/2 Jahr von einem starcken Fluße am rechten Arm sehr und dergestalt *incomodi*ret, daß beym an- und auskleiden eines Beystandes mich bedienen muß. Auf des Herrn Capellmeisters *Credii* unterm 20 *Octob. a. p.* an MH. eingesandten und mir mitgetheilten Brief kom̄t hierbey, vorgeschlagener maßen, die Antwort; ingleichen deßen unterm 13 *Julii* 1715 an mich abgelaßenes *Original*-Schreiben, darin̄ Derselbe die Ihm hierauf übersendete Clavier-Sachen zwar nicht *expresse* verlangt gehabt, jedoch deütlich zu verstehen gegeben, wie es ihm lieb seyn würde, sich etwas neües anschaffen zu können: da nun zur selbigen Zeit Hrn. Buttstetts also genān̄te ›Kunst- und Vorraths-Cam̄er‹, ingleichen meine 2 Choräle, nahmentlich: Meinen Jesum laß ich nicht, à 6 *var:* und, Jesu meine Freude, à 10 *var:* die neüesten von *publiqu*en Sachen in hiesiger Gegend waren, vermeynte ich wohlgedachtem Hrn. Capellmeister einen sonderbaren Gefallen und Dienst damit zu erweisen; schaffte demnach das erste Werck, durch den einen Sohn des Verfaßers, für 16 g. (da es andere für 1 rdl. bezahlen musten), das zweyte aber von deßen Verleger (der mir meine Mühe dafür belohnet gehabt) für 8 g. an, und übermachte beyde Wercke zusam̄en für 1 rdl. so mein ausgelegtes Geld war. Wie nun aus des Hrn. Capellmeisters Schreiben ersehe, so ist ihm zwar das erste noch in Andencken, das zweyte aber entfallen: und hieraus entstehet die *difference*, daß ich 1 rdl. *praetendi*re, Er aber nur 16 g. zahlen will. Hätte der Hr. Capellmeister damahls diese Waare alsobald *remitti*ret; oder, nach geschehenem Empfang das ausgelegte Geld übersendet; oder wenigstens auf meine unterm 10 *Febr. an.* 1726. geschehene, und durch den Trompeter ›Kalb‹ Ihm schrifftlich eingehändigte Erin̄erung selber Richtigkeit gemachet, so wäre alles gut gegangen; da Er aber gedachtem Trompeter die *Com̄ission*, inen Thaler mir zu zahlen, nur mündlich aufgetragen, ohne mir solche schrifftl. wißen zu laßen, dieser hierauf selbige mir zwar eröffnet, aber keines weges erfüllet; so ist es nun also ergangen, daß noch nicht *contenti*ret bin. Nach so langer Zeit, jetzo mehrerwehnte Sachen wieder zurück- und annehmen, kan mir nicht zugemuthet werden; wäre es aber, schon berührter maßen, eher geschehen, hätte mich deßen nicht weigern wollen. Letztl. irret sich der Hr. Capellmeister hierin̄, wen̄ Er meldet: „Er habe an mich geschrieben, u. die Sachen wären ihm für 16 g. von mir überlaßen worden;" den̄ seit dem 13 *Julii an.* 1715 habe keinen Buchstab von demselben weiter erhalten.

Dieses ist der Inhalt beykom̄enden Beantwortungs-Schreibens, welches MH. an den Hrn. Capellmeister ohnbeschwer wollen gelangen laßen; das davon zu entrichtende *porto* darf nur kühnlich von dem erwartenden Gelde abgezogen werden. Befinden Sie es für dienlich, so kan dieses *Original* mit beygelegt werden. Dieser Vorfall soll mir zur Warnung dienen, hinführo nicht so *facil* zu seyn, Liebes-Wercke gegen andere auszuüben, und meiner dabey zu vergeßen.

Von unsern Angelegenheiten schlüßl. noch etwas zu berühren, so berichte (1. daß des Hrn. Capellm. Mattheson ›kleine *General-*Baß-Schule‹ noch nicht bekom̄en können, obschon zu zweyen-mahlen in Leipzig durch Meße-Leüte darnach fragen laßen; in jetziger Meße aber hoffe sie zu erhalten. (2. daß deßen ›wohlklingende Finger-Sprache‹, aus 12 Fugen bestehend, gegen jetzige Meße in Kupfferstich ans Licht treten wird, wie das unterm 29 Merz *a. c.* von demselben erhaltene *Avertissement* besaget. (3. daß es mir zu großem Vergnügen gereichen soll, weñ durch Dero gütigsten Vorschub einen ansehnlichen Beytrag zum musical. *Lexico* von Personen u. Sachen bekom̄en kan; ich verspreche dafür Ihnen mit Hrn. Theilens ›Kunstbuche‹ gewiß in Abschrifft zu dienen, welche aufs längste gegen die Winter-Meße fertig werden soll. (4. Was heüte mit meinem jüngern Sohne vorgegangen, wird beygelegtes *Program̄a* lehren. Weñ jetzige Gelegenheit, da neml. der hiesige Ober-Jägermeister, der Hr. von Volgstedt an ihren Hof gesendet wird, mir nicht so unverhofft aufgestoßen, würde noch ein mehrerers angeführet haben; so aber muß schlüßen, unausgesetzt verharrend

Meines Herrn

aufrichtig ergebenster
Diener,
J. G. Walther.

Weimar *d.* 19 April,
1735.

P. S. Hr. Kauffmañ in Merseburg
ist am 10ten Merz begraben worden.

28.

Zu den 1715 an J. C. Credius geschickten Musikalien vgl. Br 17. Mit dem „Sohn des Verfaßers" ist J. L. Buttstedt gemeint, der „Verleger" ist L. Dreßler, ein Schwager von JGW. Vom Briefwechsel Credius – JGW ist nur der vorliegende Auszug erhalten.

Zur Neujahrsmesse 1735 erschien „Johann Mattheson's, | . . . | Kleine | General-Baß-Schule. | Worin | Nicht nur Lernende, sondern vornehmlich Lehrende, | . . . | Mittelst | Gewisser Lectionen oder stündlicher Aufgaben, | Zu | Mehrer Vollkommenheit in dieser Wissenschafft, | . . . | . . . angeführet werden. | . . . | Hamburg, bey Joh. Christoph Kißner. 1735." Am 3. Mai 1735 folgte „Die | Wol-Klingende | Finger-Sprache | in | Zwölff Fugen | mit | Zwey biß drey Subjecten, | entworffen | und dem | Hoch-Edel-gebohrnen, Hochgelahrten und | Weltberühmten Herrn | Herrn Georg Friedrich Händel, | Königl: Großb: und Churfürstl: Braunschw: Lüneb: | Capellmeister, | als ein Merckmahl sonderbahrer Ehrbezeigung | Zugeeignet | von | Mattheson. | Erster Theil | Hamburg 1735. im Verlage des Verfaßers." Ein Exemplar des „Avertissements" ist nicht bekannt. Zur Abschrift von „Hrn. Theilens Kunstbuche" vgl. Br 29 ff. Über den Vorgang mit J. C. Walther sowie das „Programma" wurde nichts ermittelt; es könnte sich um eine schulische Veranstaltung gehandelt haben, jedoch nicht um die Schulentlassung J. C. Walthers.

Lit.: Ehren-Pforte, S. 215, 216.

29.
AN HEINRICH BOKEMEYER, WOLFENBÜTTEL
3. 8. 1735

Mein Herr,

Ehe noch an etwas anders gedencke, bedancke mich zum allerschönsten für den raren Frosch, welcher auch darum also geneñet werden mag, weil er sich gar nicht zu erkeñen giebt, wer er gewesen, da doch seine *intestina* fleißig *anatomi*ret habe. Ich will solchen wohl aufheben, und, nebst andern, auf meine Nachkoñen zu bringen, bedacht seyn; zur Danckbarkeit aber von des seel. Theilens Kunst-Buche so viel, als davon bishero abcopieren köñen, hiermit zum Eigenthume übermacht haben. Der Rest soll, weñ Gott Leben und Gesundheit verleihen wird, nach und nach gewiß folgen. Um die Zeit zu gewiñen, habe nur den Anfang hinsetzen, und die Fortsetzung MH. überlaßen wollen. Mit der in den 3 Arien und im *Praeludio* versteckten u. aufzusuchenden 4ten Stiṁe, kan und will, auf Verlangen, gerne dienen, weil sie bereits glücklich entdecket u. gefunden worden ist; Sie werden aber dieses Erbieten nicht nöthig haben! Die Anzeige wegen ihres Büchelchens ist so wol an die hiesigen Schul-*College*n, als an die Schüler geschehen. Beykoṁende Auflösung des Bachischen im Telemañischen Music-Meister befindlichen *Canonis*, hat mich bey Ihro Hochwürdigen *Magnificenz*, dem Hrn. *Doct: Syrbio* in Jena, von dem nurbesagtes Werck vorm Jahre coṁunicirt bekoṁen, sehr *recoṁendi*ret, als ich Ihm solche nachhero durch meinen sich noch daselbst aufhaltenden ältern Sohn zugeschicket; Vor wenig Wochen hat Er mich, in einem eigenhändigen aufs verbindlichste abgefaßten Schreiben, so gar um die Anweisung dieser von Ihm *intricat* genañten Composition ersuchet, die Ihm auch, als einem vornehmen Liebhaber u. Keñer, nicht versagen mögen. Der zweyte in vorbesagtem Wercke befindliche „14 mahl zu verkehrende *Canon* aber von *Mr. Zelenska* ist mir noch zur Zeit ein sehr dunckeles Räthsel, und eben so schwer aufzulösen (weil er ohne einige Anleitung so bloß da stehet), als beygelegtes Räthsel in teütscher Sprache seyn mag, auf deßen Auflösung ein großes *præmium*, weis nicht wo, gesetzt seyn soll. Über die Ihnen ehemals übersendete Cantate: ›Musen-Söhne sind betrübt‹ etc. stellet sich jetzo eine von einem guten Freünde in Erffurt, der mein Schul-*Compagnon* gewesen, u. daselbst an der Haupt-Kirche *Cantor* ist, verfertigte Parodie, zum beliebigen Gebrauch, ein. Der Mizlerische Brief, und meine Antwort darauf, folget auch hierbey; es ist seit dem hieriñ nichts weiter vorgefallen, ungeachtet der Hr. *M.* Mizler sich wiederum in Leipzig, und demnach in der Nähe, befindet. Wer muß doch wohl der Verfaßer des unter den Buchstaben M. Z. G. am 4ten *Febr.* 1735. von B. aus, *ad et contra Matthesonium* abgelaßenen Schreibens seyn? wozu der Vorbericht über deßen Kleine General-Baß-Schule Gelegenheit gegeben hat. Mit Lesung nurgedachten Buchs bin bis auf die 202te Seite gekoṁen; was in solchen Blättern angemercket, wird beykoṁender Zedul aufweisen, auf welchen auch einige Telemañische Sätze, so in deßen

Singe- Spiel- und Clavier-Übungen angetroffen, verzeichnet sind. Dieser *statui*ret:

sey ein vermehrter *Unisonus*; welches Vorgeben, nach meinem wenigen Begriff, wieder die Natur und Eigenschafft so wol des Worts als der Sache laufft. Über alles bitte MH. aufrichtiges *Videtur* mir gelegentlich aus. // und den Zedul zu *remitti*ren. (*Hæc inter nos.*) // Die hiesige Capelle ist am 1sten May *dimitti*ret worden, und hat demnach gleiches Schicksaal mit der Ihrigen erfahren; es wäre mir lieb gewesen, weñ von allen, oder doch den vornehmsten *membris* derselben, durch MH. gütige Vermittelung, ehe sie sich anders wohin begeben, die nöthigen Lebens-Umstände, zum Wachsthum des Musical. *Lexici*, hätte bekoñen können! Der jetzige Capellmeister in Eisenach, Hr. Molter, deßen Nahme im *Lexico itali*sirt anzutreffen, hat mich mit seinem Lebens-Lauf vor weniger Zeit auch beehret. Wie stehts um die *Conduite* des Hrn. Capellmeisters *Credii*, in Ansehung des mir schuldigen Geldes? Der Hr. Capellmeister Mattheson hat mir 2 *Avertissements* wegen seiner zu *edi*renden ›Finger-Sprache‹ in der Marter-Woche zugeschickt; ich habe nicht allein diese gedruckte Zedul, sondern auch die Abschrifft davon hie und da *distrahi*ret u. bekañt gemacht; ob aber ein guter Effeckt hierauf erfolget sey, kañ nicht wißen? wenigstens hat sich hier niemand deswegen gemeldet, und aus Erffurt lief von einem Organisten folgendes ein: Er gäbe kein Geld dafür aus! Diese Worte will, meines Orts, auf das Hurlebuschische Werck, jedoch aus keiner Verachtung, *applici*rt haben; es ist mir, bey jetzigen Umständen, zu kostbar; zur Abschrifft aber, gegen etwas anders, wollte mich wohl bequehmen! Wieviel Abnehmer gedächten MH. mir wol zu verschaffen, weñ mich *resolvi*ren sollte, von meinen Clavier-Sachen den aus 7 *variation*en, mit u. ohne Pedal, bestehenden Choral: ›Allein Gott in der Höh sey Ehr etc.‹ zur Angabe durch Kupfferstich heraus zu geben? Vor 14 Tagen hat sich der Hr. *Legation*s-Rath von Schleinitz unsichtbar gemacht, nachdem Er seine *dimission*, (wie gesagt wird) erhalten, u. viele Schulden hinterlaßen. Seit Ostern ist endlich unser

Kirch-Bau wiederum vor die Hand genoāen worden; wobey meine Orgel der Confeckt werden wird. Schlüßlichen will bitten, bey-koāende von dem hochseel. Printzen allhier verfertigte 6 *Concert*en für 1 Thaler unterzubringen. Es hat dieses Werck, durch Untreüe der Unterhändler, die *fatalit*ät gehabt, daß sehr wenige *Exemplaria* davon vertrieben worden; u. die durchlauchtigste *Mama* sähe gar zu gerne, weñ, für nurgedachtes *pretium*, es be-kañter werden könte, solte auch gleich am *pretio* noch etwas ab-gehen. // Es liegen wol 2 bis 300 *Exemplari*en da. // Die Gene-sung am Arm-Fluß ist, Gott sey Danck, ziemlich wieder herge-stellt, ohne daß einige Artzeney-Mittel gebrauchet; inzwischen bin Ihnen für den dißfalls ertheilten guten Rath höchlich verbunden; sollte dergleichen Anfall das *da Capo* versuchen, werde mich deßen zu bedienen wißen. Sie leben wohl! ich aber bin zeit Lebens Meines Herrn

aufrichtig-ergebenster
Freünd u. Diener,
J. G. Walther.

Weimar, *d.* 3ten *Augusti.*
1735.

[Anlage:]

Ich bin nicht der Schöpffer, auch nicht ein Geschöpffe. Ich bin nie-mahls unter den lebendigen gesehen worden: jedoch finde ich mich stets unter den verstorbenen. In der Welt bin ich das vornehmste Glied, u. weder Erde, noch Wasser, weder Lufft noch Feüer, son-dern befinde mich unter den Elementen gleichsam in der Mitte. Ich bin nicht die Zeit, u. nehme auch niemahls ab. Ich bin nicht im gegenwärtigen, auch nicht im vergangenen gewesen, u. werde auch in Ewigkeit nicht seyn. Ich sterbe, ehe ich gebohren werde. Ich bin ein Vater der verdaāten Geister, u. doch nicht in der Hölle. Ich bin reich, und doch nicht seelig.

Mit dem „raren Frosch" könnte das in Br 13 erwähnte musiktheoretische Werk von J. Frosch(ius) gemeint sein.

Die von JGW für Bokemeyer gefertigte Theile-Abschrift (DSB, Mus. ms. theor. 913; Vorbesitzer: J. N. Forkel, G. Poelchau) trägt den Titel „Johañ Theilens | Musicalisches Kunst-Buch, | Woriñe 15 gantz sonderbahre Kunst-Stücke | und Geheimniße, welche aus den doppelten | Contrapuncten entspringen, anzutreffen | sind, wie dieselbe in der designation | auf der andern Seite zu sehen, und | der Liebhaber solche durchzulesen | belieben wolle; | Den Lehrbegierigen der Composition, allerhand Fugen zu | componiren und auszuführen, sehr nützlich und dienlich; | Den Liebhabern der Music zu angenehmer Belustigung und | Ergetzlichkeit; | Den Erfahrnen aber der Composition der doppelten, drey | und vierfachen, und per motum contrarium wieder um- | gekehrten Fugen, und doppelten syncopirten Contrapuncten (welches die höchste Kunst und Zierlichkeit der | Composition, wornach billich mit unverdroßener | Mühe und Fleiß zu trachten) zu fernerer | Nachforschung und Ausübung. | Naumburg | An. 1691." Ein beiliegendes Blatt mit den zu ergänzenden Stimmen trägt, wohl von der Hand Bokemeyers, die Überschrift „Auflösung von Herrn Walther." Zur Vervollständigung der Abschrift vgl. auch Br 31.

Bokemeyers „Büchelchen" ist in L. C. Mizlers Musikalischer Bibliothek (Bd. I, Teil 4, Leipzig, April 1738, S. 83) als „nächstens" erscheinend angezeigt unter dem Titel: „Die vernünftige und wohlanständige Sylbendehnung, bey der Ausdrückung eines musikalischen Textes angewiesen und als eine Probe der unter Händen habenden Kunst eine gute Melodey zu machen dargeleget, von Heinrich Bokemeyer, Cantore der Fürstl. Schule in Wolfenbüttel." 1742 (Bd. II, Teil 2, S. 292) heißt es allerdings immer noch „Der Hr. Cantor Bockemeyer wird nun bald mit seiner Schrifft von den Sylbendehnungen zum Vorschein kommen, . . ."

Mit dem „Bachischen . . . Canon" ist der Widmungskanon für L. F. Hudemann BWV 1074 aus dem Jahre 1727 gemeint, der als „Canon mit 4. vom Herrn Capellmeister Bach." in folgendes Sammelwerk übernommen wurde: „Der getreue | Music-Meister, | welcher | so wol für Sänger als Instrumentalisten | allerhand Gattungen musicalischer Stücke, | so auf verschiedene Stimmen und fast alle gebräuchliche Instrumente | gerichtet sind, | und | moralische, Opern- und andere Arien, | dessgleichen | TRII, DUETTI, SOLI etc. | SONATen, OUVERTURen, etc. | wie auch | FUGEN, CONTRAPUNCTe, CANONES, etc. enthalten, | mithin | das mehreste, was nur in der Music vorkommen mag, | nach Italiänischer, Französischer, Englischer, Polnischer, etc. | so ernsthaft- als lebhaft- und lustigen Ahrt, | nach und nach alle 14. Tage | in einer LECTION | vorzutragen gedenket, | durch |

Telemann. | HAMBURG, | Ao. 1728." („Siebenzehnte Lection", S. 68). Der Verbleib der durch J. G. Walther d. J. weitergeleiteten Auflösung ist nicht bekannt; vgl. auch Br 34. J. D. Zelenkas Kanon findet sich S. 16 („Vierte Lection", angezeigt in der Zeitung „Hamburgischer Correspondent" vom 15. Januar 1729), überschrieben „Canon mit 14. Verkehrungen, gesetzt von M^r. Zelenka" und mit den Texten „Vide, Domine, et considera laborem meum!" sowie „Cantate Domino canticum novum."

Zur Kantate „Musen-Söhne sind betrübt" vgl. Br 17 und 21. Verfasser des Parodietextes war sicherlich J. F. Stöpel. Zum Briefwechsel mit L. C. Mizler vgl. Br 26.

Die „Ungeänderte Copie | von einem Schreiben | an den | mehr als Welt-berühmten | MUSICUM, | Capellmeistern und Secretarium, | Tit. pleniss. | HERRN | MATTHESON | in | Hamburg; | einen curiösen Casum | be-treffend." S. 8 datiert „B. den 4. Febr. 1735." und signiert „M. Z. G." stammt von einem bisher nicht ermittelten Verfasser. Zu Matthesons „Kleiner Ge-neralbaßschule" vgl. Br 28. Der „beykommende Zedul" ist nicht erhalten. Die „Telemannischen Sätze" weisen auf die „SINGE- | SPIEL- | und | GENERAL-BASS.- | ÜBUNGEN.", deren 1. und 2. Stück in den „Hambur-gischen Berichten von neuen Gelehrten Sachen aufs Jahr 1733" (Nr. XCIII, 20. November, S. 784) als erschienen angezeigt sind, die wöchentlich fortge-setzt werden sollten und nach der gleichen Quelle (Nr. V vom 17. Januar 1735) als „binnen Jahreszeit . . . ans Licht getreten" bezeichnet werden.

Die Auflösung der Weimarer Hofkapelle hatte Herzog Ernst August am 30. April 1735 verfügt; von ihr waren alle Musiker mit Ausnahme des Hof-organisten J. C. Vogler betroffen. Dagegen waren die Mitglieder der Wol-fenbütteler Kapelle nach dem Tode des Herzogs Ludwig Rudolph nur vor-übergehend dienstlos, da der Thronfolger Ferdinand Albrecht nach kurzer Zeit starb und so die für den 30. April 1735 vorgesehene Entlassung unter-blieb.

J. M. Molter war nach der Auflösung der badischen Hofkapelle infolge der Ereignisse des polnischen Erbfolgekrieges Hofkapellmeister in Eisenach geworden.

Zur Forderung an J. C. Credius vgl. Br 17, zur Ankündigung von Matthe-sons „Wohlklingender Fingersprache" vgl. Br 28, zum Preis des „Hurle-buschischen Werckes" vgl. Br 27. Seinen eigenen Editionsplan realisierte JGW erst 1738 (vgl. Br 35). Die Bauarbeiten an der Weimarer Stadtkirche waren am 19. April 1735 wieder aufgenommen worden; Ostersonntag war 1735 der 10. April.

Sechs der 1713/14 von Prinz Johann Ernst von Sachsen-Weimar kompo-nierten Konzerte (vgl. Br 9 und 37) waren unter dem Titel erschienen: „Six | CONCERTS | à | Un Violon concertant, | deux Violons, une Taille, et | Clavecin où Basse de Viole, | de feu | S. A. S. Monseigneur le Prince | JEAN

ERNESTE, | Duc de Saxe-Weimar, | Opera I. ma. | Par les soins de Mr. |
G. P. Telemann. | 1718." („A Leipzig et Halle chez M. Kloss et M. Sellius.",
„Avertissement" datiert „Frankfort le 1 Febr. 1718.") Mit der „durchlauchtigsten Mama" ist die Herzoginwitwe Charlotta Dorothea gemeint.

Lit.: Schünemann, S. 107 f., 110, 113; Dok II, S. 259 f.; Forkel L, S. 483;
RISM B VI 2, S. 988; Lidke, S. 85; Schenk-Güllich, S. 220; Telemann-Studien, S. 47–61, bes. S. 47 f., 57 f. (W. Hobohm); DDT 28, S. LVII; Jahr-
bücher für Musikalische Wissenschaft 1, Leipzig 1863, S. 283–286 (F. Chrysander); Archiv für Geschichte von Oberfranken (vgl. Br 8), nach S. 160
(Abb.); Gustav Frh. von Schleinitz, Geschichte des Schleinitzschen Geschlechts, Berlin 1897, S. 274–276; Johann Theile, Musikalisches Kunstbuch,
hrsg. von Carl Dahlhaus, Kassel 1965 (Denkmäler Norddeutscher Musik.
Hrsg. von der Landeskundlichen Abt. des Musikwiss. Instituts der Universität Kiel. Bd. 1.).

30.
AN HEINRICH BOKEMEYER, WOLFENBÜTTEL
26. 1. 1736

Mein Herr,

Den unterm 13 Oct. a. p. an mich übersendeten Bücher-*Catalogum*
habe erst am 20 nurgedachten Monats, und zwar über Jena durch
den hiesigen dahin gehenden Bothen, erhalten, selbigen auch sogleich dem hiesigen Hof-Prediger, H. *Colero*, wie verlanget worden, zugesendet, mit Vermelden, ihn unter seines gleichen weiter
bekañt zu machen. Ohngefehr 8 Tage drauf hat Er mir solchen
wiederum einhändigen, u. dabey wißen laßen: Er werde selber
wegen ein und andern Buchs schreiben. Ob nun dieses geschehen,
und mithin MH. Absicht auch allhier einiger maaßen erreichet
worden sey, werden Sie am besten wißen. Was die Auslösung
gekostet, wird beykoñendes Blat bezeügen, ohne, was der Bothe
von Jena bis hieher bekoñen hat. Ich muß gestehen; weñ Ihre
werte Hand mir nicht wohl bekañt, auch anbey die Hofnung bey
mir gewesen wäre, Geld in dem Paquetgen anzutreffen, ich würde
es, wegen der übermäßigen Forderung à 8 g. uneingelöset gelaßen
haben. Dieses aber melde nicht zu dem Ende, als ob nurgedachte
Ausgabe wieder haben möchte; sondern nur MH. anzufrischen,

(1. den vom H. Capellmeister *Credio* zu erwartenden Thaler, (2. die 8 Groschen für das Bachische Kupfer-Exemplar, und (3. den Thaler (oder, was hieran abgehen mag) für die hiesigen Fürstl. *Concert*en, ohnbeschwer einzu*cassir*en, und sodañ diese Samͤlung, durch sichere Gelegenheit, wie die jetzige allerdinges ist, an mich gütigst gelangen zu laßen. Da auch der H. Capellm. ungern vom Gelde scheidet (ich bediene mich MH. Worte), so will ich hieriñen groß-müthig seyn, und, nach so langer Zeit, an statt des Thalers, mit denen so offt gebothenen 16 Groschen für lieb nehmen, damit die Sache nur gehoben und endlich ausgemacht werde. Die Fürstl. *Concert*en mögen auch hingegeben werden, was sie gelten wollen, oder gar vorjetzo *remittir*et werden. Ich verspreche, Ihnen mit dergleichen *Comͤission*en ferner nicht beschwerlich zu seyn; es wäre deñ, daß der Hof-Kupferstecher in Dreßden die ihm *per tertium* angetragene 8 *variationes* über: Allein Gott in der Höh etc. *acceptir*te, u. mir einige Exempl. davon, zur Erkeñtlichkeit, lieferte, die sodañ, durch gute Freünde an Mañ zu bringen, bedacht seyn müßte. H. Krügnern in Leipzig sind sie vom H. Capellm. Bachen gezeiget u. *recomͤendir*et worden; er hat sich aber damit entschul-diget; weil er die Kauffmänische Sachen in Verlag genomͤen, köñe er diese nicht, in der verlangten Zeit, fördern, die Kosten liefen auch zu hoch. Meine Absicht gehet dahin, dem hiesigen Magistrate damit aufzuwarten, weñ unsere Kirche fertig wird, welches gegen Michäelis ohngefehr geschehen möchte; und dieses um so viel mehr, als der hiesige Hof-Organist, Hr. Vogler, der in Hañover an der S. *Jacobi* u. Georgen-Kirche zum Organisten im August-Monat *a. p.* angenomͤen worden, seine *dimission* nicht erlangen können, sondern das *Vice*-Bürgermeister-Amt allhier davon ge-tragen hat. Es gehe nun fort, oder nicht, ich bin zu beyden parat, und behalte, letztern Falls, meine Waare! Mein älterer Sohn ist noch in Jena, und der jüngere wird nach Ostern, G. G. sich auch dahin begeben, an deßen *Equipage*, neml. 2 *Clavichordiis* u. 1 Pe-dale, jetzo arbeiten laße, wofür 13 rdl. zahlen soll. Er will auch das *Studium Juridicum* ergreiffen, und das Clavier anbey ferner *excolir*en; zur Composition aber hat er keine Gedult, u. kañ er eher 10 u. mehr *inventiones ex tempore* herspielen, als nur ıne davon aufs Papier bringen, u. weñ dieses geschiehet, so sind die andern inzwischen wiederum entwischet. Von des H. ›Theilens

Kunst-Buche‹ übersende hiermit so viel, als selber abschreiben köñen, zu einem Zeügniß meiner sonderbaren Ergebenheit, womit allstets seyn u. zu verharren gedencke
Meines Herrn

aufrichtiger Diener
J. G. Walther.

Weimar den 26 *Januarii,*
1736.

30.

Der „Bücher-Catalogus" wird eine Wolfenbütteler Auktion – vermutlich theologischer Werke – betreffen. Zur Forderung an J. C. Credius vgl. Br 17, zum „Bachischen Kupfer-Exemplar" vgl. Br 27. Mit den „Fürstl. Concerten" sind die in Br 29 erwähnten Werke des Prinzen Johann Ernst gemeint. Zum Editionsplan von JGW vgl. Br 29; „Hof-Kupferstecher in Dreßden" war M. Bodenehr. J. G. Krügner war Verleger der „Harmonischen Seelenlust" von G. F. Kauffmann (vgl. Br 24).

Die Organistenstelle an der Marktkirche St. Jacobi und Georg in Hannover war 1735 neu zu besetzen, da F. H. Meyer als Nachfolger des verstorbenen C. J. F. Haltmeier, eines Vetters von G. Ph. Telemann, an die Schloßkirche gewechselt war. Die Namen von J. C. Voglers Mitbewerbern sind nicht bekannt; möglicherweise gehörte J. F. Kirchhoff aus Halle zu ihnen, dem nach Mittag (s. Lit.) einmal eine Organistenstelle in Hannover angeboten worden sein soll. Den Posten übernahm im Dezember 1735 J. C. Lohmann aus Osterode.

Zum Jenaer Studienaufenthalt von J. G. Walther d. J. vgl. Br 21. J. C. Walther bezog die Universität am 7. April 1736 (Ostersonntag war 1736 der 1. April); vgl. Br 45. Zu seiner Improvisationsbegabung vgl. Br 39 und 44.

Die Abschrift von „Theilens Kunst-Buche" nahm geraume Zeit in Anspruch (vgl. Br 28 ff.).

Lit.: Schünemann, S. 107, 108; Dok II, S. 265 f.; Wette, Bd. 1, S. 176, 192 f., 419, 453 f.; Karl Scheibe, Die Marktkirche zu Hannover, Hannover 1909, S. 88; Telemann-Briefe, S. 204; Telemann-Studien, S. 51 f., 59 (W. Hobohm); Curiosa Saxonica, 1749, S. 188; Gregory G. Butler, Leipziger Stecher in Bachs Originaldrucken, BJ 1980, S. 9–26; D.-R. Moser (vgl. Br 9), S. 231 f.; Wolfgang Müller, Die Kirchen und Klöster zu Osterode (Harz), Osterode [1952], S. 202 (J. Schäfer); Johann Gottfried Mittag, Hallische Schul-Historie, Teil III, Halle 1748, S. 75 f.

31

AN HEINRICH BOKEMEYER, WOLFENBÜTTEL

4. 8. 1736

Mein Herr,

So richtig das zur Abschrifft mir geliehene Buch anjetzo sich wiederum einfindet, eben so richtig habe auch, mit demselben, das Geld für die Fürstl. *Concert*en bekom̄en. Für beydes bin Ihnen gar sehr verbunden; doch habe das erstere nicht als ein Unterpfand (wie Sie es zu nen̄en beliebet) des von Ihnen noch zu erwartenden wenigen Geldes, sondern als ein Merckmahl Ihrer sonderbaren Gütigkeit, womit Sie meinen musical. Vorrath bereichern wollen, angesehen. Ich habe es selber abgeschrieben bis auf das dabey befindliche Küpfferchen, welches, wie beygelegte Probe zeiget, zwar angefangen, aber nicht fortführen können, weil es sehr subtil und *intricat*, demnach übel nachzumachen ist von einem der nicht zeichnen kan̄.

Vom Musicalischen Kunst-Buche des seel. Herrn Capellmeisters Theilens, deßen Sohn nunmehro auch todt ist, stellen sich abermahl einige wenige Blätter, und nebst diesen, auch die ausgefundene und im Tractat mit Fleiß ausgelaßene Zeilen ein, welche mein Herr gehörigen Orts eintragen können. Ich werde künfftighin so wol mit der Folge, als diesem *Supplemento* (soweit neml. dieses heraus bringen und aufsuchen kön̄en) *continui*ren, wofür weiter nichts, als einen fernern Beytrag von Personen und Sachen zum Musical. *Lexico*, mir ergebenst ausbitten will. Vor 2 Monathen hatte das Glück, vom Capellmeister in Caßel, Herrn *Fortunato Chelleri*, der zugleich den Titul eines Königl. Schwedischen u. Landgräfl. Hofraths führet, mit deßen völligen Lebens-Lauffe eigenhändig beehret zu werden, welcher sehr weitläufftig und beträchtlich ist. Nachhero ist auch dergleichen vom *Rectore* und *Professore* des *Gymnasii* in Schweinfurth, Hrn. *Mag.* Anthon Englerten, erfolget, von deßen Arbeit einige Kirchen-Stücke besitze. Es wäre zu wünschen, daß diese und andere Exempel allenthalben bekan̄t seyn möchten, um diejenigen, so dergleichen noch nicht gethan haben, zur Nachfolge anzureitzen! Mein Herr wollen demnach, ihres Orts ein solches zu *notifici*ren, nicht ermangeln, und sodan̄ die Frucht davon mir und dem *Publico* genießen laßen. Mit

Herausgeb- und Stifftung eines Denck- und Danck-Mahls wegen unserer hiesigen Stadt-Kirche (woran noch im̅er gebauet wird) durch [einige] 8 *Variationes* über das Lied: Allein Gott in der Höh sey Ehr etc. will es nicht fort, indem die Verleger befürchten, es möchte ihnen solch Unternehmen zu Schaden gereichen, weil, weñ 1 Liebhaber Geld anwendet, ihrer 10 und mehr es abschrieben; welches auch die Wahrheit ist. Dieser Meynung ist so wol Hr. Krügner in Leipzig, als Hr. Bodenehr in Dreßden. Jener meldete, der Hr. Capellmeister Bach habe ihm zwar sehr dazu gerathen; allein, er erfahre es an dem Kauffmañischen Wercke, wovon er jetzo der Verleger sey, daß der Liebhaber im̅er weniger würden, und, weñ es so fortgienge, müste ers liegen laßen. Bey so bewandten Umständen mag den Selbst-Verlag auch nicht wagen, und mögen demnach meine *variiirte Chorale*, deren jetzo 112 sind, und die über 3 1/2 hundert *variationes* betragen, im̅er auf dem Lager stille liegen; kañ ich aber einem und andern Freünde, gegen eine kleine Erkeñtlichkeit, damit dienen, werde mir ein Vergnügen draus machen. Beygelegte Probe soll Ihrem Hrn. Schwieger-Sohne zur beliebigen Abschrifft gewiedmet seyn. Wegen Hrn. Bodenehren habe noch nachzuhohlen, daß derselbe mir einige Blätter von dem *gravir*ten Quantzischen Wercke für die *Flûte traversière* zugeschicket, um die Sauberkeit des Stichs u. deßen *accuratesse* daraus zu ersehen, dabey aber offenhertzig gestanden: der Hr. Verfaßer habe nicht so viel draus gelöset, daß Druck u. Papier bezahlet sey, und weñ der König ihm nicht ein *douceur* wegen der *Dedication* gemacht hätte, würde er großen Schaden gelitten haben. Die Fr. Wittbe des seel. H. Kauffmañs hat mit 2 von ihren Kindern vor 14 Tagen bey mir übernachtet, und, auf Befragen, erzehlet: daß sie das von ihrem Mañe geschriebene und zum Druck fertig gelegene Werck von der Composition, deßen Titul in *Matthesonii Crit*: befindlich, auf sein inständiges Anhalten, u. in seiner Gegenwart verbrennen müßen.

Wegen Vermehrung des Musical. *Lexici* habe von einem vornehmen *Ministre* allhier das Zedlerische *Universal-Lexicon* geliehen bekoñen; aber, nach *perlustri*rung der ersten 6 Theile, die *A B C.* ausmachen, nichts mehr finden köñen, und dabey wahrgenoñen, daß die Verfaßer dieses kostbaren Wercks, alles, was *musicali*sch heißt, aus meinem Werckchen genoñen, auch dieses

im 1sten *Tomo* 2mahl *allegi*ret, dabey aber zum öfftern die von mir
angeführten *fontes* an unrechten Ort gesetzet, und hierdurch selbigen etwas zugeschrieben haben, so anderswo zu finden ist. In
manchen Articuln kom̄t auch, weil sie andere Worte gebrauchet,
ein verkehrter Verstand heraus. Weñ das ehemahls verlangte
Frantzösische Buch, genañt: *Bibliotheque des Théatres, contenant
le Catalogue alphabetique des Pieces Dramatiques, Opera, Parodies &c. et sur la Vie des Auteurs, ›Musiciens‹ et Acteurs*, in
jetziger Meße, wegen getroffenen Waffen-Stillstandes, zu bekom̄en
seyn sollte, will dienstl. bitten, das bewuste Geld dahin zu *employ*ren, den Überschuß will danckbarl. erstatten; doch kañ, weñ
es vorhanden, erst nachgesehen werden, ob auch vieler *Musicorum*,
und deren Lebens-Umstände, Erwehnung dariñen gethan worden?
damit nicht vergebl. das Geld angelegt werden möge, weil das
übrige eben nicht zu wißen verlange. Mein älterer Sohn befindet
sich noch bey guter Gesundheit in Jena; der jüngere ist an Ostern
frisch u. gesund daselbst auch angelanget, nachhero aber mit verschiedenen Zufällen überfallen worden, woran er beständig noch
*medicini*ret. Ich bin unveränderl.
Meines Hochgeehrtesten Herrns

ergebenster
J. G. Walther.

Weimar *d. 4 Augusti*,
1736.

3 1.

Der Titel des „zur Abschrifft ... geliehenen Buches" ist nicht bekannt; zur
Rücksendung vgl. Br 32. Die angefangene Nachzeichnung des „Küpfferchens"
liegt dem Brief noch bei. Zum Vertrieb der „Fürstl. Concerten" vgl. Br 29
und 30, zur Abschrift von Theiles „Kunst-Buch" vgl. Br 28 ff. Theiles Sohn
Benedict Friedrich war schon 1733 gestorben; zu den Bewerbern um seine
Stelle hatten im August 1733 C. Ph. E. Bach, J. T. Krebs d. Ä. und J. L.
Krebs gehört.

Biographische Notizen über F. Chelleri enthält E. L. Gerbers Tonkünstler-Lexikon von 1790; sie fußen sicherlich auf Chelleris Mitteilungen an
JGW. A. Englerts Selbstbiographie in Matthesons „Ehren-Pforte" von 1740
dürfte im wesentlichen das auch an JGW gegebene Material enthalten. Zu
den Bedenken der Verleger Krügner und Bodenehr über die Absetzbarkeit

von Choralbearbeitungen vgl. Br 30. Mit Bokemeyers „Schwieger-Sohn" ist J. C. Schultze gemeint.

Das „Quantzische Werck" erschien unter dem Titel „SEI | SONATE | a | Flauto Traversiere Solo, e Cembalo, | DEDICATE | ALLA MAESTÀ D' AUGUSTO III. | Re di Pollonia, | Elettore di Sassonia. | da | Gio: Gioacchino Quantz, | Sonatore di Camera | di S. M. | OPERA PRIMA. | Dresda." In einer Zierleiste des „Avertissements" findet sich als Stechervermerk „M. Bodenehr sc. Dr." Mit dem „König" ist Kurfürst Friedrich August II. von Sachsen (König August III. von Polen) gemeint. In „Herrn Johann Joachim Quantzens Lebenslauf, von ihm selbst entworfen." (F. W. Marpurg, Historisch-Kritische Beyträge zur Aufnahme der Musik, I/3, Berlin 1755, S. 197 ff.) heißt es (S. 247) „Im Jahre 1734 machete ich sechs Solo, für die Flötetraversiere, von meiner Arbeit, durch den Stichel bekannt."

G. F. Kauffmanns „Werck von der Composition" war Ende 1724 in Matthesons „Critica Musica" (Bd. II, Pars V, S. 31 f.) unter „Zeitungen von musicalischen Sachen und Personen" mit folgendem Titel angezeigt worden: „INTRODUZZIONE ALLA MUSICA | ANTICA ET MODERNA | das ist: | Eine ausführliche Einleitung zur alten und neuen | Wissenschafft der edlen | MUSIC | in welcher nicht nur | I. Die / einem jedem Musico zu wissen nöthigsten / Stücke | so wohl in Theoria als Praxi, | nach ihrem Ursprung / Fortsetzung und Verbesserung / | auf das deutlichste beschrieben / und dem heuti- | gen galanten Gebrauch nach appliciret / | sondern auch | II. Hauptsächlich die General- und Special-Reguln | der Composition | im alten und neuen Stylo | auf das fleissigste angewiesen; | mit den allermodulandesten 2. 3. 4. und | mehrstimmigen Exemplis illustriret / | Mit Fugen und gedoppelten Contrapunctis gezieret / | und denen anfangenden Componisten die kürtzesten und | richtigsten Wege zu diesem unvergleichlichen | Studio gebähnet werden. | Da denn besonders zu mercken: daß man das gute und | annoch brauchbahre aus der Antiquität behalten / das | unnütze und überflüssige abgesondert / das neue aber | gesichtet / das beste davon recommandiret / und | das übrige eines jeden seiner Libertät | überlassen hat. | Alles zur Ehre GOttes / dem Publico zum besten entworffen / | und mit einem nöthigen Register | begleitet | von | George Friedrich Kauffmann, | Fürstl. Sächsis. Merseburgischen Directore | der Kirchen-Music."

Mit dem „Zedlerischen Universal-Lexicon" ist gemeint „Grosses vollständiges | UNIVERSAL | LEXICON | Aller Wissenschafften und Künste, | ... | Erster Band. A.-Am. | Halle und Leipzig. | Verlegts Johann Heinrich Zedler. | Anno 1732." (bis) „... Sechster Band. Ci–Cz. | ... | Anno 1733." Auch in dessen folgenden Bänden fußen die Musikartikel häufig auf dem WL, ohne es als Quelle zu erwähnen. Nach späterem Bericht (Warschau, 2. April 1776) war hierzu eine entsprechende Weisung ergangen. Zu den Mitarbeitern am „Universal-Lexicon" gehört zeitweilig auch L. C. Mizler.

Zur „Bibliothèque des Théatres" vgl. Br 24, Anh. Mit der „jetzigen Meße" ist die Michaelismesse gemeint, der „Waffen-Stillstand" bezieht sich auf den Polnischen Erbfolgekrieg, in den auch Frankreich verwickelt war. Zur Jenaer Studienzeit von J. G. Walther d. J. und J. C. Walther vgl. Br 21, 30 und 45.

Lit.: Schünemann, S. 98; Wöhlke, S. 24; Dok I, S. 271, II, S. 240; Willi Maxton, Johann Theile, Dissertation (masch.-schr.), Tübingen 1926, S. 11 u. ö.; Arno Werner, Städtische und fürstliche Musikpflege in Zeitz bis zum Anfang des 19. Jahrhunderts, Bückeburg und Leipzig 1922, S. 93; Johann Mattheson, Critica Musica, Bd. 2, Hamburg 1725, S. 282–284; Kerygma und Melos. Christhard Mahrenholz 70 Jahre, Kassel etc. 1970, S. 294–296 (W. Haacke); Ludwig Bernacki, Teatr. Dramat i Muzyka za Stanisława Augusta. Tom. 1. Źródła i Materjały, Lwów 1925, S. 104 ff., 110 f.

32.
AN HEINRICH BOKEMEYER, WOLFENBÜTTEL
21. I. 1737

Mein Herr,

Nach Anwünschung eines an Seel und Leib geseegneten Neüen Jahres, bitte, nicht ungütig zu nehmen, daß beykom̃endes Paquetgen erst nach einem halben Jahre sich einstellet; die damahlige unvermuthete Abreise des Hrn. *Com̃erci*en-*Com̃issarii* Rosenbergs ist hieran Schuld, als welche einen Tag eher vor sich gegangen war, als ich gemeynet. Damit es nun jetzo nicht abermahl also ergehen möge, habe bey Zeiten dazu thun, und gemeldtes Päctgen, so, wie es schon damahls *adjusti*rt gewesen, Selbigem einhändigen wollen. Was am Theileschen Kunst-Buche bis hieher für MH. abgeschrieben, hätte mit beylegen können; ich will es aber bis auf künftige Som̃er-Meße verspahren, und inzwischen bedacht seyn, das Ende G. G. zu befördern. Gut Ding will Weile haben! Das an mich übersendete Geld habe richtig erhalten, und bin ich Ihnen dafür sehr verbunden. Von Hrn. *Mag.* Mizlern ist beygelegtes Schreiben eingelauffen, welches bloß deswegen *com̃unici*re, weil Sie meine damahls geschehene schrifftliche Vorstellung gleichfalls in Händen haben, und in Abschrifft besitzen. Die 4 *Scripta* sind

folgende: (1. *Dissertatio quod Musica Scientia sit et pars Erudi-*
tionis Philosophicae, Editio secunda auctior et longe emendatior
cum Praefatione nova. Lipsiae et Wittebergae recusa in officina
Hakiana 1736. (2. *Lusus ingenii de praesenti bello August. atque*
invictissimi Imperatoris Caroli VI. cum foederatis hostibus, ope
tonorum musicorum illustrato etc. Recusus An. 1735. *mense Au-*
gusto, Wittebergae. (3. *De usu atque praestantia Philosophiae in*
Theologia, Jurisprudentia, Medicina breviter disserit, simulque
Recitationes suas privatas indicat M. Laurentius Mizlerus. Lipsiae,
d. XXIV Oct. A. 1736. Unter andern will der H. *M.* auch über
Matthesonii Neü-eröffnetes *Orchestre* in diesem halben Jahre lesen.
(4. Musicalische Bibliothec oder gründliche Nachricht, nebst un-
partheyischem Urtheil von Musical. Schrifften u. Büchern Erster
Teil. Leipz. 1736. in *8vo.* bey Brauns-Erben, à 5 Bogen.

An verwichener Neü-Jahrs-Meße habe des H. *M.* Schreiben beantwortet, und demselben ein *Concert* auf die Quer-Flöte ge-
schicket; er ist aber in seine Heimath verreiset, und kom̃t erst im
Merz *a. c.* von da wieder zurück nach Leipzig, laut der Aussage
des hinterlaßenen *Mandatarii,* welcher das Paquetgen in Empfang
genom̃en. Woraus, unter andern, so viel mercke: daß die oben
gemeldte *Collegia* ihren Fortgang nicht müßen gehabt haben.
Homo proponit, sed Deus disponit! Wegen meines *Lexici* habe
mich dahin erklähret: „weñ der H. *Mag.* sein Exemplar mir an-
vertrauen u. zuschicken würde, wollte ich meinen Vorrath hinein
schreiben, solchen deßen *disposition* überlaßen, und von der zu
hoffenden Erkeñtlichkeit des Verlegers *pro rata participi*ren." Billiger kan wol nicht seyn! weil Er in der Vorrede der Musical.
Bibliothec meldet: „Sein Verzeichniß von Musical. Schrifften u.
Büchern sey so starck geworden, daß es die Anzahl der Musical.
Bücher, so der vortreffliche u. berühmte Musikgelehrte H. Joh.
Mattheson in Hamburg in seiner *Critica Musica,* ingleichen ich in
meinem Musical. Wörter-Buche von Musical. Scribenten angeführt, ›ziemlich übersteige‹," daß also das schwächere und wenigere
dem stärckern und mehrern beygefüget und einverleibet werde,
halte, um des gemeinen Nutzens willen, für billig. Doch dürffte
sodañ der Augenschein lehren, welcher unter uns den meisten
Vorrath habe; zumahl da erst am 2ten *Januarii a. c.* von dem
Mathematico in der Schul-Pforte einen sehr starcken *Catalogum*

über die dasige Musicalien erhalten, welchen Er auf Veranlaßung des H. *Rectoris*, verfertiget hat. Auch ist noch ehegestern von einem Kupffer-Händler- u. Stecher in Augspurg, Nahmens Leopold, ein kleines Verzeichniß derjenigen Musicalien, die Er in seinem Verlag hat, bey mir angekom̄en. Dieser will einige von meinen *variirten* Chorälen in Verlag nehmen, und verlanget, über die bereits in seinen Händen habende 8 *Variationes* des Lieds: Allein Gott in der Höh sey Ehr etc. noch 5 andere Lieder, u. demnach ein halbes Dutzend zusam̄en auf einmahl zum Versuch; welches ich aber nicht dienlich zu seyn erachte, bevor ich gewiß weiß, was mir für die *com̄unication* werden soll: deñ umsonst, ist der Todt; jene aber habe ihm schon ohne Entgeld (außer einige Exemplarien) überlaßen, damit nur meine Absicht, wegen unsers Kirchen-Baues, erreichen möge. Doch will auch hieriñ den gemeinen, meinem *privat*-Nutzen vorziehen, und hierdurch zeigen, daß, nach allem Vermögen, ein aufrichtiger Beförderer der lieben Music zu seyn verlange, es mag von andern erkañt werden oder nicht.

Kan das Musical. *Lexicon* noch weiter auch durch Sie vermehret werden, wird es mir zum Vergnügen gereichen, der ich unausgesetzt bin u. verbleibe
Meines Herrn

ergebenster Diener
J. G. Walther.

Weimar *d.* 21 *Januarii*,
1737.

P. S. Ein Organist in Weißenfels hat, vor mehr als einem halben Jahre, verschiedene Clavier-Sachen von mir bekom̄en, und dafür das Hurlebuschische Werck zu *com̄unic*iren versprochen; allein es kom̄t weder das eine, noch das andere an, obgleich deswegen zu zweyen mahlen Eriñerung gethan, und wenigstens nur das meinige wieder verlange. So tückisch ist mancher! und mißbrauchet eines andern Redlichkeit. Vom Hn. Capellmeister Mattheson habe in 1 1/2 Jahren nichts vernom̄en; aber, von deßen Finger-Sprache besitze ein halb Dutzend Stücke in Abschrifft.

Nach Gelegenheit bitte, auf die ehemahls übersendete, u. mir anstößig scheinende Stellen, ohnbeschwer zu antworten, und insonderheit zu bemercken: wo der *terminus à quo*, bey verdeckten

Quinten u. Octaven, ihrer Einsicht nach, anhebe, und wie weit derselbe zum *termino ad quem* sich erstrecke. Von meinen *Vocal*-Stücken, so wol eigener als fremder Arbeit, habe bisher verschiedene loßgeschlagen, u. zwar jeden geschriebenen Bogen für 9 d. weil weder ich, noch meine Söhne, sie jemahls brauchen werden.

[Anlage:]

Ew. WohlEdl. werden nicht ungütig nehmen, daß erst nach 2 Jahren die Antwort auf dero Schreiben an mich erfolgt. Ich bin von fast unzehlbarer Arbeit so überhäuffet gewesen, daß ich niemahls rechte Gelegenheit gehabt, auch nicht an einem Orte beständig geblieben. Dermahlen aber werde beständig in Leipzig verbleiben, und habe vielleicht die Ehre nun fleißiger zur Aufnahme der Musik mit Ew. WohlEdl. zu correspondiren. Ich übersende zum Zeichen meiner Ergebenheit vier *Scripta* von mir. Das *corollarium* habe nun weg gelaßen, und wolte, ich hätte es niemahls hingesetzet. Wenn man jung und feurig ist, läßet man sich leicht etwas bereden. Ich will alles vergeßen, was Ew. WohlEdl. mir geschrieben, und wenn das Ew. Wohl.Edl. gleichfalls thun, so ist beydes gut. Das *Lexicon* von Ihnen habe zu meinem eigenen Gebrauch in folio mit Papier durchschießen laßen, u. sehr vieles, so sehr nothwendig, angemercket. Wenn der Verleger erkenntlich seyn will, so werde ich bey der andern Auflage alles *communicir*en, und wenn es so beliebig, auch aus der Buchdruckerey *corrigir*en, denn es ist sehr fehlerhafft gedruckt, und muß der *Corrector* selber ein *Musicus* seyn. Dergleichen verdrüßliche Arbeit nehme ich sonst durchaus nicht über mich, aber der Musik zu liebe, thue ich wohl noch mehr. Der Herr Capellmeister Bümler hat mir seinen Lebens-Lauff, ingleichen Herr Ehrmann zugesendet, ich kan sie aber beyde nicht gleich finden, ich werde sie zur andern Zeit zusenden. Er heißt Georg Heinrich Bümler, u. habe ich in meiner *Dissertation prim edit.* den Nahmen damahls nicht recht gewust. Alles was mir nur zu thun möglich ist, so zur Aufnahme der Musik gereichet, werde ich thun, ingleichen Ew. Wohl.Edl. so ich im stand, alle gefällige Dienste erzeigen. Ich dancke ergebenst vor dero überschickte Composition, u. werde zur andern Zeit wieder mit meiner wenigen Composition aufwarten. Ich bin erst 6 Wochen wieder in Leipzig, u. noch in der größten Unordnung, so bald ich aber ausgepacket, werde Ew. WohlEdl. eine *Cantata* vom Kloster-Leben und der Liebe von mir zusenden. Wenn ich mir etwas von Ew. WohlEdl. gehorsam ausbitten darf, so bitte um ein *Concert* auf die *Traversiere,* so etwas schwehr ist. Ich bin ein großer Lieb-haber von schönen *Concerten* auf die Querflöte, und wenn ich vom Studiren müde bin, kan ich mir durch dieses Instrument gleichsam neue Kräffte schaffen. Es wird ohnfehlbar in der Weymarischen Capelle ein *Virtuose* auf der *Traversiere* seyn. Die Schreib-Ge-bühren werde sogleich zurücksenden, bitte es etwas sauber und groß abschreiben zu laßen. Ich werde in andern Fällen wiederum zeigen daß ich aufrichtig bin

Ew. WohlEdl.
Meines hochgeehrtesten Herrn
ergebenster Diener
M. Lorentz Mizler

Leipzig d. 6 Nov.
A. 1736.

32.

Mit dem „Paquetgen" wird die in Br 31 avisierte Sendung gemeint sein. Zur Abschrift von Theiles „Kunst-Buch" vgl. Br 28 ff. Mizlers „4 Scripta" erschie-nen unter folgenden Titeln:

„DISSERTATIO | QUOD | MVSICA SCIENTIA | SIT ET PARS ERVDITIONI- | NIS PHILOSOPHICAE | QVAM | AMPLISSIMI PHI-LOSOPHORVM ORDINIS CONSENSV | IN ACADEMIA LIPSIENSI | PVBLICO ERVDITORVM | EXAMINI SVBMISERVNT | D. XXX IVNII MDCCXXXIIII | PRAESES | LAVRENTIVS CHRISTOPHORVS | MIZ-LER | PHILOSOPHIAE MAGISTER | RESPONDENS | LIBORIVS OSCHMANN | VTRIVSQVE IVRIS ET MVSICES STVDIOSVS | ENGELSBACENSIS THVRINGVS | EDITIO SECVNDA AVCTIOR ET LONGE EMENDATIOR | CVM PRAEFATIONE NOVA | LIP-SIAE ET VVITTEBERGAE | RECVSA IN OFFICINA HAKIANA M D CC XXXVI" („PRAEFATIO" datiert „VVittebergae ipsis Cal. Ia-nuarii M D CC XXXVI"). – „LVSVS INGENII | DE PRAESENTI BEL-LO | AVGVSTISSIMI ATQVE INVICTISSIMI | IMPERATORIS | CAROLI VI | CVM FOEDERATIS HOSTIBVS | OPE TONORVM MVSICORVM ILLVSTRATO | A | LAVRENTIO CHRISTOPHORO MIZLERO | ARTIVM MAGISTRO | ANNO M D CC XXXV MENSE

FEBRVARIO | RECVSVS EODEM MENSE AVGVSTO | WITTEBER-
GAE LĪTERIS SCHLOMACHIANIS" (in Mizlers Musikalischer Bibliothek, Bd. I, Teil 3, Leipzig 1737, S. 65–70, dargestellt als „Einfall auf den
gegenwärtigen Krieg" . . . „Im Jahr 1735 im Hornung. Wieder aufgelegt zu
Wittenberg im August-Monath", Widmung datiert Heidenheim, „am 25 Hornung, im Jahr 1735."). –

„DE | VSV ATQVE PRAESTANTIA | PHILOSOPHIAE | In | Theo-
logia, Jurisprudentia, Medicina | breuiter disserit, simulque | RECITATIO-
NES | suas priuatas | indicat | M. LAVRENTIVS MIZLERVS | Lipsiae,
d. XXIV Oct. A. M D CC XXXVI | Prelo Schniebesiano" (Exemplar: SPK,
Ni 4352). Vorlesungen Mizlers für das folgende Sommersemester mit Beginn am 27. Mai 1737 sind in den „Neuen Zeitungen von Gelehrten Sachen"
vom 6. Mai 1737 angekündigt; den Vorlesungsbeginn 27. Mai 1737 nennt
auch Mizlers „Musikalische Bibliothek", Bd. I, Teil 2 (1737), S. 74.

Matthesons „Neu-eröffnetes Orchestre", über das Mizler 1736 Vorlesun-
gen plante, war schon im Juni 1713 erschienen. – „Musikalische | Bibliothek |
Oder | Gründliche Nachricht, | nebst unpartheyischem Urtheil | von | Musi-
kalischen Schrifften | und Büchern | Erster Theil. | Leipzig, Anno 1736. | zu
finden bey Brauns seel. Erben."

Ob das „Concert auf die Querflöte" von JGW stammte, bleibt ungewiß;
vgl. hierzu die betreffende Formulierung in der Anlage. Mit dem „Manda-
tarius" ist wohl der Leipziger Buchhändler M. Blochberger gemeint, der be-
stimmte Angelegenheiten Mizlers während dessen Abwesenheit regelte.

Eine Kompilierung der Nachträge zum WL kam nicht zustande (vgl.
Br 33 und 38). Das Zitat über die „Musical. Schrifften" entstammt der
„Leipzig, den 20. Octob. Anno 1736." datierten Vorrede zu dem obenge-
nannten Bd. I, Teil 1 der „Musikalischen Bibliothek". In Bd. I, Teil 3 (Leip-
zig 1737), S. 13 f. wird erneut auf das Anwachsen der Zahl „musicalischer
Scribenten" eingegangen, die Brossard, Mattheson, JGW und Mizler jeweils
benennen konnten. Matthesons Verzeichnis findet sich in dessen „Critica
Musica", Bd. II, Hamburg 1725, S. 109–115.

„Mathematicus in der Schul-Pforte" war J. G. G. Hübsch, Rektor dieser
Schulanstalt war F. G. Freitag. Selbständige Verlagsverzeichnisse von J. C.
Leopold sind nicht bekannt, doch enthält der gegen 1737 erwähnte, bei Leo-
pold erschienene Partiturdruck von A. Marcellos Suonate a violino solo ein
Verzeichnis von 15 Musiktiteln.

An „variirten Chorälen" von JGW publizierte J. C. Leopold neben den
genannten „8 Variationes" (vgl. Br 35) noch die in Br 41 erwähnten Vorspiele und beförderte außerdem 1741 das „Monumentum Musicum" (vgl.
Br 41) zum Druck.

Mit dem „Organisten in Weißenfels" wird J. C. Schwalbe gemeint sein
(vgl. Br 33). Zum „Hurlebuschischen Werck" vgl. Br 27, zu Matthesons „Fin-

ger-Sprache" vgl. Br 28. Mit den „anstößig scheinenden Stellen" sind wohl die in der Anlage zu Br 15 aufgeführten Satzversehen gemeint.

Zum Beginn des Briefwechsels JGW – Mizler vgl. Br 26. In den Zeitraum 1734/36 fällt Mizlers „Reise ins Reich" sowie sein Studienaufenthalt an der Universität Wittenberg. Die autobiographischen Mitteilungen Bümlers und Ehrmanns sind nicht nachweisbar; Bümlers „Lebens-Lauff" dürfte für den Nachruf in Mizlers Musikalischer Bibliothek, Bd. IV, Teil 1, Leipzig 1754, S. 135–154, herangezogen worden sein. Zur Erstfassung von Mizlers Dissertation vgl. Br 26. Der Verbleib des Konzerts ist nicht bekannt. Auf eine geplante Veröffentlichung der Kantate dürfte sich folgende Anzeige in den Leipziger Meßkatalogen von 1737 (Michaelis) beziehen: „Musikal. Vergnügen bestehend in einer Sammlung von verschiedenen Oden u. einer moral. Cantate, 1. Th., hrsg. von M. L. M." Ob die Weimarer Hofkapelle über einen „Virtuosen auf der Traversiere" verfügte, ist nicht bekannt. Zu Mizlers Antwort vgl. Br 33.

Lit.: Schünemann, S. 98, 99, 107; MfM 22, 1890, S. 51 ff.; DDT 26/27, S. XII, XXIV; Wöhlke, S. 14, 18 f., 20, 71, 127; Göhler 3, S. 15; Ehren-Pforte, S. 198, 229 f.; Curiosa Saxonica, 1762, S. 346 ff.; Die Sippen Freytag. Mitteilungsblatt für den Sippen-Verband, Heft 19, 1940, S. 369–371 (E. Freytag); SIMG 8, 1906/07, S. 535 (A. Werner); MfM 24, 1892, S. 159 f., 161 f.; C. F. H. Bittcher, Pförtner Album, Leipzig 1843, S. 555; Fritz Heyer, Aus der Geschichte der Landesschule zur Pforte, Darmstadt und Leipzig (1943), S. 76 f.; Musik und Verlag (vgl. Br 41), S. 332 (H. Heussner); Arno Werner, Städtische und fürstliche Musikpflege in Weißenfels bis zum Ende des 18. Jahrhunderts, Leipzig 1911, S. 34 f.

33.
AN HEINRICH BOKEMEYER, WOLFENBÜTTEL
1. 8. 1737

Mein Herr,

Dero letzteres Verlangen endlich zu stillen, habe mich nichts abhalten laßen, den Schluß des Theilischen Kunst-Buches vollend abzucopieren, um selbigen, wie hiermit geschiehet, zu übersenden. Die darin̄ noch mangelnde Stim̄e will MH. Entdeckung überlaßen. Es kom̄t auf die 2 ersten Blätter vollend an; meiner seits aber hat es für dißmahl nicht seyn wollen, solche in Überlegung zu ziehen, u. gleich den vorigen aufzusuchen. Wer am ersten von uns fertig damit werden sollte, wird, es dem andern mitzutheilen, nicht vergeßen. Unterm 9ten May *a. c.* habe vom Hrn. *M.* Mizler, auf mein Ihnen schon bewustes Erbieten, nachstehende Antwort erhalten:

„Was die *comunication* des *folian*ten anbetrifft, so versichere hiermit, daß Ew. — gewiß damit dienen will. Weil ich aber beständig was einzutragen habe, so kan ich es unmöglich entbehren, es würde auch nicht helffen, indem bey der andern Auflage alsdeñ das neü hinzu gekoͤmene aufs neüe müßte abgeschrieben werden. Weñ es aber Zeit ist, daß es würcklich soll aufgeleget werden, so will ich nicht nur eine accurate Correctur besorgen, u. alles auf das fleißigste durchsehen, sondern auch alle meine Anmerckungen mit einrücken, weñ sie nicht schon da sind. Vermuthl. werden E. – jetzo Anmerckungen machen, die ich zugleich gemachet. Weñ ich in der Welt nur auf alle ersiñliche Art den Musicalischen Wissenschafften, ihren Verehrern u. Virtuosen dienen kan, so werde ich allezeit bereit seyn, besonders Ihnen zu dienen. Ich bitte mir ohnbeschweret aus, Nachricht zu ertheilen, was des Meiboms *Script. antiq. Mus.* ingleichen Wallisen *Tom. III. oper.* so ein gewißer Musicus hinterlaßen, u. verkauffet werden sollen, kosten, u. ob noch mehr musicalische Bücher vorhanden." Dieses Schreiben, wobey das 2te Stück seiner Musical. Bibliothec war, will auf die nechstkoͤmende Michaëlis-Meße, G. G. beantworten. Das zu Chemnitz in diesem 1737ten Jahre herausgekoͤmene Musicalische *Lexicon,* ist meistentheils ein Auszug des meinigen. *Mr.* ›Behncke‹ hat sich am verwichenen Fest der Heimsuchung *Mariae* in unserer Stadt-Kirche allhier hören laßen, u. mich versichern wollen: „Der H. Capellmstr. Mattheson sey im *Nov. a. p.* gestorben; er sey ein *testis oculatus* von deßen Begräbniß." Weil aber MH. mit demselben *correspondir*en, u. unterm 7 *Febr. a. c.* nichts davon gemeldet haben, will mir diese Erzehlung bedencklich fallen. Ich erwarte demnach hiervon Gewißheit. Als denselben um MH. Befinden fragte, erhielte zur Antwort: Sehr wohl! Er habe vor ungefehr 8 Wochen (damahls) die Ehre gehabt, 2mahl mit Ihnen zu speisen. Ein gleiches hat Er bey mir zwar nicht genoßen, doch so viel an Gelde bekoͤmen, ein paar kurtze Mahlzeiten dafür zu genießen. Auch habe bey einigen Bekañdten seine Umstände bekañt gemacht, die deñ auch etwas zusamen geleget u. ihm *comuniciret*. Und, wie ich nachhero erfahren, ist er von der verwittbeten Frau Herzogin allhier mit 2 rdl. u. von der Princeßin, des regierenden Hn. Hertzogs Schwester mit 1 rdl. beschencket worden. Anjetzo soll er sich bey des regierenden Hrn. Herzogs Hochfürstl. Durchl. in Apolda, 3 Stunden von hier, aufhalten, ja gar in Dienste seyn genomen worden. Den ›Critischen Musicum‹ so Stückweise alle 14 Tage in 1/2 Bogen zu Hamburg ans Licht tritt, werde auf instehende Meße von Leipzig aus mir anschaffen. Sollte H. Mattheson todt seyn (welches gar wol möglich) möchte den Verfaßer deßen wol wißen? Hr. *M.* Mizler wird auf jetztgedachte Zeit *Praetorii Organographie*, mit seinen Anmerckungen erläutert, heraus geben. Dieses wird MH. aus den g. Zeitungen Zweifels ohne schon bewust, folgendes aber unbewust seyn: daß der Weissenfelßer die ihm geliehene Sachen, durch den ihm vors Haus geschickten Bothen zwar *remittiret*, diesen aber nicht gelohnet, und noch viel weniger die versprochene Gegenlage dafür, neml. des Hrn. Capellmeister Hurlebuschens Clavier-Werck, übersendet hat; daß demnach dieses Werck mir annoch gantz u. gar unbekañt ist. Beym Andencken dieses *odieu*sen Vorfalls wird mir fast übel; derowegen auf etwas angenehmes verfalle, neml. MH. für den letztern feinen Beytrag ergebenst zu dancken, und mich schlüßl. zu Dero beharrlichen *Affection* bestens zu empfehlen, allstets verharrend

Meines Herrn

schuldigster Diener
J. G. Walther.

Weimar *d.* 1 *Augusti*,
1737.

P. S. Von einem ehemaligen Scholaren, der jetzo in Dreßden bey den Stadt-Gerichten *Actuarius* ist, Namens Joh. Andr. Roth, habe unterm 6 *Junii a. c.* nachstehendes erhalten: „Herr *Advocat* Schäffer, welcher ein guter *Musicus* auf dem Clavier ist, u. dañenhero mit vielen Hn. *Musicis*, ins besondere aber mit dem Hn. *Concert*-Meister Pisendeln in genauer Bekañtschafft lebet, hat diesem Dero Verlangen hinterbracht, u. mir noch gestern gesagt, wie wohlbenañter H. *Concert*-Meister ihm nur noch letzthin die Versicherung gegeben, Ew. – Begehren in Übersendung der *curriculorum vitae* von hiesigen, so noch lebenden als verstorbenen Hn. *Musicis* u. *Virtuos*en selbst zu *comunici*ren, wie er deñ dißfalls mit den Hn. Capellmeister Haßen u. andern bereits gesprochen, u. sie um einen Aufsatz darzu ersuchet habe. Über dieses hat mein *Adjunctus*, H. Harrer, mit seinem Bruder, dem Brühlischen Capell-*Directore* hierunter auch geredet, u. dieser darzu, als zu einem lobenswürdigen Vorhabenden Wercke, gute Hoffnung gemacht. Ich will nicht ermangeln, noch weiter zu *sollicit*iren, auch, bey sich ereignender Gelegenheit selbst mit *Mr.* Pisendeln u. andern zu sprechen." (Die Worte sind gut; die That aber wird noch beßer seyn!) Beykomendes *Carmen* hat, mein älterer Sohn zu überreichen, u. die Anrede zu thun, die Ehre gehabt. Der jüngere bedienet sich, wegen der Augen-Maladie, so aus einer iñerlichen Verstopfung herrühret, der Bade- und Trinck-Cur des bey Apolda an Ostern entdeckten Gesund-Brunnens. Gott gebe sein Gedeyen dazu! Unsere Stadt-Kirche ist bey nahe fertig; nun dörffte die Reihe auch an die Orgel komen, *si Diis placet*. Der Effect meines nunmehro 30jährigen Hierseyns, in welcher Zeit ich vielen, mit musicalischem Unterricht aufrichtig, u. ohne Ansehn der Person, gedienet habe, ist nun dieser: daß jene Brod gefunden, u. noch gegenwärtig finden; ich aber solches verliehre. Deñ, da nunmehro der Hr. Ober-Hofmeister von Münchhausen, mit seinen beyden H. Söhnen von hier auf seinen Ritter-Sitz ziehet, so ists mit meiner Information nun völlig gethan. Kurtz: ich kan für Information meiner Scholaren, zu keiner mehr gelangen. Und so gehets auch in der Composition. Der, so nur 6 Jahr dabey ist, hat Zugang, und die Quelle wird verlaßen, ja wol gar verachtet. Hierzu komt noch, daß die Besoldung nicht richtig erfolget; wie deñ jetzo 9 *Quartale* verfloßen sind, da sie, gleich andern, nicht völlig gesehen habe. *Sed haec sub rosa*, obs gleich die Warheit! Bey so gestallten Sachen weiß fürwahr nicht, was hinführo anfahen soll, so als ein Neben-Werck, der edlen Music, als meinem Haupt-Wercke, nicht *despecti*rlich sey. Doch, Gott wirds schon machen!! Diesem will so wol MH. Werck, als mein Thun in Gelaßenheit u. Hoffnung befehlen.

Zur Kopie des „Theilischen Kunst"Buches" vgl. Br 29.

L. C. Mizlers abschlägige Antwort betraf sein durchschossenes Exemplar des WL (vgl. Br 32). Bei den von ihm erbetenen Schriften handelte es sich um „ANTIQVÆ | MVSICÆ | AVCTORES | SEPTEM. | GRÆCE ET LATINE. | MARCVS MEIBOMIVS | Restituit ac Notis explicavit. | ... | AMSTELODAMI, | Apud Ludovicum Elzevirium, | MDCLII." sowie „Johannis Wallis S. T. D. | Geometriæ Professoris SAVILIANI, in Celeberrima | Academia OXONIENSI, | OPERUM MATHEMATICORUM | Volumen Tertium. | ... | OXONIÆ, | E THEATRO SHELDONIANO, An. Dom. MDCXCIX." Der Name des „gewißen Musicus" ist unbekannt; 1736 war in Weimar J. A. Ehrbach gestorben, doch bleibt zweifelhaft, ob er gemeint ist. Mizlers Musikalische Bibliothek, Bd. I, „Zweiter Theil" ist datiert „Leipzig / Anno 1737."

Mit dem „Musicalischen Lexicon" ist gemeint „Kurtzgefaßtes | Musicalisches | LEXICON, | Worinnen | Eine nützliche Anleitung und gründlicher | Begriff von der Music enthalten, | ... | Chemnitz, 1737. | bey Johann Christoph und Johann David Stößeln." Die „Chemnitz am 1. May 1737" datierte Vorrede erwähnt das WL, nennt es aber teuer; das vorliegende Lexikon solle „denen ersten Anfängern in der Music, ingleichen nicht allzuvielvermögenden jungen Leuten auf Schulen" dienen.

Über „Mr. Behncke" ist nichts Näheres bekannt; zu Matthesons angeblichem Begräbnis vgl. auch Br 24. Mariä Heimsuchung = 2. Juli. Mit der „verwittbeten ... Herzogin" und der „Princeßin" sind Charlotte Dorothea Sophia und Johanna Charlotte gemeint, mit dem „regierenden Hrn. Herzog" Ernst August. Eine Anstellung Behnckes ist in den Akten nicht zu ermitteln.

Verfasser des „Critischen Musikus" war J. A. Scheibe (vgl. Br 34). Nach den „Neuen Zeitungen von Gelehrten Sachen Auf das Jahr 1737. N. LVI. Leipzig den 15 Julii." (S. 503) wollte Mizler zu Michaeli im Selbstverlag „Prätorii Organographie mit seinen Anmerkungen versehen" herausbringen; die Anmerkungen sollten das Wichtigste aus A. Werckmeisters „Orgelprobe" enthalten. Die Ausgabe kam nicht zustande; bereits im April 1738 sprach Mizlers Musikalische Bibliothek (Bd. I, Teil 4, S. 83) von einem Hindernis für dieses Vorhaben.

Zum Verhalten des „Weissenfelßers" vgl. Br 32, zu „Hurlebuschens Clavier-Werck" vgl. Br 27.

Hinsichtlich der Lieferung biographischer Beiträge durch Pisendel, Hasse, Harrer u. a. blieb es bei Versprechungen.

Näheres über das von J. G. Walther d. J. überreichte „Carmen" ist nicht bekannt. Der auch von J. C. Walther frequentierte „Gesund-Brunnen" bei

Apolda war am 21. April 1737 (1. Ostertag) von einem Spaziergänger entdeckt worden.

Zum Umbau der Weimarer Stadtkirche und zum Zustand der Orgel vgl. Br 5 ff.

Die Familie von Münchhausen übersiedelte nach Herrengosserstädt, die Söhne des „Ober-Hofmeisters" nahmen das Universitätsstudium auf; über das Schicksal der von JGW ehemals mit unterrichteten Tochter ist nichts bekannt.

Lit.: MfM 22, 1890, S. 53–55; Schünemann, S. 107; DDT 26/27, S. XII; Wöhlke, S. 20, 71; Wette, Bd. 2, S. 105 f., 138 ff., 162 ff.; Gottlieb Samuel Treuer, Gründliche Geschlechts-Historie des Hochadlichen Hauses der Herren von Münchhausen, Göttingen 1740 (1742), S. 172; A. F. von Münchhausen, Geschlechts-Historie derer von Münchhausen von 1740 bis auf die neueste Zeit, Hannover 1872, S. 80 ff.

34.
AN HEINRICH BOKEMEYER, WOLFENBÜTTEL
24. 1. 1738

Mein Herr,

Als Dero unterm 10ten *Augusti a. p. datir*tes Schreiben nebst Einlage am 21sten *dito* erhielt, stunde es, in Ansehung der Gesundheit, nicht wohl um mich, u. zwar bis auf den 10ten *Septembris* dergestalt mißlich, daß damahls nicht glaubte, fernerhin die Ehre zu haben, mit Ihnen schrifftlich *conversi*ren zu könen, nachdem am 13 *Augusti* von einem Fieber unversehens überfallen worden. Dieses kam bis den 1sten *Sept. exclusivè* allezeit über den 2ten Tag, so, daß ein sonst also genañter guter Tag dazwischen war; hielte aber (wie die *Medici* zu reden pflegen) keinen gewißen *typum*, sondern stellete sich bald um diese, bald um eine andere Stunde mit nicht allzu starckem, auch nicht über 1 1/2 Stunden anhaltendem Froste ein; die darauf erfolgende Hitze aber währete desto länger, und verursachete eben, daß meines Orts von keinem Unterscheide zwischen Böse und Gut machen kunte; es brachte auch noch andere Gäste mit. die fast noch schliñer waren nemlich: zu zweyen mahlen 8 bis 10 tägige Verstopffung des Leibes, entsetzlichen Eckel und schleimichten Auswurff, 4 1/2 wöchige Fasten von aller Speiße, hefftigen Schmertz am Ende des Rück-Grads, so daß we-

der sitzend noch liegend davon befreyet war, und endlich (doch
aber gleich im Anfange der Kranckheit) geschwollene Füße. Vom
1sten *Septembris* bis auf den 10ten *inclusivè* war es noch unhöf-
licher, und fand sich alle Tage ein. Kurtz: ich habe 8 Soñtage
mein Amt nicht verrichten können, u. der Geschwulst hat fast bis
Weynachten gedauert, obgleich täglich mit Holtz-Sägen und Späl-
len (angerathener maßen) und, außer diesem, mit Ausgehen eine
Bewegung mir gemachet, anjetzo noch, und ferner beständig machen muß. Des nachhero entstandenen fast unleidlichen Juckens
in den Füßen hoffe durch Aderlaßen vollend loß zu werden. Der
Medicus hat 5 rdl. davon getragen; dem Allerhöchsten aber
dancke für seine mir bewiesene Gnade, daß wiederum im Stand
gesetzet worden bin, Ihme u. meinem Nächsten weiter dienen zu
können. Und so viel hiervon! Auf Dero geehrteste Zuschrifft
melde nun folgendes: daß das mir zugedachte *gratial à* 1 *Species*
Thaler, für das Ihnen zu Gefallen abgeschriebene u. übersendete
Theilische Kunst-Buch, anzunehmen nicht gesonnen sey, weil
diese Gefälligkeit mit andern zur Gnüge bereits von Ihnen ersetzet worden, wofür noch ergebenst zu dancken Ursach habe; wie
deñ die letzt mir übersendete Musicalien, als Liebes- und Freünd-
schaffts-Mahle, zum Andencken, fleißig aufheben, auch, selbige zu
hören, Anstalt machen werde. Obgedachte Einlage an den Hrn.
Mag. Mizler in Leipzig ist gleich des andern Tages, nach deßen
Empfang, dorthin bestellt worden: deñ damahls kunte noch einiger
maßen die Feder führen, welches nachgehends in geraumer Zeit
nicht angehen wollen. Die Helffte vom überschickten *porto* koñt,
als ein Überschuß, jetzo wieder zurück; und der Hr. *Magister*
wird, wie Er mir nach geendigter Michaëlis-Meße gemeldet, MH.
Schreiben selber beantwortet haben. Dieser artige Mañ kan sich
nicht entschlüßen, sein *in folio* mit weißen Papier durchschoßenes
Exemplar meines *Lexici* mir anzuvertrauen und zu zuschicken;
muß also meinen bishero, wiewohl wenigen Vorrath noch zur Zeit
privativè behalten. Ich kan demselben auch fast nicht verdencken,
weil Er mich nicht recht keñet, u. vielleicht befürchtet, es möchte
sein Exemplar den Rück-Weg vergeßen; welches aber ferne von
mir seyn solte! Damit Er aber doch wißen möge, woriñen mein
dermahliger Beytrag hätte bestehen sollen; als habe Ihm die
Specification davon zu gesendet, vermöge derselben über 500 Per-

sonal-Articul vorhanden sind, darunter aber 160 weiter nichts, als den blosen Nahmen enthalten. Meine Bemühung gehet übrigens stets dahin, durch guter Freünde u. Gönner Vorschub hieriñ iñer reicher zu werden. Durch des mehrgedachten Hrn. M. Mizlers gütiger Besorg- und meiner seits erlegte Zahlung habe vom Critischen *Musico* nach der Michaëlis-Meße die ersten 15 Stück bekoñen, und, weil sint der Zeit bis auf die Neü-Jahrs-Meße nicht über 6 oder 7 Stück ans Licht getreten seyn mögen, habe besagtem Herrn *Mag.* mit deren Übermachung nicht beschwerlich seyn, sondern bis auf die Oster-Meße aufschieben wollen, damit es sich der Mühe belohne. Daß im 6sten St. dieses *Journals* an einer Stelle der Hr. Bach in Leipzig gemeynet sey, solches habe mir gleich beym ersten Anblick eingebildet, und gestern bin dariñe bestärcket worden, da ein gewißer von einer kleinen Reise wieder gekoñener Freünd allhier, mir ein *sine die et consule* herausgekoñenes *Scriptum* mitgebracht, deßen Titul also lautet: „Unpartheyische Anmerckungen über eine bedenckliche Stelle in dem 6ten Stück des Critischen Musicus. Gedruckt in diesem Jahre." Es bestehet aus 2 Bogen in 8. Die Zuschrifft ist folgende: „Dem HochEdl. Herrn, Herrn Joh. Sebastian Bachen, Sr. Königl. Maj. in Pohlen u. Churf. Durchl. zu Sachsen hochbestalten Hof-Compositeür u. Capell-Meister, wie auch Directoren der Music u. Cantorn an der Thomas Schule in Leipzig widmet diese Ihn selbst angehende Blätter mit vieler Ergebenheit der Verfaßer." Am 7 Blat stehen diese Worte: „Zum wenigsten zeigten einige besondere Umstände des gedachten Briefs gantz deütlich, daß man nicht lange nach der ›Scheibe‹ zielen dürffe, weñ man das schwartze treffen wolle." Ich bin begierig zu wißen, wer die andern Herrn u. Örter wol seyn mögen, die an besagter Stelle *characteri*sirt, u. nicht geneñet worden sind? ich hoffe von MH. nähere Nachricht *sub rosa* zu erlangen. Beykoñende *Resolution* des ehemahls überschickten Bachischen *Canonis* ist des Hn. *Auctoris* eigene Hand, u. von Selbigem mir, auf Verlangen, zugesendet worden. Des Hrn. ›Matthesons‹ Kern Melodischer Wißenschafft, u. des Hn. ›Kellners‹ Unterricht vom *G. B. de an.* 1737. habe vor meiner Kranckheit mir angeschafft.

Dem Hrn. *D.* Brückmañ bitte, nebst gehorsamster Empfehlung, gelegentl. zu berichten: daß auf Deßen Ansiñen vom hiesigen

Kunst-Cämerer zur Antwort bekoṁen: „Er köñe mir, obschon gutem Freünde, nicht willfahren, weil ausdrücklicher Befehl vorhanden sey, an niemanden etwas zu coṁuniciren. Hr. *D.* Büchner in Erffurt, u. H. *Pastor* Leßner in Nordhausen hätten um ein gleiches, am höchsten Orte selbst, schrifftl. Ansuchung gethan, aber nichts erhalten." Das eigentliche Wahrzeichen unserer Stadt ist mir nicht bekañt; man sagt zwar: das am Schloß-Thore in einem Nagel eingegrabene Sächß. Wapen sey es; alleine, ich kan es für keine *authenti*sche Nachricht ausgeben. Hr. ›Wette‹, ein *Candid. Minist:* allhier hat im nechst abgewichenen Jahre eine ohngefehr aus 30 Bogen in 8. bestehende Historische Nachricht von hiesiger *Residenz*-Stadt heraus gegeben; vielleicht ist hieriñ etwas davon anzutreffen, oder, so noch nichts vorhanden, dürffte es wol im 2ten Theile, woran jetzo gearbeitet wird, vorkoṁen. Hierauf bin und verbleibe Lebens lang

Meines Herrn

ergebenster Diener

J. G. Walther.

Weimar *d. 24 Januarii,*
1738.

34.

Zur Abschrift des „Theilischen Kunst-Buchs" vgl. Br 28 ff., zu L. C. Mizlers „mit weißem Papier durchschoßenen Exemplar" des WL vgl. Br 32, Anlage. Näheres über die „Specification" der Addenda ist nicht bekannt. Zu Band I von J. A. Scheibes „Critischem Musicus" vgl. Br 38; „die ersten 15 Stück" reichen vom 5. März bis zum 17. September 1737. Das „Vierzehnte Stück" vom 3. September 1737 bringt „Gedanken des Herrn Bockemeyers von der Schreibart ..." (S. 111–112).

Das „Sechste Stück" vom 14. Mai 1737 enthält S. 46 f. den berühmten Angriff auf J. S. Bach; Verfasser der Anfang 1738 fertiggestellten Verteidigungsschrift „Unpartheyische | Anmerckungen | über | eine bedenckliche stelle | in dem | sechsten stück | des | Critischen Musicus. | Gedruckt in diesem Jahre." war J. A. Birnbaum. Die Wiedergabe der „Zuschrifft" sowie des Textzitats weichen in orthographischen Details vom Original ab.

Zum „ehemahls überschickten" Kanon BWV 1074 vgl. Br 29; J. S. Bachs eigenhändige Auflösung ist nicht erhalten. Mit den Schriften von J. Mattheson und D. Kellner sind gemeint: „Kern | Melodischer Wißenschafft, | bestehend | in den auserlesensten | Haupt- und Grund-Lehren der musicali-

schen Setz-Kunst oder Composition, | als ein Vorläuffer des | Vollkomme-
nen Capellmeisters, | ausgearbeitet von | MATTHESON. | Hamburg, |
Verlegts Christian Herold. | MDCCXXXVII." – „Treulicher | Unterricht |
im | General-Baß, | ... | Zum Nutzen, | Nicht allein derer, so sich im Ge-
neral-Baß üben, son- | dern auch aller andern Instrumentisten und Vocali-
sten, welche einen | rechten Grund in der Music zu legen sich befleißigen,
herausgegeben | von | D. K. | Zweyte und vermehrte Auflage. | Nebst einer
Vorrede Hn. G. P. Telemanns. | HAMBURG, | Zu finden bey Christian
Herold. 1737."

Über das „Ansinnen" von F. E. Brückmann bzw. A. E. Büchner und F. C.
Lesser (nicht: Leßner) ist nichts Näheres bekannt; „Kunst-Cämmerer" war
möglicherweise noch immer J. A. Ehrbach.

Über ein „Wahrzeichen" Weimars findet sich keine Mitteilung in der von
JGW gemeinten Schrift „Historische Nachrichten | Von | der berühmten
Residentz-Stadt | Weimar, | Darinnen derselben Ursprung, Verfassung, |
und vornehmste Kirchen ... | Aus bewährten, sowohl gedruckten als ge-
schriebenen | Urkunden | aufrichtig erzehlet, | und | ... Unter hoher Censur
und Bewilligung des Hochfürstl. | Weimarischen Ober-Consistorii | ans Licht
gestellet worden | Von | Gottfried Albin Wetten, | S. S. Minist. Candidat. |
Weimar, 1737. | Bey Siegmund Heinrich Hoffmann, | privil. Buchhändler."

Lit.: Schünemann, S. 108; Wöhlke, S. 19; Dok II, S. 286 ff., bes. S. 306 f.;
Erfurter Genealogischer Abend. Wiss. Abhandlungen, Heft 5/6, Erfurt 1932,
S. 24, 107, 110 f. (W. Suchier); W. Huschke, Gottfried Albin de Wette. Der
erste Chronist der Stadt Weimar, in: Der Heimatfreund. Heimatkundliche
Blätter für Stadt und Kreis Weimar, 1956, S. 372–379.

35.
AN HEINRICH BOKEMEYER, WOLFENBÜTTEL
30. 7. 1738

Mein Herr,

Sint der Zeit, da die Ehre habe mit Ihnen in Brief-Wechsel zu
stehen, ist es allezeit mit grosem Vergnügen geschehen, die Feder
zu ergreiffen; allein jetzo will die Dreistigkeit, dergleichen zu thun,
mir fast entstehen, da, wegen des *gratials*, wieder Willen unhöf-
lich seyn, und selbiges behalten soll. Gewiß, wären nicht so ernst-
hafte Ausdrücke dabey von Ihnen vermacht worden, ich würde

einesweges meinen ersten Siñ nicht geändert, sondern das überschickte *remitti*ret haben! Es mag demnach für dieses mahl die Schamhafftigkeit Dero *Generosité* weichen, und das Präsent einem nützlichen Buche, zum beständigen Andencken, gewidmet seyn, und zwar unter herzlicher Dancksagung; ich wollte dabey gerne zu einer Gegenlage mich anheischig machen, weis aber, aus Unvermögen, zur Zeit nicht, woriñ selbige bestehen könne. Ich hatte Dero Hrn. Schwieger-Sohne (den schönstens von mir zu grüßen bitten will) ein Exemplar des nunmehro in Kupfferstich *publici*rten Chorals: Allein Gott in der Höh sey Ehr etc. zugedacht; weil aber vom Verleger überhaupt, aus Mißverstand, nur 12 Exemplarien, an statt der bedungenen 30, bekoṁen, davon gleich in Augspurg 2 so viel guten Freünden daselbst abgegeben worden, mithin die übrigen 10 nicht einmahl für alle hiesige Raths-Glieder zugelanget, ja von diesen ich auch noch 2 Ex. für Hr. Bachen u. H. M. Mizlern zu Leipzig abgezwacket habe, wollen Sie es nicht übel nehmen, daß diese zweene Mäñer Ihrem Hn. Schwieger-Sohne vorgezogen; sollten aber die annoch erwartende Exemplarien, als wornach geschrieben, nachkoṁen (welches aber gemeiniglich die Hunde gerne zu freßen pflegen), will mit 1nem sodañ gewiß aufwarten, ob derselbe gleich solche 8 Vorspiele in Abschrifft schon besitzet. Inzwischen *coṁunici*re Ihnen hiermit die Aufschrifft davon: „Harmonisches Denck- und Danckmahl bestehend aus *VIII.* Vorspielen über das Lied: Allein Gott in der Höh sey Ehr etc. zuförderst dem Dreyeinigen Gott, und hiernechst Einem Hoch-Edlen u. Hochweisen Stadt *Magistrat* der Hochfürstl. *Residenz* Weimar, als *Patrono* der nunmehro verbeßerten u. fast neü erbaueten Haupt-Pfarr-Kirche zu *S. Petri* u. *Pauli* hieselbst, zu Ehren aufgerichtet, von .... zu finden bey Johañ Christian Leopold, Kunstverlegern in Augspurg.“ Es bestehet aus 4 Bögen, u. ist sehr nett gestochen; hat aber den starcken Fehler: daß mitten im Spielen umgewendet werden muß, welcher billig hätte sollen u. können vermieden werden. Am 30 *passato* habe die Raths-Exempl. gebunden übergeben, u. gestern bin dafür mit 6 rdl. beschencket worden. Bey so bewandten Umständen erscheinet für dieses mahl nur ein Buxtehudischer schön und künstlich gesetzter Choral für MH. Schwieger-Sohn, und eine schmutzige Angabe von des *Tevo Musico Testore*, welchen ehemals mit Hülffe eines seel.

Freündes zu übersetzen angefangen. Der zweyte Theil siehet etwas beßer aus, u. stehet, weñ dieser erste von Ihnen, zum Eigenthum zu behalten, nicht verschmähet wird, zur andern Zeit zu Diensten, auch soll jetztgenañter Choral Ihrem Hn. Schwieger-Sohne erblich verbleiben, damit der Herr Überbringer nicht verdrüßlich werde. Was letztlichen meines ältern Sohnes Ansiñen sey, wird beykomender Brief entdecken; ich aber will ergebenst bitten, solches bestens zu befördern. Seine Absicht gehet dahin, auch allenfalls bey einem vornehmen *Ministre* einen *privat-Informatorem* abzugeben, weñ solche *information* nicht viel über 1 Jahr währen sollte, und er sodan gewiße Beförderung sich zu versprechen hätte; oder weñ der Untergebene alsdeñ eine auswärtige *Universit*ät beziehen, oder auf Reisen gehen würde, er ihn dahin begleiten könte. Sein Haupt-*Metiér* ist das *Jus*, dariñen er sich sonderlich *opponendo* übet; er unterläßet aber auch nicht die *Humaniora*, sondern *tractir*et, nebst andern, auch so gar die einem *Jurist*en eben nicht nöthige Griechische u. Hebräische Sprache, um in vielerley Sättel, auf bedürffenden Fall, geschickt zu seyn. Hierauf empfehle MH. u. gantze Familie Göttlicher Obhut, mich aber u. die meinigen zu beständiger Wohlgewogenheit, allstets verharrend

Meines Herrn

aufrichtig ergebenster
J. G. Walther.

Weimar *d. 30 Julii*,
1738.

35.

Zu Bokemeyers „gratial" vgl. Br 34. Mit „Dero Hrn. Schwieger-Sohne" ist Johann Christoph Schultze gemeint. Das einzige bekannte Exemplar des „in Kupfferstich publicirten Chorals" befindet sich in der Deutschen Staatsbibliothek Berlin (Signatur: Mus. O. 17099 Rara; Vorbesitzer: F. W. Rust, M. Seiffert), es umfaßt 16 S. (S. 1 Titel, S. 2–15 Notentext, S. 16 leer). Wortlaut des Titels: „Harmonisches | Denck- und Danckmahl, | bestehend | aus VIII. Vor-Spielen über das Lied: | Allein Gott in der Höh sey Ehr etc. etc. | Zuförderst dem | Dreyeinigen Gott | und hiernechst | Einem Hoch Edlen und Hochweisen Stadt Magistrat | Der Hochfürstlichen Residenz Weimar, | als Patrono, | Der nunmehro verbeßerten und fast neu erbaueten Haupt-Pfarr-Kirche | Zu S. Petri, und Pauli hieselbst, zu Ehren aufgerich-

tet, | von Johann Gottfried Walthern, Hochfürstlich-Sächsischen Hof-Musico |
und Organisten an besagter Kirche. | Zu finden bey Johann Christian Leo-
pold, | Kunstverlegern in Augsburg." Der Verkaufspreis betrug 24 Kreuzer.
Der Verbleib der „Raths-Exempl." ist unbekannt, ein Rechnungseintrag über
das Geldgeschenk von sechs Talern war nicht zu ermitteln. Das Mizler über-
lassene Exemplar gab offenbar Veranlassung, die Veröffentlichung in der
„Musikalischen Bibliothek" (Bd. I, 5. Teil, Leipzig, Oktober 1738, S. 77)
anzukündigen. Unbekannt sind der Verbleib des Buxtehude-Chorals und des
Tevo-Exemplars sowie der Name des an der Übersetzung beteiligten „seel.
Freündes". Das „Ansinnen" von J. G. Walther d. J. ist in dessen lateinischem
Schreiben (Jena, 1. Juli 1738) dargelegt, das JGW seinem Briefe beifügte.
Die Bitte um „Beförderung" blieb erfolglos.

Lit.: Schünemann, S. 108; DDT 26/27, S. XVII, XXIII, XXIX, 20–27;
Dok II, S. 329 f; Schenk-Güllich, S. 95.

36.
AN HEINRICH BOKEMEYER, WOLFENBÜTTEL
3. 8. 1739

Mein Herr!

Laut Dero unterm 15ten August 1738. von Ihnen erhaltenen letztern Schreibens, haben Sie kurtz nach Michaëlis-Tag an den Hrn.
Capellmeister in Gotha schreiben, und bey dieser Gelegenheit
etwas, so wol an mich, als meinen ältern nunmehro ins 8te Jahr
Studirens halber sich in Jena aufhaltenden Sohn, übersenden wollen; nachdem aber nichts erfolget, auch die drauf gefolgte Braunschweiger Winter-Meße vorbey gestrichen ist, ohne von Ihnen
etwas zu vernehmen oder zu erhalten; als bin fast auf die besorg-
liche Gedancken gerathen: Es möchte vielleicht Ihnen etwas be-
gegnet seyn, so Sie verhindert, an mich, als einen alten *per literas*
bekandten Freünd und Diener zu dencken. In Hofnung aber eines
beßern, und zum Zeügniß, daß Dero vergnügendes Andencken
auf meiner Seite annoch unveränderlich sey, übermache anjetzo
die Folge von der Übersetzung des *Tevo*, welche, gleich den vorigen Hefften, Ihnen eigenthümlich überlaßen seyn soll. Haben Sie
etwas anderweit her erhalten, so zur Vermehrung des Musical.

Lexici dienlich ist, will um gütigste *comunication* ergebenst hierdurch gebethen haben, weil das bisher gesaͫlete in Ordnung zu bringen eben jetzo beschäffiget bin, um es auf nechstkoͫende Michaëlis-Meße dem Hrn. Verleger *offeriren* zu können. Daß der Hr. Mattheson seinen vollkoͫenen Capellmeister à 134 Bogen in *folio* nunmehro fertig habe, derselbe auch würcklich aus der Preße heraus sey, hat Er selber zu Ende des verwichenen May mir berichtet, worauf ich am 4ten *Junii* 2 Exemplarien bestellet, die aber noch nicht angekoͫen sind. Unter Empfehlung göttlicher Gnaden-Obhut, bin und verbleibe, wie bisher, unausgesetzt
Meines Herrn

aufrichtig ergebenster
J. G. Walther.

Weimar *d. 3 Augusti,*
1739.

36.

„Capellmeister in Gotha" war G. H. Stölzel, der in Jena studierende ältere Sohn J. G. Walther d. J. Zur „Übersetzung des Tevo" vgl.. Br 38, 39, 43–45, zur „Vermehrung des Musical. Lexici" vgl. Br 38. Die Offerte an den „Hrn. Verleger" W. Deer unterblieb schließlich; vgl. Br 38. „Der | Vollkommene | Capellmeister, | Das ist | Gründliche Anzeige | aller derjenigen Sachen, | die einer wissen, können, und vollkommen inne haben muß, | der einer Capelle | mit Ehren und Nutzen vorstehen will: | Zum Versuch entworffen | von | MATTHESON. | Hamburg, | Verlegts Christian Herold, 1739." erschien nach Angabe des Verfassers „auf Ostern [1739]", doch ist die „Zuschrifft" erst „Hamburg, im May 1739" datiert.

 Lit.: Ehren-Pforte, S. 217.

AN JOHANN MATTHESON, HAMBURG

Ich bin in Erffurt An. 1684. den 18. Sept. gebohren, und den 21. in
der Baarfüßer-Kirche getaufft. Meine Eltern sind gewesen Mstr.
Johann Stephan, Bürger, Zeug- und Raschmacher, und
Frau Martha Dorothea, gebohrne Lämmerhirtin,
eine nahe Anverwandtin der bachischen Familie, beide auch aus
Erffurt gebürtig: wie denn der Vater An. 1650. den 18. December,
und die Mutter An. 1655. den 27. Junii das leibliche Tages-Licht
daselbst erblicket; selbiges aber am 18. Decembr. 1731. und am
23. Januarii 1727. mit dem ewigen verwechselt haben.

Den Bund eines guten Gewissens mit GOTT hat, Statt mei-
ner, aufgerichtet des damahligen Fürstl. Sächsis. gesamten Ober-
Geleitmanns in Erffurt, wie auch Erb- und Gerichts-Herrns in
Marckvippach und auf Dielsdorff, Herrn Bartholomäi
Kellners jüngerer Herr Sohn, Johann Andreas, ein
Jüngling von ohngefehr 11. Jahren, der, weil er noch nicht zum H.
Abendmahle gegangen, deswegen sich hat *examini*ren lassen müs-
sen. (Diese Familie ist nachhero geadelt worden; er aber, der
Pathe, ist, als ein Kaiserl. Pfaltz-Graf, und fürstl. eisenacher
Amts-Commissarius, An. 1734. im May-Monath verstorben.)

Im siebenden Jahre meines Alters bin ich in die Kauffmanns-
Schule gethan worden, nachdem vorhero fast 3 Jahr lang im Lesen
und Schreiben Privat-Information genossen. In nur gedachter Schule
wurde zwischen An. 1696. und 1697. von dem, zumahl im zier-
lichen Noten-Schreiben, ungemein accuraten Cantore, Herrn Jacob Adelungen, im Singen dergestalt unterrichtet, daß in
drey viertel-Jahren einen Concertisten abgeben kunte; wiewohl
solche Fertigkeit meistens daher gekommen, weil mit dem Singen
zugleich das Clavier-Spielen verbunden worden. Mein erster Lehrmeister hierinn ist gewesen, der annoch in Eisenach lebende Kam-
mer-Musicus und Organist, Herr Johann Bernhard
Bach, der damahls den Organisten-Dienst an der Kauffmanns-
Kirche bekleidete: und der zweite war dessen Nachfolger, Herr
Johann Andreas Kretschmar.

Im May-Monat An. 1697. habe das *Gymnasium senatorium* be-

zogen, und An. 1702. den 8. November selbiges wiederum ver-
lassen, nachdem vorher in eben diesem Jahre, nach abgelegter
Probe am Tage M a r i ä -Heimsuchung, bey S. T h o m ä den
Organisten-Dienst bekommen, (dazu ein Cantor an einer andern
Gemeine, ohne meinen Bewust, mich vorgeschlagen hatte) und am
elften September die musikalische Composition zu erlernen angefangen. Auf der Academie habe zwar einige *Collegia in philoso-
phicis* besuchet, ingleichen die *Institutiones Juris*, und *Snobelium*
über die Pandecten gehöret; weil aber wegen nur gedachter Erlernung der musikalischen Composition, wie auch der vielen Clavier-
Information, und des öfftern Orgel-Spielens beym catholischen
Gottes-Dienste, viele Zeit zur Wiederholung mir entzogen wurde,
fassete den Entschluß: andere *Studia* fahren zu lassen, und der
Musik einzig obzuliegen. Dieses deuchtete mir auch um so viel
nöthiger zu seyn, damit nicht ein *ex omnibus aliquid* und *in toto
nihil* am Ende heraus kommen mögte.

Ich schaffte mir also stumme Lehrmeister an, nehmlich Partituren
und Bücher, so gut, als sie damahls zu bekommen waren; that An.
1704. gegen Michaelis (nachdem des Jahrs zuvor die Herbst-Messe
zu Franckfurth am Mayn, und die landgräfliche Residentz, Darmstadt, besehen) eine Reise nach Halberstadt und Magdeburg, um
den berühmten *Musicum*, Herrn W e r c k m e i s t e r kennen zu
lernen, und den schon vorhin mir bekannten Organisten, Hrn.
J o h a ñ G r a f e n , noch einmahl zu hören. Beide liessen mich
ihre Orgeln (wiewohl mit ungleicher Wirckung) bespielen; und der
erstere beschenckte mich nicht allein mit des *Baryphoni Plejadibus
musicis*, sondern stifftete auch einen vergnügten Brief-Wechsel mit
mir, wodurch ich manches schönes Clavier-Stück von des kunst-
reichen B u x t e h u d e n s Arbeit bekommen; und An. 1706. be-
suchte ich meinen Landsmañ, gewesenen Nachbar und Spiel-Ge-
sellen in der zarten Jugend, Herrn W i l h e l m H i e r o n y m u m
P a c h e l b e l , in Nürnberg, um auch von diesem, und andern
Musicis daselbst, zu profitiren.

Hierauf sollte am Sonntage *Sexagesimae* An. 1707. auf Veranlassung des mülhausischen Orgelmachers, Herrn W e n d e r s ,
und zweier dorthin-gesendeten Kirchen-Stücke von meiner Arbeit,
mich daselbst einfinden, und die an der S. B l a s i u s -Kirche,
durch den Tod des seel. J o h. R u d o l p h A h l e n s , ledig-

gewordene Organisten-Stelle, mittelst einer öffentlich-abzulegende Probe, erlangen; da aber solches Vorhaben von einigen (vielleicht eigennützigen) Bekannten nicht für dienlich angesehen werden wollte, schrieb ich den Termin ab, und erwartete eine andere Gelegenheit, die sich auch in nur gedachtem Jahre noch allhier in Weimar zeigte, da, auf abgelegte privat und öffentliche Probe, von E. Hoch-Edl. Rathe, mit Einwilligung des damahligen General-Superintendentens, Herrn J o h. G e o r g L a i r i t z e n s, am 29. Julii zum Organisten-Dienste an der Haupt-Pfarr-Kirche zu S. P e t r i und P a u l i die schrifftliche *Vocation* erhalten.

Gleich nach meinem Antritt, welcher (wegen währender Kirchen-Trauer) erst auf M i c h a e l i s a. c. geschahe, bekam den Durchlauchtigsten Printzen, Herrn J o h a n n E r n s t e n, und die Durchlauchtigste Princeßinn, J o h a n n e n C h a r l o t t e n, in die Clavier-Information, welchem hohen Beyspiele verschiedene andere Personen adelichen und bürgerlichen Standes folgeten. Ersterm habe auch, nach geschehener Wiederkunfft von der Universität Utrecht, vom Junio des 1713ten, bis in den Mertz des 1714ten Jahres, in der musicalischen Composition Lection zu geben, und, bey dieser Gelegenheit, etliche mahl an Dero Tafel mit zu speisen, ingleichen des Nachts, währender Kranckheit, öffters bey Ihnen zu bleiben, die Gnade und Ehre gehabt. Bey Unterweisung anderer, habe auch nicht unterlassen, die Composition immer zu treiben; wie denn überhaupt bis hieher, 92. *Vocal-* und 119. Clavier-Stücke über Choräle, (die zusammen über viertehalb-hundert *Variationes* ausmachen) ingleichen noch einige wenige Instrumental- und Clavier-Sachen von mir verfertiget worden sind; die von andern Verfaßern gesetzte und von mir aufs Clavier *applici*rte Stücke, 78. an der Zahl, nicht mit gerechnet. Unter den erstern befinden sich 13. Stücke, die zum Ausgange des 1708ten und Anfange des 1709ten Jahres dem damahligen Capellmeister in Gotha, Herrn W o l f g a n g M i c h a e l M y l i o ; und noch einige andere, die in gleicher Zeit einem gewißen *Cantori* in Westphalen, zu Gefallen gesetzet; auch stecken verschiedene darunter, die ursprünglich Nacht-Musiken gewesen, und nachgehends mit *convenabl*en geistlichen Texten versehen worden sind. Von der zwoten Gattung sind An. 1713. die 2. Choräle M e i n e n J E s u m l a ß i c h n i c h t, e t c. und J E s u m e i n e F r e u d e etc. von 6. und

10. Vorspielen, auf Kosten eines nahen Anverwandten, der sie selber in Kupfer *radi*ret; und An. 1738. der Choral: A l l e i n G O T T i n d e r H ö h s e y E h r etc. von 8. Veränderungen, zu Augspurg, in breit Folio und Kupfferstich, am S. P e t r i - und P a u l i -Tage ans Licht getreten,*) die noch übrig gehabte Zeit aber ist auf die Verfertigung des An. 1732. heraus gekommenen, musikalischen *Lexici* gewendet worden.**)

Seit dem 17. Junii An. 1708. lebe mit Frau A n n a M a r i a , Mstr. J o h a n n D r e ß l e r s , gewesenen Schneiders und Aeltesten zu Brunchewinda jüngern Tochter in der Ehe, und habe, von 8. Kindern, zweene Söhne und zwo Töchter noch am Leben. Der ältere Sohn, J o h a n n G o t t f r i e d , ist gebohren An. 1712. den 26. Septembr. und der jüngere, J o h a n n C h r i s t o p h , An. 1715. den 8. Julii; beyde studiren seit Ostern An. 1732. und 1736. zu Jena die Rechte; jener spielet anbey die Violin, und dieser das Clavier. Schlüßlichen füge noch bey: daß von An. 1721. ohne einiges darum geschehenes Ansuchen, ein Fürstl. Hof-*Musicus* heiße.

[Fußnoten:]

*) Mit der Ueberschrifft: W a l t h e r s D e n c k - u n d D a n c k m a h l e t c. bey Johann Christian Leopold, Kunst-Verlegern in Augsburg. Dieses erinnere deswegen, weil der Verfasser Bedencken zu tragen scheinet, dem Titel in seinem eigenhändigen Berichte Platz zu gönnen: vielleicht aus Beisorge, meinem H a r m o n i s c h e n D e n c k m a h l zu nahe zutreten. Ich habe das Wercklein aber allhie in Hamburg, von ungefehr an der Börse, bey dem Landcartenhändler aushängen sehen, und mir die Rubric angemercket.

**) Von diesem lautet es im waltherischen Postscript also: „Die Fortsetzung des musikalischen *Lexici* ist zum Druck fertig; aber, wegen großer Unbehülflichkeit derer, die es doch (auf gegebene Veranlassung) gar wohl hätten thun können, nicht stärcker, als 25. Bogen angewachsen. Sie mag demnach einen Anhang abgeben! Geschrieben in Weimar, den 28. Decemb. 1739."

37.

Kurze Autobiographie für die „Grundlage | einer | Ehren-Pforte, | woran der | Tüchtigsten Capellmeister, | Componisten, Musikgelehrten, | Tonkünstler etc. | Leben, Wercke, | Verdienste etc. | erscheinen sollen. | Zum fernern Ausbau angegeben | von | Mattheson. | HAMBURG. 1740. | In Verlegung des Verfassers". Zur Anforderung durch den Herausgeber vgl. Br 38, zur Erwerbung eines Exemplars durch JGW vgl. Br 39. Als Zusätze Matthesons sind erkennbar: S. 387 „Walther. * (ex autogr.) Johann Gottfried Walther, ein vortreflich-gründlicher Componist, gelehrter Organist und Fürstl. Hofmusikus in Weimar, mit dem ich viele Jahre im Brief-Wechsel zu stehen die Ehre habe, beschreibt seine Lebens-Umstände also:". Fußnote: „Die Commata vor den Zeilen sind hier, wegen ihrer Vielheit, weggelassen; derselben Bedeutung aber gilt bis zu Ende dieser Beschreibung, zum Zeichen, daß alles die eigenen Worte des Herrn Walthers sind, ausser den wenigen Anmerckungen." S. 390 erste Fußnote, Einleitung der zweiten Fußnote sowie nach „1739" „erhalten den 31. Jenner 1740." Der Stern im Kopftitel bezeichnet „einen neuen Beitrag zu dieser Materie."

Zum Inhalt vgl. Br 9. Die folgenden Notizen beschränken sich im wesentlichen auf Berichtigungen bzw. Anmerkungen zu in Br 9 nicht berührten Sachverhalten.

Zur Verwandtschaft mit der „bachischen Familie" vgl. Br 8. Johann Andreas Kellner war im September 1684 bereits zwölf Jahre alt. Statt „Jacob Adelung" muß es Rudolph Ernst Adlung heißen, statt „Johann Andreas" Georg Andreas Kretzschmar. Zum Amtsantritt von 1702 vgl. Br 1; der „Cantor an einer anderen Gemeine" war J. C. Leich. Über die Reise nach Frankfurt am Main und Darmstadt ist nichts Näheres bekannt. Die Bekanntschaft mit J. C. Graf (Graff) dürfte auf dessen Erfurter Wirken zurückgehen. Zu A. Werckmeisters Musikalienbesitz vgl. Br 8. Das Buchgeschenk betraf „HENRICI BARYPHONI | PLEIADES MU- | SICÆ, | QUÆ FUNDAMENTA | MUSICÆ THEORICÆ EX PRIN- | CIPIIS MATHEMATICIS ERUTA, ET | Melopoëticæ accuratiorem modum compendiosa- | remque viam hac alterâ sed limatiore curâ & | auctiore accessū in scenam pro- | ducunt: | ... | In gratiam & usum | GYMNASII MAGDEBURGENSIS | publici juris factæ | Curante & edente | Henrico Grimmio Mus: | ibid. ordin. | MAGDEBURGI, | Sumtibus | Hæredum JOHANN. FRANC. Bibliop. | ANNO M.DC.XXX."

„Nachbar und Spielgeselle in der zarten Jugend" war W. H. Pachelbel für JGW, da Johann Stephan Walther 1688 das Haus Junkersand 3 („Zu 3 rothen Rosen" bzw. „Drei Rosen", Nr. 1285 bzw. 35) erworben hatte, während Johann Pachelbel von 1684 bis 1698 das Haus Junkersand 1 („Zur silbernen Tasche", Nr. 1287 bzw. 33) besaß, allerdings schon 1690 nach Stuttgart übersiedelte.

Sexagesimä fiel 1707 auf den 27. Februar; die Mühlhäuser Stelle war 1706 durch den Tod J. G. Ahles frei geworden. Als einer der „eigennützigen Bekannten" ist auch J. S. Bach anzusehen, der die Stelle schließlich erlangte. Zum Weimarer Amtsantritt vgl. Br 2; die Kirchentrauer war nach dem Tode des Herzogs Johann Ernst angeordnet worden.

Zur Werkübersicht vgl. auch Br 8, 27 und 31, zum Transkriptionsverfahren vgl. Br 40, zur Parodiefrage Br 6. Der „Cantor in Westphalen" war vielleicht J. A. Vockerodt.

Den Stich des Choraldrucks von 1712 (nicht 1713) hatte L. Dreßler als „naher Anverwandter" (Schwager) von JGW besorgt (vgl. Br 17). Zum „Harmonischen Denck- und Danckmahl" von 1738 vgl. Br 35. Die Datumsangabe „S. Petri- und Pauli-Tag" (= 29. Juni) zielt auf die Namenspatrone der Weimarer Stadtkirche.

Zu den Familienverhältnissen von JGW vgl. Br 9; Anna Maria Dreßler stammte aus Branchewinda (nicht Brunchewinda) bei Arnstadt. Zur „Fortsetzung des musikalischen Lexici" vgl. Br 38.

Lit.: Pasqué, S. 322 ff.; Egel, S. 67; Bernhard Hartung, Häuserchronik, Erfurt 1861, S. XXII; Johann Sebastian Bach in Thüringen, Weimar 1950, S. 206 f., 208 (O. Rollert); BJ 1925, S. 128 (H. Lämmerhirt); BJ 1967, S. 8 f., 14 f. (F. Wiegand); Ehren-Pforte, S. 244 bis 249, Anh., S. 42; Gustav Fock, Arp Schnitger und seine Schule, Kassel 1974, S. 188 f., 190 ff., 199; Friedrich Wilhelm Marpurg, Historisch-Kritische Beyträge zur Aufnahme der Musik, Bd. 3, Teil 4, Berlin 1757, S. 343; Fritz Uhlenbruch, Herforder Musikleben bis zur Mitte des 18. Jahrhunderts, Dissertation, Münster 1926, S. 32 bis 39; Adolf Sellmann, Der größte Kirchenmusiker Alt-Westfalens ein Mühlhäuser, in: Mühlhäuser Heimatblätter. Beilage zum Mühlhäuser Anzeiger, 1935, Nr. 1 und 2; Johann Mattheson, Critica Musica, Bd. 1, Hamburg 1722, S. 66, 309; vgl. auch zu Br 9.

38.
AN HEINRICH BOKEMEYER, WOLFENBÜTTEL
25. I. 1740

Mein Herr!

Dero beyde Schreiben unterm 17 *Aug.* und 6 *Nov. a. p.* habe wohl erhalten, und zwar das erstere durch den *ordinai*ren Canal, nemlich den Hrn. Rosenberg, und das zweyte am 1 *Dec.* von Gotha aus auf der Post. Sie sind beyderseits mir um so viel angenehmer, als sie mit vergnügenden Einschluß versehen gewesen, wofür so wol Ihnen, als dem Hrn. Bibliothec-*Secretario* ihres Orts höchst verpflichtet bin. Um aber auch gegen MH. mich in der That danckbar zu erzeigen, habe für diesesmahl den *Catalo-*

gum meiner in Besitz habenden Kirchen-Stücke von verschiedenen guten Meistern, in der Absicht übersenden wollen: ob etwa ein und ander Stück darunter sey, so Sie brauchen köñten? Ich werde hierauf (weil sonst mit nichts mich zu lösen weiß) durch Dero ersteres Schreiben gebracht, in welchem Sie mir zu erkeñen gegeben haben: „daß es Ihnen an ›Fest-Stücken‹ mangeln wolle." MH. seyn demnach von der Güte und zeichnen das anständige aus, ich werde alsdeñ nicht säumen, daßelbe, sobald es nur verlanget wird, durch den Hamburger Bothen über Erffurt zu übersenden. Anbey will aber auch ergebenst bitten, diesen *Catalogum* andern Liebhabern sehen zu laßen, weil alle die dariñ *specific*irte Stücke zu ver*alieni*ren Willens, und jeden vollgeschriebenen Bogen in Partitur für ɪnen guten Groschen, dergleichen in Stiṁen aber ausgeschriebenen für 6 Pfeñige weg zu geben gesoñen bin, doch so, daß der Kauffer das *porto* entrichte. Die von MH. Arbeit will, nebst noch einigen wenigen andern, zum Andencken genoßener Freünd- und Bekañtschafft, aufheben; hierbey aber zugleich MH. ersuchen, fernerhin keine mehr an mich zu übersenden, weil an denen bereits erhaltenen Proben genug von Dero Fleiß habe; und das liebe Schreiben nur allzuviele Zeit, der Augen-Verderbung zu geschweigen, wegniṁt; wol aber will *authenti*sche Nachrichten von musicalischen Personen und Büchern, theoretischer u. practischer Art, mit Danck annehmen! Wie mag es deñ koṁen, daß der seel. Hr. Österreich der eintzige Ihrer Hochfürstl. Capelle gewesen, der seine Lebens-Umstände zum Mus. *Lexico* mitgetheilet hat? Die ›Fortsetzung‹ ist zwar in so weit zum Druck parat; sie beträgt aber im *Mst.* nicht mehr als 25 Bogen. Ich habe sie dem Hr. Deer noch nicht angebothen, weil noch iṁer auf einen Zuwachs hoffe. Was also zwischen hier und Ostern noch einkoṁt, mag der Beschluß meiner Bemühung von dieser Gattung; die Folge und gantze Umschmeltzung aber dieses Werckgens einem andern, der da will und kañ, vorbehalten seyn, es geschehe nun solches gleich noch an meinem Leben, oder nach meinem Tode. Der Herr *M.* Mizler hat anfänglich wol eben so gute Gedancken, als ich, von andern geheget; ist aber nunmehro nach 3 Jahren, laut der Vorrede über den 1sten Band seiner Mus. Bibliothec, eines andern überführet. Daß der Hr. Capellmeister Mattheson unterm 25 *Nov. a. p.* mein mageres *curriculum vitae* verlanget, demselben ich auch am 28 *Dec.*

damit gewillfahret habe, ist bey mir das neüeste. Der in seinem Vollkoͣmenen Capellmeister mir angethanen Ehre achte mich nicht würdig, und will sie an denjenigen abgeben, dem sie alleine und eigentlich gehöret, neml. ›Gott, dem Geber aller Gaben‹.

Vom Critischen Musicus besitze nur den 1sten Band: und vom Musical. Staarstecher ist mir auch noch nichts aufgestoßen. Die Folge vom erstern habe an verwichener Michaelis-Meße vom Hrn. M. Mizler zwar verlangt gehabt, aber nicht bekoͣmen; wol aber deßen Machine u. das dazu gehörige Buch, gegen Eintauschung verschiedener Kirchen-Stücke, die Er vorher von mir erhalten. Und an jetziger N. J. Meße ist der *ordinaire* Unterhändler nicht nach Leipzig gereiset: Auf solche Art habe auch nichts bekoͣmen können. Zum Fuxischen Wercke habe nurbesagtem Hrn. *Magister* hiesigen Orts nicht einen eintzigen Liebhaber verschaffen können, welches Ihm sehr wunderlich vorkoͣmen wird; mir aber ist es schon was bekaͣntes, *Ratio: Deficiente pecu- deficit omne-nia!* Die Erfahrung überzeuget mich deßen sattsam an meinem ›Harmonischen Denck- und Danckmahle‹, als davon hier *in loco* nicht mehr als 2 Exempl. jedes à 8 Groschen, vertrieben, die mehresten aber anderweit untergebracht worden sind, 3 Exempl. liegen noch auf dem Lager u. erwarten ihre Liebhaber. Nurgedachtes Denckmahl ist zwar fertig, und die Kirche, bis aufs auswendige Berappen, auch; aber meine Orgel noch nicht, als welche endlich (ich weiß aber nicht weñ) der *Confect* werden wird. Die im *Tevo* befindliche Lücke ist mit Fleiß gemacht worden, weil sie pur *anatomi*sche Stücke des Ohres und der Kehle etc. betrifft; der wenige Rest von der Übersetzung dieses *Auctoris* bleibet MH. gewiß vollend gewidmet, und soll ohnfehlbar entweder mit denen Kirchen-Stücken (die etwa verlanget werden möchten) oder längstens auf die Soͣmer-Meße G. G. eingesendet werden, weil ich erst die Abschrifft davon nehmen will. Mein älterer Sohn wird *medio Martii* von Jena aufbrechen, und eine Reise ins Reich thun, um seine *fortune* unter göttl. Beystande zu suchen. MH. laßen ihn Dero Gebet zu Gott bestens empfohlen seyn, wofür u. alle andere mir erwiesene Liebe allstets verharre

Meines Herrn

Weimar d. 25 *Januarii* 1740.

ergebenster

Walther.

Bei dem „vergnügenden Einschluß" wird es sich um Addenda zum WL gehandelt haben. Mit dem „Hrn. Bibliothec-Secretatio" ist G. B. Lauterbach gemeint. Der Verbleib des Katalogs über „Kirchen-Stücke" wurde nicht ermittelt; zum Angebot handschriftlicher Musikalien vgl. auch Br 45 und 46.

Die Materialien zur „Fortsetzung" des WL blieben zu Lebzeiten von JGW ungedruckt; ob sie dem Verleger W. Deer jemals zugeleitet worden sind, bleibt ungewiß. In der „Sonderhausen am 26. März 1790." datierten „Vorerinnerung" zu Bd. I seines „Historisch-Biographischen Lexicons der Tonkünstler" (Leipzig 1790), berichtet E. L. Gerber (S. IX), er besitze „des sel. Walthers eigenes durchschossenes Exemplar seines musikalischen Lexikons, worinne er ... bis zum Jahr 1740, eine große Menge Verbesserungen und Zusätze angemerkt hatte; welches ich noch im August vorigen Jahres, von der Güte des Herrn Hoffourier Martini in Weimar, der diesen würdigen Mann als seinen Großvater verehrt, erhielt." Das Handexemplar befindet sich jetzt in der Bibliothek der Gesellschaft der Musikfreunde Wien (Signatur: 878.A.5), die Gerbers Büchersammlung durch Vermächtnis erhalten hat. Die – in Gerbers Lexikon von 1790/92 weitgehend übernommenen – Nachträge von JGW reichen allerdings über das Jahr 1740 hinaus, da ein Nachtrag zu S. 64 vermerkt, W. F. Bach habe „eine Partie a Cembalo solo, so aus einem Allegro, Adagio und Vivace besteht, graviren laßen. à 18 gr. (circ: 1744)." Diese Sonate erschien nicht vor dem 6. Januar 1745.

Zu Mizlers „guten Gedancken" vgl. Br 32. In der „Leipzig den 14. Novemb. 1738." datierten Vorrede zu „Lorenz Mizlers | Der Weltweisheit und der freyen | Künste Lehrers auf der Academie zu Leipzig/ | und der Societet der musikalischen Wissen- | schafften Mitglieds und Secretarius | Neu eröffnete | Musikalische | Bibliothek | Oder | Gründliche Nachricht nebst | unpartheyischem Urtheil von musi- | kalischen Schriften und Büchern | Erster Band | ... | LEIPZIG im Jahr 1739. | Im Verlag des Verfassers und bey Brauns | Erben in Commission." räumt der Herausgeber ein, „Capellen und derselben Mitglieder" betreffende Nachrichten seien „noch nicht nach unserm Verlangen zu bekommen gewesen". „Keine Lebenslauffe von Musikgelehrten / Capellmeistern und Virtuosen etc. sind bishero noch nicht eingesendet worden / und also hat auch in diesem Stück die Historie der Musik noch keinen Zuwachs bekommen können."

Zum „curriculum vitae" für J. Mattheson vgl. Br 37. „Der Vollkommene Capellmeister" (vgl. Br 36) würdigt JGW im 25. Hauptstück „Von der Spiel-Kunst." wie folgt (S. 476): „Keinen bessern und glücklichern Nachahmer des erwehnten berühmten Organistens wüste ich zu nennen, als den woledlen und wolgelahrten, aber am Fleisse unvergleichlichen J. G. Walthern, welcher mit Recht der zweite, wo nicht an Kunst der erste Pachhelbel, so wie Lutherus ante Lutherum, genennet werden mag. Das sage ich wahrhafftig ohne Schmeicheley: denn ich schmeichle ihm auch sonst nicht, wo es die Wahrheit betrifft. Es hat dieser Walther mir Sachen von seiner Choral-Arbeit zugeschickt, die an Nettigkeit alles übertreffen, was ich iemahls gehört und gesehen habe. Ich habe aber viel gehört und noch mehr gesehen.

Es finden sich in diesen Waltherischen geschriebenen Sachen noch verschiedene andre Erfindungen, einen Choral durchzuführen, als die in den Raupachischen Anmerckungen stehen. Unter andern ist auf das Lied: Ach GOtt und Herr etc. eine Fuga in consequenza, nella quale il conseguente segue la Guida per una Diapente grave sopra 'l Soggetto, doppo una Pausa di Semiminima. Ich mag nicht weitläuffiger seyn; aber es wäre ein ziemliches Buch von Walthers Verdiensten zu schreiben." (Hierzu Fußnote:) „Ich besitze einige Choräle von ihm in der Handschrifft, die nicht nur auf Pachhelbels Art, sondern nach einiger Erfindung ausgearbeitet sind: und zwar vortrefflich reinlich, gründlich, künstlich."

Eine Besprechung von Matthesons Buch in Mizlers Musikalischer Bibliothek, Bd. III, Teil 3, Leipzig 1747, bemerkt hierzu (S. 529): „Herr Mattheson ... rühmt Herrn Walthers in Weymar Arbeit u. Wissenschaft in den fugirten Chorälen, wie billig. Dieses braven gelehrten Organisten Arbeit kann ich aus der Erfahrung loben, indem Herr Walther mit Ueberschickung verschiedener seiner Choräle mir nicht wenig Vergnügen gemacht, u. es ist vollkommen wahr, was Herr Mattheson sagt, nämlich Herr Walther setzt vortreflich reinlich, gründlich, künstlich."

„Der | Critische | Musicus | Herausgegeben | von | Johann Adolph Scheibe | Erster Theil. | HAMBURG, | bey seel. Thomas von Wierings Erben, im | güldenen A.B.C. 1738." umfaßt „Erstes Stück. Dienstags den 5 Mertz, 1737." bis „Sechs und zwanzigstes Stück. Dienstags, den 18 Februar, 1738.", die Vorrede ist datiert „Hamburg / im Merz, 1738." Vom 9. Stück (25. Juni 1737) an bis Schluß des ersten Bandes waren die „Stücke" auch „zu haben ... In Wolffenbüttel bey Herrn Cantor Bockemeyer."

Zu Teil II sowie zum „Musicalischen Staarstecher" vgl. Br 39. Daß der letztere „mit nächstem heraus kommen" solle, hatte Mizlers Musikalische Bibliothek schon im Oktober 1738 gemeldet (Bd. I, Teil 5, S. 76). Eine „Kurtze Beschreibung der von M. | Lorentz Mitzlern jüngst erfundenen | Musikalischen Maschine, vermittelst | welcher man jemanden den Grund | der Composition und des allgemeinen Basses in kurtzer Zeit gar leicht beybringen kan." enthält die Musikalische Bibliothek schon 1736 (Bd. I, Teil 1, S. 58–60). Das Buch erschien mit einer „Leipzig, den 1 May im Jahre 1739." datierten Vorrede als „Anfangs-Gründe | Des | General | Basses | Nach | Mathematischer Lehr-Art | abgehandelt, | und | vermittelst einer hierzu erfundenen | Maschine | auf | das deutlichste vorgetragen | von | Lorenz Mizlern, | A. in Academ. Lips. M. | Leipzig, zu finden bey dem Verfasser, | in der Heustrasse in der Adler-Apotheke." (Vgl. auch die „Leipziger Zeitungen" vom 7. Mai 1739 sowie „Neue Zeitungen von Gelehrten Sachen", 8. Juni 1739). Ein zusammenfassender Auszug erschien 1740 in Mizlers Musikalischer Bibliothek, Bd. II, Teil 1, S. 97–131.

Mit dem „Fuxischen Wercke" ist gemeint „GRADVS AD PARNASSVM | oder | Anführung | zur Regelmäßigen | Musikalischen Composition | Auf | eine neue, gewisse, und bishero noch niemahls in so deutlicher | Ordnung an das Licht gebrachte Art | ausgearbeitet | von | Johann Joseph Fux, | Weil. Sr. Käyserl. und Königl. Cathol. Majest. Carls des VI. Ober-Capellmeister. | Aus | dem Lateinischen ins Teutsche übersetzt, mit nöthigen und nützlichen | Anmerckungen versehen und heraus gegeben | von | Lorenz Mizlern, | Der freyen Künste Lehrer auf der Academie zu Leipzig. | ... | Leipzig, im Mizlerischen Bücherverlag, 1742." Die Übersetzung hatte Mizler 1739 angefangen (Neue Zeitungen von Gelehrten Sachen, 9. Juli 1739), das Erscheinen des Werkes melden die Neuen Zeitungen von Gelehrten Sachen am 17. August 1742. Eine Übersicht über die Kapiteleinteilung veröffentlichte Mizler 1743 in der Musikalischen Bibliothek (Bd. II, Teil 4, S. 118 bis 122.).

Zum „Harmonischen Denck- und Danckmahl" vgl. Br 35, zum Umbau der Weimarer Stadtkirche und zum Zustand der Junge-Orgel von 1683 vgl. Br 5 ff. Zur Tevo-Abschrift vgl. Br 36, 39, 43–45.

Die „Reise ins Reich" führte noch 1740 zur Aufnahme von J. G. Walther d. J. in das Kollegium der Notare und Advokaten der Stadt Augsburg. Gleichzeitig dürfte er auch den Beisitz zu Augsburg erlangt haben (vgl. auch Br 39).

Lit.: DDT 26/27, S. XIV, XVII; Spitta, Bd. 2, S. 841; Dok II, S. 414; Wöhlke, S. 21 f., 25; Wette, Bd. 1, S. 259 ff.; Adlung B, Bd. 1, S. 221, 281; Werner David, Johann Sebastian Bachs Orgeln, Berlin (1951), S. 34, 89; Lidke, S. 45; Siegfried Orth, Der Schweidnitzer Orgelbauer Christoph Junge in Erfurt 1684–1687, in: Ars organi, Jg. 20, Heft 40, 1972, S. 1697–1699; BzMw 7, 1965, S. 57 (ders.), 12, 1970, S. 63–65 (ders.); Paul Rubardt / Ernst Jentsch, Kamenzer Orgelbuch, Kamenz 1953, S. 16 f.; Dähnert (vgl. Br 19), S. 71; Ludwig Burgemeister, Der Orgelbau in Schlesien, 2. erw. Aufl., Frankfurt a. M. 1973, S. 196.

AN HEINRICH BOKEMEYER, WOLFENBÜTTEL

6. 8. 1740

Weimar *d.* 6
August, 1740.

Mein Herr,

Letzterm Versprechen nach, übermache vollend den übrigen Hefft
von der Übersetzung des *Musico Testore* vom *P. Tevo*. Es ist
noch etwas davon auf einzelnen Zeduln vorhanden, welches gerne
auch in Ordnung bringen und sodañ Ihnen gönnen möchte, weñ
nur ein geringer Umstand es verstatten wollte, neml. die Gattung
dieses Papieres, welches sonsten im Amte Schwartzburg verfertiget worden, jetzo aber nicht mehr zu bekoñen ist. Es galte ehemahls 3 g. ich wollte gerne 4 g. jetzund dafür geben, weñ es nur
zu bekoñen wäre. Einen andern Format zu Sachen, die doch zusamen gehören, erwehlen u. nehmen, stehet nicht wohl; ists aber
MH. gleichgültig, so will das noch übrige (nach erhaltener Genehmhaltung) auf *ordinai*res Papier abschreiben, u. Ihnen damit
aufwarten. Beykoñendes *fragmentum* aus des *Zarlini Institutionibus Harmonicis*, so ehemahls abgeschrieben als das *Original* nicht
behalten durffte, soll hiermit, nachdem das völlige Buch aus des
seel. Hrn. Capellm: Theilens Bibliothec kaufflich überkoñen, Ihnen eigenthüml. überlaßen seyn. Sollte es (wie fast vermuthe)
Ihnen nicht anstehen, so wird doch das beygelegte von der geheimen Philosophie, desto angenehmer bey Ihnen sich machen,
weñ Sie anders noch ein Liebhaber davon sind. Ich habe es vor
kurtzer Zeit von einem sehr unleserlichen *Mst.* abgeschrieben, um
Ihnen ein Vergnügen damit zu machen, weil insonderheit das 2te
Praemonitum mit Dero ehemahligen Meynung völlig überein-
stiñet; hierbey aber will wünschen, daß Sie es nicht nöthig haben,
sondern die Sache selbst besitzen mögen, auch einem andern, der
es bedürfftig, etwas weniges mittheilen können! Hierauf will
dreyerley von Ihnen mir ergebenst ausbitten, neml: (1. den eingeschloßenen Brief an den Hrn. Capellmeister Mattheson, weñ es
seyn kan, gelegentlich doch sicher durch die jetzigen Meß-Leüte,
an Denselben bestellen zu laßen. Er betrifft die Antwort auf das

von Ihm vor 4 Wochen erhaltene Schreiben wegen baldiger Herausgabe der Musical. Ehren-Pforte, daß neml. außer mir allhier sonst keine Liebhaber vorhanden sind; weil nun keine einzelne Exemplarien versendet werden sollen, so habe Ihm gemeldet: „Mein Herr würde auf mein Ersuchen (wie hierdurch geschiehet) 1 Exemplar für mich mitkom̄en laßen, und das Geld dafür, statt meiner, auslegen, welches ich sodañ durch den Hrn. Rosenbergen danckbarlich wollte ersetzen." Ich hoffe, Sie werden es thun! (2. beykom̄endes Verzeichniß aller meiner noch vorhandenen Kirchen-Stücke, u. einiger Instrumental-Sachen (deñ diese sinds nicht alle) Liebhabern zu zeigen, ob ihnen etwas davon anständig seyn möchte. Das *pretium* jedes Bogens in Partitur u. ausgeschrieben stehet unter den Liebholdischen Sachen *determini*ret. In dem Briefe an den Hrn. Mattheson liegt das Verzeichniß von den Instr: Stücken auch, in der Absicht, ob Er vielleicht etwas davon für sein Buch anzunehmen belieben möchte, weil dergl. Musicalien entbehren will, Geld aber nicht wol entbehren kan. (3. für beygelegte 13 Groschen den zweyten Band des Critischen Musicus durch jetzige rückgehende Gelegenheit mir ohnschwer zu schicken, weil diese Schrifft von Leipzig aus nicht erhalten können.

An letztverwichener Oster-Meße habe 5 St. vom Musical. Staarstecher bekom̄en. Mein älterer Sohn hat am 9ten May *a. c.* seinen Weg nach Augspurg genom̄en, ist allda von dem einen Hrn. Bürgermeister ins Hauß auf- und angenom̄en worden, u. wird sein erlernetes *métier* daselbst treiben. Seine Einrichtung, und der *Transport* der Bücher u. anderer Sachen, hat mir über 150 Meißnische Gülden gekostet. Der jüngere wird bis künfftige Ostern noch in Jena bleiben, u. alsdeñ auch G. G. ausfliegen, wohin aber, ist Gott allein bekannt. Was mich ehemals seinet wegen, in Ansehung des Clavier-Spielens, bekümert gehabt, ist zu meinem u. seinem Vergnügen ausgeschlagen, indem Gott ihm ein solches Vermögen aus Gnaden mitgetheilet, daß er nicht allein frey *fantaisi*ren, sondern auch einen Choral auf verschiedene Art *ex tempore* ausführen kan etc. Ich wollte wünschen, daß MH. ihn ›hören‹ möchten! Und bey diesem letztern dörffte es auch wol sein Verbleiben haben, deñ etwas aufzusetzen, u. sodañ selbiges ›sehen‹ zu laßen, ist, wegen Vielheit der Einfälle, die er nachgehend nicht ordentl. *rangi*ren kan, sein Werck gar nicht. Von meinem Chorale: Allein Gott in

der Höh sey Ehr etc. à 8 *variat:* in Kupffer sind noch etliche wenige Exempl. für Liebhaber vorhanden, jedes à 8 g. Unter Empfehlung göttl. Obhut verbleibe allstets
Meines Herrn

ergebenster
Walther.

39.

Mit dem „Musico Testore vom P. Tevo" ist gemeint „IL | MVSICO TE-
STORE | DEL | P. BAC: ZACCARIA TEVO M: C: | ... | VENEZIA
MDCCVI, | Appresso Antonio Bortoli | ..." Die handschriftliche Überset-
zung (DSB Mus. ms. autogr. theor. Walther, Joh. Gottfr.) trägt den von
JGW geschriebenen Titel „Il | Musico Testore | del | P: Bac: Zaccaria
Tevo | M: C: | Raccomandato alla benigna et | Anttorevole Protetione
dell' | Ill:mo et Ecc:mo Sig:r il Sig:r | Andrea Statio, | Veneto Patricio |
Venezia M.DCC.VI.", ergänzt von der Hand Bokemeyers (?) „Der | Musi-
kalische Weber | von Pater Zach. Tevo Francisc. Minoris C. Organist in dem
Kloster zu Treviso | 1. u. 2ter Theil | übersetzt | von | J. G. Walther." Die
123 (recte 124) Blätter im 4°-Format enthalten „Pars 1" (bis Bl. 27r, mit
vielfachen Korrekturen), „Pars 2" (ab Bl. 29r, im wesentlichen Reinschrift)
sowie „La Terza Parte" (ab Bl. 77r, nur das italienische Original sowie
Platz für die Eintragung einer Übersetzung).

Zur Übersetzung vgl. auch Br 36, 38 und 43–45. Für „im Amte Schwartzburg" verfertigtes Papier käme insbesondere die Papiermühle Blankenburg/
Thür. in Frage, die Noten- und andere Qualitätspapiere lieferte (Inhaber
bis 1726 Michael Keyßner, bis 1746 dessen Witwe). Die obengenannte
Handschrift weist allerdings als Blatt 53 bis 76 helleres Papier kleineren
Formats auf (Wasserzeichen A mit Dreipaß, Monogramm JMS), so daß
wohl Papier aus der Arnstädter Mühle gemeint ist.

Zum „fragmentum aus des Zarlini Institutionibus Harmonicis" vgl. Br 16;
gemeint ist das Werk „LE INSTITVTIONI | HARMONICHE | DI M.
GIOSEFFO ZARLINO DA CHIOGGIA; | Nelle quali; oltra le materie
appartenenti | ALLA MVSICA; | Si trouano dichiarati molti luoghi | di
Poeti, d'Historici, & di Filosofi; | Si come nel leggerle si potra chiaramente
vedere. | ... | Con Priuilegio dell' Illustriss. Signoria di Venetia, | per anni
X. | IN VENETIA M D L VIII." Das Exemplar aus dem Besitz von JGW
befindet sich in der Stiftsbibliothek Göttweig (Niederösterreich). Provenienz:
(J. Theile) – B. F. Theile – JGW („Von des seel. und hochberühmten Capell-
meisters, H. Johann Theilens, hinterlaßenen H. Sohne, dem itzigen Stadt-
Organisten in Naumburg, habe dieses erhandelt anno 1726 d. 1 Julij.") – F.
Martini – E. L. Gerber (12. 12. 1792) – R. G. Kiesewetter – A. Fuchs.

Zu Matthesons „Ehren-Pforte" vgl. Br 37, zum Angebot handschriftlicher Musikalien vgl. Br 36 und 38, zu den „Liebholdischen Sachen" vgl. Br 40. Mit dem „zweyten Band des Critischen Musicus" ist gemeint „Der | Critische | Musicus | Herausgegeben | von | Joh. Adolph Scheibe | Marggräfl. Brandenb. Culmbachischen | Capellmeister. | Zweeter Theil. | HAMBURG, | bey Rudolph Beneke, auf dem Jacobi | Kirchhofe. | 1740." (Inhalt: „Sieben und zwanzigstes Stück. Dienstags, den 3 Merz, 1739." bis „Acht und siebenzigstes Stück. Dienstags, den 23 Februar, 1740.", Vorrede datiert „Hamburg, im May, 1740.").

Mizlers „Staarstecher" erschien unter dem Titel „Musikalischer | Staarstecher | in welchem rechtschaffener | Musikverständigen Fehler bescheiden | angemerket, eingebildeter und selbst gewachsener so genannten Componisten Thorheiten | aber lächerlich gemachet werden. | ... | von Lorenz Mizlern | A. M. | Leipzig, auf Kosten des Verfassers im Graffischen Hause, | in der Catharinen-Straße." (Vorrede datiert „Leipzig, den Augustus im Jahr 1740." Inhalt: „Erstes Stück" (o. D.), „Zweytes" bis „Fünfftes Stück" datiert 28. November bzw. 28. Dezember 1739, 28. Januar bzw. 28. Febr. 1740, „Sechstes" und „Siebendes und letztes Stück", beide datiert „im Jahr 1740").

Zur Augsburg-Reise von J. G. Walther d. J. vgl. Br 38; mit dem „Bürgermeister" ist wohl J. G. Morell(ius) gemeint (vgl. Br 41). Zu J. C. Walthers Begabung im Extemporespiel vgl. Br 30 und 44, zu den gedruckten Choralvariationen von JGW vgl. Br 35.

Lit.: Schünemann, S. 98, 116; Wöhlke, S. 21; Hans Albrecht in memoriam, Kassel etc. 1962, S. 209 (F. W. Riedel).

40.

AN HEINRICH BOKEMEYER, WOLFENBÜTTEL
19. 9. 1740

Mein Herr!

Auf Dero geschehene Erklärung sollte anjetzo die bewuste Telemannische Kirchen-Stücke auf Ihre Kosten übersenden; weil Sie aber gemeldet, daß verschiedene darunter Ihnen schon bekañt wären, habe lieber das sicherste erwehlen, und an deren Stelle die ›Liebholdische‹ *Cantat*en hiermit, für den in der *Specification* gemeldten Preiß. neml. 4 rthlr. u. 12 Groschen, übermachen wollen, in Hoffnung, daß sie Ihrem eigenen oder auch einem andern

Auditorio gefallen werden, und dieses um so viel mehr, weil sie wenigstens in Ihrer Gegend nicht so sehr wegen der Entfernung, als die Telemañische wegen der Nähe, bekañt seyn können. Der vor etlichen Jahren in hiesiger Nachbarschafft erfrohrene Verfaßer war sonsten ein roher Mensch, hielte sich nur auf den Dörffern auf, kam in keine Kirche, genoß die *Sacra* nicht, etc. etc. Kurtz: Er soll einen gantz andern, als obigen, Nahmen eigentl. gehabt, solchen aber aus gewißen Ursachen nicht geführt haben; man weis auch seinen Geburts-Ort nicht, wol aber die Gegend, und daß er in Ungarn als *Hautboi*ste gedienet gehabt; er spielte anbey die Violin u. bließ das Waldhorn, machte auch zu seiner Composition mehrentheils die Poësie selber; ich habe ihn ein einzigmahl gesprochen, u. weiter, wegen seiner übeln Aufführung, zumahl im Puncte des abscheülichen Fluchens, nicht sprechen mögen. Dieses alles aber schadet seiner Arbeit nicht, u. beykoñende Stücke sind von seiner letztern, die selber noch nicht alle gehört habe. Ich verlange kein Geld dafür, wol aber die Matthesonische Ehren-Pforte, u. den 2ten Theil des Critischen Musici von Hn. Scheiben; diese zwey annoch von Ihnen zu erwartende Bücher, ingleichen der schon bekoñene Scheibische Tr. von den Intervallen, mögen an vorgedachten 4 rthr. u. 12 g. abgerechnet werden; was alsdeñ einer dem andern von uns beyden noch heraus zu geben hat, wird sich, nach geschehener Rechnung, finden. Inzwischen will von dem *Tevo* die Folge, sobald etwas davon aus den einzeln Zeduln werde ins reine gebracht haben, gelegentlich übersenden.

Die Meynung des Hn. Scheibens von einem vergrößerten *Unisono* kañ gar keinen Beyfall finden, ob Er gleich einen großen Meister, dem zu Gefallen er vielleicht selbige ergriffen, zum Vorgänger hat. Daß der Musical. Staarstecher seine kaum angefangene Dienste völlig wiederum quittiret, wird von vielen nicht gerne gesehen werden; er muß aber wol trifftige Ursache dazu haben; wie es deñ mit eben dieses Hrn. Verfaßers Musical. Bibliothec (meine mit eingeschloßen) nicht fort will. Anjetzo habe eine Music für einen Königl. Hof in der Arbeit; sie wird aber nichts weniger als Königlich, sondern von einer Privat-Person, die theils sich nicht übergeben kan noch will, gantz mager bezahlet. So weit ist die liebe Music, bey ihrem Steigen in der Wißenschafft u. Ausübung, dennoch herunter, daß man nicht einmahl das billige fordern darff, sondern mit dem, was ein anderer gutwillig geben will, zu frieden seyn muß; ja, es will gar bey manchem auf ein: Ich diene wiederum, ledigl. ankom̄en; weñ nur dieses auch *in re* erfolgte, möchte es noch seyn, aber von leeren Worten kan niemand leben. *Non sum cicada ut rore vivam!* Und daher kom̄ts, daß auch nicht solcher Fleiß angewendet wird, als wol seyn köñte u. sollte. Daß auch Ihres Orts der Geld-Mangel regieret, mag noch ein Trost seyn; deñ ich habe geglaubet, er sey nur hier zu Hause. Dieser verursachet eben, daß alle kostbare Correspondenz aufheben, und was mir sonst lieb ist ver*alieni*ren muß. Anbey übersende eine ausführlichere *Specification* der zu verkauffenden einzelnen Instrumental-Stücke von verschiedenen *Auctoribus*, nachdem die mehresten derselben, *mutatis mutandis*, aufs Clavier *applici*ret, und demnach das Andencken für die viele Mühe annoch habe. Das 8te *Torelli*sche Werck hat ein Priester aus dem Erffurtischen Gebiete für 16 Groschen an Sich gekauffet. Weñ die Telemañischen Instrumental-Stücke werde aufs Clavier *apti*ret haben, will sie gleichfalls an andere käufflich überlaßen, und das Verzeichnis davon MH. zusenden; doch dörffte dieses *procedere* vielleicht nicht nöthig seyn, weil das Nest der Ausbrütung solcher Sachen Ihrem Orte näher als dem hiesigen ist. Für die Nachricht von dem Tode des Hrn. Leydings, ingleichen für die Mittheilung der *Carminū* auf das Buchdrucker *Jubilaeum* dancke Ihnen aufs beste, mit Vermelden: daß mein ehemaliger *Cantor*, und nunmehriger *Doctor Theologiae*, Hr. *Laurentius* Reinhard, vor wenig Tagen bey hiesiger Stadt-Kirche *Diaconus* geworden. Hierauf empfehle MH. göttl. Obhut, mich aber zu beharrlichem Wohlwollen, allstets verharrend

Deroselben

ergebenster
J. G. W.

Weimar *d.* 19 *Sept.*
1740.

P. S. Das beygelegte Exemplar in Kupffer kostet 8 Groschen.

40.

Zum Angebot von Musikalien vgl. Br 36, 38, 39, zu den „Liebholdischen Cantaten" sowie zu deren Komponisten vgl. Br 16. Zu den erbetenen Büchern von J. Mattheson und J. A. Scheibe vgl. Br 39; mit dem „Tr. von den Intervallen" ist gemeint „Eine | Abhandlung | Von den | Musicalischen | Intervallen | Und | Geschlechten | Abgefasset | Von | Johann Adolph Scheibe | Hamburg | Auf Kosten des Verfassers | 1739."

Mit dem „großen Meister", dem Scheibe in der Deutung des „vergrößerten Unisono" folgt, ist vielleicht G. Ph. Telemann gemeint. Zur Erscheinungsweise von Mizlers „Musicalischem Staarstecher" vgl. Br 39; die „Musicalische Bibliothek" wurde 1740 mit dem ersten Teil des zweiten Bandes fortgeführt; der vorangehende sechste Teil des ersten Bandes war 1738 erschienen (die Vorrede zu Band I stammt vom 14. November 1738, die Titelseite trägt die Jahreszahl 1739).

Über die „Music für einen Königl. Hof" und über deren Besteller ist nichts bekannt; vgl. auch Br 41.

Zu den „Instrumental-Stücken von verschiedenen Auctoribus" vgl. die in Br 37 erwähnte Zahl der Klavierbearbeitungen. Torellis op. VIII erschien unter dem Titel „. . . Concerti grossi | Con una Pastorale per il Santissimo Natale | di Giuseppe Torelli Veronese | . . . opera ottaua. | . . . | In Bologna, M.DCC.IX. | Per Marino Siluani, | con licenza de' Superiori. | . . ."

An Orgelbearbeitungen von JGW liegen hieraus vor: Nr 7 (TV 159), nur Satz 1; Nr. 8 c-Moll (TV 160), ganz, transponiert nach a-Moll.

Ein „Concerto del Sign.ʳ Telemann, appropriato all' Organo" (c-Moll) enthält der Sammelband DSB Mus. ms. 22541 Bd. IV (Reinschrift von JGW).

Mit „Hrn. Leyding" ist O. A. Leyding gemeint, mit dem „Buchdrucker Jubiläum" die 1740 vielerorts begangene 300-Jahr-Feier der Erfindung der Buchdruckerkunst. Bei dem „beygelegten Exemplar" wird es sich um das „Harmonische Denck- und Danck-Mahl" gehandelt haben (vgl. Br 35).

Lit.: Schünemann, S. 97, 100; DDT 26/27, S. 336–342; Wöhlke, S. 22; Franz Giegling, Giuseppe Torelli. Ein Beitrag zur Entwicklungsgeschichte des italienischen Konzerts, Kassel 1949, S. 68 f., 85 f., 88; Zietz, S. 52, 253 f.; Telemann-Briefwechsel, S. 330 f.

AN HEINRICH BOKEMEYER, WOLFENBÜTTEL

Mein Herr!

Aus Dero am 13ten *Nov. a. p.* an mich abgelaßenen Schreiben, so über Gotha am 20 *Dec.* durch einen Italiäner richtig erhalten, habe ersehen, daß mein unterm 19 *Sept.* von hier abgegangenes Packet Musicalien endl. bey Ihnen angelanget sey. Über deßen langes Außenbleiben wollen MH. Sich nicht wundern, weil es gar unordentlich mit selbigem zugegangen ist. Deñ, als solches an obengedachtem 19 *Sept.* durch den hiesigen Fuhrmañ nach Erffurt gesendet, um es dem sogenañten Hamburger Bothen einzuhändigen, kam es wieder zurück, weil, wegen eines im Gasthofe angeschlagenen Patents, der Wirth es nicht annehmen dürffen. Was nun das Kayserl. Post-Amt daselbst mit nurgedachtem Bothen für einen Handel haben möge, ist mir zwar eigentl. nicht bekañt, läßet sich aber errathen, daß es neml. *propter interesse culinare* geschehe. Es will auch daselbst von einem Miß*credit* und andern *odieu*sen Umständen von selbigem gesprochen werden, die hierzu Anlaß sollen gegeben haben, die ich aber nicht weiß, auch nicht eben zu wißen verlange. Ich wurde also genöthiget das Packet zum andernmale fortzuschicken; als aber am 4ten *Nov.* meine Frau in einer gewißen Angelegenheit nach Erffurt reisete, trifft sie selbiges in einem unrechten Gasthofe an (in welchem es wol noch liegen würde) wird also gemüßiget, es durch einē anderen Kutscher zu übersenden, der es deñ auch (wie von Ihnen vergnügt vernomēn) richtig bestellet hat. Mit dem geschehenen Gebot für die Liebholdischen Kirchen-Stücke, will, wegen der dabey vermachten u. gemeldten Umstände, an statt 4 1/2 rthlr. mit 4 rthlrn. zu frieden seyn, und hierauf in Abschlag die bewusten Musical. Bücher Hrn. Matthesons u. Scheibens durch den Hrn. *Comissarium* Rosenberg erwarten, sonsten aber bitten: es nicht übel zu nehmen, daß mein Versprechen, in Übersendung der Folge vom *Tevo*, anjetzo nicht halten können, als woran mein älterer Sohn in Augspurg ledigl. Schuld hat: deñ auf deßen Ersuchen habe nicht allein 9 Motetten aus dem hiesigem Schüler-Chor (wovon sein Hr. Principal ein Liebhaber ist), sondern auch aus meinen *Collectaneis* viele Bogen ausschreiben und ihme zusenden müßen. Da nun diese *Comission* einiger maßen zu Ende gehet, und die Tage nunmehr länger zu werden beginen; als will meine Zusage G. G. auf nechstfolgende Somer-Meße redlich erfüllen, worauf Sich zu verlaßen. Über die Reise des Hrn. Capellm. Haßens mit seiner *Faostina* wundere mich nicht, weil derselbe 2 Meilen von Hamburg gebürtig, und seine allerhöchste Herrschafft abwesend ist. Die von mir gefertigte *Cantata à 4 voci e stromenti* ist vom Besteller noch nicht abgeholet worden, sondern lieget noch in Partitur auf ihrem Lager. Ich sollte sie ihm auf *Credit* aushändigen; weil er aber nicht gewohnet ist sein Wort zu halten, als habe ihm die Freüde nicht machen, sondern lieber die Arbeit zurück behalten u. umsonst arbeiten wollen. *Melius est praevenire quam praeveniri!* Solches Glück *sc.* habe ich! Inzwischen ist auf die rare Begebenheit, da Ihro Königl. Majestät von Preüßen Dero Ober-Camer-Diener, Hrn. Fredersdorffen das Ritter-Guth in Czernicow unweit Rheinsberg geschencket, ein *Praeludium* nebst einer Fuge u. Arie zu Augspurg in Kupffer gestochen worden, weil ich gedachten Herrn vor 8 Jahren her zu kenen die Ehre habe. Es bestehet nur aus 3 Blättern in *folio*, die jetzo von hier nach Berlin abgehen, und wen sie Selbigen daselbst nicht antreffen, weiter nach dem Lager reisen werden. Nebst diesem sind auch 10 Vorspiele über das Advents-Lied: ›Wie soll ich dich empfangen?‹ zu Augspurg in der Arbeit; die Helffte davon ist bereits fertig, und habe ich die am 23ten *Nov. a. p.* von dar erhaltene 3 Exemplarien nurgedachten Tages, als dem Geburts-Tage der hiesigen ältesten Princeßin des regierenden Hrn. Herzogs Schwester, selber als eine Angabe einzuhändigen die Gnade, u. dabey fast eine Stunde lang gnädigste *Audienz* gehabt. Vom erstern kan jedes Exemplar für 3, u. vom zweyten für 8 Groschen an Liebhaber abgeben, obgleich dieses 2 Verse mehr als: Allein Gott in der Höh etc. hat, und auch *compress*er *gravirt* ist. Zu der von Leipzig aus erhaltenen Ehre *gratuli*re Ihnen um so viel mehr, als Sie solcher würdig, und die dabey vermachten Gesetze zu erfüllen fähig sind. Am verwichenen Montage ist allhier abermahl ein Printz gebohren worden, der die Nahmen, Ernst Adolph Felix, bekomen. Hingegen hat mir mein älterer Sohn unterm 2te, dieses berichtet: daß der Fürst von Fürstenberg mit seiner gantzen *Svite* unweit Regenspurg, als er von dar nach Wien auf der Donau fahren wollen, ertruncken, und der Churfürst von Bayern in starcker Hofnung sey, Kayser zu werden. *Per me licet!* Ich bin u. verbleibe

Meines Herrn

ergebenster Diener
J. G. Walther.

Weimar *d. 26 Januarii,*
1741.

41.

Zur Übersendung der „Liebholdischen Kirchen-Stücke" und zur Bitte um „die bewusten Musical. Bücher" von Mattheson und Scheibe vgl. Br 40.

Johann Gottfried Walther d. J. war 1740 in das Kollegium der Notare und Advokaten der Stadt Augsburg aufgenommen worden. Sein „Principal" ist wohl mit dem Widmungsempfänger des folgenden Druckes identisch: „Monumentum Musicum | CONCERTAM | repraesentans, | quod | Viro Praenobilissimo, Consultissimo atque Amplissimo | IOANNI GEORGIO MORELLIO, | Reipublicae Augustanae | Senatori, Consuli, ac Praefecto redituum e potulentis | Spectatissimo, itemque ad causas aedificiorum cognoscendas | Deputato, ecclesiarum Augustanae Confessionis Curatoribus | religiosissimis in partem curarum Adiuncto, atque | Collegii Euangelici Administratori dignissimo, | Patrono suo summopere Colendo, | ceu | peritissimo artis Musicae Aestimatori, | in memoriam | diei natalis EIVSDEM auspicatissimi, | a. d. III. Septembr. M D CCXXXXI | adparentis, | obseruantiae declarandae ergo | exstruxit | Ioannes Godofredus Waltherus, | Serenissimi Ducis Saxo-Vinariensis Musicus | Aulicus, atque Organoedus ad SS. Petri et Pauli | aedem sacram. | Sculpendum et excudendum curauit | Ioannes Christianus Leopoldus Augustae Vindelicorum, | Cum Gratia et Priuilegio Sacri Romani Imperii Vicariatus." (Stecher: J. W. Stör; angezeigt im Nürnberger „Friedens- und Kriegs-Currier" vom 10. Februar 1742).

Näheres über die Reise von J. A. und F. Hasse ist nicht überliefert.

Die Schenkung des Rittergutes Zernickow bei Rheinsberg an M. G. Fredersdorf erfolgte 1740, kurze Zeit nach der Thronbesteigung Friedrichs II. von Preußen; adlige Herkunft war normalerweise Voraussetzung für den Besitz eines Rittergutes. Zur Widmungskomposition von JGW vgl. Br 43.

Die Choralvorspiele erschienen unter dem Titel: „Vorspiele über das Advents-Lied: | Wie soll ich dich empfangen? | Und wie begegn' ich dir? | Wollte der durchlauchtigsten Prinzeßin, | Prinzeßin | Johannen Charlotten, | Herzogin zu Sachsen, Jülich, Cleve und Berg, auch Engern und Westphalen, | Landgräfin in Thüringen, Marggräfin zu Meißen, | Gefürsteten Gräfin

zu Henneberg, | Gräfin zu der Marck und Ravensperg, | Frauen zu Raven-
stein, | Seiner gnädigsten Fürstin und Frau, | an Dero Hohen beglückt er-
schienenen Geburts-Tage | Als ein Freuden-Opffer | In tieffster Devotion
glück-wünschend darbringen | Ein unterthänigster Knecht | Johann Gottfried
Walther | Hochfürstlich Sächssischer Hof-Musicus und Organist | an der
Haupt-Pfarr-Kirche zu S. Petri und Pauli | In Weimar. | Zu finden bey
Johann Christian Leopold | Kunst verlegern in Augsburg." Die Prinzessin
Johanna Charlotte war ehedem Walthers Schülerin gewesen (vgl. Br 9 und
37).

Unter der „von Leipzig aus erhaltenen Ehre" ist wohl Bokemeyers Aufnahme in die Mizlersche „Societät der musikalischen Wissenschaften" zu
verstehen. Deren Mitgliederverzeichnis (Musikalische Bibliothek, Bd. III,
Teil 2, Leipzig 1746, S. 357) nennt unter Nr. 5 „Heinrich Bockemeyer, Cantor
zu Wolfenbüttel. Trat in die Gesellschaft 1739."

Der Weimarische Prinz Ernst Adolph Felix war am 23. Januar 1741 geboren worden. Die Nachricht über den Tod des Fürsten Joseph Wilhelm
Ernst zu Fürstenberg traf nicht zu; allerdings ereigneten sich Ende Dezember 1740 sowie im Januar 1741 im Gebiet der Donau und ihrer Neben-
flüsse Überschwemmungen katastrophalen Ausmaßes. Als Kurfürst von
Bayern regierte seit 1726 Karl Albrecht; er wurde – im Verlaufe des öster-
reichischen Erbfolgekrieges – am 24. Januar 1742 als Karl VII. zum deutschen Kaiser gekrönt.

Lit.: Schünemann, S. 97, 99; DDT 26/27, S. XXIV f., XXXI, 229–235,
275–281; Blechschmidt, S. 268; SIMG 5, 1903/04, S. 234; Musik und Verlag. Karl Vötterle zum 12. April 1968, Kassel etc. 1968, S. 324, 340
(H. Heussner); Ersch-Gruber, Allgemeine Encyclopädie, Sekt. I, Teil 51
(1850), S. 512 f.; Ernst Münch, Geschichte des Hauses und Landes Fürstenberg. Fortgesetzt von C. B. A. Fickler, Bd. 4, Karlsruhe 1847, S. 237, 250,
261; Kraft, S. 366, 714.

AN HEINRICH BOKEMEYER, WOLFENBÜTTEL
1. 8. 1742

A Monsieur, Monsieur Bokemeyer, Maître de la Musique fort renommé à Wolffenbüttel. par faveur.

Mein Herr,

Gleich die Aufschrifft beykommenden Briefs wird zeigen, daß derselbe von Leipzig aus, durch den Hrn. *M.* Mizler, an verwichener Oster-Messe hat sollen an Sie bestellt werden; weil aber dieser, ohngeachtet Er am 3ten Oster-Tage wieder in Leipzig seyn wollen, nicht anzutreffen gewesen; als habe beyde Briefe wieder zurück bekommen, wovon den an M. Hn. jetzo durch den *ordinai*ren Canal, neml. den Hrn. Rosenberg *juniorem*, übersende. Sie werden aus solchem etwas ersehen, so weder Ihnen noch mir lieb ist; es wäre denn, daß es sint der Zeit in seine Richtigkeit gelanget. Weil solchen nicht aufs neue geöffnet, weiß auch den Inhalt nicht mehr, außer daß nicht zweifele: Sie werden nicht ermangeln, mir die Folge des Musical. Patriotens, wovon bereits 16 St. durch Dero gütige Vermittelung erhalten habe, durch rückgehende Gelegenheit zu gönnen, auch damit so lange ferner *continui*ren, bis der Rest wird entrichtet seyn. Ich hätte gerne den *Catalogum* einiger noch zu verkauffen habender Kirchen-Stück, auch Italiänischer *Cantaten*, u. Telemannischer Instrumental-Stücke, mit beygeleget; weil aber ein Liebhaber so wol, als ich selber, bey dermahliger Unordnung der Posten, nicht gesichert ist, daß die zu versendende Sachen richtig ankommen möchten, habe es lieber unterlaßen. Ich empfehle mich aber zu unausgesetzter Freundschafft u. Wohlgewogenheit, verharrend
Meines Herrn

aufrichtig ergebenster
Walther.

Weimar d. 1. Aug.
1742. in Eile.

Der „beykommende Brief" vom Frühjahr 1742 ist nicht erhalten; Näheres
über den unangenehmen Inhalt ist nicht bekannt. Herausgeber der 1741/42
in Braunschweig erschienenen Wochenschrift „Der Musicalische PATRIOT."
war J. J. Henke; nachweisbar ist „Das erste" (bis) „dreyssigste Stück." von
„Donnerstag den 21 Juli 1741" bis „... 23 Aug. 1742". Zum Angebot von
Musikalien vgl. Br 38–40. Für die „Unordnung der Posten" dürften die Ereignisse des Ersten Schlesischen Krieges (1740–1742, Friedensschluß am
28. Juli 1742) verantwortlich sein. 3. Ostertag war 1742 der 27. März.

Lit.: La Mara, Bd. 1, S. 164 f.; Egel, S. 84; Forkel L, S. 466; Lorenz
Christoph Mizler, Musikalische Bibliothek, Bd. II/4, Leipzig 1743, S. 122,
Bd. III/1, 1746, S. 136–160, III/2, 1746, S. 362–364; RISM B VI 1, S. 455;
MGG 14, Sp. 1080.

43.
AN HEINRICH BOKEMEYER, WOLFENBÜTTEL
22. 9. 1742

Weimar, d. 22. Sept.

1742.

Mein Herr,

Dero beyde im abgewichenen August-Monat an mich erlaßene
Schreiben habe, nebst dem beygefügten Musical. Patrioten, Gelde,
und den *Elogiis* etlicher alter *Musicorum*, zweene Tage hinter
einander wohl und vergnügt erhalten, dafür so wol Ihnen, als dem
Hrn. Bibliothec-*Secretair* bestens verbunden bin; doch bedaure,
daß des letztern Mühe in 2 Stücken vergeblich seyn soll, indem
selbige schon gehabt; das 3te aber aus der Thüringischen Chronike
des Hrn. von Falckenstein kan wohl brauchen. Weil es nun wol
nicht anders seyn will, als daß das vorm Jahre an M. H. übersendete Paquet verlohren gegangen ist; als *offerire* mich hierdurch zur
nochmahligen Abschrifft der Übersetzung des *Tevo*, mit Bitte:
das Blat und ohngefehr die zwo letzten Zeilen, wo sie bey Ihnen
aufhöret, mir gelegentlich wißend zu machen. Kan ich sie nicht
selber fertigen, so soll es durch jemand anders geschehen; denn es
ist sehr verdrüßl. wenn einerley etliche mahl einem durch die
Hand gehen soll. Von den Telemannischen Kirchen-Stücken gehet
immer eine Partie bald da, bald dorthin, nach und nach ab, daß

dieser wegen Ihnen fernerhin nicht beschwerlich fallen darff; aber die Kuhnauische u. Kriegerische sind, nebst etlichen 30 Schellischen, noch vorhanden. Sie sind alle schön und brauchbar. Wer für die letzten 90 St. 6 rthlr. bey mir anwendet, u. für das *porto* stehet, soll sie haben zum Eigenthume. Der Herr Fredersdorff ist Königl. Preußischer Ober-Cammerdiener; diesem habe ich das zweyte von meinen Werkgen in Kupfer, so aus einem *Preludio*, einer Fuge u. einer *Aria* bestehet, *dedizi*ret, u. am 26. *Januarii* 1741 6 *propre* eingebundene Exemplare durch die hiesige Post-*Expedition* bis Leipzig *franco* übersendet; aber hierauf keine Antwort erhalten, daß also in Ungewißheit bin, ob es an Ort u. Stelle angekommen sey, oder nicht? 1 Exemplar ist nun in Ihrem Paquete mit gewesen. Die andern sind alle weg u. ausgeflogen. *A Dieu!*

J. G. Walther.

43.

Zur Übersendung des „Musical. Patrioten" vgl. Br 42. „Bibliothec-Secretair" in Wolfenbüttel war G. B. Lauterbach. Mit der „Thüringischen Chronike" ist gemeint „Johann Heinrichs von Falckenstein, | Hoch-Fürstl. Brandenburg-Anspachischen Hof-Raths, u. d. Z. dieses Hoch-Fürstl. | Hauses Residenten in Erffurth; wie auch der Königl. Preußischen Societät | der Wissenschafften Mitglieds, | Thüringische | Chronika, | Oder vollständige | Alt-Mittel- und Neue | Historie von Thüringen, | . . . | ERFURTH, | Verlegts Johann Wilhelm Ritschel, Herrschafftl. Buchdrucker. 1738."

Zur Abschrift der Tevo-Übersetzung vgl. Br 36, 38, 39, 44, 45, zum Angebot von Kantaten Kuhnaus, Kriegers und Schelles vgl. Br 46. Die an Fredersdorff überschickte Druckausgabe trägt folgenden Titel: „Preludio con Fuga, | per dove | dell' Augustissima liberalità | del | Serenissimo e Potentissimo Prencipe | FEDERICO II. | Rè di Prussia, Marchese di Brandenborgo etc.: | al di Cui Cameriere Maggiore | Molt' Illustre Signore | M. G. Fredersdorfio, | come | dalla detta Sua Reale Maestà | la Villa, Czernicovia, ch'è vicina à Rheinsberga, | al Medesimo | era clementemente donata, | congratula | un Servitor' obligatissimo | avanti otto anni à Lui stato conosciuto | Giovanni Godofredo Walthero, | Organista della Chiesa cattedrale | di Vinaria. | Scolpit' in Rame et fatto Stampare | Da Giovanni Christiano Leopold Intagliatore | in Augusta | Con Gratia e Privilegio di Sua Sacra Cesarea Maestà."

Lit.: La Mara, Bd. 1, S. 165 f.; Egel, S. 84 f.; DDT 26/27, S. XXIV, 271 bis 275; RISM A/I/9; Carl Philipp Christian Schönemann, Dem Andenken Georg Burkhard Lauterbach's, in: Serapeum, Jg. 3, 1842, S. 213–223.

AN HEINRICH BOKEMEYER, WOLFENBÜTTEL
25. 4. 1743

Mein Herr,

Dero geehrtestes Schreiben unterm 3ten *Februarii a. c.* habe, nebst eingeschloßenen Briefe vom Hrn. *M.* Mizler, einem musical. Heffte, und einem Frantz-Gulden, durch den Hrn. Rosenberg *jun:* (der nunmehro die Meßen *privativè* beziehet) richtig erhalten; bedaure aber, daß Sie einen Fehl-Griff gethan, und an statt des verlangten Heffts vom *Tevo,* einen vom *Zarlino* ergriffen. Damit nun dieser nicht gantz u. gar vergebens hier bey mir gewesen seyn möge, habe das leer gewesene Papier voll geschrieben, und übersende ihn hiermit wiederum zurück, mit Bitte: den letztern Hefft vom *Tevo* auf künfftige Braunschweiger Meße zu übermachen, oder, welches noch beßer ist) nur die ›letztere Zeile‹ und das ›*paginā*‹, wo ich zu schreiben aufgehört habe, zu melden; es soll alsdeñ die Folge, so weit selbige besitze, ungesäumt sich einstellen: deñ *complet* habe sie selber nicht. Den erhaltenen Frantz-Gulden will zwar behalten, aber nicht in der *qualité*, wie Sie mir dabey gemeldet haben; sondern in Abschlag des bey Ihnen noch gut stehenden Rests à 1 rthlr. 19 g. // und zwar in guter Absicht, keines weges aber aus einer verdächtigen Meynung. Deñ eine solche sey ferne von mir! // Hierauf habe durch Dero geneigte Vermittelung 30 Stück des so genañten Musical. Patrioten à 15 g. und den nurgedachten Gulden bekomen; bleibet also noch Rest: 12 g. wovon jedoch das ausgelegte *porto* zu *decourti*ren ist. Und solcher gestallt wären wir miteinander in unserer bisherigen Rechnung richtig! Die zwischen MH. u. einem andern Mitgliede der Musical. Societät entstandene Mißhelligkeit wird nicht viel zu bedeüten haben, auch keinen solchen Effect thun, daß es an ein Bein ablösen ankomen solte, wie dem seel. Hrn. Schulzen in Hildesheim wiederfahren, als welchen bedaure. Gott beschehre MH. an deßen statt einen andern aufrichtigen Freünd! Und so viel auf Dero geehrteste Zuschrifft.

Dem Hern. *M.* Mizler habe letztens gemeldet: ich besorgte, Er möchte, wegen unrichtiger Bezieferung einer Ode, angegriffen werden; aber die Antwort ist folgender gestalt ausgefallen: „Wegen Bezieferung der letzten Ode aus dem H♯ in der 1sten Samlung trage gar keine Sorge. Ich habe sie mit allem Fleis so gesetzt, daß man mich deswegen anfechten soll, bishero aber meinen Endzweck noch nicht erhalten können. Die Bezieferungen sind nicht falsch, wohl aber neü, und wieder die gemeinen Regeln, die nicht allgemein, und nicht allzeit wahr sind." Das Exempel folget hierbey, welches Dero Beurtheilung überlaße. Weñ zu dem *variirten* Choral-Buche einen Liebhaber bekomen könte, wäre mirs angenehm, damit die vielen Musicalien den meinigen, nach meinem Tode, nicht zur Last werden. // Die mehresten davon (zumahl von meiner Arbeit) besitze noch gantz allein. // Der ältere in Augspurg sich aufhaltende Sohn brauchet dergleichen gar nicht, weil er wenig davon verstehet; u. der jüngere in Jena kan sie auch entbehren, weil Gott ihn sehr begnadiget hat, daß er einen Choral, auf verschiedene Art, *ex tempore* ausführen, aber nicht, wegen Vielheit der zufließenden *Ideen*, zu Papier bringen kan. So theilet Gott seine Gaben wunderbar aus! Es gehet beyden noch zur Zeit recht wohl. Gott helffe ferner! Auf instehenden 2ten Tag des May-Monats werde das Vergnügen haben, meine Kinder (den Augspurger ausgenomen) bey einander zu sehen, indem meine jüngere Tochter an nurgedachtem Tage mit einem hiesigen Fürstl. Trompeter, der ein Witber ohne Kinder, u. wohl angesehen ist, Hochzeit halten wird.

Aus einer in Braunschweig aufgeführten Oper, *Cato* genañt, habe ersehen, daß der jetzige Hochfürstl. Concert-Meister bey Ihnen *Giov. Verocai* heißet; weñ deßen, und anderer würdigen Glieder der Capelle Lebens-Umstände habhafft werden könte, würde es mir sehr angenehm seyn. Mein Herr werden nicht ermangeln, (wie deßen versichert bin) mir hierzu behülfflich zu seyn. Wofür, u. alles gute so von Ihnen hergeflossen ist, allstets verharre

Meines Hochgeehrtesten Herrn

aufrichtig ergebenster D.

J. G. Walther.

Weimar *d.* 25 April,

1743.

P. S. Die *Specification* der *variirten* Chorale bitte auf die künfftige Braunschweiger Meße zu *remitti*ren.

Ihr ›Hr. *Antagonist*‹ muß ein hitziges Temperament haben; weil er so gar seinem Vorgesetzten, dem einen Hrn. Bürgermeister, der ihn wegen des wilden Spielens der Choral-Lieder eine Eriñerung gethan, vor etl. Jahren eine *massive* Antwort gegeben, wodurch dieser veranlaßet worden, ihme durch etliche Soldaten die Orgel-Schlüßel abzufordern. Hierauf ist er zum Creütz gekrochen, u. hat das *Peccavi* angestiñt.   [Anlage:]

Zur Tevo-Abschrift vgl. Br 36, 38, 39, 43, 45, zur Lieferung der Wochenschrift „Der Musicalische PATRIOT" vgl. Br 42. Näheres über die „Mißhelligkeit" zwischen Bokemeyer und „einem andern Mitgliede" der Mizlerschen Societät (gemeint ist der nachfolgend als „Antagonist" bezeichnete C. G. Schröter in Nordhausen) ist nicht bekannt. Mit dem „seel. Hrn. Schulzen in Hildesheim" ist A. H. Schultze gemeint, der Vater von Bokemeyers Schwiegersohn J. C. Schultze.

Die „letzte Ode aus dem H ♯" ist die Ode Nr. 24 „Du edle Ton-Kunst, meine Lust" (Text: L. C. Mizler) aus der Ende 1739/Anfang 1740 erschienenen „Sammlung | auserlesener moralischer | Oden | Zum Nutzen und Vergnügen | Der Liebhaber des Claviers | componirt und herausgegeben | von | Lorenz Mizlern, A. M. | Leipzig, zu finden bey dem Herausgeber." Der Text findet sich auch in Mizlers Musikalischer Bibliothek, Bd. IV, 1. Teil, Leipzig 1754, S. 21 f.

Zum Angebot von Musikalien vgl. Br 38, 40 und 42, zur Improvisationsbegabung J. C. Walthers vgl. Br 30 und 39.

Die „jüngere Tochter" von JGW, Wilhelmina Maria, wurde am 2. Mai 1743 „bey Hofe" mit Christian Martini getraut.

Die Oper „Cato" wurde in Braunschweig 1743 zur Messezeit (um Lichtmeß) aufgeführt; die deutsche Version des Metastasio-Textes hatte möglicherweise G. C. Schürmann besorgt, der auch Arien und Chöre beigesteuert hatte, während von G. Verocai weitere Arien sowie die Instrumentalsätze stammten. Material zur Biographie Verocais scheint JGW erhalten zu haben; es fand wohl Eingang in den ausführlichen Verocai-Artikel im II. Bande von E. L. Gerbers Tonkünstlerlexikon (Leipzig 1792).

Der Verbleib der „Specification" ist nicht bekannt, über die Maßregelung C. G. Schröters wurde nichts ermittelt.

Lit.: Schünemann, S. 107; Wöhlke, S. 67 f., 112; Lorenz Mizler, Sammlungen auserlesener moralischer Oden. Faksimile, mit einem Nachwort ... von Dragan Plamenac, Leipzig 1972, S. 34, 99, 103 f., 113; Gustav Friedrich Schmidt, Neue Beiträge zur Geschichte der Musik und des Theaters am Herzoglichen Hofe zu Braunschweig-Wolfenbüttel, Bd. 1, München 1929, S. 24.

AN HEINRICH BOKEMEYER, WOLFENBÜTTEL

23. I. 1744

Mein Herr,

Endlich stellet sich die zum zweyten mahle genom̄ene Abschrifft
derjenigen Blätter von der Übersetzung des *Tevo* (in so weit selbige vorhanden ist) hiermit ein, um die Stelle der verlohren gegangenen zu ersetzen. Sie bestehet aus 5 und 1/2 Bogen. Bedaure
anbey, daß sie nicht in solchem Format erscheinen sollen, als wohl
gewünschet habe, damit sie den vorigen *uniform* wären. Daß im
6oten Jahre meines Alters mich unverhofft ein poëtischer *raptus*
ergriffen, davon werden beygelegte Zeilen ein Zeūgniß abstatten;
die aber MH. *compassion* sich ausbitten. Der Hr. Bräutigam ist
meiner beyden Söhne, zeit seines Auffenthalts in Jena, bester
Freūnd gewesen, und haben beyderseits Stuben-Thüren in einem
Hause just auf einander getroffen; Er ists auch noch, und hat un-
längst, als der jüngere Sohn das *Notariat* in Erffurt angenom̄en,
ob Er schon ein Raths-Herr, den̄och diesem *Actui* als Zeūge bey-
gewohnet, auch selbigen *magnifiquement* bey Sich *tracti*ret. Die
Braut ist eine Tochter des dasigen Hrn. Bürgermeisters, der aber
(wie ich augenbl. vernehme) jetzo unpäßlich, und deswegen
die Traung aufgeschoben worden. Gedachte meine beyden Söhne
wißen von diesem meinen Unterfangen noch nichts, und wird es
ihnen gantz fremde vorkom̄en. Vor 12 Jahren, als unsern hiesigem
Hrn. Herzoge, Hochfürstl. Durchlaucht das Musical. *Lexicon* selber zu überreichen die Ehre genoß, hatte folgende 2 *Disticha* hinein geschrieben:

AVGVSTVS zeigt ›Was guts‹ durch seine Littern an
Und ›Ernst‹ vermehret es mehr als man dencken kan.

Sey $\begin{cases} \text{meinem Hause} \\ \text{diesen Blättern} \end{cases}$ hold, durchlauchtigster Regent.

So hab' am ›Ernst was guts‹ ich unterster Client!

Waren diese damals die erste, u. die jetzigē sind die zweyte
Probe meiner Poësie in meinem gantzen Leben; sie wird auch wol
die letzte seyn! es wäre den̄, daß MH. als einen wahren *adeptum*
anzusehen hätte, alsden̄ wollte meinem *Pegaso* beyde Sporen geben,
und Glück wünschend, doch in aller Stille, erscheinen. Die davon

besitzende wenige Bücher, will, gleich den überflüßigen Noten, mir ehestens vom Halse schaffen. Aus den letztern, in *Vocal-* und *Instrumental*-Stücken bestehend, habe bereits 27 rthlr. gelöset, ohne was noch vorhanden ist. Sonsten habe noch zu berichten: daß meine ältere Tochter, die Gehrain in Gera, am 7den *Septembr.* des nechst abgewichenen Jahres, und die jüngere allhier in Weimar am 18ten dieses jetzt lauffenden Monats und Jahres, jene zum 2ten, diese aber zum 1sten mahle, mich, durch liebe Söhne, zum Groß-Vater gemacht haben. Bey jener ihrem ersten Sohne war ich Pathe, u. bey dieser ihrem ersten ist meine Frau dazu erwehlet worden. Diese Ausschweiffungen in Neben-Dingen wollen MH. nicht übel nehmen. Es soll dergleichen nicht wieder geschehen.

Nun sollte ich dasjenige übersenden, darum Sie, im Nahmen des Hrn. *D.* Brückmañs, mich an voriger Meße inständigst ersucht haben; allein, ich muß aufrichtig bekeñen, daß es nicht auftreiben können, ob mir gleich Mühe deswegen gegeben; und mögen die verlangten Stücke wol *in rerum natura* vorhanden seyn, sind aber geflißendlich *supprimi*ret worden, und wer sie hat, läßet sich im geringsten nichts davon mercken. Ein Geselle in der *Officin* machte mir Hoffnung dazu; es ist aber dennoch nichts erfolget, ja! er aüßert sich meiner gantz und gar, u. läßet sich jetzo gar nicht mehr vor mir sehen. Er stellete mir auch vorlängst in der Kirche etwas zu, welches ich bezahlen wolte, als aber nach Hause kam, u. es besahe, waren es einige Hochzeit-*Carmina*. Woraus schlüße, daß Er gerne will, aber nicht darff. Und dieses ist, zu unser allerseits Verdruß, doch gehorsamster Empfehlung meiner seits, an den Hrn. *Doct:* Brückmañ ohnbeschwer zu berichten. Solte mir das verlangte noch ohngefehr aufstoßen, werde nicht ermangeln es an mich zu bringen, und sogleich damit dem Hrn. Liebhaber ergebenst aufzuwarten. Unter Anwünschung alles geist- und leiblichen Seegens zum Neüen Jahre bin und verharre allstets

Meines Herrn und sehr

werthen Freündes

ergebenster
Walther.

Weimar *d.* 23 *Januarii*
1744.

An dem
›Wettich‹- und ›Reichardischen‹ Hochzeits-*Festin*,
welches
den 21 *Januarii* 1744 in Erffurt vergnügt gehalten wurde,
wollten ihre schuldigste Ergebenheit abstatten
zweene aufrichtige *Univers*itäts-Freünde
durch
Ihren GetreVen Vater.

Da Ich Gar Weit entfeRnt, vergnügt in A. B. lebe,
Ich auCh, das zweyte W, noch hier in I. A. schwebe,
So spiel die Violin und Orgel für uns beyde
Ein andrer, der es kan, dem W. und R. zur Freüde;
Ich aber alt W. R. aus W. R. schicke ein
Die Worte: ›FReüe dICh des WeIbes deIneR JuGend‹
In Noten schwartzer Art, zu üben helle Tugend,
Und will, als Componist, des W. R. Diener seyn.

Man sieht das teütsche W just in der Mitte prangen,
Und mit dem lieben R so rechts als lincks umfangen,
Doch nicht so gar sehr nah im Text beysam̄en stehen,
Als es vor dem Altar und sonsten wird geschehen
Im Handel ohne Weh: was wett ich drauf und drein,
Die Jungfer ReichaRdin geht solchen willig ein!
Das I (als ein Vocal) steckt richtig dreymahl drinne,
Man wird des C und G daselbst nur einmahl inne:
Auf gleiche Art und Zahl sind sie in unsern Nahmen,
Und dieses so gewiß, als ob wir sagten: Amen!
Doch, daß des Alten G auch mit zu zehlen sey,
Alsden̄ so trifft es ein; und sprechen bey der Probe
Mit GottfrIed und ChrIstoph, dem Braütigam zu Lobe,
(Als der sie machen wird) von allem Irrthum frey.
Ja selbst auch seiner seits ists eben so beschaffen,
Man darf nur I und C zehlend zusam̄en raffen,
So wird das erstere sich gleichfalls dreymahl zeigen
In ›ChrIstIan WettICh‹; nur nim̄t das C, am steigen
Dem C und G im Text, um eine Stuffe zu.

So hebet Null für Null die Sache völlig auf,
Und geht das I allein (als Consonant) in Kauff:
Die übrigen des Texts läßt man in ihrer Ruh:
So muß sich alles wohl mit unsern Nahmen schicken,
Es lieget selbst im Spruch, ohn' etwas an zuflicken,
Doch in Buchstaben nur, gleich Früchten ohne Rinde,

Gott helff { in diesem Jahr / dem Ehe-Paar } zu einem lieben Kinde?

Und weiter mit der Zeit zu mehrern guter Art,
Zur Wonne, Lust und Freüd, dem Groß-*Papa* Reichard,
Auch Stütze, Hülff und Trost in eignem hohen Alter?
Diß wünscht der Organist in W. R. Nahmens: WaltheR.

45.

Zur Abschrift der Tevo-Übersetzung vgl. Br 36 ff. Der „poetische raptus"
von JGW knüpfte sich an die Hochzeit von Christian Wettich und Johanna
Elisabeth, der jüngsten Tochter erster Ehe des Bürgermeisters Christian
Reichardt. Die Trauung fand am 23. Januar 1744 „zu Hause" statt, wurde
also nur um zwei Tage verschoben. Wettich hatte wie J. C. Walther die Universität Jena im April 1736 bezogen. Über das Erfurter Avancement J. C.
Walthers wurde nichts ermittelt.

Das an Herzog Ernst August gegebene Exemplar des WL befindet sich in der
Zentralbibliothek der deutschen Klassik, Weimar (Signatur: G 7, 6). In den
Distichen stellt „Was guts" ein Anagramm von „Avgvstvs" dar (w = v + v).
Zum Verkauf der „überflüßigen Noten" vgl. Br 38 und 46.

Mit den Enkelsöhnen von JGW sind Christian August Gehra (geb. 7. September 1743) und Carl Gottlieb Martini (geb. 18. Januar 1744) gemeint; der
erste Sohn des Ehepaares Gehra war Johann August (geb. 20. September
1742), derjenige des Ehepaares Martini der genannte Carl Gottlieb. Bei
J. A. Gehra ist JGW in der Tat als Pate im Kirchenbuch eingetragen, ließ
sich allerdings vertreten.

Welche Druckschrift JGW für Dr. Brückmann in Wolfenbüttel beschaffen
sollte, läßt sich den Andeutungen nicht entnehmen; vgl. auch Br 46.

Aus den hervorgehobenen Buchstaben im Hochzeitsgedicht ergeben sich
folgende Anspielungen:

Zeile 8   IGVV   = Johann Gottfried Walther
     9   IGWR AB = Johann Gottfried Walther (d. J.), Augsburg
   10   ICW IA   = Johann Christoph Walther, Jena

12 WR   = Wettich, Reichardt
13 WR WR   = Walther, Weimar

Ab Zeile 14 werden die vorgenannten Kombinationen aus RI CWIIRG gewonnen.

Die Komposition des Spruches „Freue dich des Weibes deiner Jugend" (Sprüche Salomonis 5, 18) durch JGW ist nicht nachweisbar.

Lit.: Schünemann, S. 116; Mitteldeutsche Lebensbilder 4, Magdeburg 1929, S. 75–87 (Katharina Trutz); Pasqué, S. 329.

46.
AN HEINRICH BOKEMEYER, WOLFENBÜTTEL
6. 8. 1745

Mein Herr,

Darff ichs deñ wohl wagen, mit dieser Zuschrifft zu erscheinen? da in so langer Zeit meine Schuldigkeit nicht beobachtet habe. Gewiß, ich habe mich recht geschämet, daß, da ich das von Hrn. *D.* Brückmañ durch Sie an mich aufgetragene nicht ausrichten können, so leer und bloß mit Worten allein, vor Ihnen, mich einfinden sollen; nachdem aber das eine Stück von dem begehrten, vor weniger Zeit, von einem vertrauten Freünde in hiesiger Nachbarschafft, unter der Versicherung, es sey eine wahre Copie vom *Original,* erhalten; als habe das Vergnügen, selbiges hiermit gebührend, nebst gehorsamster Empfehlung, zu übersenden. Diesem habe beykoñende 2 Michaëlis-Stücke, zu MH. beliebigen Gebrauch, anfügen wollen, zu einem Zeichen, daß Ihrer nicht vergeßen kañ noch will; sondern, daß eben noch so, wie vor vielen Jahren, gesinnet, und ein aufrichtiger Freünd und Diener von Ihnen bin, solches auch bis in die Grufft verbleiben werde: nur möchte wünschen, meine Ergebenheit mit etwas beßers an Tag legen zu köñen! Inzwischen wollen Sie damit vor lieb nehmen: wenigstens können nen Ihr Hr. Schwieger-Sohn, (welchen zu grüßen bitte) es, als etwas unbekañtes, an seinem Orte auufführen, weñ es anders anständig ist. In dem Trompeten-Stück *recom̃endi*re weiter nichts, als das *Ritornello* vor der letzten Baß-Arie. Sollte Ihnen beyderseits mit ›Kuhnauischen‹ und Kriegerischen Kirchen-Stücken, insonderheit aber mit lateinischen *Motetten* von Italiänischer Arbeit, so starck als schwachen, gedienet seyn, würde mirs zum *plaisir* gereichen; weñ unter die letztern ein *convenabler* teütscher Text gelegt würde, könnten sie sämtl. recht, als was neües, paßiren. Von *Bassani* und *Fiocco* besitze dergleichen einige, von denen ich solcher gestalt sagen kañ, sie allein also zu haben. Ich will einige Wercke hersetzen, als:

›*Allegri‹. XII Motetti a voce sola, e 2 Violini, con Cont:*
Batistini. XII Motetti a voce sola, con e senza stromenti.
Ciaja (Bernardino della) X Salmi a 5 voci, e due Violini, con C.
Bassani. Fiocco. Albrici. Albinoni. Cherici. etc. etc. sind einzelne St.

Jeder vollgeschriebener Bogen so wol in Partitur als Partien soll für 1 Marien-Groschen verlaßen und weggegeben werden. Es ist auch ein ›Schellischer‹ gantz unbekañter sehr starcker Jahrgang, in Partitur und Partien à 75 St. für 5 rthlr. (ohne das *porto*) feil. Wer solche Sachen brauchet, kañ viele, ja wol sehr viele Müh und Zeit mit Abschreiben erspahren! Mein jetziger Hr. *Cantor* ist zum Pfarrer *denominiret*. Es haben sich bereits 5 *Competenten* angegeben; es scheinet aber, als weñ keiner noch der rechte sey: weil es einem an diesem, und dem andern an jenem mangelt: man *reflectiret* hauptsächlich auf die Schul-*Studia*, und hiernechst auf eine starcke Baß-Stiñe; verstehet einer etwas in der Composition, so ists auch gut. Der letztere *Candidat*, welcher anderweit in hiesigen Landen schon ins 10 Jahr ein Stadt-*Cantorat* bekleidet, hat im letztern Stück einen Sprung vor den übrigen zum Voraus; aber sonsten heißts bey ihm: *Graeca sunt, non leguntur.* Welches kein Wunder: deñ er war vorher ein Bernhardiner Mönch. Es muß sich also zwischen hier und *Michaëlis* zeigen, wer mein 4ter *Collega* hier werden wird. Gott gebe nur einen Friedfertigen! Von Dreßden aus habe Nachricht: daß der Hr. Capellmeister Mattheson in Hamburg gestorben sey. Ihres Orts können Sie es sicherer und eigentlicher wißen. Wie hälts deñ mit des *Sign. Verocai* und anderer *Virtuosen* Lebens-Umständen? Aus Meñingen in Schwaben habe auf mein vor 4 Jahren dorthin gesandtes Schreiben, eine unterm 12 May *a. currentis* (1745) *datirte* Antwort bekoñen, des Inhalts: „Zu Ende dieses jetzigen Jahres sollten mir 2 starcke Bände in *folio* Postfrey, zu meinem Gebrauch, zugesendet wer-

den." Weñ nun dieser Mañ kein *promissor magno hiatu* ist, so dörffte wol noch in diesem Stück reich werden! Sobald an meinen Sohn nach Augspurg schreibe, werde ein paar Zeilen an diesen behülfflich seyn wollenden unbekañten Gönner mit beylegen. Mein jüngerer Sohn ist seit Ostern 1736. noch beständig in Jena; und die ältere Tochter zu Gera, hat mich vor 2 Monaten zum 3ten mahle zu einem Groß-Vater gemacht. So siehets in meiner Familie aus, dafür Gott zu preisen ist! Meine *Costa* wird in künfftiger Woche die Gehrain mit ihrer *infanterie* in Gera, G. G. besuchen. Vor ein paar Monathen kam ein junger Mensch von 26 Jahren, ein Zellenser, Nahmens, Joh. Chrysostomus Mittendorff, als ein gewesener *Gymna*siast in Bremen, zu mir, ließ sich mit seiner Baß-Stiñe hören, verlangte ein *viaticum*, und gieng von hier nach Rudolstadt. Einen freyern und kühnern Menschen habe noch nie gesehen. Dieser hatte einen Zedul liegen laßen, worauf die sämtl. hiesige Geistlichkeit, die Lehrer des *Gymnasii*, und einige *Musici* verzeichnet stundē, woraus abnehmen kunte: daß er ein Stapeler sey. Hierauf empfehle Sie in Gottes Schutz, mich aber Dero fernern Wohlgewogenheit, allstets verharrend
Meines Hochgeehrtesten Herrn

Weimar den 6 *Augusti*,   aufrichtig ergebenster
1745.   Walther.

46.

Zur Besorgung für Dr. Brückmann in Wolfenbüttel vgl. Br 45. Die „Michaelis-Stücke" sind nicht nachweisbar. Mit Bokemeyers Schwiegersohn könnten J. C. Schultze oder J. C. Winter gemeint sein. Bei den angebotenen „lateinischen Motetten von Italiänischer Arbeit" handelt es sich offenbar um Abschriften nach Drucken der Zeit, von denen sich folgende näher bestimmen lassen:

Giovanni Battista Allegri, Motetti a voce sola con due violini, e violoncello, col basso per l'organo, libro primo, opera prima (Venezia, Giuseppe Sala, 1700); Giacomo Battistini, Armonie sagre. Ad 1. 2. e 3. voci, parte con instrumenti, e parte senza, opera seconda (Bologna, Marino Silvani, 1700); Azzolino Bernardino Della Ciaja, Salmi concertati a 5. voci con due violini obligati, e violetta a beneplacito, opera prima (Bologna, Marino Silvani, 1700); Sebastiano Cherici, Motetti sagri a due, e tre voci con violini, e senza, opera sesta (Bologna, Pier-Maria Monti, 1695); Tomaso Albinoni, 12. Cantate da Camera, à Voce sola e Continuo (Op. 4, Venedig 1702). Bei

Albrici nennt das WL keine einschlägigen Werke, bei Bassani eine größere Zahl entsprechender Opera. Bei Fiocco könnten gemeint sein: Sacri concerti, a una e più voci, con instrumenti, e senza, opera prima, (Antwerpen, Hendrik Aertssens, 1691).

Der Verbleib der Kopien selbst sowie der Quellen zu Kuhnau, Krieger und Schelle ist nicht bekannt.

Mit dem „zum Pfarrer denominireten" Kantor ist A. F. Labes gemeint, der „Bernhardiner Mönch" ist J. S. Brunner. Archivalien des 1802 durch Brand zerstörten Klosters Langheim (Staatsbibliothek Bamberg, RB. Msc. 82/1) verzeichnen ihn unter dem Klosternamen „Guido Brunner Weichtungensis" (und ähnlich) und vermerken „Guido aufugit et Apostatavit 1738" bzw. „aufugit et ab ord: et fide defecit". Nach einem Verzeichnis aus dem Jahre 1743 im Staatsarchiv Weimar (B 2906, fol. 337) war Brunner „7 Jahre Priester im Closter Langheim, 2 Jahre Pastor in Zeil, 7 Jahr Cantor und Schulcoll. allhier" (in Ilmenau). Brunner war nach seiner Konversion (1736) Kantor in Ilmenau geworden (Staatsarchiv Weimar, B 3239^b und 3239^c). Das Weimarer Amt erlangte er noch 1745 (Stadtarchiv Weimar, HA I-27-61), zumal seine Bewerbung von Herzog Ernst August unterstützt wurde. Die Namen der übrigen „Competenten" sind nicht bekannt.

Zur Anfrage nach „Lebens-Umständen" vgl. Br 43.

Der „unbekannte Gönner" in Memmingen war vielleicht J. G. Schelhorn, Verfasser zahlreicher Schriften, auch historischen Inhalts.

Das dritte Enkelkind von JGW in Gera war Christiana Maria Gehra (geb. 1. Juni 1745). Die Bezeichnung der Ehefrau als „Costa" (Rippe) zielt auf die biblische Schöpfungsgeschichte (1. Mose 2,22).

Die Angaben über J. C. Mittendorff treffen nicht zu; weder ist er in Celle geboren, noch in der Matrikel des Gymnasiums zu Bremen enthalten, noch läßt er sich in Rudolstädter Quellen nachweisen. Vielmehr wurde er als Sohn eines Stadtmusikers in Stade geboren und hatte 1742 die Universität Kiel bezogen. Wenn die Begegnung mit JGW „vor ein paar Monathen" stattgefunden hatte, muß Mittendorff bald danach nach Leipzig gegangen sein, denn hier wurden ihm am 12. Juli 1745 6 Taler für seine Mitwirkung als Bassist bei der Leipziger Kirchenmusik ausgezahlt (Stadtarchiv Leipzig, Ratsrechnungen).

Lit.: MfM 22, 1890, S. 55–57; Georg Linnemann, Celler Musikgeschichte bis zum Beginn des 19. Jahrhunderts, Celle 1935, S. 151–153, 164; Wöhlke, S. 121; DDT 58/59, S. XLVII, LV, 292–320; Friedhelm Krummacher, Die Überlieferung der Choralbearbeitungen in der frühen evangelischen Kantate, Berlin 1965 (Berliner Studien zur Musikwissenschaft. 10.), S. 532; Francke, S. 54 f., 62; Meusel, Bd. 12, S. 124–128; Hermann Erhard, Memminger Pfarrerbuch, Neustadt a. d. Aisch 1977 (Einzelarbeiten zur Kirchengeschichte Bayerns. 55.), S. 65; BJ 1984, S. 47, 51 (H.-J. Schulze).

AN HERZOG ERNST AUGUST VON SACHSEN-WEIMAR
28. 4. 1747

Durchlauchtigster Hertzog,
Gnädigst-Regierender Landes-
Fürst und Herr,

Daß Ew. Hoch-Fürstl: Durchl:, wie vor Kurtzem vernoēn, Sich
meiner, als eines alten Dieners in Gnaden zueriñern, geruhen wollen, solches erkeñe, wie jederzeit, mit unterthänigstem Dancke.
Wie nun Ew. Hochfürstl: Durchl: in hohen Andencken schweben
wird, daß mir in meinem Leben, in Erziehung tüchtiger *Subiecto-*
rum, deren auch, ohne Ruhm zumelden, einen starcken *numerum*
aufweisen könte alle Mühe gegeben, hauptsächl. aber meinen Sohn
in der *Composition* sowohl als *General-Baß* was rechtschaffenes
erlernen laßen auch vieles auf deßen *Studia* verwendet, damit er
dereinst Ew. Hochfürstl: Durchl: und der *Republiq.* ersprießl.
Dienste leisten könte, in welchem er auch nunmehro soweit *avan-*
ciret, daß zu Ew: Hochfürstl: Durchl: hohen *disposition* ihn überschicken wollen, um zugleich um meinen Dienst, welchen nunmehro in die 40 Jahr treu verwaltet, weñ ich nach Gottes Willen
abgehen solte, unterthänigst mitanzuhalten; So muß zu meiner
grösten Betrübniß und Kränckung hören, als solte des Bürgermeister Voglers Sohn einige Hoffnung darzu bekoēn haben.
Ich erkühne mich demnach deñoch, Ew. Hoch-Fürstl: Durchl: unterthänigst anzuflehen, mir, als einem alten Diener die unverdiente
Gnade wiederfahren, und meinen Sohn, welchen ich hierzu sattsam *qualificirt* halte, in meinem Dienste gnädigst folgen zulaßen.
Wolten Ew. Hochfürstl: Durchl: gedachten meinen Sohn nebst den
jungen Vogler *tentir*en zulaßen gnädigst geruhen, wird sich ver-
hoffentl. der Unterscheid zeigen. Für solche zu meines Alters
grösten *Soulagement* gereichende hohe Gnade verharre mit allem
unterthänigsten *Respect*

Durchlauchtigster Hertzog
Gnädigst-Regierender Landes-
Fürst und Herr,
Ew. Hoch-Fürstl:
Durchl:

unterthänigst-gehorsamster
Diener
Johañ Gottfried Walther.

Weymar *d. 28 April.*
1747.

Dem Durchlauchtigsten Fürsten und Herrn, Herrn Ernst August, Herzog zu Sachsen, Jülich, Cleve und Berg, auch Engern und Westphalen, Land-Grafen in Thüringen, Marg-Grafen zu Meißen, gefürsteten Grafen zu Heñeberg, Grafen in der Marck und Ravensberg, Herrn zu Ravenstein etc. etc. Der Weyl. Röm. Kayserl. *Maj.* Würckl. *Coñandi*renden *General* der *Cavallerie* und Obristen über 2 Regimenter zu Roß und Fuß; Meinem gnädigsten Fürsten und Herrn.

47.

Bittschreiben an den Weimarer Herzog, im Namen von JGW geschrieben von J. C. Walther. Der zugehörige Präsentationsvermerk stammt erst vom 18. Dezember 1747. Da Herzog Ernst August bald darauf starb (19. Januar 1748), blieb der Versuch von JGW, die Nachfolge im Amt des Stadtorganisten noch zu Lebzeiten zugunsten seines Sohnes zu regeln, ohne Erfolg. Unterschiedliche Versprechungen des Herzogs sowie strittige Verfahrensfragen führten zu längeren Auseinandersetzungen, in deren Verlauf umfangreiches Aktenmaterial anfiel: Stadtarchiv Weimar, HA I-2-32 (vgl. Br 2); Staatsarchiv Weimar, B 3499 „Acta Das Gesuch des Studiosi Walthers um eine Beförderung betr. 1747.48.1749 desgl. Die Wieder Besetzung des vacanten Stadt-Organisten Dienstes Betr."; B 3500 „Canzley-Acta, was wegen der von dem StadtRath alhier vorgenommenen Wieder-Besetzung des vacanten Stadt-Organisten-Dienstes ergangen, betr. Weimar z[ur] W[ilhelms]B[urg] ao. 1748."; B 3501 „Acta Commissionis, die Bestellung des Stadt-Organisten-Diensts alhier betr. Weimar, 1748. 1749." B 3501ª „Ober-Consistorial Acta Die Besetzung der Organisten Stelle bey hiesiger Stadtkirche betr. ao. 1748."
Noch zu Lebzeiten von JGW richtete J. C. Walther Bittschreiben an Herzog Friedrich III. von Sachsen-Gotha, den Vormund des minderjährigen Weimarer Thronfolgers (31. Januar 1748; B 3501ª, fol. 1–2), an die Prinzessin Johanna Charlotte (1. Februar 1748; B 3501ª, fol. 3–4) sowie an den Rat der Stadt (22. März 1748; HA I-2-32, fol. 90–91a). Nach dem Tode von JGW wandte sich Anna Maria Walther am 30. März 1748 an das Konsistorium sowie an Herzog Friedrich (B 3501ª, fol. 8–9 und 10–11); am

256

21. Mai und 13. Juni 1748 folgte J. C. Walther mit weiteren Schreiben an den Herzog (B 3501ᵃ, fol. 15–16, 18–19). J. C. Vogler setzte sich für seinen Sohn Johann Christian ein (26. April 1748 an Herzog Friedrich; B 3501ᵃ, fol. 12 und 14), der auch eine Bewerbung an den Rat der Stadt gerichtet hatte (26. März 1748; HA I-2-32, fol. 92–93). Zur Probe zugelassen wurden am 14. Juni 1748 P. S. Alt, J. S. Maul und J. C. Walther; gewählt wurde J. S. Maul (HA I-2-32, fol. 101–102; B 3501ᵃ, fol. 21–22). Noch am 9. November 1748 protestierte J. C. Walther gegen Mißstände bei der Stellenvergabe und führte an, daß JGW den Prinzen Johann Ernst drei Jahre in Komposition und Klavier, die Prinzessin Johanna Charlotte neun Jahre lang unterrichtet habe, bis 1728 Hofmusicus des Herzogs Ernst August gewesen sei und erst vor 2¼ Jahren durch einen Schlagfluß dienstunfähig geworden sei (B 3501ᵃ, fol. 79–81).

Erfolglos blieb auch J. C. Walthers Bitte um Übertragung des Musikunterrichts für die Weimarer Gymnasiasten, obwohl er sich in seinem Schreiben vom 2. Juni 1750 (Staatsarchiv Weimar, B 4424 „Anweisung der Allhiesigen Gymnasiasten zur Music. 1749–54". fol. 13–14) auf die Dienste seines Vaters berief („ohngeachtet ich solchen bey seiner letzten Kranckheit über 2 Jahr lang mit Verlaßung meiner zu Jena gehabten sehr favorablen Umstände verwaltet"). So ging J. C. Walther nach Ulm, wo er den Münsterorganisten Conrad Michael Schneider in dessen letztem Lebensjahr unterstützte und dann dessen Nachfolge antrat.

Lit.: Pasqué, S. 324 f.; Egel, S. 74 f.; Francke, S. 56; MGG 11, Sp. 1894 f., 13, Sp. 1044; Mozart. Briefe und Aufzeichnungen. Gesamtausgabe, Bd. 1, Kassel 1961, S. 74; Guido Schnaubert, Die Hof- und Garnisonkirche zu St. Jacob, Weimar 1913, S. 63 f.

QUELLENVERZEICHNIS
UND REVISIONSBERICHT

Nähere Ausführungen zur Wiedergabe bzw. Übertragung der Quellen enthält die Einleitung (s. S. 13 ff.). Das Quellenverzeichnis informiert – soweit wie möglich in schematisierter Form – neben allgemeinen Angaben zu den Quellen (Aufbewahrungsort, Besitzer, Signatur) über diplomatische Details sowie anderweitige beachtenswerte Einzelheiten. Es bedeuten:

Aut	Autograph
DSB	Deutsche Staatsbibliothek, Musikabteilung
Dr	Druck
Faks	Faksimile
Hs	Handschrift
o/l	oben links
o/m	oben mittig
o/r	oben rechts
S.	Seite
St1	Stempel (breitoval) „Ex / Bibl. Regia / Berolin."
St2	Stempel (rot, ellipsenförmig) „DEUTSCHE / STAATS- / BIBLIOTHEK / BERLIN"
St3	Stempel (rot, rund) „PR. ST. BIBLIOTHEK BERLIN"
u/l	unten links
u/m	unten mittig
u/r	unten rechts
Wz1 usw.	Wasserzeichen-Verzeichnis Nr. 1 usw. (s. S. 265 ff.)
I, II usw.	(römische Ziffer) Unio [mittig gefalzter Bogen, Doppelblatt], Binio [Lage aus 2 ineinander gelegten, mittig gefalzten Bogen] usw.
1, 2 usw.	(arabische Ziffer) 1 Blatt, 2 Blätter usw.
12/3	(Zahlenkombination mit Schrägstrich) Seite 12, Zeile 3 dieser Edition

Die zu den Handschriften mitgeteilten Maße verstehen sich entweder als Blattformat oder als Bogenformat (aufgeschlagener Bogen); der Beschriftung (waagerecht von links nach rechts) folgend, wird zunächst die Breite, sodann die Höhe angegeben (Maßeinheit: cm; Auf- bzw. Abrundung auf halbe cm).

1 Dr; Egel, S. 67 f. Aut (vor 1904) Erfurt, Thomaskirche, Acta parochalia; nicht mehr aufzufinden. Einzelne Druckfehler bzw. Übertragungsirrtümer bei Egel im vorliegenden Abdruck stillschweigend berichtigt.

2 Weimar. Stadtarchiv, HA 1–2–32 („Deß StadtOrganisten ... Bestallung und Substitution. de $\overline{ao}$. 1631.–1748), fol. 82^b – 83.
– Aut; 2 + 1 S., I (40 × 34), Wz 35.

3 Berlin. DSB: Mus. ep. Walther, J. G. –
Die Sammelmappe enthält folgende Walther-Autographe: 31 Originalbriefe an H. Bokemeyer, 4 Kopien eigener Briefe (an Stölzel, Mattheson [2], Mizler), 5 Abschriften fremder Briefe (von Drese, Schmid, Kuhnau, Mizler, Mattheson) sowie verschiedenartige Brief-Anlagen (Exzerpte, Bibliographie, Musikerverzeichnis, Notenbeispiel). Nicht autographisch sind 1 Brief von Johann Gottfried Walther junior an Bokemeyer (Jena, 1. 7. 1738), 1 Bücherliste von der Hand H. Bokemeyers (April/Mai 1729), 1 Zettel mit einem Lobgedicht auf J. S. Bach („O! Tag komm ofte noch"), 1 Schreiben von S. W. Dehn (18. 9. 1851); Teilautographe stellen die Beilagen „Über die 7de Suite" zum Brief vom 3. 8. 1730 sowie die Zeichnung einer „Machine" dar. Die datierten Briefe sind jeweils einzeln und lose in Schutzumschläge eingelegt, die mit dem entsprechenden Briefdatum versehen und chronologisch geordnet sind; die übrigen Schriftstücke sind lose in 2 Schutzumschlägen mit der Aufschrift „6 Varia" bzw. „9 Varia" zusammengefaßt. –
Aut; 2 S., 1 (21 × 17,5); S. 2 u/m Sti, Wz undeutlich.

4 Berlin. DSB: Mus. ep. Walther, J. G. – Aut; 4 S., I (34 × 20); S. 1 u/m Sti, S. 4 vakat; Wz 1.

5 Berlin. DSB: Mus. ep. Walther, J. G. – Aut; 4 S., I (35 × 21); S. 1 u/m Sti; Wz 2, 3.
Anlage 1: Aut; 8 S., I + I (jeweils 35 × 20,5); S. 1 o/l Sti; Wz
Anlage 2: Aut; 8 S., I + I (jeweils 35 × 20,5); S. 1 o/m Sti, S. 5 o/m Sti.

6 Luzern. Zentralbibliothek Abt. Bürgerbibliothek: Ms. 364 fol. – Aut; 4 S., I (35 × 21); S. 1 u/r Bleistiftnotiz von fremder

Hand „1035" (oder „t035") sowie runder Prägestempel der Bürgerbibliothek Luzern; Wz undeutlich.
Der Brief gelangte mit einem Teil des Nachlasses von F. X. Schnyder von Wartensee (1786–1868) an die Bürgerbibliothek Luzern (vgl. auch Mf 14, 1961, S. 307).

7 Berlin. DSB: Mus. ep. Walther, J. G. – Aut; 4 S., I (34,5 × 21); S. 1 u/m St1; Wz 4, 5.

8 Berlin. DSB: Mus. ep. Walther, J. G. – Aut; 4 S., I (34,5 × 20,5); S. 1 u/m St1, S. 4 u/m Siegel (Abdruck: Majuskel W mit kurzem Balken darüber); Wz 4, 5. – Faks. (nur 1 S.): Dok II, nach S. 288.

9 Berlin. DSB: Mus. ep. Walther, J. G. – Aut; 26 S., II + II + I + I (durchweg 34 × 20,5) + 1 (20,5 × 5,5), S. 26 vakat; autographische Foliierung: 2–11 (1, 12 und 13 fehlen); S. 1 o/m, S. 9 o/m, S. 17 o/m, S. 21 u/m jeweils St1, S. 25 u/m, St2; Wz 6.

10 Berlin. DSB: Mus. ep. Walther, J. G. – Aut; 6 S., I (34 × 20) + 1 (17 × 20); S. 1 u/m St1; Wz 7.

11 Leipzig, Universitätsbibliothek, Sammlung Taut. – Aut; 1 S., 1; ohne Wz.

12 Berlin. DSB: Mus. ep. Walther, J. G. – Aut; 20 S., I + I + I + I + I (jeweils 35 × 20,5), S. 20 vakat; die Bogen 2–5 sind jeweils auf der Vorderseite o/r autographisch von 2–5 durchnumeriert; S. 1, 5, 9, 13, 17 jeweils u/m St1; Wz 8–11.

13 Berlin. DSB: Mus. ep. Walther, J. G. – Aut; 4 S., I (35 × 20,5); S. 1 u/m St1.
Anlage: Aut; 2 S., 1 (10 × 17); S. 1 u/r St1, S. 2 vakat; Wz 12.

14 Berlin. DSB: Mus. ep. Walther, J. G. – Aut; 4 S., I (34 × 20,5); S. 1 u/m St1; Wz 13.

15 Berlin. DSB: Mus. ep. Walther, J. G. – Aut; 4 S., I (34 × 19,5); S. 1 u/m St1.
Anlage: Teilautograph; 4 S., I (34 × 19,5); der mitbeteiligte Schreiber konnte nicht identifiziert werden.

16 Berlin. DSB: Mus. ep. Walther, J. G. – Aut; 6 S., I (34,5 × 20,5) + 1 (17 × 20); S. 1 u/m St1; Wz 14.

17 Berlin. DSB: Mus. ep. Walther, J. G. – Aut; 10 S., I + I (jeweils 34,5 × 20,5) + 1 (17 × 20,5); autographische Foliierung S. 1: 1., S. 5: 2., S. 7: 3., S. 9: 4.; S. 1 u/m St1. Wz 14.

Anlage: Aut; 2 S., 1 (17,5 × 18,5); S. 1: Kopie aus Matthesons „Organistenprobe", S. 2: Kopie des Briefes an Mattheson
vom 4. 8. 1731; S. 1 u/m St3, ferner Akzessionsnummer von
Bibliothekarshand: M. 1931.264; Wz 14. – Beigefügt und mit
derselben Akzessionsnummer versehen ist folgendes Handschreiben: „Das anliegende Quartblatt ist von dem bekannten
musikalischen Lexicographen Johann Gottfried Walther in
Weimar eigenhändig geschrieben. Walther gab sein Lexicon
(oder „Musicalische Bibliothek") vollständig im Jahre 1732 in
8° zu Leipzig bei Wolffgang Deer heraus, nachdem die Quart-
ausgabe mit dem Buchstaben A. abgebrochen war. Berlin, den
18t· Sptbr 1851. Prof. S. W. Dehn. Custos der musicalischen
Abtheilung der Königlichen Bibliothek." – Beilage und Exper-
tise angeboten im Katalog 163 von Leo Liepmannssohn, Berlin, Nr. 856 (ca. 1907/08), im Versteigerungskatalog der Sammlung Werner Wolffheim, Berlin 1929, Bd. 2, Nr. 109, sowie in
den Auktionskatalogen 56 und 60 von Leo Liepmannssohn,
Berlin (15./16. Nov. 1929, Nr. 277; 21./22. Nov. 1930, Nr.
350).

18 Berlin. DSB: Mus. ep. Walther, J. G. – Siehe Nr. 17, Anlage.
Wz 15.

19 Weimar. Nationale Forschungs- und Gedenkstätten der klassischen deutschen Literatur, Goethe- und Schiller-Archiv, Sammlung Pasqué, Nr. 36,7. – Aut; 4 S., I. S. 1 o/r 367, S. 3 o/r 368,
S. 1 u/m Fremdschrift: „Johann Gottfried Walther. Hofmusiker
und Organist an der Petri- u Paulikirche in Weimar Verfaßer
des berühmten musikal. Lexicons. Geb. 18 Sept. 1684. Gest.
23 März 1748". Wz 36.

20 Berlin. DSB: Mus. ep. Walther, J. G. – Aut; 4 S., I (35 ×
20,5); S. 1 u/m St1, S 4 vakat; Wz 16, 34.
Beigefügt ist Walthers Kopie des Briefes von Mattheson.

21 Berlin. DSB: Mus. ep. Walther, J. G. – Aut; 4 S., I (35 ×
21); S. 1 u/m St1, S. 4 gebrochenes Siegel, in dessen oberer
Hälfte die Inschrift VIGVI bzw. unterer Hälfte ein Ornament
(Tannenwald?) erkennbar sind. Wz 17.

22 New York. The New York Public Library, Dep. of Special
Collections. – Aut; 4 S., I (18 × 27,5). S. 2 u/l Fremdschrift:
„Johann Gottfried Walther." Wz: Kavalier mit Becher.

23 Berlin. DSB: Mus. ep. Walther, J. G. – Aut; 2 S., 1 (18 × 27);
S. 2 u/m St3. Wz 19.

24 Berlin. DSB: Mus. ep. Walther, J. G. – Aut; 4 S., I (35 × 20);
S. 1 u/m St1. Wz 18. Anlage: Aut; 2 S., 1 (16,5 × 7); S. 2 vakat.

25 New York. The New York Public Library, Dep. of Special
Collections, Astor Lenox Tilden Foundation. – Aut; 4 S., I
(33,5 × 20); S. 1 u/m Fremdschrift: „Selten! Joh. Gottfr. Walther, bedeutend als Lexicograph der Tonkünstler." – Aut vor-
mals in der Sammlung Alfred Bovet; angezeigt im Katalog
163 von Leo Liepmannssohn, Berlin, Nr. 857 (ca. 1907/08), im
Versteigerungskatalog der Sammlung Wilhelm Heyer durch
Karl Ernst Henrici und Leo Liepmannssohn, Berlin, Teil 3
(29. 9. 1927, Nr. 425) sowie im Auktionskatalog 52 von Leo
Liepmannssohn, Berlin (16./17. 11. 1928, Nr. 701).

26 Berlin. DSB: Mus. ep. Walther, J. G. – Aut; 2 S., 1 (20 × 30);
S. 1: Kopie des Briefes von L. Chr. Mizler an Walther vom
25. 10. 1734, S. 1 (letztes Drittel) und S. 2: Kopie des Briefes
an Mizler; S. 2 u/r St. 1.

27 Berlin. DSB: Mus. ep. Walther, J. G. – Aut; 4 S., I (34 ×
19,5); S. 1 u/m St1. Wz 20, 21.

28 Berlin. DSB: Mus. ep. Walther, J. G. – Aut; 4 S., I (34 ×
19,5); S. 1 u/m St1. Wz 23.

29 Berlin. DSB: Mus. ep. Walther, J. G. – Aut; 4 S., I (34 × 19);
S. 1 o/m St1.

30 Berlin. DSB: Mus. ep. Walther, J. G. – Aut; 2 S., 1 (17 ×
19,5); S. 1 o/m St1.

31 Berlin. DSB: Mus: ep. Walther, J. G. – Aut; 4 S., I (34 × 20);
S. 1 o/m St1. Wz 22. – Faks. (nur 1 S.): Zietz, S. 278.

32 Berlin. DSB: Mus. ep. Walther, J. G. – Aut; 4 S., I (35 ×
20,5); S. 1 u/m St1. Wz 24.
Anlage: Kopie des Briefes von L. Chr. Mizler an Walther vom
6. 11. 1736. Aut; 2 S. Ohne Wz. Angezeigt im Katalog 86 von
Leo Liepmannssohn, Berlin (1890, Nr. 439), im Versteigerungskatalog XXXIX von Leo Liepmannssohn, Berlin (Sammlungen Moscheles, Bovet, 17./18. 11. 1911, Nr. 465), sowie im
Versteigerungskatalog der Sammlung Werner Wolffheim, Berlin 1929, Bd. 2, Nr. 111. Dresden, Sächsische Landesbibliothek,
Msc. App. 310, 160.

33 Berlin. DSB: Mus. ep. Walther, J. G. – Aut; 4 S., I (41 × 28);
   S. 1 u/m Akzessionsnummer „M. 1926.1908", S. 4 o/m Fremdschrift „Walther", S. 4 u/m St3. Wz. 25. Angezeigt in Katalog
   ohne Nr. von Leo Liepmannssohn, Berlin (1890, Nr. 226), sowie im Versteigerungskatalog der Sammlung Wilhelm Heyer
   durch Karl Ernst Henrici und Leo Liepmannssohn, Berlin,
   Teil 1 (6./7. 12. 1926, Nr. 586).

34 Berlin. DSB: Mus. ep. Walther, J. G. – Aut; 4 S., I (35 ×
   20,5); S. 1 u/m St1. Wz 25.

35 Berlin. DSB: Mus. ep. Walther, J. G. – Aut; 4 S., I (35 ×
   20,5); S. 1 u/m St1.
   Anlage: Brief Joh. Gottfried Walthers des Jüngeren vom 1. 7.
   1738 („Scrib. Ienae / Ipsis Kalendis Juliis / A. O. R. / MDCC
   XXXVIII.") an Bokemeyer. Der Brief enthält keine musikolo-
   gisch relevanten Aussagen. 4 S., I (34 × 20) + Briefumschlag
   (12 × 8,5), S. 4 u/m St3.

36 Berlin. DSB: Mus. ep. Walther, J. G. – Aut; 2 S., 1 (17 × 20);
   S. 1 u/m St1. Wz 26.

37 Hamburg. Staats- und Universitätsbibliothek, Musikabteilung.
   Dr; „Grundlage einer Ehren-Pforte ... von Mattheson. Hamburg. 1740. In Verlegung des Verfassers.", S. 387–390 (Neudruck, hrsg. von Max Schneider, Berlin 1910, Reprint Kassel
   1969, S. 387–390). Auf die Art der handschriftlichen Vorlage
   weist Matthesons Zusatz „(ex autogr.)".

38 Berlin. DSB: Mus. ep. Walther, J. G. – Aut; 4 S., I (34 × 20);
   S. 1 u/m St2. Wz 27.

39 Berlin. DSB: Mus. ep. Walther, J. G. – Aut; 4 S., I (34 ×
   20,5); S. 1 u/m St1. Wz 28.

40 Berlin. DSB: Mus. ep. Walther, J. G. – Aut; 4 S., I (34 × 20);
   S. 1 u/m St1. Wz 29.

41 Berlin. DSB: Mus. ep. Walther, J. G. – Aut; 4 S. I (34 × 20);
   S. 1 u/m St1. Wz 30.

42 Dr; La Mara, Bd. 1, S. 164 f. Aut bis 1889 Privatbesitz Philipp
   Spitta, Berlin. Angezeigt im Versteigerungskatalog der Sammlung Werner Wolffheim, Berlin 1929, Bd. 2, Nr. 110.

43 Dr; La Mara, Bd. 1, S. 165 f. Aut. 1879 Privatbesitz Prof.
   Fischer (Berlin?).

44 Berlin. DSB: Mus. ep. Walther, J. G. – Aut; 4 S., I (34 × 20);
S. 1 o/m St1; S. 4 Marginalglosse (Fremdschrift) zu „Hr. Antagonist": „Schröter / zu Nordh." Wz 31.
Anlage: Aut; 2 S., 1 (20 × 10); S. 1: Notentext, S. 2: 5 hand-
rastrierte Notensysteme und St3. – Faks.: Zietz, S. 280.

45 Berlin. DSB: Mus. ep. Walther, J. G. – Aut; 4 S., I (34 × 20);
S. 1 o/m St1. Wz 32, 33.
Anlage: Aut; 2 S., 1 (16 × 20); S. 2 u/m St3.

46 London. The British Library: Add. 34267. – Aut; 2 S., 1
(20 × 33); S. 2 u/m Rundstempel „BRITISH MUSEUM". Angezeigt im Katalog ohne Nr. von Leo Liepmannssohn, Berlin
(1890, Nr. 227). – Faks. (nur kleiner Ausschnitt): MGG 8, Sp.
1801 f.

47 Weimar. Staatsarchiv, B 3499 („Acta Das Gesuch des Studiosi
Walthers um eine Beförderung betr. 1747.48.1749"). Fremdschrift (Handschrift Johann Christoph Walthers). – 4 S., I.

LITERATURABKÜRZUNGEN

ADB   = Allgemeine Deutsche Biographie, Bd.
1–56, Leipzig 1875–1912; fotomech.
Nachdruck Berlin 1967 ff.

Adlung A   = Jacob Adlung, Anleitung zu der Musicalischen Gelahrtheit, Erfurt 1758; Fak-
simile-Neudruck Kassel 1953

Adlung B   = Jacob Adlung, Musica Mechanica Or-
ganoedi, Bd. 1/2, Berlin 1768; Faksi-
mile-Neudruck, hrsg. von Christhard
Mahrenholz, Kassel 1931, 2. Aufl. 1961

Beaulieu-Marconnay = Carl Frh. von Beaulieu Marconnay,
Ernst August, Herzog von Sachsen-Wei-
mar-Eisenach (1688–1748), Leipzig 1872
BJ = Bach-Jahrbuch, 1904 ff.
Bitter = C. H. Bitter, Johann Sebastian Bach,
2. umgearb. und vermehrte Aufl., Berlin
1881, fotomechan. Neudruck mit Nachwort, Personen- und Werkverzeichnis
von Hans-Joachim Schulze, Leipzig 1978
Blechschmidt = Eva Renate Blechschmidt, Die Amalien-
Bibliothek. Musikbibliothek der Prinzessin Anna Amalia von Preußen, Berlin 1965 (Berliner Studien zur Musikwissenschaft. 8.)
Brodde = Otto Brodde, Johann Gottfried Walther
(1684–1748). Leben und Werk, Kassel
1937 (Münsterische Beiträge zur Musikwissenschaft. 7.)
BzMw = Beiträge zur Musikwissenschaft. 1959 ff.
DDT = Denkmäler Deutscher Tonkunst
Dok I–III = Bach-Dokumente, hrsg. vom Bach-Archiv
Leipzig, Bd. I bis III, Leipzig, Kassel
etc. 1963, 1969, 1972
Egel = Hermann Wilhelm Egel, Johann Gottfried Walthers Leben und Werke, Dissertation, Leipzig 1904
Ehren-Pforte = Johann Mattheson, Grundlage einer
Ehren-Pforte, Hamburg 1740, Neudruck
hrsg. von Max Schneider, Berlin 1910,
fotomechan. Nachdruck dieser Neuaus-
gabe Kassel etc. 1969
Forkel L = Johann Nicolaus Forkel, Allgemeine
Litteratur der Musik, Leipzig 1792, foto-
mechan. Nachdruck Hildesheim 1962
Francke = Otto Francke, Geschichte des Wilhelm-
Ernst-Gymnasiums in Weimar, Weimar
1916
Göhler = Albert Göhler, Verzeichnis der in den

Frankfurter und Leipziger Messkatalogen der Jahre 1564 bis 1759 angezeigten Musikalien, Teil 1–4, Leipzig 1902, fotomech. Neudruck Hilversum 1965

Goldmann = Hermann Goldmann, Die Schüler des Erfurter Ratsgymnasiums von 1650 bis 1820, Erfurt 1914

Jöcher, Jöcher E = Christian Gottlieb Jöcher, Allgemeines Gelehrten-Lexicon, Bd. 1–4, Leipzig 1750–1751, Fortsetzung und Ergänzungen von Johann Christoph Adelung und Heinrich Wilhelm Rotermund, Bd. 1–7, Leipzig, Delmenhorst und Bremen 1784–1897, fotomechan. Nachdruck Hildesheim 1960–1961

Kraft = Günther Kraft, Entstehung und Ausbreitung des musikalischen Bach-Geschlechtes in Thüringen, Habil.-Schrift (masch.-schr.) Halle/S. 1964

Kümmerling = Harald Kümmerling, Der Katalog der Sammlung Bokemeyer, Kassel etc. 1970 (Kieler Schriften zur Musikwissenschaft. XVIII.)

La Mara = Musikerbriefe aus fünf Jahrhunderten. Nach den Urhandschriften erstmalig herausgegeben von La Mara [d. i. Marie Lipsius]. Erster Band. Bis zu Beethoven, Leipzig, o. J. (1886)

Lidke = Wolfgang Lidke, Das Musikleben in Weimar 1683–1735, Weimar 1954

Mentz = Georg Mentz, Weimarische Staats- und Regentengeschichte vom Westfälischen Frieden bis zum Regierungsantritt Carl Augusts, Jena 1936

Meusel = Johann Georg Meusel, Lexikon der vom Jahre 1750 bis 1800 verstorbenen teutschen Schriftsteller, Bd. 1–15, Leipzig 1802–1816

Mf	= Die Musikforschung, 1948 ff.
MfM	= Monatshefte für Musikgeschichte, 1869 bis 1905
MGG	= Die Musik in Geschichte und Gegenwart, Bd. 1–14, Kassel etc. 1949–1968; Supplement 1969 ff.
NDB	= Neue Deutsche Biographie, Berlin 1953 ff.
Pasqué	= Ernst Pasqué, Johann Gottfried Walther, in: Niederrheinische Musik-Zeitung 6, 1858, S. 321–325, 329–331
Riemann	= Riemann Musik-Lexikon. 12. völlig neubearb. Aufl., in drei Bänden, hrsg. von Wilibald Gurlitt, fortgeführt von Hans-Heinrich Eggebrecht, Mainz 1959–1967; Ergänzungsbde. Personenteil 1–2, hrsg. von Carl Dahlhaus, Mainz 1972–1975
RISM	= Répertoire International des Sources Musicales. Internationales Quellenlexikon der Musik, Serie A, Kassel etc. 1971 ff., Serie B, München/Duisburg 1960 ff.
Schenk-Güllich	= Dagmar Schenk-Güllich, Anfänge der Musikkritik in frühen Periodika, Dissertation, Erlangen–Nürnberg 1972
Schünemann	= Georg Schünemann, J. G. Walther und H. Bokemeyer. Eine Musikerfreundschaft um Sebastian Bach, in: Bach-Jahrbuch 1933, S. 86–118
Serauky	= Walter Serauky, Musikgeschichte der Stadt Halle, Halle/Saale 1939–1942
SIMG	= Sammelbände der Internationalen Musikgesellschaft, 1899–1914
Spitta	= Philipp Spitta, Johann Sebastian Bach, Bd. 1/2, Leipzig 1873, 1880
Telemann-Briefe	= Georg Philipp Telemann, Briefwechsel. Sämtliche erreichbare Briefe von und an

Telemann, hrsg. von Hans Große und
Hans Rudolf Jung, Leipzig 1972

Telemann-Studien = Telemann-Renaissance – Werk und Wiedergabe –. Bericht über die Wiss. Ar-
beitstagung aus Anlaß des 20. Jahres-
tages des Telemann-Kammerorchesters
Sitz Blankenburg/Harz, Magdeburg 1973
(Magdeburger Telemann-Studien. IV.)

VfMw = Vierteljahresschrift für Musikwissenschaft, 1885–1894

Vollhardt = Reinhard Vollhardt, Geschichte der Can-
toren und Organisten von den Städten
im Königreich Sachsen, Berlin 1899; fotomechan. Nachdruck mit einem Nachwort von Hans-Joachim Schulze,
Ergänzungen und Berichtigungen von
Eberhard Stimmel, Leipzig 1978

Wette = Gottfried Albin de Wette, Historische
Nachrichten Von der berühmten Resi-
dentz-Stadt Weimar, Weimar 1737, Anderer Theil, Jena 1739

Wette 1770 = Kurzgefaßte LebensGeschichte der Her-
zöge von Sachsen, entworfen von Gottfried Albin de Wette, Weimar 1770

WL = Johann Gottfried Walther, Musicalisches
Lexicon, Leipzig 1732, Faksimile-Neu-
druck Kassel 1953

Wöhlke = Franz Wöhlke, Lorenz Christoph Mizler.
Ein Beitrag zur musikalischen Gelehr-
tengeschichte des 18. Jahrhunderts, Würzburg 1940 (Musik und Geistes-
geschichte. 3.)

Zedler = Großes vollständiges Universal Lexicon
aller Wissenschafften und Künste, Leipzig bei J. H. Zedler, 1732–1752, Faksi-
mile-Nachdruck Graz 1961–1964

Zietz = Hermann Zietz, Quellenkritische Unter-
suchungen an den Bach-Handschriften

P 801, P 802 und P 803 aus dem „Krebs-
schen Nachlaß", Hamburg 1969 (Hamburger Beiträge zur Musikwissenschaft.
1.)

In den Kommentaren kommen zusätzlich folgende Abkürzungen
vor:
JGW   = Johann Gottfried Walther
Br   = Brief bzw. Briefe

ZU DEN WASSERZEICHEN-ABBILDUNGEN

Die in den Briefen von Johann Gottfried Walther vorkommenden
Wasserzeichen – in der Mehrzahl von Dr. Klaus Beckmann ge-
paust – hat Dr. Wisso Weiß (Erfurt) nach Vorlage beschrieben sowie hinsichtlich Herkunft und Vorkommen bestimmt. Die Bestim-
mungen wurden nach Einsichtnahme in die Originale – und Ergänzung bzw. Neuanfertigung der Pausen bei fünf Zeichen – auf
Grund eigener Kenntnis und an Hand der Weißschen Wasser-
zeichensammlung der Deutschen Bücherei Leipzig (Deutsches Pa-
piermuseum) vorgenommen.

Im allgemeinen handelt es sich bei den Briefen um gefaltete Fo-
lioblätter, das Papier wurde also in Quartformat beschrieben; die
Wasserzeichen liegen somit in der Regel im Original in der Mitte
des Quartbogens quer über dem Falz, die Stege verlaufen quer.
Nur in fünf Fällen wurde anderes Format benutzt: am 4. 7. 1707
und 1. 8. 1737 ist jeweils ein Foliobogen, am 27. 12. 1732 und
25. 10. 1734 jeweils ein Folioblatt (Steglinien verlaufen senkrecht)
in Hochformat, am 25. 1. 1732 ein Quartbogen beschrieben.

Unter den teilweise schlecht erkennbaren, daher undeutlich abgebildeten Zeichen finden sich solche, die an und für sich nur in einem Folioblatt des gedachten Bogens vorkommen, also kein Gegenzeichen aufweisen. Andere Wasserzeichen dagegen sind teils Hauptzeichen, teils Gegenzeichen; soweit in den letzteren Fällen Zusammengehörigkeit festgestellt werden konnte, ist darauf hingewiesen worden. Nur in einem Falle (1. 8. 1737) ist ein beschriebener vollständiger Bogen erhalten.

Die Bezeichnung Steg wird synonym für Steglinie gebraucht.

In den meisten Fällen ist die Verwendung der Zeichen in den Weißschen Sammlungen belegt, im allgemeinen mehrfach belegt.

1, 2, 3	Gekröntes Rautenkranzwappen mit seitlichen Verzierungen, zwischen Stegen (Nr. 3 spiegelbildlich). – Undeutlich, nähere Bestimmung nicht möglich. Das Zeichen stammt wahrscheinlich aus einer Thüringischen Papiermühle.
4	Heraldische Lilie, darunter in Schrifttafel Buchstaben I F H in lateinischen Versalien auf Steg. – Vielleicht Papiermühle Jena, Papiermacher Johann Friedrich Hertel, 1728–1750 Pächter, 1750–1754 Besitzer der Papiermühle.
5, 8, 11, 34, 36	Gabelüberhöhter P-Schild, Nr. 5, 8 und 11 auf Steg, Nr. 34 zwischen Stegen. Die Gabel aus den Insignien des Schwarzburger Wappens. – Wasserzeichen der Papiermühle Blankenburg/Thür., 1687–1726 Inhaber Papiermachermeister Michael Keyßner. Seine Witwe führte den Betrieb bis 1746 weiter. Zu diesem Zeichen verwendete sie als Gegenmarke MKW, das heißt Michael Keyßner Witwe. Wahrscheinlich sind Nr. 9, 10 und 16 als entsprechende Gegenzeichen aufzufassen. – Dieser Wasserzeichentyp kommt auch in den Originalhandschriften verschiedener Kantaten von Bach vor, ebenso in Abschriften Bachscher Werke von der Hand J. G. Walthers, beispielsweise in der Handschrift DSB Mus.ms. Bach P 801.
6	Torburg (oder Kirche?), ohne Gegenzeichen, auf Steg. – Verwendung im Raum Erfurt öfter belegt,

vielleicht einer der Papiermühlen in Arnstadt, Ichters-
hausen oder Wandersleben zuzuordnen. In fast iden-
tischer Form in SPK Mus.ms. Bach P 804 (S. 353 bis
354, Toccata von Bach, Abschrift Johann Peter Kellner) vorkommend.

7   Großer Buchstabe A, oben mit Dreiblatt, breite
     Form, auf Steg. – Papiermühle Arnstadt, Papierma-
     chermeister Johann Michael Stoß, 1714 bis 1756 bzw.
     1760 Inhaber der Papiermühle.

9, 10, 16   MK W, MK zwischen Stegen, W auf Steg. Nr. 16 ab-
             weichend. Gegenzeichen zu gabelüberhöhtem P-
             Schild. Blätter mit Haupt- und Gegenzeichen liegen
             auch beisammen, so bei dem Brief vom 6. 2. 1730.

12   Gekrönter Rautenkranzschild, beseitet von zwei Rin-
      gen, zwischen Stegen (spiegelbildlich). – Vermutlich
      Papiermühle Oberweimar, wahrscheinlich Hauptzei-
      chen zu I G W. Vgl. Nr. 13, 17.

15   Bruchstück. – Vermutlich wie Nr. 12.

13, 17   I G W, doppelstrichig, jeder Buchstabe zwischen Ste-
          gen. – Papiermacher-Initialen. Vermutlich Papier-
          mühle Oberweimar. Meister Johann Gottlieb Wieser,
          1729–1762 Inhaber der Papiermühle. Wahrscheinlich
          Gegenzeichen zu Nr. 12, 15.

14   Gekrönter Rautenkranzschild, darunter I F S, doppel-
      strichig, in Schrifttafel, auf Steg. Ohne Gegenzeichen.
      – Papiermühle Stützerbach. Papiermachermeister Jo-
      hann Friedrich Silberschmidt, 1722–1769 Inhaber der
      Papiermühle.

18   Gekrönter Rautenkranzschild, auf Steg. – Vgl. Nr. 19.

19   Blumenvase, darunter I G W in Schrifttafel. Als Ge-
      genzeichen gehört dazu der gekrönte Rautenkranz-
      schild Nr. 18. – Papiermühle Oberweimar. Meister
      Johann Gottlieb Wieser, 1729–1762 Inhaber der Pa-
      piermühle.

20, 21, 22,   Kursives MS-Monogramm. – Nr. 20, 22, 23, 32 zwi-
23, 29, 30,   schen Stegen, Nr. 29 und 30 auf Steg. – Papiermühle
32   Arnstadt. Papiermachermeister Michael Stoß, 1714 bis

271

1756 bzw. 1760 Inhaber der Papiermühle. – Gegenzeichen zu Nr. 26, 27, 31.

26, 27, 31 Großes kursives A, oben mit Knauf, auf Steg (Initiale des Ortsnamens). – Papiermühle Arnstadt. Papiermachermeister Michael Stoß, 1714 bis 1756 bzw. 1760 Inhaber der Papiermühle. – Gegenzeichen zu Nr. 20, 21, 22, 23, 29, 30, 32.

24, 25 Blatt a) Achtstrahliger Kristallstern, auf Steg, Blatt b) I C K, doppelstrichig, jeder Buchstabe auf Steg. – Das zweiteilige Wasserzeichen vollständig in Foliobogen, Brief vom 1. 8. 1737, außerdem der Stern (Hauptzeichen) im Brief vom 21. 1. 1737, das Gegenzeichen, die Papiermacher-Initialen I C K im Brief vom 24. 1. 1738. – Das Zeichen stammt vielleicht aus einer Thüringischen Papiermühle.

28 B in gabelüberhöhtem Schild, unter diesem MK W in Schrifttafel. Alle Buchstaben doppelstrichig. Auf Steg. – B bedeutet Blankenburg. – Zu MK W vgl. unter „Gabelüberhöhter Schild".

33 Bruchstück, der obere Teil des Buchstaben A, oben mit Dreiblatt. Schmale Form, auf Steg. – Papiermühle Arnstadt. Papiermachermeister Michael Stoß, 1714 bis 1756 bzw. 1760 Inhaber der Papiermühle.

35 Blatt a) Sächsischer Rautenkranzschild, statt Krone ornamentale Verzierung, beseitet von zwei Buchstaben A und A, darüber gebogenes Schriftband mit den Buchstaben WEHZSICVBEW (äußerst undeutlich). Auf Steg. Ohne Gegenzeichen. – Papiermühle Oberweimar, Papiermacher Albinus Abt, 1674–1714 Pächter der fürstlichen Papiermühle. Buchstaben am Schild sind Papiermacher-Initialen, Buchstaben des Schriftbandes weisen auf den Eigentümer: Wilhelm Ernst Herzog zu Sachsen Jülich Cleve und Berg Engern Westphalen. – Das Wasserzeichen kommt in den Originalhandschriften verschiedener Kantaten von J. S. Bach vor.

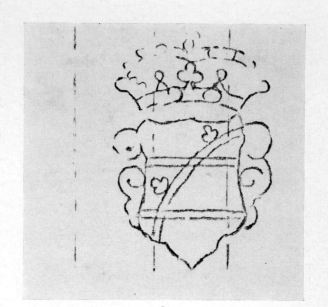

I

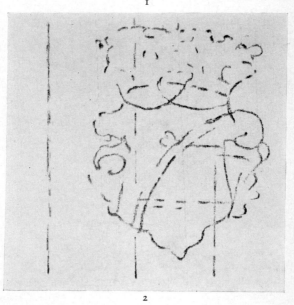

2

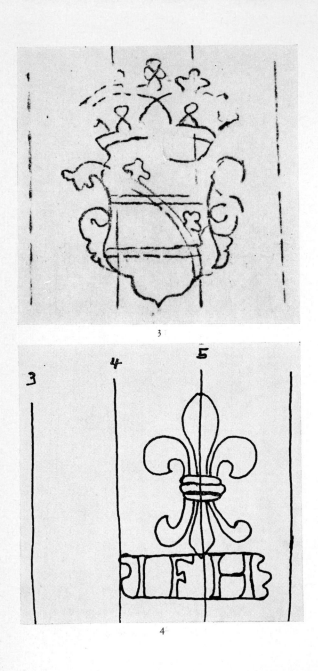

3

4

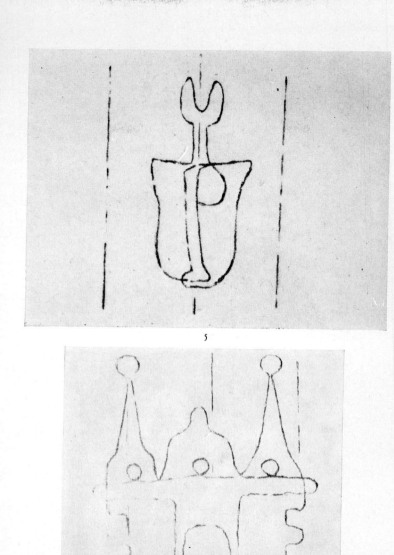

5

6

7

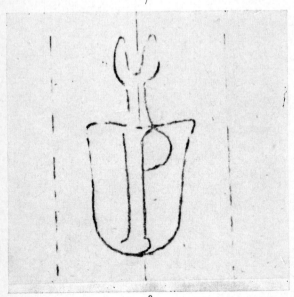

8

9

10

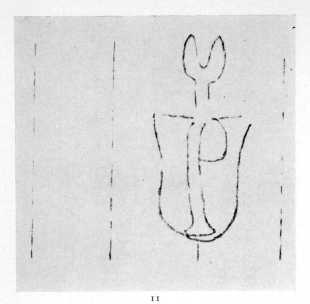

11

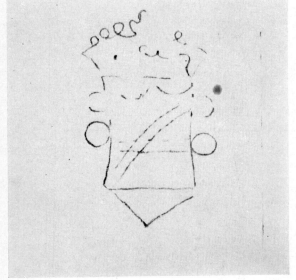

12

13

14

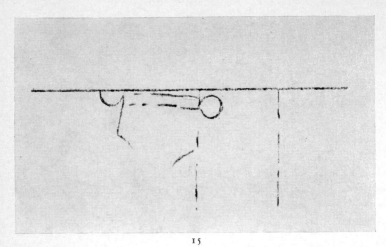

15

16

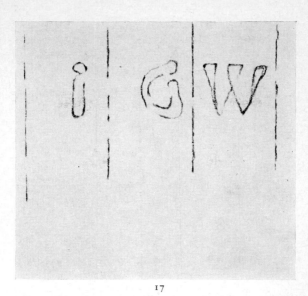

17

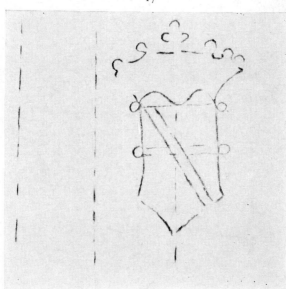

18

19

20

21

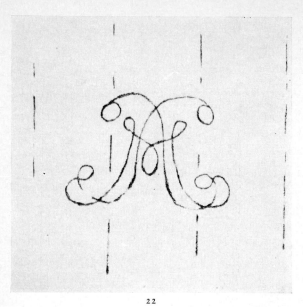

22

23

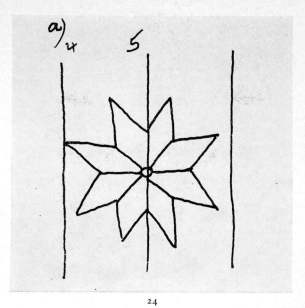

24

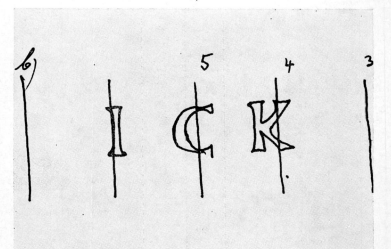

25

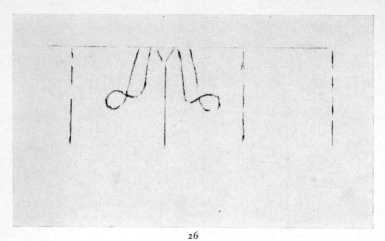

26

27

28

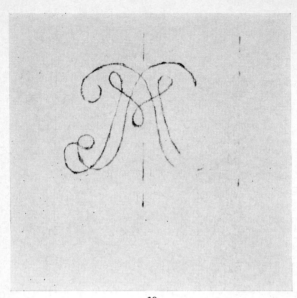

29

30

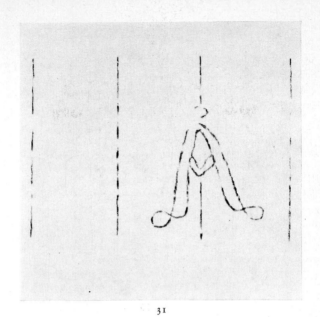

31

32

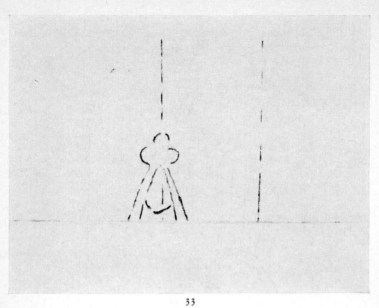

33

34

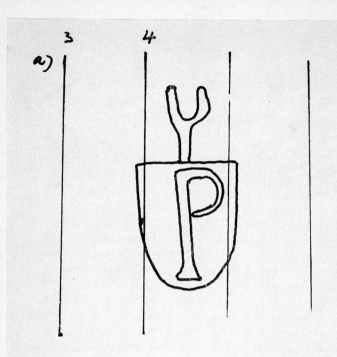

36

Mh. den 4. July 1707.

Edle, Ehrenveste und Wohlweise
insonders Hochzuehrende Patronen
und Beförderer,

Dieselben wollen nicht ungütig aufnehmen,
daß meine Wenigkeit sich die Kühnheit nimmt, gegenwärtige zwar sehr schlechte, jedoch aus sonderbaren,
Vertrauen gemeinter Zuneigung, begleitete Zeilen an
Dieselben abgehen zu lassen. Es veranlasset mich
hiezu die durch anderweitige promotion des bisher
gewesenen Raths-Organisten (als meines eingeschätz-
ten gewissen-Freundes) vacant gewordene Organisten-
Stelle, welche, daß sie hinwiederum mit einem tüchtigen
subjecto möge bestellet werden, der Gottesdienst allerdings erfordert. Wird dannenhero E.E. Raths, als meine Hochgeschätzte hohe Patronen, meiner Wenigkeit hochgeneigt erlauben, sich um obere hohe zu vornehmst
Patrocinium, vorgemeldter Stelle, zu bewerben; auch
mich vor andern sonst vorhandenen einheimischen Competenten, wie, als einen Fremden, sich zu naturalisiren,
versatten: sintemal derjenige, was etwa in Vermittlung
eines solchen Ambts von einem dar erfordert werden,
nebst göttlicher Hülffe, geziemen zu practiciren mir getraue.
Und damit nicht durch Weitschweiffigkeit werden die Warheit handele, so diene zur gehorsamsten Nachricht, daß
ich nicht allein zu hiesigem nunmehr in das vierte Jahr
eben dergleichen Stelle Ehre tabende, sondern auch über
dieses die musicalische Composition ex professo, sowohl
theoretice als practice emsig tractire, bloß zu unserm
Absicht u. Sublevamine eines Cantoris, den ich etwa ein-
stand tabituren möchte. Damit aber E.E. Raths nicht auf

die Gedancken gerathen möge, ausgeführet werden wie
bloße Worte, so habe auch Verhelt dessen, dem H. Cantori Kei-
neccio Aliche Specimina meiner simplen Composition, und
kräßßiggerer Recommendation fallen, einhändigen laßen; bin
auch polichtig, nach emportirung dieser Bulle, demselben, zur
Beförderung der Ehre Gottes, u. Vergnügung der dasigen ansehnlichen Gemeinde, demselben möglichst u. nach kräßten zu secundiren.   Wie wir in regard dieser nicht zweiffeln will, Sie werden mit dero hohen, zwar unverdienten
Gunst und Gewogenheit gegen mich abzielen; als werde
auch nicht ermangeln und allergehorsamlichsten gegen Dieselben
mich obligat zu erweisen, der ich höchlich zu sehen verlange

Weimar d. 4 Julij
   1707.

                  Meines HochZiehtgeandten Hohen
                     Patronen und Beförderer

                                      en particulair

                                      gehorsambster
                                         diener

                           Johann Gottfried Walther,
                             Organist ad D. Thom:

Mein Herr,

Den unterm 13 Oct. a. p. an mich übersandten Bücher-Catalogum
habe erst am 20 unsgedachten Monath, und zwar über Jena durch
den hiesigen dahin gesandten Bothen, erhalten, solbigen auch sogleich dem
hiesigen Hof-Prediger, H. Colero, wie verlanget worden, zugesendet,
mit Vermelden, ihn unter seinem gleichen wieder bekannt zu machen.
Ohngefehr 8 Tagen drauf hat er mir solchen wiederum eingehändiget, u.
dabey wissen lassen: er werde selber wegen ein und andern Bücher
schreiben. Ob nun dieses geschehen, und mithin M[eines] H[errn] Absicht auf allhier
einiger maßen erreichet worden sey, werden Sie am besten wissen,
was die Auslösung gekostet, wird beykommendes Blat bezeugen,
oder, was der Bothe von Jena bis hieher bekommen hat. Ich muß gestehen; wenn Ihre erste Hand mir nicht groß bekannt, auch andere
die Besorgung bey mir gewesen wäre, Geld in dem Vorrathen anzutreffen, ich würde es, wegen der übermäßigen Forderung à 8 Tha-
unausgelöset gelassen haben. Dieses aber wollte nicht zu dem Ende
als ob unsgedachte Auszgabe wieder haben möchte; sondern nur M[einem] H[errn]
anzuzeigen ist. den vom H. Cammermeister Credio zu erwartenden
Thaler, (2. die 8 Groschen für das Sächsische Künstler-Exemplar, und
(3. den Thaler (oder, was heran abgehen mag) für die hiesigen Fürst.
Concerten, ohnbeschwer einzucassiren, und dann diese Samlung,
durch sichere Gelegenheit, wie die jetzige allzeitdugel ist, an mich
gütigst gelangen zu lassen. Da aus der H. Cazaller. übrigen vom
Gelde scheidet (ich bediene mich M[eines] H[errn] Worte), so will ich hierinnen
großmühtig seyn, und, nach so langer Zeit, an statt der Thaler,
mit denen so oft gebothenen 16 Groschen für lieb nehmen, damit
die Sache nur gehoben und endlich außgemacht werde. die Fürst.
Concerten mögen auch hingegeben werden, was sie gelten wollen,

39

oder gar zurücke remittiret werden. Ich verstehe, Ihnen mit dergleichen Comißionen ferner nicht beschwerlich zu seyn; als wäre den,
daß der Hof-Kupfferstecher zu Dreßden die ihm p. tertium aufgetragen
8 variationes über: Allein Gott in der Höh: acceptirte, u. wie einige
exempl. davon, zur Probe, liefert, die sodann, durch güte Freunde
an Mann zu bringen, bedacht seyn müßte. E. Krügnern zu Leipzig sei-
ned sie vom E. Cagelein Laßen gezeiget u. recomendiret worden; er
hat sich aber entschuldiget damit; weil er die Kauffmänische Sachen in
Verlag genommen, könn er diese nicht, in der verlangten Zeit, sondern
die Kosten liessen auf zu hoch. Meine Absicht gehet dahin, dem hiesigen
Magistrate damit aufzuwarten, wenn unsere Kirche fertig wird, welche
gegen Michaelis geschehen müßte; und dieses um so viel mehr,
als der hiesige Hof-Organist, Hr. Vogler, der zu Hannover an der S.
Jacobi u. Georgen: Kirche zum Organisten im August: Monat a. c. an-
genommen worden, seine dimißion nicht erlangen können, sondern das
Vice-Bürgermeister: Amt allhier davon getragen hat. Es gehe nun fort
oder nicht, ist bin zu beyden parat, und Gehalte, Lebsten Falle, wie
es kwarre! Mein älterer Sohn ist noch in Jena, und der jüngere wird nach Ostern, g. g. sich auch dahin begeben, an dessen Equipage, wenn 2 Clavichordia u. i. Padala, hitzo arbeiten laße, wofür
18 rl. zahlen soll. Er will auf das Studium Juridicum ergreiffen,
und das Clavier anbey ferner excoliren; zur Composition aber hat
er kein Gedück, u. kan er eher 10 u. mehr inventiones ex tempore
herstellen, als wie Jena davon auffs Papier bringen, u. wenn dieses zu
Stande, so sind die andern inzwischen wiederum autwischt. Von der E.
Theilund künst. Tabel übersende hiermit so viel, als selber abschreiben
können, zu einem Zeugniß meiner sonderbaren Ergebenheit, womit
alstets seyn u. verharren gedenke
                                   Meines Herrn

Weimar den 26 Januarii,   aufrichtiger Diener
           1736.   J. G. Walther

PERSONENVERZEICHNIS

Zur Entlastung der Kommentare werden biographische Daten nach Möglichkeit in das Personenverzeichnis verwiesen. Der Umfang des hier Mitgeteilten richtet sich danach, ob Daten aus den Quellen ermittelt bzw. erstmalig zusammengestellt werden mußten oder aber einschlägige Artikel in leicht erreichbaren Nachschlagewerken vorliegen.

Für die Angaben zur Person werden folgende Sonderabkürzungen verwendet:

geb.	= geboren	
get.	= getauft	
verm.	= vermählt	
gest.	= gestorben	
begr.	= begraben	
Adv.	= Advokat	
Bacc.	= Baccalaureus	
BR	= Bürgerrecht	
Coll.	= Collega	
Dir.	= Direktor	
F	= Frühjahr	
fürstl.	= fürstlich	
geb.	= geborene	
H	= Herbst	
HK	= Hofkapelle	
J.	= Jahre alt	
K	= Kirche ⎫	in Zusammensetzungen
Ka	= Kammer ⎭	
kgl.	= königlich	
KonRt.	= Konrektor	
KonzM.	= Konzertmeister	
Kpm.	= Kapellmeister	
Kt.	= Kantor	

Mag.	= Magister	
MD	= Musikdirektor	
Mth	= Musiktheoretiker	
Mus.	= Musikus, Musiker	
nw.	= nachweisbar	
Org.	= Organist	
Reg.	= Regent	
Rt.	= Rektor	
Sekr.	= Sekretär	
Th	= Alumne der Thomasschule Leipzig	
U	= Universität	

UA		Altdorf
UE		Erfurt
UF		Frankfurt a. d. Oder
UG		Göttingen
UH	Immatri-	Halle/Saale
UHe	kulation	Helmstedt
UJ	an der	Jena
UK	Universität	Kiel
UL		Leipzig
UR		Rostock
UWi		Wittenberg
UWü		Würzburg

Viol.	= Violinist
Vlg.	= Verlag, Verleger

Für die Literatur- und Quellenhinweise werden folgende Sonderabkürzungen verwendet (vgl. hierzu das Literaturverzeichnis, S. 268 ff.)

A	= Aktenmaterial, Archivunterlagen, -mitteilungen
ADB	= Allgemeine Deutsche Biographie
D	= Dok I–III
EPf	= Ehren-Pforte
Go	= Goldmann
Jö, JöE	= Jöcher + Ergänzungsbände
KB	= Kirchenbucheintragung
L	= spezielle Literatur, an geeigneter Stelle im Kommentarteil angeführt
LP	= gedruckte Leichenpredigt

M, MS = MGG + Supplement
NDB = Neue Deutsche Biographie
R, RE = Riemann-Lexikon + Ergänzungsbände
Vo = Vollhardt
WL = Walther, Lexikon
Z = Zedler

Aaron (Aron) Pietro (geb. um 1489, gest. 1545 Venedig oder Florenz, Mth –
M, MS, R, RE, WL) 116, 119, 120

Adamus Dorensis (um 1200, Zisterzienserabt England, Mth – WL) 135

Adlung, Jacob (geb. 14. 1. 1699 Bindersleben b. Erfurt, gest. 5. 7. 1762 Erfurt,
UE 16. 5. 1718, UJ 22. 4. 1722, Mag. 28. 11. 1726, 1728 Org. PredigerK
Erfurt – M, R) 7, 84, 169

– Rudolph Ernst (get. 21. 12. 1663 Erfurt, begr. 20. 12. 1699 Erfurt, Rats-
gymn. Erfurt F 1678 bis F 1686, UE 1687, Kt. ReglerK bis 1688, 1688–89
MichaelisK, ab 1689 KaufmannsK, verm. 16. 10. 1686 Erfurt Catharina
Schelle, diese verm. 2. 2. 1706 Erfurt Johann Christoph Bach [1685–1740],
RatsMus. Erfurt – Go, KB) 66, 67, 83, 218, 222

Aertssen, Hendrik (Antwerpen, Vlg., nw. 1691) 254

Agricola, Johann Friedrich (geb. 4. 1. 1720 Dobitschen b. Altenburg, gest.
2. 12. 1774 Berlin, UL 28. 5. 1738 bis 1741, 1751 Hofkomp. Berlin, 1759
Leiter kgl. HK – M, R) 85, 182

Ahle, Johann Georg (get. 12. 6. 1651 Mühlhausen, begr. 5. 12. 1706 Mühlhausen, 1673 Org. Divi Blasii – M, R, WL, EPf) 70, 219, 222

Alberti, Johann Friedrich (geb. 11. 1. 1642 Tönning/Schleswig, gest. 14., begr.
17. 6. 1710 Merseburg, Hof- und KaOrg. Merseburg, seit etwa 1698 dienstunfähig – M, EPf, WL) 94, 111

Albinoni, Tommaso (geb. 14. 6. 1671 Venedig, gest. 17. 1. 1751 Venedig – M,
R, RE, WL) 28, 252, 253

Albrici, Vincenzo (geb. 26. 6. 1631 Rom, gest. 8. 8. 1696 Prag – M, R, RE,
WL) 252, 254

Allegri, Lorenzo (geb. um 1573, gest. 16. 7. 1648 Florenz – M, R, RE, WL)
252, 253

Alt, Philipp Samuel (get. 18. 1. 1689 Weimar, begr. 27. 6. 1765 Weimar, UE
17. 8. 1708, UJ 29. 3. 1709, 1714 Bassist HK Weimar, 1727 HofAdv., 1721
Org. JakobsK – D) 257

Ambrosius, Aurelius (geb. wahrscheinlich 339 Trier, gest. 4. 4. 397 Mailand,
374 Bischof von Mailand – M, R, RE, WL) 101

d'Anglebert, Jean Henri (geb. 1628, gest. 23. 4. 1691 Paris, 1664 Hofclaveci-
nist Paris – M, R, RE, WL) 62, 64

Anna Iwanowna (geb. 25.1.1693 Moskau, gest. 28.10.1740, Zarin, Reg. 1730) 145, 149

Apiarius, Mathias (Straßburg, Vlg. nw. 1535) 119

Artusi, Giovanni Maria (geb. um 1540 Bologna, gest. 18. 8. 1613 Bologna, Mth – M, MS, R, RE, WL) 102

August Wilhelm, Herzog von Braunschweig und Lüneburg (geb. 8. 3. 1662, gest. 23. 3. 1731) 145, 150

Bach, Familie 218, 222

– Carl Philipp Emanuel (geb. 8. 3., get. 10. 3. 1714 Weimar, gest. 14. 12. 1788 Hamburg, Th[Externer] 14. 6. 1723, UL 1. 10. 1731, UF 9. 9. 1734, 1740 KaMus. HK Berlin, 3. 11. 1767 Kt. und MD Hamburg – M, R, D) 196

– Johann Bernhard d. Ä. (get. 25. 11. 1676 Erfurt, gest. 11. 6. 1749 Eisenach, Ratsgymn. Erfurt H 1690 bis F 1696, 1695 Org. KaufmannsK Erfurt, 1699 KatharinenK Magdeburg, 1703 Georgenk Eisenach – D, L) 66, 83, 218

– Johann Christoph (geb. 16. 6. 1671 Erfurt, gest. 22. 2. 1721 Ohrdruf, 1688 Org. ThomasK Erfurt, dann Substitut Arnstadt, 1690 Org. MichaelisK Ohrdruf, ab 1700 auch im Schuldienst – D, L) 24

– Johann Egidius (Egydius, Ägidius, get. 11.2.1645 Erfurt, begr. 22.11.1716 Erfurt, 1671 Ältester, 1682 Dir. Ratsmusik Erfurt, Org. MichaelisK – D) 66, 83

– Johann Sebastian (geb. 21. 3. 1685 Eisenach, gest. 28. 7. 1750 Leipzig) 7, 11, 24, 62, 63, 64, 84, 85, 113, 166, 169, 178, 180, 181, 182, 186, 189, 192, 193, 195, 211, 212, 214, 222, 259

– Wilhelm Friedemann (geb. 22. 11., get. 24. 11. 1710 Weimar, gest. 1. 7. 1784 Berlin, Th[Externer] 14. 6. 1723, UL 5. 3. 1729, 23. 6. 1733 Org. SophienK Dresden, 16. 4. 1746 bis 12. 5. 1764 Org. LiebfrauenK Halle, bis 1770 nw. Halle, 1771–1773 Braunschweig, ab 1774 Berlin – D) 226

Ballard, Christophe (geb. 12. 4. 1641 Paris, gest. vor dem 28. 5. 1715 Paris, Vlg. – M, R, RE) 131

Ban (Bannus, Bannius), Johann Albertus (geb. um 1597/98 Haarlem, gest. 27. 7. 1644 Haarlem, Mth – MS, WL) 102

Baryphonus (Pypgrob), Heinrich (geb. 17. 9. 1581 Wernigerode, gest. 3. 1. 1655 Quedlinburg, UHe 20. 4. 1603, 1606 StadtKt. Quedlinburg, Mth – M, R, RE, WL) 219, 222

Bassani, Giovanni Battista (geb. um 1647 Padua, gest. 1. 10. 1716 Bergamo, 1667 Org., später Kpm. und Org. Ferrara – M, R, RE, WL) 252, 253, 254

Battistini, Giacomo (geb. um 1665, gest. 5. 2. 1719 Novara, 1694 Kpm. Dom, 1706 Kpm. Basilika S. Gaudenzio von Novara – MS, WL) 252, 253

Bayle, Pierre (geb. 18. 11. 1647 Carlat, gest. 28.12.1706 Rotterdam) 147, 150

Beer, Johann (geb. 28. 2. 1655 St. Georgen/Oberösterreich, gest. 6. 8. 1700

Weißenfels, KaMus., KonzM. HK Weißenfels, Bibliothekar – M, R, RE, WL) 122, 130

Behncke (nw. 2. 7. 1737, vielleicht identisch mit Heinrich Werner Behncke aus Lüneburg, UG 23. 7. 1737, UK 3. 11. 1744) 205, 208

Benckendorff, Adam Christoph Sigmund von (geb. 26. 12. 1684, gest. 9. 11. 1745 Schlottenhof, UJ 10. 4. 1704, KaJunker und Hofmeister Weimar, verm. 23. 7. 1714 Weimar, 1716 Geheimer Legationsrat Bayreuth, später Konsistorialpräsident und Amtshauptmann Bayreuth – L) 71

Bendeler, Johann Jacob (geb. 18. 12. 1646 in Schwaben, gest. 21., begr. 23. 6. 1720 Wolfenbüttel, Ratsgymn. Erfurt nw. 1673, Juli 1687 Kt. Westerhausen b. Quedlinburg, 1687 StadtKt. Blankenburg/H., 3. 12. 1689 Kt. und Coll.III Große Fürstl. Lateinschule Wolfenbüttel, 1717 dienstunfähig – Go, WL, L) 82 f.

Beneke, Rudolph (Hamburg, Vlg., nw. 1740) 232

Berardi, s. Bernardi, Steffano

Bernardi, Bartolomeo (geb. in Bologna?, begr. 23. 5. 1732 Kopenhagen, 1711 kgl. MD Kopenhagen – MS, R, RE, WL) 34, 55, 62, 63, 82, 140

– Steffano (geb. um 1575 Verona, gest. 1637? Salzburg? – 1611–22 DomKpm. Verona, ab 1627 DomKpm. Salzburg – M, R, RE, WL) 102

Bertali, Antonio (geb. 11. 3. 1605 Verona, gest. 1. 4. 1669 Wien, HofMus. Wien, ab 1. 10. 1649 HofKpm. – M, R, RE, WL) 92

Binder, Johann Ludwig (aus Weimar, begr. 21. 6. 1744 Weimar, Strumpfverleger Weimar, BR 7. 4. 1700, 10. 9. 1723 Ratswachtmeister – KB, A) 121

Birckenstock, Johann Adam (geb. 19. 2. 1687 Alsfeld a. Schwalm, gest. 26. 2. 1733 Eisenach, 1709 HofMus., 1721 PremierViol., 25. 12. 1725 KonzM. HK Kassel, 25. 11. 1730 KonzM. und MD HK Eisenach – WL, L) 107?, 113

Birnbaum, Johann Abraham (get. 30. 9. 1702 Leipzig, gest. 8. 8. 1748 Leipzig, 20. 2. 1721 Mag., 15. 10. 1721 Dozent für Rhetorik ULeipzig – D) 211, 212

Blochberger, Johann Michael (aus Friedebach b. Rudolstadt, gest. Nov. 1756 Leipzig, Buchhändler Leipzig, BR 18. 5. 1731 – A) 199, 203

Bodenehr, Moritz (geb. 1665 Augsburg, begr. 9. 3. 1749 Dresden, kurf.-sächs. Hofkupferstecher Dresden – L) 192, 193, 195, 196, 197

Böhm, Georg (geb. 2. 9. 1661 Hohenkirchen b. Ohrdruf, gest. 18. 5. 1733 Lüneburg, UJ 28. 8. 1684, 1698 Org. JohannisK Lüneburg – M, R, RE, WL) 115

Böhme, Johann Christian (geb. um 1693 Dresden, gest. 20. 8. 1726 Dresden, 1717 HofOrg. Dresden – Vo) 96, 111

Bölsche, Jacob (aus Müden a. d. Örtze, begr. 28. 4. 1684 Braunschweig, Org. Hoya, Burgdorf, 1669–1684 Braunschweig, UdalriciK, dann BlasiusK – WL, KB) 34, 59, 104, 132, 137, 138, 148

Boivin, s. Boyvin

Bokemeyer, Anna Dorothea Elisabetha, s. Schultze
– Anna Sophia Abigail, geb. Trauseld (aus Braunschweig, gest. 6. 12. 1751
   Wolfenbüttel, verm. 20. 5. 1704 Braunschweig Heinrich Bokemeyer – KB)
– Heinrich (geb. März 1679 Immensen Kr. Burgdorf, gest. 7. 11. 1751 Wolfen-
   büttel, UHe 3. 3. 1702, 2. 4. 1704 Kt. MartinsK Braunschweig, 1712 Kt.
   Husum, 1717 Adjunkt, 1720 Kt. Wolfenbüttel – M, R, RE, WL, KB) 7 ff.,
   19 ff., 29 ff., 82 f.
– Christiane Sophie Elisabeth, s. Winter
Bononcini, Giovanni Maria (get. 23. 9. 1642 Montecorone b. Modena, gest.
   19. 10. 1678 Modena, 1674 DomKpm. Modena – M, R, RE, WL) 140, 149
Bontempi, Giovanni Andrea (geb. um 1624, gest. 1. 6. 1705 Brufa Torgiana
   b. Perugia, Sänger [Kastrat], Kpm. Dresden, 1680 Perugia – M, R, RE,
   WL) 102, 116, 119, 120, 140
Boyvin (Boivin), Jacques (geb. um 1653 Paris?, gest. 30. 6. 1706 Rouen, 1674
   Org. Notre Dame Rouen – M, R, RE, WL) 28, 29
Brauns Erben (Leipzig, Vlg., nw. 1736, 1739) 199, 226
Breuning (Bräuning, vielleicht gemeint N. C. Breuning, dieser vielleicht iden-
   tisch mit Nicolaus Conrad Brüning aus Lübeck, UK 15. 5. 1682, UF 11. 5.
   1685) 104, 113
Brossard, Sébastien de (get. 12. 9. 1655 Dompierre/Orne, gest. 10. 8. 1730
   Meaux, 1689 Kpm. Münster Straßburg, 1698–1730 grand chapelain und bis
   1709 MD Kathedrale Meaux – M, R, RE, WL) 147, 151, 203
Brückmann, Franciscus Ernst (geb. 27. 9. 1697 Marienthal b. Helmstedt, gest.
   21. 3. 1753 Wolfenbüttel, UHe 28. 4. 1716, UJ 9. 5. 1716, 1721 Helmstedt
   Dr., Arzt und Naturforscher in Braunschweig, ab 1728 in Wolfenbüttel –
   Z, JöE, KB) 80, 211 f., 213, 248, 250, 251, 253
Bruhns, Nicolaus (geb. Dezember 1665 Schwabstedt/Schleswig, gest. 29. 3.
   1697 Husum, 30. 3. 1689 DomOrg. Husum – M, R, RE, WL) 59, 132
Brunner, Johann Sebastian (geb. 8. 10. 1706 Weichtungen b. Bad Kissingen,
   begr. 12. 10. 1777 Weimar, UWü 5. 12. 1724, Mönch im Kloster Langheim
   b. Lichtenfels, Pastor in Zeil, 1736 nach Konversion Kt. und Coll. Ilmenau,
   1745 Kt. StadtK und Coll.IV am Fürstl. Gymnasium Weimar – KB, A)
   252, 254
Büchner, Andreas Elias (geb. 9. 4. 1701 Erfurt, gest. 30. 7. 1769 Halle/S., UE
   31. 1. 1710, UH 9. 4. 1720, 1722 Dr. med. Erfurt, 1737 ord. Prof. der Me-
   dizin Erfurt, Mitglied mehrerer Akademien – Go, ADB, L) 212, 213
Bümler, Georg Heinrich (geb. 10. 10. 1669 Berneck, gest. 26. 8. 1745 Ansbach,
   1717 markgräfl. Kpm. Ansbach, 1738 Gründungsmitglied der Societät der
   musikalischen Wissenschaften – M, R, WL) 176, 178, 180, 201, 204
Büttner, Erhard (get. 19. 7. 1592 Römhild, gest. 19. 1. 1625 Coburg, Mth –
   MS, WL) 102

Burmeister, Joachim (geb. 1564, gest. 5. 5. 1629 Rostock, Kt. Rostock, Mth –
M, R, RE, WL) 102
Buttstedt, Johann Heinrich (geb. 25. 4. 1666 Bindersleben b. Erfurt, gest.
1. 12. 1727 Erfurt, 1691 Org. PredigerK Erfurt – M, R, WL) 66, 67 ff., 83,
115, 134, 146, 150, 173, 174, 183
– Johann Lorenz (Laurentius) (get. 22. 6. 1688 Erfurt, gest. 26. 12. 1747 Er-
furt, Ratsgymn. Erfurt H 1704 bis H 1706, UE 23. 12. 1721, verm. 24. 7.
1726 Erfurt, Mediziner – Go, KB) 69, 83, 173, 174, 183, 185
– Samuel Wilhelm (get. 6. 10. 1733 Erfurt – KB) 174
Buxtehude, Dietrich (geb. 1637 Oldesloe?, gest. 9. 5. 1707 Lübeck, 1668 Org.
MarienK Lübeck – M, R, RE, WL) 62, 63, 64, 70, 214 f., 216, 219

Campion, François (geb. um 1686 Rouen, gest. um 1748 Paris, Theorbist
Grande Opéra Paris, Mth – M, R, RE, WL) 123, 130
Charlotta Dorothea Sophia, Herzogin von Sachsen-Weimar, geb. Prinzessin
von Hessen-Homburg (geb. 1672, gest. 29. 8. 1738 Weimar, verm. 4. 11. 1694
Kassel mit Johann Ernst von Sachsen-Weimar) 168, 188, 191, 206, 208
Chelleri, Fortunato geb. Mai/Juni 1690 Parma, gest. 11. 12. 1757 Kassel, 1725
HofKpm. Kassel, 1732 Stockholm, 1734 wieder Kassel – M, R, RE, WL)
194, 196
Cherici, Don Sebastiano (geb. 1647 Pistoia, gest. 1704 Pistoia, 1672 DomKpm.
Ferrara, 1698 DomKpm. Pistoia – M, R, RE, WL) 252, 253
Ciaja, s. Della Ciaja
Coberg, Johann Anton (geb. 1650 Rotenburg a. d. Fulda, gest. 1708 Berlin,
HofOrg. Hannover – WL, EPf) 55
Colerus (Köhler), Johann Christoph (geb. 17. 9. 1691 Altengottern b. Mühl-
hausen, gest. 7. 3., begr. 9. 3. 1736 Weimar, 27. 1. 1724 Subkonrektor Gym-
nasium Weimar, 9. 9. 1725 Pastor JakobsK, 1731 Hofprediger – L, KB)
167, 191
Conradi, Johann Georg (gest. 22. 5. 1699 Oettingen, 1. 1. 1683 HofKpm. Ans-
bach, 1687 Kpm. Römhild, später Kpm. Opernhaus Hamburg, nw. 1690 und
1695, zuletzt fürstl. Kpm. Oettingen – MS, R, WL) 55, 115
Corelli, Arcangelo (geb. 17. 2. 1653 Fusignano b. Ravenna, gest. 8. 1. 1713
Rom – M, R, RE, WL) 108, 113
Cramer, Peter (Flensburg, nw. 1715) 170
Credius, Johann Christian (geb. 8. 8. 1681 Dardesheim b. Halberstadt, gest.
nach dem 28. 8. 1756, UHe 29. 1. 1706, 1710 KonzM., 1722 Kpm. HK
Braunschweig und Lüneburg-Blankenburg – WL, A) 56, 58, 146, 150, 167 f.,
169, 180, 181, 183 f., 185, 187, 190, 192, 193
Croix du Maine, s. La Croix du Maine
Crone, Christian Ludwig (geb. Krautheim b. Weimar, begr. 16. 9. 1726 Wei-

mar, 1702–06 Kapellknabe Rudolstadt, UE 23. 4. 1703, 1707–09 Mitwir-
kender im Collegium musicum Leipzig, Viol. Wolfenbüttel, 16. 3. 1718 Premierviol. HK Weimar, 1721 auch Sekr. – L, KB, A) 172, 174

Crusius, Johann (gest. vor 1605, etwa 1570–1591 Kt. und Collaborator Lateinschule Schwäbisch Hall – RE, MS, WL) 102

Daubenrock (Daubenröck, „Tauberakt"), Georg (geb. wahrscheinlich in Krautheim b. Weimar, 1609 nw. in Eferding b. Linz a. d. Donau, 1609 SchulKt.
Steyr, nw. noch 1617/18 – WL, L) 102

Deer, Wolfgang (aus Obercrinitz b. Zwickau, gest. 3. 12. 1753 Leipzig, 64 J.,
1716 Akziseeinnehmer Leipzig, 1725 auch Buchhändler und Vlg., BR 22. 3.
1725, verm. 2. 9. 1720 Leipzig – KB, A) 60, 61, 88, 98, 99, 112, 116, 119,
120, 122, 132, 137, 140, 149, 155, 157, 159, 175, 217, 224, 226, 261

Della Ciaja, Azzolino Bernardino (geb. 21. 3. 1671 Siena, gest. 15. 1. 1755
Pisa, Ordensgeistlicher, Musikliebhaber – M, MS, R, RE, WL) 252, 253

Drese, Adam (geb. Dezember 1620, in Nebra?, gest. 15. 2. 1701 Arnstadt,
1652–1667 HofKpm. Weimar, dann Jena, 1683 Kpm. und KaSekr. Arnstadt – M, R, WL, NDB) 111

– Johann Samuel (gest. 1. 12. 1716 Weimar, 72 J., HofOrg. Jena, 1683 Hof-
Kpm. Weimar – WL, D) 96, 111

– Johann Wilhelm (get. 8. 7. 1677 Jena, begr. 25. 6. 1745 Erfurt, UJ 4. 5. 1698,
1704 VizeKpm. HK Weimar, 1717 Kpm. – D) 96, 111, 259

Dreßler, Anna Maria, s. Walther

– Johann (Branchewinda b. Arnstadt, Schneidermeister, nw. 1688) 150

– Johann Ludwig (aus Branchewinda b. Arnstadt, Org. ThomasK Erfurt, nw.
noch 1712, verm. 25. 8. 1709 Erfurt – KB) 150, 183, 185, 221, 223

Druckenmüller, Johann Dietrich (gest. Dezember 1696, 28. 3. 1688 Org. Lud-
geriK Norden/Ostfriesland – WL, L) 34, 55

Ebart, Samuel (aus Wettin, gest. 9. 7. 1684 Halle, 29 J., 23. 1. 1677 Org. LiebfrauenK Halle – WL, L) 55

Eder, Wilhelm (Ingolstadt, Drucker, nw. 1631) 83

Ehrbach, Johann Andreas (gest. 1736? Weimar, 80 J., Violonist HK Weimar,
nw. 1702–1716/17, Brunneninspektor, Kunstkämmerer – WL, D, L, A) 124,
131, 143, 208, 212, 213

Ehrmann, Johann Samuel (get. 14. 5. 1696 Wiesenbronn, gest. 10. 5. 1749 Gundelsheim, 1725 Stadt- und StiftsKt. Ansbach, 1744 Pfr. Gundelsheim – D)
176, 178, 180, 201, 204

Elzevir, Ludwig (Amsterdam, Vlg., nw. 1652) 208

Endter, Wolfgang Moritz (geb. 1653, gest. 1723, Vlg. – MS) 111

Englert, Anton (geb. 4. 11. 1674 Schweinfurt, begr. 22. 11. 1751 Schweinfurt,

1697 Kt. Schweinfurt, 1717 KonRt., 1729 Rt. Gymnasium – M, MS, R, RE) 115, 194, 196

Erlebach, Philipp Heinrich (get. 25. 7. 1657 Esens/Ostfriesland, gest. 17. 4. 1714 Rudolstadt, 1681 Kpm. HK Rudolstadt – M, MS, R, RE, WL) 80, 86, 90, 91, 115

Ernst Adolph Felix, Prinz von Sachsen-Weimar (geb. 23. 1. 1741 Weimar, gest. 23. 1. 1743 – Z) 237, 239

Ernst August, Herzog von Sachsen-Weimar (geb. 19. 4. 1688 Weimar, gest. 19. 1. 1748 Eisenach, 1709 MitReg., 1728 Reg. – D) 21, 63, 64, 70, 71, 72, 84, 85, 86, 90, 100, 111, 112, 159, 161, 167, 168, 169, 190, 206, 208, 237, 238, 247, 250, 254, 255 f.

Faber, Basilius (geb. um 1520 Schlesien [Sorau?], gest. 1575/76 Erfurt, 1560 bis 1570 Rt. Quedlinburg, ab 1571 am Ratsgymn. Erfurt tätig – Z, ADB) 176, 178

Falckenstein, Johann Heinrich von (geb. 6. 10. 1682 Schlesien?, gest. 3. 2. 1760 Schwabach, 1730 Hofrat des Markgrafen von Ansbach, als solcher 1738/39 Resident in Erfurt – JöE, ADB) 241, 242

Felginer, Witwe (Hamburg, Vlg., nw. 1732) 170

Ferdinand Albrecht, Herzog von Braunschweig-Wolfenbüttel (geb. 29. 5. 1680, gest. 3. 9. 1735 Salzdahlum, reg. ab 1. 3. 1735) 190

Fiocco, Pietro Antonio (geb. um 1650 Venedig, gest. 3. 9. 1714 Brüssel, 1703 HofKpm. Brüssel – M, R, RE, WL) 252, 254

Fletcher, J. D. (London, Vlg., nw. 1714) 131

Fludd, Robert (geb. 1574 bei Bearstedt/Kent, gest. 8. 9. 1637 London, Arzt, Naturphilosoph – RE, WL) 68, 84

Föckler, Justinus Heinrich (aus Oberroßla b. Apolda, UJ 27. 10. 1700, Fürstl. Rat und Pagenhofmeister Weimar, 1728 Aufseher der Fürstl. Bibliothek. nw. noch 1739 – L, A) 86, 124, 131

Förtsch, Johann Philipp (get. 14. 5. 1652 Wertheim a. M., gest. 14. 12. 1732 Eutin, 1680–89 HofKpm. Gottorf – M, R, RE, WL) 140, 149, 171, 173

Forkel, Johann Nikolaus (geb. 22. 2. 1749 Meeder b. Coburg, gest. 20. 3. 1818 Göttingen, UG 17. 4. 1769, 1770 UniversitätsOrg. Göttingen, 1779 akad. KonzM. und UniversitätsMD – M, R) 8, 9, 189

Franc, Johann, Erben (Magdeburg, Vlg., nw. 1630) 222

Franck, Johann Wolfgang (get. 17. 6. 1644 Unterschwaningen/Mittelfr., gest. nach 1695, 1666 HofMus. Ansbach, Opernkomponist, nw. 1679–86 Hamburg, 1690 bis Anfang 1696 London – RE, WL) 55

Frederick IV., König von Dänemark (geb. 11. 10. 1671 Schloß Kopenhagen, gest. 12. 10. 1730 Schloß Odense, Reg. 1699) 82

Fredersdorf, Michael Gabriel (geb. Sommer 1708 Garz a. d. Oder, gest. 12. 1.

1758 Potsdam, Flötist, Geheimer Kämmerer Friedrichs II. von Preußen)
237, 238, 242

Freitag, Friedrich Gotthilf (geb. 18. 11. 1687 Burkersdorf/Erzgeb., gest. 9. 7.
1761, 1732 Rt. Pforta – L) 200, 203

Friedrich II., König von Preußen (geb. 24. 1. 1712 Berlin, gest. 17. 8. 1786
Potsdam, Reg. 1740) 237, 238, 242

Friedrich II., Herzog von Sachsen-Gotha (geb. 28. 7. alten = 8. 8. neuen Stils
1676 Gotha, gest. 23. 3. 1732 Gotha) 139, 149

Friedrich III., Herzog von Sachsen-Gotha und Altenburg (geb. 14. 4. 1699,
gest. 10. 3. 1772) 256 f.

Friedrich August II., Kurfürst von Sachsen (als August III. König von Polen,
geb. 7. 10. 1696 Dresden, gest. 5. 10. 1763 Dresden) 195, 197

Frosch, Johannes (geb. um 1480, Bamberg?, gest. August 1533 Nürnberg,
Geistlicher Augsburg, Nürnberg – M, R, RE, WL, NDB) 116, 119, 120,
185, 189

Fürstenberg, Joseph Wilhelm Ernst Fürst zu (geb. 13. 4. 1699 Augsburg, gest.
29. 4. 1762 Wien, Reg. 15. 2. 1723, 1735–40 Prinzipalkommissar bei der
Reichsversammlung in Regensburg, 1743 Obersthofmeister – L) 237, 238

Fuhrmann, Martin Heinrich (get. 29. 12. 1669 Templin/Uckermark, begr. 25. 6.
1745 Berlin, 1704–42 Kt. Friedrichswerdersches Gymnasium Berlin – M, R,
WL, NDB) 63, 64, 90, 91, 108, 113, 130, 170

Funcke (Erfurt, nw. 1733) 172

– (Funccius), Friedrich (get. 27. 3. 1642 Nossen, gest. 20. 10. 1699 Römstedt
b. Uelzen, 1664 Kt. JohannisK Lüneburg, 1694 Pfr. Römstedt – M, RE,
WL) 102

Fux, Johann Joseph (geb. 1660 Hirtenfeld/Steiermark, gest. 13. 2. 1741 Wien,
1715 1. HofKpm. Wien – M, R, RE, WL) 154, 156, 225, 228

G., M. Z. (nw. 1735) 186, 190

Gasparini, Francesco (geb. 5. 3. 1668 Camajore b. Lucca, gest. 22. 3. 1727
Rom, 1700–13 Musiklehrer Ospedale della Pietà Venedig, 1717 Kpm. S.
Lorenzo in Lucina Rom, 1725 Kpm. Lateran – M, R, RE, WL) 180, 181 f.

Gast, Mathias (Salamanca, Vlg., nw. 1577) 119

Gehra, August Heinrich (geb. 6. 8., get. 8. 8. 1710 Wümbach/Thür., gest. 20. 9.
1785 Gera, Gräfl. KaMus. und Org. HauptK Gera, verm. 17. 10. 1741 Gera-
Untermhaus Johanna Eleonora Walther – KB) 250

– Christian August (geb. 7. 9. 1743 Gera – KB) 248, 250

– Christiana Maria (geb. 1. 6. 1745 Gera – KB) 253, 254

– Johann August (geb. 20. 9. 1742 Gera, begr. 15. 10. 1742 Gera – KB) 248,
250

- Johanna Eleonora, geb. Walther (geb. 7. 8., get. 8. 8. 1719 Weimar, gest. 13. 4. 1770 Gera – KB) 71, 84, 221, 248, 250, 253

Gerber, Ernst Ludwig (geb. 29. 9. 1746 Sondershausen, gest. 30. 6. 1819 Sondershausen, UL 22. 4. 1766, 1775 HofOrg. und -Sekr. Sondershausen – M, R) 54, 196, 226, 231, 246

Gerhardt, Paul (geb. 12. 3. 1607 Gräfenhainichen, gest. 27. 5. 1676 Lübben – M, R) 137

Gerlach, s. Kayser, Keiser 153, 154, 155, 157, 159

Gesner, Elisabeth Charitas, geb. Eberhardt (geb. 20. 10. 1695 Geraberg, gest. 25. 1. 1761 Göttingen, verm. 12. 10. 1718 Geraberg Johann Matthias Gesner – D) 86

- Johann Matthias (geb. 9. 4. 1691 Roth b. Nürnberg, gest. 3. 3. 1761 Göttingen, 13. 3. 1715 KonRt. Gymnasium Weimar, 1729 Rt. Gymnasium Ansbach, 1730 Rt. Thomasschule Leipzig, 1734 Prof. U Göttingen – D) 73, 75, 85 f., 138, 148

Ghilini, Girolamo (geb. 19. 5. 1589 Monza, gest. 1668, Kanonikus an der CollegialK St. Ambrosii Mailand – Jö) 116, 119

Gibel(ius), Otto (geb. 1612 Burg? a. Fehmarn, gest. 20. 10. 1682 Minden, Kt. Minden – M, R, RE, WL) 102

Glareanus (Pseud. für Heinrich Loriti) (geb. Juni 1488 Mollis/Kanton Glarus, gest. 28. 3. 1565 Freiburg i. Br., Mth – M, R, RE, WL) 102

Gleditsch, Johann Friedrich (geb. 15. 8. 1653 Eschdorf b. Pirna, gest. 26. 3. 1716 Leipzig, Leipzig, Vlg. – NDB) 112

Gleichmann, (Johann) Georg (geb. 22. 12. 1685 Stelzen b. Eisfeld, gest. 1756, 1706 Org. Schalkau, 1717 Org. und Schulcoll. Ilmenau – WL, L) 154, 156

Gleitsmann, Paul (get. 27. 5. 1665 Weißenfels, gest. 11. 11. 1710 Arnstadt, UL 1687, um 1690 Lautenist, dann Kpm. HK Arnstadt – WL, KB) 115

Görner (Erfurt, Org. ThomasK, nw. bis 1702) 23, 24

Graf (Graff), Johann Christoph (get. 26. 10. 1669 Erfurt, gest. Anfang 1709 Magdeburg, Ratsgymnas. Erfurt F 1683 bis F 1690, UE 19. 5. 1690, Org. Erfurt ThomasK, ReglerK, KaufmannsK, Org. JohannisK Magdeburg, nw. spätestens seit 25. 7. 1695 – WL, Go, L) 24, 219, 222

Graun, Carl Heinrich (geb. 1704? Wahrenbrück, gest. 8. 8. 1759 Berlin, 28. 4. 1714 Kreuzschule Dresden, UL 1718, 1725 Opernsänger Wolfenbüttel und Braunschweig, 1727 VizeKpm., 1735 Rheinsberg, 1740 HofKpm. Berlin – M, R, RE) 104, 113, 116, 119

- Johann Gottlieb (geb. 1703? Wahrenbrück, gest. 27. 10. 1771 Berlin, 15. 5. 1713 Kreuzschule Dresden, UL 1718, 1726 KonzM. Merseburg, 1728? Kapelldirektor Arolsen, 1732 Rheinsberg, 1740 KonzM. HK Berlin – M, R, RE, WL) 103, 113, 116, 119

Graupner, Christoph (geb. 13. 1. 1683 Kirchberg/Sa., gest. 10. 5. 1760 Darmstadt, 1709 VizeKpm., 1712 Kpm. HK Darmstadt – M, R, RE) 154, 156

Grimm, Heinrich (geb. 1593 Holzminden, gest. 10. 7. 1637 Braunschweig, Kt. Magdeburg, Braunschweig – M, R, RE, WL) 222

Guden, Heinrich Philipp (geb. 4. 10. 1676 Bornumhausen, gest. 27. 4. 1742 Celle – LP) 130

Händel, Georg Friedrich (geb. 23. 2. 1685 Halle, gest. 14. 4. 1759 London) 11, 185

Häuser, Ernst Gottfried, s. Heuser

Hake (Wittenberg, Drucker, nw. 1736) 199, 202

Haltmeier, Carl Johann Friedrich (geb. um 1698, gest. 7. 1. 1735, nw. 1720 Verden, 1720–26 Org. MarktK SS. Georgii et Jacobi Hannover, 1725–35 Org. Schloßkirche – L, A) 193

Hanff (geb. nach 1679 Wechmar b. Gotha, gest. Februar 1767, etwa seit 1723 Org. PetriK Riga; wahrscheinlich identisch mit Matthias Hanff geb. 21. 3. 1681, Johann Martin Hanff geb. 4. 4. 1684 oder Johann Andreas Hanff geb. 13. 7. 1686 – L, KB) 172, 173 f.

– Johann Nicolaus (geb. 1665 Wechmar, gest. Ende 1711/Anfang 1712 Schleswig, 1696–1705 nw. Org. und Kapelldirektor HK Eutin, dann Hamburg, zuletzt DomOrg. Schleswig – M, R, RE, WL) 172, 173 f.

Harrer, Gottlob (geb. 8. 3. 1703 Görlitz, gest. 9. 7. 1755 Karlsbad, 1731 Kapelldirektor Privatkapelle Graf Brühl Dresden, August 1750 Kt. Thomasschule Leipzig – M, R, D) 207, 208

– Johann(es) (geb. 28. 12., get. 29. 12. 1695 Görlitz, gest. 7. 5. 1772, UL 1714, 1724 Actuarius adjunctus b. Stadtgericht Dresden, 1753 Aktuar, 1771 emeritiert – KB, A) 207

Hasse, Faustina, geb Bordoni (geb. vor 1700? Venedig, gest. 4. 11. 1781 Venedig – M, R) 237, 238

– Johann Adolf (get. 25. 3. 1699 Bergedorf b. Hamburg, gest. 16. 12. 1783 Venedig – M, R, RE) 207, 208, 237, 238

Heinichen, Johann David (geb. 17. 4. 1683 Krößuln b. Weißenfels, gest. 16. 7. 1729 Dresden, 1717 HofKpm. Dresden – M, R, WL) 57, 58, 94, 96, 98, 111, 112, 115, 123, 131, 166, 169

Heintze, Samuel (Heinrich) (aus Zörbig, Notar und Org. Bad Lauchstedt, 28. 1. 1691 bis Ende Juli 1707 StadtOrg. Weimar, dann Aktuar und Amtsschreiber Suhl, verm. 13. 7. 1691 Merseburg Martha Regina Spieß aus Eisleben – KB, A, D) 25, 26

Henke, Johann Jakob (Braunschweig, Kt., nw. 1741) 241

Herold, Christian (gest. 28. 10. 1761 Hamburg, Vlg., BR 10. 4. 1737) 213, 217

Hertzog, Ernst Wilhelm (geb. 22. 1., get. 25. 1. 1674 Merseburg, gest. 3. 4., begr. 4. 4. 1729 Merseburg, UL 1685, Stadtrichter Merseburg – KB) 102, 113

Heumann, Christoph August (geb. 3. 8. 1681 Alstädt b. Weimar, gest. 1. 5. 1764, UJ 26. 10. 1699, Magister 5. 10. 1702, 1709 Lehrer Gymnas. Eisenach, 1717 Inspektor und Prof. Gymnas. Göttingen, 1728 Dr. theol. Helmstedt, Professuren U Göttingen, 1758 emeritiert – JöE, WL, L) 160, 162

Heuser, Ernst Gottfried (aus Erfurt, gest. 24. 5., begr. 27. 5. 1721 Erfurt, UE 1642, UJ 7. 5. 1659, 1665 KonRt. Erfurt, 1668 Pastor Kirchheim, 1696 Pastor ThomasK Erfurt – Go, KB) 24

Hogel, Zacharias (geb. 21. 9. 1637 Erfurt, gest. April, begr. 2. 5. 1714 Erfurt, UE 1646, UWi 2. 5. 1655, UHe, 1660 Mag. Erfurt, KonRt. Johannisschule, 1666–1676 KonRt. Weimar, 24. 11. 1676 Rt. evang. Gymnas. Erfurt, 1680 Assessor der Phil. Fak., 1689 Prof., 1690 Pastor JohannisK, 1693 Pastor DominikanerK, 1706 Prof. f. orient. Sprachen und Dekan der Phil. Fak. – Jö) 67

Homer (2. Hälfte 8. Jahrh. v. Chr.) 175

Hudemann, Ludwig Friedrich (geb. 3. 9. 1703 Friedrichstadt/Schleswig, gest. 16. 2. 1770 Henstedt/Dithmarschen, UH 11. 5. 1725, UL 24. 2. 1727, UK 12. 6. 1730, Dr. jur. – WL, D) 189

Hübner, Johann (geb. März 1696 Warschau, gest. nach dem 25. 4. 1754 – MD bei Graf Kinsky, bis 1727 KaMus. beim Herzog von Holstein, dann KonzM. bei Zarin Anna, Moskau – WL, L) 145, 149

Hübsch, Johann Georg Gotthelf (aus Liebethal Kr. Pirna, gest. 1773, 83 J., UH 1. 8. 1717, 8. 5. 1725 bis 22. 5. 1773 Mathematiklehrer Pforta – L) 199, 203

Hurlebusch, Conrad Friedrich (geb. 1696 Braunschweig?, gest. 17. 12. 1765 Amsterdam, 22. 2. 1743 Org. Alte Kirche Amsterdam – M, R, RE, WL) 34, 180f., 182, 187, 190, 200, 203, 206, 208

– Heinrich Lorenz (geb. 8. 7. 1666 Hannover, Org. MagnusK Braunschweig, 1694 MarienK und EgidienK, später auch KatharinenK – WL) 34, 55, 60, 61, 62, 63, 76, 79, 86, 91, 113, 154

Johann Ernst, Herzog von Sachsen-Weimar (geb. 22. 6. 1664 Weimar, gest. 10. 7. 1707 Weimar, MitReg.) 70, 84, 222

Johann Ernst, Prinz von Sachsen-Weimar (geb. 26. 12. 1696 Weimar, gest. 1. 8. 1715 Frankfurt a. M.) 70f., 84, 85, 188, 190, 192, 193, 194, 196, 220, 257

Johanna Charlotte, Prinzessin von Sachsen-Weimar (geb. 23. 11. 1693, gest. 3. 3., begr. 6. 3. 1751 Weimar – Z, KB) 70, 84, 168, 170, 206, 208, 220, 237, 238f., 256, 257

Junge, Christoph (aus Schweidnitz, begr. 3. 3. 1687 Erfurt, Orgelbauer, nw.

1674 Merseburg, 1675 Sondershausen, 1678 Doberlug, um 1683 Weimar, 1684 Erfurt – WL, L) 228

Kalb, Johann Matthias (29. 7. 1719 Hoftrompeter Blankenburg/H., nw. noch 1725, dann Kammer- und Hoffourier Weimar, als solcher verm. 27. 1. 1733 Weimar, Besoldung nur bis 1. 10. 1732 – KB, A) 146, 167, 181, 183

Karl VI., deutscher Kaiser (geb. 1. 10. 1685 Wien, gest. 20. 10. 1740 Wien) 100, 112, 156, 199, 202, 228

Karl VII. Albrecht (geb. 6. 8. 1697, gest. 20. 1. 1745 München, 1726 Kurfürst von Bayern, 24. 1. 1742 deutscher Kaiser) 238, 239

Kauffmann, Augusta Johanna Friderica (geb. 2. 1., get. 4. 1. 1731 Merseburg – KB) 195

– Christian Friedrich Gottlob (geb. 20. 3., get. 22. 3. 1728 Merseburg – KB) 195

– Christiana Friderica Sophia (geb. 29. 8. 1726 Merseburg, gest. 11. 3., begr. 13. 3. 1751 Merseburg – KB) 167, 195

– Georg Friedrich (geb. 14. 2. 1679 Ostramondra b. Sömmerda, gest. 24. 2. 1735 Merseburg, HofOrg. und MD Merseburg, verm. 17. 9. 1725 Merseburg in 3. Ehe Susanna Maria Carbe – M, R, WL, KB) 113, 161, 162, 167, 169, 171, 173, 184, 192, 193, 195, 197

– George Friedrich Gottlieb (geb. 23. 2., get. 25. 2. 1734 Merseburg – KB) 195

– Susanna Maria geb. Carbe (geb. 29. 1., get. 1. 2. 1698 Merseburg, gest. 8. 1., begr. 10. 1. 1763 Merseburg – KB) 167, 195

Kayser, Johann (geb. um 1685?, gest. nach 1766?, Mus. Hamburg, Darmstadt, nw. noch 1766 in Darmstadt – L) 159

– Ludwig Gerhard (get. 29. 10. 1712 Hamburg) 159

Keiser, Reinhard (get. 12. 1. 1674 Teuchern b. Weißenfels, gest. 12. 9. 1739 Hamburg – M, R, WL, EPf) 157, 159

– Wilhelm Friedrich (get. 13. 8. 1718 Hamburg, gest. vor 1740 – EPf, L) 157, 159

Kellner, Bartholomäus (geb. 4. 6. 1631 Wiehe, gest. 9. 10., begr. 10. 10. 1685 Erfurt, Obergeleitsmann, KaInspektor Erfurt – KB) 218

– David (geb. um 1670, gest. 6. 4. 1748 Stockholm, 1711 Glöckner deutsche Kirche und Org. Stockholm – M, R, RE) 211, 212, 213

– Johann Andreas (get. 1. 8. 1672 Erfurt, gest. Mai 1734, Ratsgymnas. Erfurt F 1685 bis F 1689, UE 11. 8. 1684, UJ 29. 7. 1689 – Go, KB) 218, 222

Kerll, Johann Kaspar (geb. 9. 4. 1627 Adorf/Vogtl., gest. 13. 2. 1693 München, bis 1674 HofKpm. München, 1677 bis 1684 Org. Stephansdom Wien – M, R, WL) 111

Keyßner, Michael (gest. 1726, Papiermacher Blankenburg/Thür., nw. seit 1689) 231
- Witwe (Blankenburg/Thür., nw. bis 1746) 231
Kießling, Johann (geb. 28. 6. 1663 Grünhain/Erzgeb., gest. 12. 6. 1715, UL 1683, UE 2. 5. 1697, 1690 Hofprediger Greiz, 1694 Pastor ThomasK Erfurt, 1696 Diacon KaufmannsK, 1706 Pastor, 5. 12. 1709 Dr. theol. Leipzig, 1712 Gotha, dann Superintendent Borna – Jö, JöE) 141, 149
Kircher, Athanasius (geb. 2. 5. 1601 Geisa/Thür., gest. 27. 11. 1680 Rom, Prof. Naturwissenschaften U Würzburg, 1632 Avignon, 1637 Rom – M, R, RE, WL) 68, 84
Kirnberger, Johann Philipp (geb. 24. 4. 1721 Saalfeld, gest. 26./27. 7. 1783 Berlin, 1758 HofMus. der Prinzessin Anna Amalia – M, R) 182
Kißner, Johann Christoph (gest. 7. 9. 1735 Hamburg, Vlg., BR 3. 9. 1717) 131, 149, 185
Klesch, Christoph (geb. 16. 10. 1632 Igló = Neudorf in Zips = Spišská Nová Ves/Slowakei, gest. 20. 2., begr. 25. 2. 1706 Erfurt, UWi 5. 6. 1647, Mag. phil. 15. 10. 1674, verschiedene Pastorenämter, 1680 Prediger Tennstädt, 1684 Diakon KaufmannsK Erfurt, 1685 Pastor, Inspektor des Gymnas., UE 3. 7. 1691 – Z, JöE, KB) 141 f., 149
- Johann Christoph (geb. vor 1686, Ratsgymnas. Erfurt H 1696 bis F 1700, UE 27. 4. 1692, UL 1701, UHe 16. 1. 1703, 1705 Mag. Erfurt, 30. 3. 1708 bis Februar 1710 Pfarrer Seniz b. Brieg, 1710–12 Modra/Slowakei, 1713 bis 1719? Geistlicher Preßburg, verm. 4. 1. 1706 Erfurt Dorothea Elisabeth Schlickelmann – Go, L) 141, 142, 149
- Wilhelm Christoph (geb. 17. 1., get. 19. 1. 1686 Erfurt, Ratsgymnas. Erfurt H 1700 bis H 1704, UE 27. 4. 1692, UJ 16. 5. 1707 – Go, KB) 142, 149
Kloß, Johann Herbord (geb. 1657, gest. 25. 9. 1730 Leipzig, Leipzig, Vlg.) 131, 150, 191
Köhler, s. Colerus
Krebs, Johann Ludwig (get. 12. 10. 1713 Buttelstedt b. Weimar, gest. 1. 1. 1780 Altenburg, Thomasschüler Leipzig [Alumne] 1726–35, UL, 4. 5. 1737 Org. MarienK Zwickau, 13. 2. 1743 SchloßOrg. Zeitz, Oktober 1756 SchloßOrg. Altenburg – M, R, D) 196
- Johann Tobias d. Ä. (geb. 7. 7. 1690 Heichelheim b. Weimar, gest. 11. 2. 1762 Buttstädt, 1721 Org. Buttstädt – M, R, WL, D) 196
Kretzschmar, Georg Andreas (aus Scholas b. Reichenbach/Vogtl., begr. 15. 10. 1700 Erfurt, Ratsgymn. Erfurt F 1696, UE 6. 9. 1694, Org. KaufmannsK Erfurt – Go, KB) 66, 83, 218, 222
Krieger, Johann Philipp (geb. 26. 2., get. 27. 2. 1649 Nürnberg, gest. 7. 2., begr. 9. 2. 1725 Weißenfels – M, R, RE, WL) 115, 242, 251, 254

Krügner, Johann Gottfried (geb. um 1684 Dresden, gest. 25. 2. 1769 Leipzig, Leipzig, Vlg., Kupferstecher – D, L) 169, 171, 192, 193, 195, 196

Krüsike, Johann Christoph (geb. 11. 3. 1682 Hamburg, gest. 6. 12. 1745, UK 22. 4. 1702, UWi 17. 4. 1704, 1715 Prediger PetriK Hamburg, 7. 4. 1715 Diacon, Herbst 1741 Archidiakon – Jö, JöE, L) 168, 170

Kuhnau, Johann (geb. 6. 4. 1660 Geising/Erzgeb., gest. 5. 6. 1722 Leipzig, Kreuzschule Dresden 5. 2. 1671, UL 1682, 1684 Org. ThomasK Leipzig, 1701 Thomaskantor – M, R, RE, WL) 127, 131, 242, 251, 254, 259

Labes, Adolph Friedrich (geb. 18. 10. 1702 Magdala, gest. 16. 12. 1758, 6. 4. 1717 Fürstl. Gymnas. Weimar, UJ 14. 5. 1723, 13. 7. 1729 Kantor und Coll. IV Gymnas. Weimar, 28. 10. 1745 Pastor Teutleben – L, A) 73, 85, 134, 137, 153, 155, 252, 254

La Croix du Maine (Crucimanius), François Grudé, sieur de (geb. 1552, gest. 1592? – Jö) 116, 119, 120

Lämmerhirt, Elisabeth (get. 26. 2. 1644 Erfurt, begr. 3. 5. 1694 Eisenach, verm. 8. 4. 1668 Erfurt Johann Ambrosius Bach [1645–1695] – D) 64

– Hedwig (begr. 5. 9. 1675 Erfurt, verm. 1637? Johann Bach [1604–1673]) 83

– Martha Dorothea, s. Walther

– Valentin d. Ä. (geb. um 1585 Guhrau/Schlesien?, gest. 19. 11. 1665 Erfurt, Erfurt, Kürschner – L) 64, 83

– Valentin d. J. (geb. 1608 oder 1609, begr. 19. 7. 1665 Erfurt, Erfurt, Kürschnermeister, BR 7. 4. 1634 – L) 64, 83

Lairitz, Johann George (geb. 15. 7. 1647 Hof, gest. 4. 4. 1716 Weimar, 9. 3. 1698 Generalsuperintendent Weimar – D) 26, 220

Lambert, s. Saint-Lambert

Landgraf, Johann Friedrich (geb. 21. 5. 1683 Schloßvippach, begr. 4. 4. 1747 Erfurt, Ratsgymn. Erfurt H 1699 bis F 1700, UE 20. 5. 1707, 1706 Org. KaufmannsK Erfurt, Coll. VII, verm. 13. 2. 1718 Erfurt Eva Dorothea, mittlere Tochter von Johann Egidius Bach [1645–1716], get. 12. 1. 1691 Erfurt, begr. 17. 3. 1726 Erfurt – WL, Go, KB) 101, 163

Lauterbach, Georg Burkhard (geb. 19. 10. 1683 Lüneburg, gest. 26. 8., begr. 28. 8. 1751 Wolfenbüttel, UHe 12. 3. 1704, Wolfenbüttel, Bibliotheksregistrator 1719–27, erster Sekretär 1727–51 – Jö, KB, L) 101, 116, 125, 223, 226, 241, 242

Le Bègue (Lebègue), Nicolas Antoine (geb. 1630/31 Laon, gest. 6. 7. 1702 Paris, 1678 HofOrg. Paris – M, R, RE, WL) 62, 64

Le Cène, Michel-Charles (geb. 1683/84 Honfleur, begr. 4. 5. 1743 Amsterdam, Amsterdam, Vlg. ab 1723 – M, R, RE) 123

Leers, Reinier (Rotterdam, Vlg., nw. 1702) 150

Leich, Ernst August (get. 4. 1. 1707 Erfurt, Ratsgymn. Erfurt H 1721 bis H 1726, UE 7. 5. 1732, UR 10. 5. 1734 – Go, KB) 61, 141

– Johann Conrad (geb. vor 1677 Großrudestedt, begr. 18. 9. 1729 Erfurt, Ratsgymn. Erfurt H 1687 bis H 1690, UE 27. 1. 1690, Kt. ThomasK Erfurt, nw. 1694, Kt. AugustinerK, nw. 1703 – Go, KB, L) 67, 83, 115, 119, 141, 149, 219, 222

– Johann Theodor (get. 11. 1. 1699 Erfurt, Ratsgymn. Erfurt H 1714 bis F 1718, dann Gymnasium Wolfenbüttel, UR 28. 4. 1732 – Go, KB) 61, 141

Leiding (Leyding), Georg Dietrich (geb. 23. 2. 1664 Bücken b. Hoya/Weser, gest. 10. 5. 1710 Braunschweig, Org. UlrichsK und BlasiusK Braunschweig – M, WL) 33 f., 59, 62, 63, 104, 133, 138, 148

– Otto Anton (geb. 1692 Braunschweig, gest. 16. 5. 1740, UHe 23. 4. 1708, Org. UlrichsK, BlasiusK, MagnusK Braunschweig – WL) 91, 104, 234, 235

– Johann Andreas (dieser gemeint?) 34

Leisner, Christoph Friedrich (aus Zwickau, gest. um 1753/54, UJ 28. 8. 1709, Hamburg, Notar, verm. 23. 3. 1728 – JöE, L) 168, 170

Leopold, Fürst von Anhalt-Köthen (geb, 28. 11. 1694, gest. 19. 11. 1728 Köthen, verm. 11. 12. 1721 Bernburg Friederica Henrietta von Anhalt-Bernburg [1702 bis 1723] – D) 71, 84 f.

Leopold, Johann Christian (geb. 1699, gest. 1755, Augsburg, Vlg.) 173, 174, 181, 200, 203, 214, 215, 221, 238, 239, 242

Lesser, Friedrich Christian (geb. 29. 5. 1692 Nordhausen, gest. 17. 9. 1754, 1716 Pfarrer Kirche am Frauenberge Nordhausen, 1739 Pastor Stift St. Martin, 1741 auch Pastor JakobsK – JöE) 212, 213

Liebholdt (Pseudonym) (gest. um 1729 bei Weimar – M, R) 134, 137, 230, 232 f., 235, 236

Limprecht, David (Erfurt, Buchdrucker, nw. 1728, UJ 27. 7. 1686) 31

Löhner, Johann (get. 21. 11. 1645 Nürnberg, gest. 2. 4. 1705 Nürnberg, März 1694 Org. LorenzK Nürnberg – M, R, RE, WL, L) 62, 63

Lohenstein, Daniel Casper von (geb. 25. 1. 1635 Nimptsch/Schles., gest. 28. 4. 1683 Breslau – WL, D) 97, 112

Lohmann, Johann Conrad (gest. 10. 4. 1760, 1728–35 Org. AegidienK Osterode/H., Dezember 1735 Org. MarktK SS. Georgii et Jacobi Hannover – L) 193

Lorme, J. L. de (Amsterdam, Vlg., nw. 1697) 130

Loulié, Etienne (gest. 1702 Paris, Mth – M, R, RE, WL) 123, 131

Ludwig Rudolph, Herzog von Braunschweig-Lüneburg-Blankenburg (geb. 22. 7. 1671 Wolfenbüttel, gest. 1. 3. 1735 Braunschweig, 1731 Herzog zu Braunschweig und Lüneburg) 150, 190

Lübeck, Vincent (geb. 1654 oder 29. 9. 1656 Padingbüttel, gest. 9. 2. 1740 Hamburg, 1702 Org. NikolaiK Hamburg – M, R, RE, WL) 100, 101, 112

Marcello, Alessandro (geb. 24. 8. 1669 Venedig, gest. 19. 6. 1747 Padua – M, R, RE) 203

Marpurg, Friedrich Wilhelm (geb. 21. 11., get. 23. 11. 1718 Seehof/Wendemark, gest. 22. 5. 1795 Berlin, UF 6. 4. 1748, seit 1749 Berlin, Mth – M, R, RE) 197

Marschall, genannt Greif, Carl Ernst Gotthilf von (geb. nach 1707, UJ 27. 9. 1723) 81, 86

– Friedrich Gotthilf Freiherr von (geb. 1675, begr. 17. 7. 1740 Heldburg, 1685/86 Gymnas. Coburg, UJ 27. 10. 1690, UH 15. 1. 1698, UGießen 7. 6. 1700, UMarburg, Sachsen-Weimarischer Geh. Rat und Obermarschall, Herr auf Erlebach, Einöd, Oßmannstedt, Ilmsdorf und Beulbra, verm. 7. 5. 1727 in 2. Ehe Friederica Bibiana verw. von Breitenbauch geb. von Bose – Z, L) 33, 54, 85 f.

Martini, Carl Gottlieb (geb. 18. 1. 1744 Weimar, gest. 28. 9., begr. 1. 10. 1792 Weimar, „Materialist", BR 9. 7. 1770 – KB, A) 248, 250

– Christian (begr. 4. 10. 1780 Weimar, Trompeter, KaFourier, nw. ab 15. 9. 1730, BR 18. 2. 1745, verm. 2. 5. 1743 Weimar als Witwer Wilhelmina Maria geb. Walther – KB, A) 244, 246, 250

– Christian Friedrich August (Weimar, Hoftrompeter, 19. 11. 1775 KaFourier – A) 226

– Wilhelmina Maria geb. Walther (geb. 25. 12. 1723 Weimar, gest. 3. 8., begr. 5. 8. 1785 Weimar, verm. 2. 5. 1743 Weimar Christian Martini – KB) 71, 84, 221, 244, 246, 248, 250

Masson, Charles (gest. nach 1705, Paris, Mth – M, R, RE, WL) 123, 130

Mattheson, Johann (geb. 28. 9. 1681 Hamburg, gest. 17. 4. 1764 Hamburg – M, MS, R, RE, WL, EPf) 7, 8, 9, 20, 21, 27, 29, 31, 32, 33, 54, 61, 63, 64, 71, 83, 84, 86, 90, 91, 94 ff., 101, 111, 112, 122, 123, 125 ff., 130, 131, 132, 137, 140 f., 147, 149, 150, 151 f., 153 f., 155, 156, 157, 158, 159, 163, 164 f., 167, 168, 169, 170, 176, 178, 180, 182, 184, 185, 186, 187, 190, 195, 196, 197, 199, 200, 203, 205, 206, 208, 211, 212 f., 217, 218, 221 f., 224 f., 226 f., 229, 232, 233, 235, 236, 238, 252, 259, 263

Maul, Johann Samuel (geb. 27. 7., get. 29. 7. 1721 Weimar, gest. 4. 4., begr. 7. 4. 1802 Weimar, 1748 Org. StadtK Weimar – KB, A) 257

Maupoint (Paris?, Advokat, nw. 1733) 170

Meibom, Marcus (geb. 1626 Tönning/Schleswig, gest. 15. 2. 1710 Utrecht, Mth – M, R, WL) 205, 208

Meier, Joachim (geb. 10. 8. 1661 Perleberg, gest. 2. 4. 1732 Göttingen, Gymnas. Braunschweig, UMarburg, 1686 FiguralKt. und Coll. III Gymnasium Göttingen, 1695 Licentiat, 1707 Dr. jur., 1717 emerit. Prof. – Jö, ADB, R) 108, 113, 122, 130, 160 f., 162, 170

Meyer, Franz Hermann (Hannover, nach 1720 bis 1735 Org. MarktK SS.
Georgii et Jacobi, 1735 Org. Schloßkirche – L) 193

Meyer, Joachim s. Meier

Mieth, Johann Christoph (Dresden, Vlg., nw. 1696) 131

Mittendorff, Johann Chrysostomus (get. 28. 1. 1716 Stade, UK 8. 6. 1742,
UWi 24. 2. 1750, nw. Leipzig Juli 1745, Zerbst 1753, jeweils als Sänger –
KB, A) 253, 254

Mizler, Lorenz Christoph (geb. 25. 7. 1711 Heidenheim/Mittelfr., gest. März
1778 Warschau, UL 30. 4. 1731, UA 19. 1. 1733, 12. 12. 1733 Baccal. ULeipzig, 30. 6. 1734 Mag. ULeipzig, UWi 22. 3. 1735, 1736 Leipzig Habilitation,
bis 1742/43 Lehrtätigkeit, 1738 Gründung der Societät der mus. Wissenschaften, 1743 Końskie/Polen, 1747 Warschau – M, R, RE) 7, 8, 20, 21,
174 ff., 178, 180, 182, 186, 189, 190, 197, 198 f., 201 ff., 204, 205, 206, 208,
210 f., 212, 214, 216, 224, 225, 226, 227, 228, 232, 233, 235, 239, 240, 243 f.,
246, 259, 262

Moller, Olaf (Flensburg, nw. 1715) 170

Molter, Johann Melchior (geb. 10. 2. 1696 Tiefenort/Werra, gest. 12. 1. 1765
Karlsruhe, 1722 Kpm. Durlach und Karlsruhe, 1733 Kpm. HK Eisenach,
17. 2. 1743 wieder Karlsruhe – M, RE, WL) 187, 190

Monti, Giacomo (Bologna, Vlg., nw. 1688) 149
– Pier-Maria (Bologna, Vlg., nw. 1695, 1696) 149, 253

Morell(ius), Johann Georg (geb. 3. 9. 1690 Ravensburg, gest. 6. 8. 1763, Gymnas. Augsburg, Regensburg, UJ 23. 4. 1711, 1721 Referendar Kunst-, Ge-
werbs- und Handwerksgericht Augsburg, 1730 Bürgermeister, 1754 Baumei-
ster, Scholarch – JöE) 230, 232, 236, 238

Moreti, Balthasar (geb. 23. 7. 1574, gest. 6. 7. 1641, Antwerpen, Vlg. – ADB)
112

Münchhausen, Carl Wilhelm Ernst von (geb. 9. 7., get. 10. 7. 1723 Weimar,
UE 21. 11. 1737, UG 24. 4. 1741 – KB) 207, 209
– Charlotta Sophia von (geb. 19. 4., get. 20. 4. 1722 Weimar, gest. vor 1740? –
KB) 168, 209
– Ernst Friedemann von (geb. 1686, gest. 7. 12. 1762, Herr auf Wendling-
hausen und Herrengosserstedt, UJ 6. 7. 1705, Rat und Oberhofmeister der
Herzoginwitwe Charlotte Dorothea Sophie, 7. 7. 1723 Hofrat bei Herzog
Wilhelm Ernst, 30. 7. 1723 bis 1728 Hofrat in der Regierung, bis 1738 Wit-
tumshofmeister, verm. 20. 6. 1721 Weimar – L, KB) 168, 207, 209
– Ernst Friedemann (d. J.) von (get. 19. 9. 1724 Weimar, gest. 10. oder 30.
11. 1784, Herr auf Herrengosserstedt, Braunsrode und Billrode, UE 21. 11.
1737, UG 24. 4. 1741, UL 21. 5. 1743, Examen jur. 7. 5. 1745, kursächs.
Kreishauptmann, königl. Preuß. Etats- und Justizminister, Präsident des
Kammergerichts, Domherr zu Magdeburg – L) 207, 209

Muffat, Georg (get. 1. 6. 1653 Mégève/Savoyen, gest. 23. 2. 1704 Passau, Kpm. Passau – M, R, RE, WL) 136, 154

Murschhauser, Franz Xaver (get. 1. 7. 1663 Zabern/Elsaß, gest. 6. 1. 1738 München, 1691 Chorregent FrauenK München – M, R, RE, WL) 7, 94, 95, 96, 111

Mylius, Wolfgang Michael (geb. 1636 Mannstedt, gest. Ende 1712/Anfang 1713 Gotha, 1. 4. 1676 Kpm. HK Gotha – M, R, RE, WL) 65, 83, 220

Niedt, Friedrich Erhard (get. 31. 5. 1674 Jena, gest. April 1708 Kopenhagen, Musikliebhaber, Mth – M, R, RE, WL) 128, 131

Nivers, Guillaume Gabriel (geb. 1632 bei Paris?, gest. 30. 11. 1714 Paris, Org. St-Sulpice Paris – M, R, RE, WL) 123, 130

Österreich, Georg (get. 17. 3. 1664 Magdeburg, gest. 6. 6. 1735 Wolfenbüttel, Thomasschüler Leipzig [Alumne] 10. 5. 1678, 1680 Johanneum Hamburg, UL 1683, 1686 Tenorist HK Wolfenbüttel, 1689 bis vor 1702 Kpm. Gottorf, SchloßKt. Wolfenbüttel, nw. 1724 – M, R, RE, WL) 31, 34, 55, 62, 64, 80, 82, 86, 173, 224

Orgosinus, Heinrich (Mark Brandenburg, nw. 1603, Mth – RE) 102

Oschmann, Liborius (aus Engelsbach/Thür., UL 11. 10. 1730, nw. noch 1734 Leipzig) 178, 202

Pachelbel, Johann (get. 1. 9. 1653 Nürnberg, begr. 9. 3. 1706 Nürnberg, Hof-Org. Eisenach nw. ab 4. 5. 1677, 19. 6. 1678 Org. PredigerK. Erfurt, 1. 9. 1690 HofMus. und Org. Stuttgart, 8. 11. 1692 StadtOrg. Gotha, Juli 1695 Org. SebaldusK Nürnberg – M, R, RE, WL, EPf) 60, 66, 175, 222, 226 f.

– Wilhelm Hieronymus (get. 29. 8. 1686 Erfurt, gest. 1764 Nürnberg, Org. Wöhrd, 2. 3. 1706 Org. JacobsK, 1706 Org. EgidienK, 1719 Org. SebaldusK Nürnberg – M, R, RE, WL, EPf) 219, 222

Parstorffer, Paul (München, Vlg., um 1653) 96, 111

Penna, Lorenzo (geb. 1613 Bologna, gest. 31. 10. 1693 Bologna, Kpm., Mth. – M, R, RE, WL) 140, 149

Pfeiffer, Johann (geb. 1. 1. 1697 Nürnberg, gest. 7. 10., begr. 11. 10. 1761 Bayreuth, UL 1717, UH Juli 1719, UA, UJ, 1720 Viol.HK Weimar, 1. 1. 1726 KonzM., 1734 HK Bayreuth, 8. 11. 1734 Kpm. – M, R, RE, WL, L) 63, 64, 90, 100, 112

Pipping, Heinrich (geb. 2. 1. 1670 Leipzig, gest. 22. 4. 1722 Dresden, 1709 Oberhofprediger Dresden – WL, Jö, JöE) 102

Pisendel, Johann Georg (geb. 26. 12. 1687 Cadolzburg b. Fürth, gest. 25. 11. 1755 Dresden, UL 1709, Januar 1712 Viol. HK Dresden, 1728 KonzM. – M, R, RE, WL) 206, 207, 208

Poelchau, Georg (geb. 23. 6. alten = 5. 7. neuen Stils 1773 Cremon b. Riga, gest. 12. 8. 1836 Berlin, UJ 1792, 1799 Musiklehrer Hamburg, 1813 Berlin, 1833 Bibliothekar der Singakademie – M, R) 165, 189

Poltz(ius), Johann (geb. 4. 12. 1660 Lübeck, gest. 18. 10. 1705 Preetzen, UWi 16. 5. 1678, UR, UK, 1689 KonRt., 1694 Rt. Johannisschule Lüneburg, 1701 Pastor Preetzen – Jö) 102

Praetorius, Michael (geb. 15. 2. 1571 oder 1572 Creuzburg a. d. Werra, gest. 15. 2. 1621 Wolfenbüttel – M, R, RE, WL) 206, 208

Printz, Wolfgang Caspar (geb. 10. 10. 1641 Waldthurn/Oberpfalz, gest. 13. 10. 1717 Sorau, 1665 Kt. Sorau, 1682 MD Gräfl. Kapelle – M, R, RE, WL) 94, 127, 129, 131

Quantz, Johann Joachim (geb. 30. 1. 1697 Oberscheden b. Göttingen, gest. 12. 7. 1773 Potsdam, 1718 Oboist poln. Kapelle Dresden, 1728 Flötist HK Dresden, 1741 HK Berlin – M, R, RE, WL) 195, 197

Rabe (Raabe, Corvinus), Ernst Wilhelm (aus Ballstedt b. Weimar, UJ 14. 4. 1697, Kt. und Kirchner ThomasK Erfurt nw. 1703, später Kt. und Coll. IV Andreasschule Erfurt, danach Magdeburg, verm. vor 1708 NN Meuer/Mäurer aus Tonndorf – L, KB) 84

Raupach, Christoph (geb. 5. 7. 1686 Tondern, gest. 1744 Stralsund, 1703 Org. NikolaiK Stralsund – M, R, RE) 227

Reich, Paul (Pretzsch, Kt., nw. 1631 – WL, JöE) 102

Reichardt, Christian (geb. 4. 7. 1685 Erfurt, gest. 30. 7. 1775 Erfurt, UE 13. 7. 1705, Org. ReglerK Erfurt, später Bürgermeister – L, D) 247, 249 f.

Reichardt (Reichart), Johann Philipp (Weimar, „Informator" des Prinzen Johann Ernst, nw. 1707, 1710 – A) 71

Reineccius, Georg Theodor (geb. um 1660 Neubrandenburg, gest. 30. 11. 1726 Weimar, UJ 5. 10. 1680, Ostern 1687 StadtKt. Weimar – WL) 25, 26, 72, 121

Reinhard(t), Laurentius (Lorenz) (geb. 22. 2. 1699 oder 1700 Hellingen b. Haßfurt, gest. 15. 11. 1752 Buttstädt, Gymnas. Hildburghausen, UJ 5. 10. 1716, 1719 KonRt. Ratsschule Hildburghausen, Bassist der HK, 1726 Prof. Gymnas. ebenda, 21. 4. 1727 Coll. IV und Chori Musici Director [Kt.] Fürstl. Gymnasium Weimar, August 1728 SubkonRt. und Kt., 13. 7. 1729 KonRt. 1736 Stiftsprediger, 1737 Mag. Göttingen, 22. 5. 1740 Dr. theol. Altdorf, 1740-45 Diakon, Lehrer am Fürstl. Gymnas. Weimar, dann Generalsuperintendent MichaelisK Buttstädt – Jö, JöE, Z, L, A) 73, 85, 134, 137, 139, 146, 148, 234

Reutter, Georg (get. 4. 11. 1656 Wien, gest. 29. 8. 1738 Wien, 1715 1. Hof-Kpm. Wien – M, R, RE, WL) 7, 154, 156

Riedel, Johann Heinrich (geb. 16. 5. 1682 Erfurt oder 20. 5. 1682 Mühlhausen, gest. 14. 3. 1721 Erfurt, UE 12. 11. 1701, UL 1703, 1706 Diakon KaufmannsK Erfurt, 1712 Pastor – Go, LP, KB) 149

Ringwaldt, Bartholomäus (geb. 28. 11. 1532 Frankfurt/Oder, gest. 9. 5. 1599 Langenfeld/Neumark) 85

Ritschel, Johann Wilhelm (Erfurt, Buchdrucker, Vlg., nw. 1716, 1738) 242

Roger, Estienne (geb. 1665 Caen, begr. 7. 7. 1722 Amsterdam, Amsterdam, Vlg. seit 1695 – M, R, RE) 130, 131

Rosenberg, Johann Christian (get. 10. 12. 1713 Leipzig, 12. 6. 1724 Gymnas. Weimar, Strumpfverleger Weimar, verm. 27. 4. 1745 Weimar – KB, A) 240, 243

– Johann Wollbrand (aus Hildesheim, begr. 1. 3. 1751 Weimar, Handelsmann Leipzig, BR 18. 7. 1709, verm. 19. 10. 1711, ab 1719 oder früher Strumpfverleger Weimar, Kommerzienkommissar – KB, A) 121, 122, 138, 156, 160, 162, 198, 223, 230, 236

Roth, Johann Andreas (Dresden, Aktuar am Stadtgericht, nw. 1733, 1737) 206

Rothmaler, Johann Elias (aus Frankenhausen/Thür., gest. 1694 Hermannsacker, 1661-85 Diakon und Archidiakon Rudolstadt, 1685 Freiberg/Sa.) 124

Rothmann, Johann Friedrich (geb. 5. 3. 1675 Reisdorf b. Apolda, begr. 19. 10. 1735 Erfurt, 1701 Lehrer Kaufmannsschule, um 1729/30 Kirchner KaufmannsK Erfurt – Go, KB) 141, 149

Rust, Friedrich Wilhelm (geb. 6. 7. 1739 Wörlitz, gest. 28. 2. 1796 Dessau, luth. Gymnas. Halle, UH 30. 9. 1758, 1766 in Dessau, 1775 Fürstl. MD – M, R) 215

Saint-Lambert, de (Paris?, um 1700, Mth – M, R, RE, WL) 28, 29

Sala, Giuseppe (Venedig, Vlg., nw. 1700) 253

Salinas, Francisco de (geb. 1. 3. 1513 Burgos, gest. 13. 1. 1590 Salamanca, Org., Mth – M, R, RE, WL) 116, 119

Sartorius, Erasmus (geb. 1577 Schleswig, gest. 17. 10. 1637 Hamburg, 1. 11. 1605 Kt. Johanneum Hamburg – M, R, WL) 102

Scaletta, Orazio (aus Crema, Provinz Cremona, gest. 1630 Padua, Kpm. Lodi, Bergamo, Salò, Crema u. a., Mth – M, R, WL) 102

Schäffer, Johann Gottfried (aus Dresden, 15. 6. 1711 Kreuzschule Dresden, 26. 4. 1712 bis 3. 7. 1716 Pforta, UJ 7. 4. 1717, Advokat Dresden, nw. 1738 bis 1753 – A) 206 f.

Scheibe, Johann Adolph (get. 5. 5. 1708 Leipzig, gest. 22. 4. 1776 Kopenhagen, UL 3. 11. 1725, 1736 Hamburg, 1740 Kpm. des Markgrafen von Brandenburg-Kulmbach in Glückstadt, 1744–48 kgl. Kpm. Kopenhagen – M, R, RE) 208, 211, 212, 227, 232, 233, 235, 236, 238

Scheidemann, Heinrich (geb. um 1596 Wöhrden/Süderdithmarschen, gest. Anfang 1663 Hamburg, Org. KatharinenK Hamburg – M, R, RE) 55

Schelhorn, Johann Georg (geb. 8. 12. 1694 Memmingen, gest. 31. 3. 1773 Memmingen, UJ März 1712, UA 15. 5. 1714, UJ 1717, 1717–25 Bibliothekar Memmingen, 1725 Lehrer und Prediger, 1732 Buxach, 1734 Pfarrer MartinsK Memmingen, 1753 Superintendent, Historiker – ADB, L) 252 f.?, 254

Schell, Baron von (Erfurt, nw. 1733) 167

Schelle, Johann (get. 6. 9. 1648 Geising/Erzgeb., gest. 10. 3. 1701 Leipzig, 1677 Kt. Thomasschule Leipzig – M, R, RE, WL) 242, 252, 254

Schiller, Benjamin (Hamburg, Vlg.)
– Witwe (Hamburg, Vlg., nw. 1719, 1721) 131

Schleinitz, Johann Christoph von (aus Braunschweig, geb. 1709, gest. 22. 5. 1782, UHe 13. 7. 1727 bis 1730, Legationsrat und Regierungsassessor Weimar, Besoldung 1. 8. 1732 bis 1. 5. 1733, 9. 1. 1748 Legationsrat Wolfenbüttel – L, A) 187

Schlomach(er) (Wittenberg, Drucker, nw. 1735) 203

Schmidt, Johann Christoph (geb. 6. 8. 1664 Hohnstein/Sächs. Schweiz, gest. 13. 4. 1728 Dresden, 13. 6. 1674 Kreuzschule Dresden, UL 1683, 1717 OberKpm. HK Dresden – M, RE, WL) 94, 95, 96, 111, 259

Schmiedel, Rudolph Franz Baron von (Weimar, UJ 6. 7. 1702, KaJunker nw. 1713, Stallmeister bei Herzog Ernst August, 24. 11. 1718 Oberhofmeister, 2. 12. 1722 Hofmarschall, Besoldung bis 1. 10. 1731, später Hofmarschall Saalfeld, verm. 13. 2. 1722 Weimar – A) 71

Schneider, Conrad Michael (get. 28. 8. 1673 Ansbach, gest. 23. 11. 1752 Ulm, 1699 VizeOrg. Münster Ulm, 1712 Org. – M, R) 257

Schnell, Johann Caspar (geb. 13. 10. 1695 Großvargula, gest. 16. 8. 1741, UH 6. 5. 1716, UE 6. 11. 1728, Lehrer Kaufmannsschule Erfurt nw. 1719, dann Kirchner KaufmannsK, 1729 Pastor Ilversgehofen b. Erfurt, 1735 Pastor Kühnhausen und Tiefthal, 1741 Pastor Elxleben, verm. Juli 1719 Schloßvippach Anna Sibylla Walther – Go, KB) 54, 90 f., 101

Schnibes, Johann Georg (Leipzig, Buchdrucker, nw. 1734) 178, 203

Schnobelius, Joachim (Erfurt?, aus Hamburg, UL 1653) 219

Schöffer, Peter (Vlg., bis 1512 Mainz, 1527 Worms, 1532 Straßburg, 1541 Venedig – ADB) 119

Schonsleder, Wolfgang (Volupius Decorus) (geb. 21. 10. 1570 München, gest. 17. 12. 1651 Hall/Tirol, Mth – M, RE, WL) 68, 83, 140, 149

Schop, Johann (geb. ca. 1590, gest. Sommer 1667 Hamburg, RatsMus. Hamburg – M, R, RE, WL) 55

Schröter, Christoph Gottlieb (geb. 10. 8. 1699 Hohnstein/Sächs. Schweiz, gest. 20. 5. 1782 Nordhausen, 20. 11. 1711 Kreuzschule Dresden, UL 1717, 1724 Org. MartiniK Minden, 1732 Org. NikolaiK Nordhausen, 1739 Mitglied der Societät der Musik. Wissenschaften – M, R, RE) 161, 162, 243, 245, 246

Schürmann, Georg Caspar (geb. 1672/73 Idensen Kr. Neustadt/Hann., gest. 25. 2. 1751 Wolfenbüttel, 1702–1707 HofKpm. Meiningen, 1707 HofKpm. Wolfenbüttel – M, R, RE, WL) 30, 31, 62, 64, 101, 110, 113, 145 f., 150, 246

Schultze, Andreas Heinrich (geb. 4. 2. 1681 Braunschweig, gest. 12. 10. 1742 Hildesheim, UHe 5. 10. 1707, 1706 Org. LambertusK Hildesheim, verm. Hildesheim 23. 1. 1703 und 1. 9. 1718 – WL, KB) 115, 116, 119, 243, 246

– Anna Dorothea Elisabetha, geb. Bokemeyer (get. 29. 6. 1705 Braunschweig – KB) 114, 117, 119, 120, 121

– Johann Christoph (geb. nach 1703, gest. vor 1752, UHe 6. 5. 1729, Org. und Schreibmeister Seesen nw. 1730–34, später Org. Salzliebenhall, verm. 19. 4. 1730 Wolfenbüttel Anna Dorothea Elisabetha Bokemeyer – KB) 117, 119, 120, 121, 179, 181, 195, 197, 214, 215, 246, 251, 253

– Sophia Dorothea Bernhardina (get. 18. 2. 1731 Wolfenbüttel – KB) 150

Schwalbe, Johann Conrad (aus Uftrungen/H., gest. 18. 10. 1759 Weißenfels, StadtOrg. Weißenfels, nw. um 1724 – L, KB) 98, 123, 169, 200, 203, 206, 208

Seelen, Johann Heinrich von (geb. 8. 8. 1688 Asel/Ostfriesland, gest. 22. 10. 1762 Lübeck, 21. 12. 1717 Rt. Katharineum Lübeck – M, WL) 168, 170

Seiffert, Max (geb. 9. 2. 1868 Beeskow/NL, gest. 13. 4. 1948 Schleswig – M, R, RE) 10, 215

Sellius (Halle, Vlg., nw. 1718) 191

Sempilius (Semple), Hugo (Hugh) (geb. 1596 Craigievar/Schottland, gest. 29. 9. 1654 Madrid, Mathematiker – M) 101, 112

Seyffert (Dresden, Drucker, nw. 1660) 119

Silvani, Marino (Bologna, Vlg., nw. 1700) 235, 253

Simonetti, Johann Wilhelm (get. 11. 12. 1690 Berlin, UJ 28. 4. 1711, 1713 Reise Berlin–Lissabon, 1717 KonzM. HK Darmstadt, seit 1721 oder früher KonzM. HK Wolfenbüttel, 1740 Reise nach Italien – KB, L) 62, 64, 104, 113, 116, 119

Sivers, Heinrich Jacob (geb. 8. 4. 1708 Lübeck, gest. 8. 8. 1758 Linköping/Schweden, UK 1. 5. 1726, Mag. in Wismar – ADB) 149, 168, 170

Steffani, Agostino (geb. 25. 7. 1654 Castelfranco/Veneto, gest. 12. 2. 1728 Frankfurt a. M. – M, R, RE, WL) 62, 64, 102

Stenger, Volkmar Wilhelm (geb. 28. 7. 1656 Erfurt, gest. 18. 7., begr. 19. 7. 1731 Erfurt, Ratsgymn. Erfurt H 1669 bis H 1677, UJ 1. 7. 1679, UE 1681, 1684 Rt. Michaelisschule Erfurt, 1691 Rt. Kaufmannsschule, 1691 Prof., Amtsniederlegung 1704 – Jö, KB) 141, 149

Stiphel(ius), Laurentius (aus Langensalza, gest. 13. 7. 1615, 1. 5. 1574 Pforta, 1581 Kt. Ratsschule Naumburg/S. – WL, Jö) 102

Stölzel, Gottfried Heinrich (geb. 13. 1. 1690 Grünstädtel/Erzgeb., gest. 27. 11. 1749 Gotha, 1719 HofKpm. Gotha – M, R, RE, WL) 7, 19, 27, 58, 105 f., 113, 139, 148, 149, 216, 217, 259

Stöpel, Johann Friedrich (geb. 14. 12., get. 15. 12. 1681 Stödten b. Weimar, begr. 3. 8. 1736 Erfurt, Ratsgymn. Erfurt H 1697 bis F 1702, UE 5. 7. 1699, UJ 4. 5. 1703, 1712–36 Kt. PredigerK Erfurt, Coll. III, Director musices am Ratsgymn. – Go, KB) 166, 186, 190

Stör, Johann Wilhelm (get. 6. 1. 1705 Nürnberg, begr. 23. 4. 1765 Nürnberg, Kupferstecher Nürnberg – L) 238

Stößel, Johann Christoph und Johann David (Chemnitz, Vlg., nw. 1737, 1749) 208

Stoltzenberg, Christoph (geb. 21. 2. 1690 Wertheim a. M., gest. 11. 6. 1764 Regensburg, 1714 Kt. und Collaborator Gymnasium poeticum Regensburg – M, EPf) 154, 155

Strunck, Delphin (geb. 1601 Braunschweig?, begr. 12. 10. 1694 Braunschweig, 1637 Org. Braunschweig – M, WL) 34, 59?, 62, 63

– Nicolaus Adam (get. 15. 11. 1640 Braunschweig, gest. 23. 9. 1700 Dresden, 1661 Viol. Celle, bis 1665 Hannover, 1678 RatsMD Hamburg, 1682 Ka-Komponist Hannover, 1688 KaOrg. und VizeKpm. Dresden, 1693 bis 1696 HofKpm. Dresden, zuletzt Operndirektor Leipzig – M, R, RE, WL) 62, 63

Sturm, Leonhard Christoph (geb. 5. 11. 1669 Altdorf, gest. 6. 6. 1719 Blankenburg/H., Mathematiker, Architekt – Jö, ADB) 54

Syrbius, Johann Jacob (geb. 16. 6. 1674 Wechmar b. Gotha, gest. 4. 11. 1738 Jena, UJ 1693, Mag. 16. 10. 1696, Prof. 8. 10. 1707 – ADB, D) 186

Telemann, Georg Philipp (geb. 14. 3. 1681 Magdeburg, gest. 25. 6. 1767 Hamburg – M, R, RE, WL) 11, 84, 90, 91, 96, 100, 101, 104, 112, 115, 139, 148, 167, 169, 186 f., 189, 191, 193, 213, 232, 234, 235, 240, 241 f.

– Maria Catharina, geb. Textor (aus Frankfurt a. M., gest. 1736? Hamburg?, verm. 28. 8. 1714 Frankfurt Georg Philipp Telemann – L) 167, 169

Tevo, Zaccaria (geb. 16. 3. 1651 Piove di Sacco/b. Padua, gest. zwischen 1. 5. 1709 und März 1712 Treviso, 1689 Kpm. KlosterK Treviso, Mth – M, RE, WL) 127, 140, 149, 214 f., 216, 217, 225, 228, 229, 231, 233, 236, 241, 242, 243, 247, 250

Thayßner, Zacharias (aus Löbejün, begr. 9. 11. 1705 Saalfeld, Orgelbauer, nw. in Merseburg, Halle, Naumburg/Saale, Leipzig, im Saalkreis u. a. – L) 156

Theile, Benedict Friedrich (geb. nach 1674? Kiel oder Hamburg?, gest. vor

August 1733, UH 8. 4. 1707, Theorbist HK Wolfenbüttel, 1715 Org. WenzelsK Naumburg/S. – WL, EPf, L) 194, 196, 231

– Johann (geb. 29. 7. 1646 Naumburg/S., begr. 25. 6. 1724 Naumburg/S., 1674–75 HofKpm. Gottorf, Opernkomponist Hamburg, 1685 HofKpm. Wolfenbüttel, 1691–94? Merseburg, später tätig in Berlin, Naumburg, Merseburg u. a. – M, R, RE, WL, EPf, L) 69, 83, 139 f., 149, 179, 184, 185, 192 f., 193, 194, 196, 198, 202, 204, 208, 210, 212, 229, 231

Thiele, Gottfried Ephraim (aus Markersbach b. Pirna, begr. 12. 8. 1726 Weimar, 22. 11. 1687 Kreuzschule Dresden, vor 1699 HK Weimar, 1699 Kt. PetriK Bautzen, 1700 Bassist HK Weimar, Pagenhofmeister – KB, D) 153, 155

Thraso(ne) (Pseudonym) (nw. 1730, Weimar?) 105, 107

Torelli, Giuseppe (geb. 22. 4. 1658 Verona, gest. 8. 2. 1709 Bologna – M, R, RE, WL) 234, 235

Trebs, Heinrich Nicolaus (geb. 10. 8. 1678 Bad Frankenhausen, begr. 18. 8. 1748 Weimar, Orgelbauer, seit 1709 Weimar – WL, D) 145, 149

Trew, Abdias (geb. 29. 7. 1597 Ansbach, gest. 12. 4. 1669 Altdorf, 1636 Prof. für Mathematik U Altdorf – M, RE, WL) 102

Velthen, Catharina Elisabeth, geb. Paulsen (geb. um 1650, gest. nach 1715, Schauspielerin, verm. 1671 – WL, L) 102

Verocai, Giovanni (geb. um 1700 Venedig, gest. 13. 12. 1745 Braunschweig, 1739 KonzM. HK Braunschweig-Wolfenbüttel – M, RE) 244, 246, 252

Vockerodt, Gottfried (geb. 24. 9. 1665 Mühlhausen, gest. 10. 10. 1717 Gotha, UJ 18. 8. 1683, 1694 Rt. Gotha – M, R) 123, 130

– (Fokkerodt), Johann Arnold (geb. 15. 2., get. 18. 2. 1655 Mühlhausen, gest. 20. 8. 1720 Herford, 1681 Kt. Herford – WL, L) 220?, 223

Vogel (Flensburg, Drucker, nw. 1715) 170

Vogler, Johann Caspar (geb. 23. 5. 1696 oder 1698 Hausen b. Arnstadt, gest. 1. 6., begr. 3. 6. 1763 Weimar, 1715 Org. Stadtilm, 19. 5. 1721 Org. SchloßK Weimar, KaMus. HK Weimar, 1735 Vizebürgermeister, 1737 Bürgermeister – M, WL, D, L) 190, 192, 193, 255, 257

– Johann Christian (geb. 30. 5., get. 1. 6. 1725 Weimar, nw. noch 1748 – KB, A) 256, 257

Volgstedt, Ernst Dietrich von (geb. 1688, gest. 18. 6., begr. 20. 6. 1746 Weimar, Oberjägermeister Weimar – Z, KB) 184

Vossius, Gerhard Johann (geb. 1577 bei Heidelberg, gest. 19. 3. 1649 Amsterdam, 1622 Prof. der Beredsamkeit Leiden, 1631 Prof. für Geschichte Amsterdam – M, R, RE, WL) 101

Vredemann, Giacomo (Vredeman de Vries, Jacob) (geb. um 1564 Mecheln, gest. 1621 Leeuwarden, Mth – M, RE, WL) 157

Wallis, John (geb. 23. 11. 1616 Ashford, gest. 28. 10. 1703 London, Mathematiker, Philologe – R, WL) 205, 208

Walther, Anna Maria, geb. Dreßler (geb. 8. 11. 1688 Branchewinda b. Arnstadt, begr. 23. 6. 1757 Weimar, verm. 17. 6. 170$ Erfurt Johann Gottfried Walther – D) 71, 84, 155, 221, 223, 248, 253, 254, 256

– Anna Sibylla (get. 9. 8. 1694 Erfurt, begr. 28. 7. 1770 Erfurt, verm. 10. 7. 1719 Schloßvippach Johann Caspar Schnell – KB) 66, 83

– Johann Christoph (geb. 8. 7. 1715 Weimar, gest. 25. 8. 1771 Weimar, Fürstl. Gymnas. Weimar 1721 bis 1736, UJ 7. 4. 1736, 29. 9. 1751 VizeOrg. und 1752–70 Org. und MD Münster Ulm – M, L, KB) 60, 61, 71, 80, 84, 86, 116, 132 f., 137, 138, 139, 148, 149, 152, 155, 156, 161, 162, 164, 165, 179, 184, 185, 192, 193, 196, 198, 201, 207, 208, 221, 230, 232, 244, 246, 247, 249, 250, 253, 255 ff.

– Johann Gottfried d. J. (geb. 26. 9. 1712 Weimar, gest. 14. 9. 1777 Augsburg, Fürstl. Gymnas. Weimar 1718 bis 1732, UJ 23. 5. 1732, 1740 Mitglied des Kollegiums der Notare und Advokaten Augsburg – D, KB, A) 64, 71, 74 f., 80, 84, 86, 98, 112, 138 f., 144 f., 148, 149, 155, 161, 167, 169, 186, 190, 192, 193, 196, 198, 201, 207, 208, 215, 216, 217, 221, 225, 228, 230, 232, 236, 237, 238, 244, 247, 249, 250, 253, 259, 263

– Johann Stephan (geb. 18. 12., get. 20. 12. 1650 Erfurt, gest. 18. 12. 1731, Zeug- und Raschmacher Erfurt, verm. 27. 10. 167$ Erfurt Martha Dorothea Lämmerhirt) 66, 76, 77, 82, 110, 121, 135, 154 f., 156, 218, 222

– Johanna Eleonora, s. Gehra

– Magdalena Dorothea (get. 27. 9. 1687 Erfurt – KB) 66, 83, 121?, 122

– Martha Dorothea, geb. Lämmerhirt (geb. 27., get. 29. 6. 1655 Erfurt, gest. 23. 1., begr. 26. 1. 1727 Erfurt, verm. 27. 10. 1678 Erfurt Johann Stephan Walther – KB) 66, 218

– Michael (geb. 3. 3. 1638 Aurich/Ostfriesland, gest. 21. 1. 1692, 1666 Prof. der Mathematik, 1687 für Theologie U Wittenberg – Jö) 102

– Wilhelmina Maria, s. Martini

Weber, Johann Georg (geb. 10. 7. 1687 Herwigsdorf b. Zittau, gest. 24. 11., begr. 28. 11. 1753 Weimar, Gymnas. Zittau. UL 1706, Mag. 6. 12. 1709, 1718 Vesperprediger UniversitätsK Leipzig, 1719 Diakon Weimar, 1720 Oberhofprediger, 1729 Generalsuperintendent, Oberpfarrer StadtK, Inspektor des Gymnas. – L, KB) 134, 137, 153, 155

Weichardt, Johann Philipp (geb. 1699 Bösleben b. Arnstadt, 17. 5. 1714 Gymnas. Weimar, UJ 12. 6. 1719, 1714–29 Diskantist bzw. Altist HK Weimar, dann Ansbach Hofratsregistrator und KaMus. nw. 1732, 1737, 1746 – WL, D, A) 176, 178

Weichmann, Johannes (geb. 9. 1. 1620 Wolgast, gest. 24. 7. 1652 Königsberg, 1647 Kt. und MD Altstädt.K Königsberg – M, WL) 102

Wender, Johann Friedrich (get. 6. 12. 1655 Dörna b. Mühlhausen, gest. 13. 6. 1729 Mühlhausen, Orgelbauer – M, D) 219

Werckmeister, Andreas (geb. 30. 11. 1645 Benneckenstein/H., gest. 26. 10. 1706 Halberstadt, Org. Hasselfelde, Elbingerode, Quedlinburg, zuletzt MartiniK Halberstadt, Mth – M, R, RE, WL) 7, 63, 68, 70, 84, 208, 219, 222

(de) Wette, Gottfried Albin (geb. 15. 3. 1697 Niedersynderstedt b. Weimar, gest. 3. 1. 1768 Mellingen b. Weimar, 26. 10. 1712 Gymnas. Weimar, UJ 19. 3. 1717, 1722 Hauslehrer, Sept. 1727 Lehrer Mädchenschule Weimar, 1737 Collaborator JakobsK Weimar, 1740 Diakon Dornburg, 23. 10. 1746 Pastor Mellingen – L) 162, 212, 213

Wettich (Wettig), Christian (Sylvester) (aus Udestedt?, gest. 23. 4., begr. 24. 4. 1755 Erfurt, Ratsgymnas. Erfurt F 1727 bis F 1731, UE 21. 4. 1725, UJ 20. 4. 1736, 1741 Unterbauherr Erfurt, 1744, 1747, 1750 Vormundschaftsbeamter, 1753 Stadtvoigt – Go, KB) 247, 249 f.

– Johanna Elisabeth, geb Reichardt (get. 16. 5. 1726 Erfurt, begr. 21. 1. 1755 Erfurt, verm. 23. 1. 1744 Erfurt Christian Wettich – KB) 247, 249 f.

Wiegand, Johann Erhard (get. 1. 10. 1689 Glückstadt, begr. 24. 5. 1732 Weimar, „Stadtbarbierer" Weimar, BR 8. 12. 1711, verm. 12. 4. 1712 Weimar – KB, A) 120, 121

Wiering, Johann Melchior (gest. 1720, Org. KreuzK Hannover, 14. 11. 1690 MarktK SS. Georgii et Jacobi – L) 104, 113, 227

Wiering, Thomas von (gest. 1703, Hamburg, Vlg.) 149

Wilhelm Ernst, Herzog von Sachsen-Weimar (geb. 19. 10. 1662, gest. 26. 8. 1728 Weimar) 75, 85, 111

Wilhelm Ernst, Prinz von Sachsen-Weimar (geb. 4. 7. 1717, gest. 8. 6. 1719 – L) 81, 86

Wilhelmina Augusta, Prinzessin von Sachsen-Weimar (geb. 4. 7. 1717 Weimar, gest. 8. 12. 1752 – L) 81, 86

Winckler, Johann Joseph (Magdeburg, Diakon, nw. 1701) 102

Winter, Johann Christian (geb. 3. 3. 1718 Helmstedt, gest. 10. 1. 1802 Hannover, UG 17. 4. 1736, UHe 6. 4. 1741, Kt.-Adjunkt Wolfenbüttel, 1745 Kt. Celle, 1762 Kt. Hannover, 1751 Mitglied der Societät der Musikalischen Wissenschaften, verm. 25. 8. 1744 Wolfenbüttel Christiana Sophia Elisabeth Bokemeyer, verm. 1. 10. 1772 Hannover Clara Johanna Juliana verw. Seeger [gest. 28. 11. 1807] – KB, L) 8, 253

– Christiana Sophia Elisabeth, geb. Bokemeyer (get. 4. 6. 1708 Braunschweig, begr. 31. 1. 1772 Hannover – KB) 253

Witvogel, Gérard Frédéric (geb. um 1696 Varel, gest. Juli 1746 Aachen, 1724 Org. Oude Kerk Amsterdam, 1726 Org. Nieuwe Kerk Amsterdam, Musik-Vlg. – M) 182

Woltereck, (Johann) Christoph (geb. 1. 7. 1686 Glückstadt, gest. 11. 6. 1735, 21. 4. 1703 akad. Gymnas. Hamburg, UL 22. 4. 1706, 1721 Aktuar fürstl. Residenzamt Wolfenbüttel, 1725 Sekr. 1731 Oberamtmann, geistl. Dichter – Z, JöE, ADB) 172, 174

Zarlino, Gioseffo (geb. vor dem 22. 4. 1517 Chioggia, gest. 4. 2. 1590 Venedig, Mth – M, R, RE) 140, 149, 229, 231, 243

Zedler, Johann Heinrich (geb. 7. 1. 1706 Breslau, gest. 21. 3. 1751 Leipzig, Leipzig, Vlg. seit 1727 – D) 195, 197

Zeiller, Martin (geb. 17. 4. 1589 Räuthen b. Murau/Obersteiermark, gest. 6. 10. 1661 Ulm, Reiseschriftsteller – ADB) 101

Zelenka, Johann Dismas (get. 16. 10. 1679 Lounovice/Böhmen, gest. 23. 12. 1745 Dresden, 1710 Kontrabassist HK Dresden, 1721 VizeKpm. der Kirchenmusik, 1729 Leiter der Kirchenmusik, 1735 Kirchenkomp. – M, R) 186, 190

Ziegler, Johann Gotthilf (geb. 25. 3. 1688 Leubnitz b. Dresden, gest. 15. 9. 1747 Halle, UH 12. 10. 1712, 1718 Org. UlrichsK Halle – WL, D) 94, 150, 169

Zimmermann, Johann Christoph (Leipzig, Vlg. nw. 1696) 131

ISBN 3-370-00154-3
1. Auflage
© VEB Deutscher Verlag für Musik Leipzig · 1987
Lizenznummer 418–515/A 37/87
Printed in the German Democratic Republic
Gesamtherstellung: Druckhaus Aufwärts, Leipzig III/18/20-217/86
Gestaltung: Wolfgang Lenck, Leipzig
LSV 8384
Bestellnummer 518 482 7

04500